평화체제를 향하여
— 한반도의 평화통일과 기독교의 사명

국립중앙도서관 출판예정도서목록(CIP)

평화체제를 향하여 : 한반도의 평화통일과 기독교의 사명 /
지은이: 이삼열. -- 서울 : 동연, 2019
        p. ;   cm

권말부록: 민족의 통일과 평화에 대한 한국기독교회 선언(88
선언) ; 88평화 □ 통일 기도주일 메시지
ISBN 978-89-6447-486-0 93200 : ₩25000

기독교 사회 신학[基督敎社會神學]
남북 통일[南北統一]

235.83-KDC6
261.7-DDC23   CIP2019001839

한반도의 평화통일과 기독교의 사명

평화체제를 향하여

이삼열 지음

동연

머리말

2018년, 참으로 오랜만에 평화의 기운이 감돌아 한반도 분단의 두터운 장벽을 허물기 시작한 기적적인 한해였다.

평창동계올림픽을 평화의 제전으로 만들고, 분단 73년 만에 처음으로 판문점에서 만나 손을 맞잡고 분단선을 오가며 평화체제를 약속한 남·북의 두 정상, 문재인 대통령과 김정은 국무위원장, 그리고 싱가포르에서 최초의 북미정상회담을 열며 종전선언과 평화협정을 약속한 미국의 트럼프 대통령에겐 노벨평화상을 몇 번 주어도 아깝지 않을 만큼 한반도의 전쟁을 막고 평화의 길을 연 공적을 인정하고 싶다. 그러나 온 겨레가 감격적으로 맞이한 이 평화의 봄은 하루아침에 갑자기 나타난 사건이 아니며, 남·북한 두 정상과 미국 대통령이 만들어낸 기적도 아니다.

해방 후 외세에 의해 강요된 분단을 막아보려다 암살된 애국지사들, 전쟁 후 더욱 두터워진 분단의 장벽을 넘어보려고 애쓰다 투옥과 고문, 사형을 당한 통일 운동가들의 희생정신 위에서 자라난 시민사회의 줄기찬 평화통일 운동이 없었다면 굳게 얼어붙은 분단의 장벽을 녹일 수 있는 평화의 기운은 생기지 못했을 것이다.

민주화 운동도 평화통일 운동도 압살 당하던 1980년대 전두환의 5공화국 시절, '선민주 후통일'의 단견에서 벗어나 동시 병행을 주장하며 남·북의 화해와 평화통일 운동을 조직적으로, 국제적으로 전개해 시민사회의 대규모적 통일 운동을 일으킨 세력은 기독교였다.

물론 기독교 전체는 아니지만 600여만 명의 신도를 포괄하는 한국기독교교회협의회(NCCK)가 탄압과 음해 가운데서도 80년대 평화통일 논의를 통해 준비한 88년 선언을 총회에서(2월 29일 연동교회) 결의하여 발표한 것은 시민사회의 통일 운동에 물꼬를 터준 예언자적인 선교 행위였다. 교회협의 통일위원회를 중심으로 한 기독교 평화통일 운동은 선언에 그치지 않고 세계교회협의회(WCC)와 미국, 캐나다, 일본, 독일의 교회들을 통해 북한의 기독교 단체인 조선그리스도교련맹과 연결해서 남·북 교회의 만남과 대화를 주선했고, 정부와는 별도로 시민사회의 남북대화를 시작했으며 오늘까지 30여 년을 계속해오고 있다.

6공화국의 노태우 대통령은 88년 7·7선언을 통해 88년 선언이 요구한 통일 논의의 자유화를 허락했으며, 89년에 한민족공동체통일방안을 발표했고, 91년엔 남북고위급회담을 열어 「남·북의 화해와 불가침, 교류협력 합의서」를 채택했는데 여기에 88선언의 주요 정책 건의사항들이 포함되었다. 88선언이 평화체제를 위해 주장한 "정전협정을 평화협정으로 대체"는 2000년 6·15정상회담이나 2007년 10·4 정상회담에서도 선언문에 포함시키지 못하다가 이번 2018년 판문점 선언에 드디어 들어가게 되었다.

2018년 11월 15일 다시 연동교회에서 열린 교회협(NCCK) 67차 총회에서는 88선언 30주년을 기념하면서 선언문을 기초한 서광선, 이삼열, 김용복 등 9인 위원들에게 금배지를 달아주며 기독교 통일 운동의 성과를 자축했다.

교회협 산하 여러 교회와 기관들에서는 오래 전부터 평화협정을 체결하라는 서명 운동을 벌였는데, 보수 교회의 장로들이 서명 받는

책상을 뒤엎으며 '빨갱이 나가라'고 소리 지른 사건들이 여러 번 있었다. 또한 정부의 통일부에서 남북 접촉 승인을 받지 못하고 중국에 가서 북한교회 대표들을 만난 교회협 통일위원들이 수백만 원의 벌금 통지를 받고 있다.

88선언 30주년에 억압과 음해, 질시를 넘어서 선언이 주장했던 평화체제가 남북정상회담과 판문점선언에 핵심목표로 설정되는 것을 보면서, 나는 기독교 평화통일 운동의 역사적 자리매김과 앞으로의 발전을 위해, 지난 30여 년 동안 남·북의 화해와 평화체제를 향해 세계교회, 북한교회와 함께 추진했던 운동의 역사를 정리해야 할 필요성을 느끼게 되었다.

이 작업은 앞으로 교회협이나 기독교 역사가들이 해야 하겠지만, 이 운동에 직접 참여해온 나 자신이 우선 자료들을 정리해 내놓는 것이 중요하겠다고 생각해서 필자가 발표하고 쓴 글들을 모아 이 책을 출판하게 되었다.

2

1981년 6월 제4차 한독교회협의회가 수유리 크리스챤 아카데미에서 열렸을 때, 나는 독일교회 대표단의 한사람으로 참석했는데, 독일 유학을 떠난 지 13년 만의 첫 귀국이었다.

70년대 유신시절 독일에서 유학생, 노동자들과 함께 〈민주사회건설협의회〉를 조직해 반독재 운동을 한 것이 죄가 되어 80년까지 입국이 금지되었는데, 5공화국이 생기면서 유신시절의 반독재 운동은 묻지 않겠다며 입국을 허락해주어 고국 땅을 밟고 부모님과 재회할 수 있었다.

당시에 나는 세계교회협의회 도시농촌선교부(WCC-URM)의 협동 간사로 유럽산업선교회 총무직을 맡고 있었으며, 독일교회 선교부 동아시아 위원회의 상임고문의 역할도 맡고 있어서 박종화 목사와 함께 통역의 역할을 겸해 독일교회 대표단의 일원으로 귀국할 수 있었다.

4차 한독교회협의회는 마침 80년 광주학살사태 이후 벌어진 '선민주 후통일'이냐, '선통일 후민주'냐는 논쟁의 와중에서 "분단국에서의 교회의 사명"을 주제로 독일과 한국을 비교하며 3박 4일 동안 분단 극복과 평화통일에 관해 집중적으로 토의했다. 남북 대결의 극복과 평화 없이는 민주화도 불가능하다는 결론을 이끌어냈고, 교회가 앞장서 노력하기 위해 교회협(NCCK) 산하에 통일문제연구원을 설치해야 한다고 건의했다.

회의를 마친 후, 한 달을 한국에 머물며 나는 교계, 학계 인사들과 만나 의논했고, 민주화 운동과 통일 운동이 동시에 진행되어야 하는 상황에서 이제는 해외보다는 국내로 들어와서 해야겠다는 결심을 하게 되었다. 다행히 조요한 선배 등의 도움을 받아 82년 4월에 숭실대 교수로 영구 귀국하게 되었다.

귀국 후 나는 교수직과 연구에 전념하려했지만, 독일과 유럽에서 했던 민주화 운동, 에큐메니칼 운동의 경험과 인맥은 나를 대학에서만 놀게 두지 않았고 자연히 교회협을 중심한 기독교 사회 운동에, 민주화, 인권, 정의평화 운동에 참여하게 만들었다.

나는 독일 유학 시절 74년부터 국내 민주화 운동을 지원하면서 해외의 여론을 일으키기 위해 김재준, 박상증, 이승만, 지명관 등이 중심이 되어 조직한 기독자민주동지회에서 활동했는데, 여기서 함께 일했던 오재식 선배가 귀국해 82년부터 교회협 부총무 겸 선교교육원장을 맡으며 4차 한독교회협의회의 건의에 따라 새로 조직된 통일위원회의 책임을 지게 되었다. 오재식 원장은 나를 통일위원회 전문위원으로 임명했고 83년부터 교회협 통일위원회가 중심이 된 모든 활동에 적극 참여하게 하였다.

사실상 80년대 기독교 평화통일 운동은 교회협의 통일위원회 오재식 원장과 위원들이 주도했다고 볼 수 있는데, 나는 오 선배와 밀접히 협력하여 나름대로 문서를 만들고 주제 발표를 하는 등 중요한 일을 맡아 하게 되었다. 88선언이 나오기까지 도잔소, 호놀룰루, 인천 등에서 열린 에큐메니칼 정책 국제회의에서 발표한 글들이 이 책에 실렸는데, 모두 작고한 오재식 원장의 부탁과 도움으로 이루어졌음을 밝히고 싶다.

오재식 원장은 서광선 박사와 나를 불러 88선언의 마지막 손질을 하며, 미군철수를 평화협정과 신뢰의 조건을 달아 주장하기로 결정하면서 정보부에 절대 우리 이름을 밝히지 않고 자기가 책임을 지겠다고 했다. 오 원장은 이 약속을 끝까지 지켰으며 20여 년 뒤 돌아가시기 전 출판한 자서전에서야 기초위원 9명의 이름을 밝혔다.

88선언 이후 기독교계는 통일 문제로 분열되고(한기총 창립) 싸움이 일어났지만 대학가와 정치계, 언론계, 학계에서 많은 토론회와 강연회가 빗발치듯이 일어났고, 독일의 통일과 유럽 냉전체제의 해체라는 호기를 맞아 한반도 통일에 대한 국민적 관심과 열기는 더욱 크게 고조되었다.

88년 7·7선언으로 통일 논의의 자유가 법적, 형식적으로는 주어졌지만, 북한 문제와 관련해서는 정보부의 감시와 제재의 손길이 멈추지 않았다. 나는 이때 여러 교회와 대학, 시민단체 등에서 많은 강연을 했고 여러 신문 방송의 좌담과 인터뷰에도 출연했다. 나는 북한과의 화해와 평화체제를 주장하며 맹목적인 반공 사상을 비판했고, 독일의 선례를 들어가며 조선민주주의인민공화국을 인정해야 한다고 역설했다. KBS심야토론에 나가서는 김일성의 얼굴을 우리 TV에서 보여주어야 뿔 달린 악마라는 생각을 고칠 수 있고, 그래야 북한의 TV에서도 노태우 대통령의 얼굴을 비춰줄 것이라고 했더니 얼마 뒤 정보부원들이 숭실대로 찾아와 나를 남산의 정보부로 연행해갔다.

1991년 3월 7일자 동아일보를 비롯한 일간 신문에 다음과 같은 보도가 실렸다. "국가안전기획부는 숭실대 철학과 이삼열 교수(50)를 6일 오후 연행 조사 중이라고 밝혔다. 안기부는 이 교수가 지난해 7월 일본에서 열린 세계선교회의에 참석해 북한 김운봉 목사에게서 편지를 전해 받고 국내에 들어와 홍근수 목사에게 전달했으므로 국가보안법상의 통신 연락 혐의에 해당된다고 밝혔다." 이유는 편지 전달이었지만 조사 과정에서는 내가 TV나 언론에서 밝힌 팀스피릿트 훈련 비판, 김일성 사진공개, 반공법 개정, UN 단독가입 반대 등모든 내용을 캐묻고 크레졸 냄새가 풍기는 고문실에서 밤새 조사하는 등 위협을 가했다. 별것 아니어서 다음날 풀려나긴 했지만 안기부의 처사는 「한겨레」가 3월 9일자 신문에 보도한 것처럼 통일 운동을 탄압하고 공포 분위기를 조성하기 위한 것이 분명했다.

92년에「남·북의 화해와 불가침 교류 협력 합의서」가 채택되고이의 실천을 위한 남북 화해, 군사, 교류 협력 공동위원회 조직안까지 만들어졌지만 남·북 간의 불신과 군사적 위협 때문에 전혀 실시되지 못했다. 이것은 93년에 김영삼 문민정부가 들어서서도 마찬가지였다. 북한은 남한의 흡수통일정책을 비난했고, 남한은 적화통일을 두려워하며 대북 안보 정책과 한미 군사훈련의 강화에만 집중했다. 남북회담이나 6자회담 등은 내용 없이 겉돌았고, 공산권의 붕괴와 경제적 곤경, 국제적 고립으로 위기에 빠진 북한은 살아남기 위한 전략으로 핵무기 개발에 매달리게 되었다.

김대중 대통령이 햇볕정책과 정상회담, 6·15선언으로 노벨평화상까지 받게 되어 남북 관계의 개선과 평화체제를 기대해 보았지만, 서해교전과 군사적 충돌이 일어났고, 정상회담의 선언은 여야의 연방제 논쟁만 일으키고 실천되지 못했다.

노무현 정부의 10·4선언도 국회나 국민적 합의가 없어 아무것도 실천되지 못했다. 2006년 북한의 핵실험이 성공하고부터는 미국의 선제공격론과 참수작전론이 나와 한반도 전쟁 위협이 노골화되었고 평화의 길은 더욱 멀어져갔다.

이렇게 한반도의 분단 상황이 북한 핵개발과 긴장 격화로 복잡해지면서 90년대 후반부터는 시민사회의 평화통일 운동이 자민통, 범민련 등 급진적 운동과 온건한 운동으로 갈라지며 이념적, 전략적차이와 갈등이 생기게 되었고, 기독교인들의 활동도 노선과 그룹에 따라 나뉘게 되었다. 교회협(NCCK)의 통일위원회도 어느 특정한 노선과 방법을 따르기가 어려워 상황에 따른 정책적 대응을 적극적으로 하지 못하고 예배와 기도를 중심으로 평화 의식을 심으며 북한 기독교를 돕는 일에 치중하게 되었다. 그러나 나는 기독교 지성인의 입장과 88선언의 원칙 위에서 정부의 대북 통일 정책을 비판하는 논평을 언론에 발표하면서, 평화협정을 통해 정전체제를 평화체제로전환할 것을 계속 주장했다.

3

이 책은 이렇게 1980년대부터 지금까지 30여 년 동안 한국기독교 교회협의회(NCCK)의 통일위원으로서나 기독자 교수로서 한반도의 평화통일을 위해 활동한 일과 쓴 글들을 정리해 모은 기록물이다. 기독교 평화통일 운동의 일관된 목표와 사명은 적대적 분단과 전쟁을 극복하고 남·북의 화해와 평화체제를 건설하는 것이었기에 제목을 『평화체제를 향하여』로 정했다.

나는 1991년 6월에 이미 80년대의 교회협을 중심으로 한 기독교 평화통일 운동을 정리해 『평화의 복음과 통일의 사명』이란 책을 햇빛출판사를 통해 내놓은 적이 있다. 91년 이후 지금까지 발표한 글들을 함께 실은 이 책은 91년에 출판된 『평화의 복음과 통일의 사명』의 증보수정재판의 형식을 띠게 된다.

91년판 책의 서문에 이렇게 썼다.

필자는 특히 통일 문제에 있어서 평화가 갖는 의미를 중요하게 생각하고 있다. 평화는 통일의 수단이나 방법만이 아니라 통일의 목적이나 목표가 되어야 한다고 믿는다. 통일은 곧 반평화적인 분단체제와 의식의 극복 과정이며 평화의 실현이기 때문에 통일과 평화는 본질적으로 떼어놓을 수 없는 관계를 갖고 있다. 통일 없는 평화는 공허하며, 평화 없는 통일은 맹목이다.

이런 신념은 27년이 지난 오늘에도 변함이 없다.

지난 30여 년 동안 해왔던 묵은 이야기들을 평화체제의 서광이 비치는 2018년에 다시 정리해 출판하는 이유는 그동안 우리가 부르짖은 평화체제가 이제 막 실현시켜야 할 오늘의 과제이며, 아직도 먼 길을 가야 할 내일의 목표이기 때문이다. 남·북의 화해도, 적대적 분단의 극복도, 교류 협력의 정책도, 이질적 체제가 함께 공존·상생 하는 평화체제의 방안도, 민족통일이나 통합의 길도 너무나 어려운 과제이며 장애와 방해도 엄청나기 때문에 이만큼이라도 올 수 있게 한 평화통일 운동의 역정을 성찰하면서 힘차게 전진하자는 뜻에서이다.

시민사회의 전반적 평화통일 운동을 기술하지 않고, 왜 기독교의 운동을 조명해 부각시키려 하느냐는 질문에 대해서는 이렇게 답하고 싶다. 물론, 나 자신 기독교 신자로서 한국교회의 에큐메니칼 운동과 평화통일 운동을 통해 주로 활동해왔기 때문이기도 하지만, 남·북의 적대적 분단을 극복하는 데는 극도의 적대적 신앙과 이념에 집착해 있던 남한의 기독교도와 북한의 공산주의자들이 대화하고 화해하며 공존을 모색하는 것이 한반도의 평화를 위해서는 필수적인 전제 조건이 되기 때문이다. 남한의 일천만 기독교 신자들과 북조선의 일천여만 공산주의 주체사상 신봉자들이 원수 관계를 풀고 화해하지 않으면 한반도의 평화적 통일은 요원할 뿐 아니라 불가능하며 전쟁을 유발할 수도 있기 때문이다.

이제는 평화체제를 만들기 위해서 멸공통일이나 흡수통일은 포기해야 한다. 그러기 위해선 조선민주주의인민공화국의 현 체제나 이데올로기를 평화공존의 파트너로서 인정해주고 대화하면서 수정 변화를 모색해야 한다. 그동안 우리는 북한을 오랫동안 악마시해왔고 붕괴 후 흡수통일에만 매달렸기 때문에 북쪽의 사상이나 체제, 사회, 문화, 종교에 대해 관심도 없었고 알려고도 하지 않았다. 심지어 남·북 기독교인들의 만남과 대화에서도 북쪽의 주장들을 주의

깊게 듣거나 논의해보지 않았다.

정말 평화체제를 바란다면 이제부터라도 이념 전쟁을 위해서가
아니라 화해와 공존의 모색을 위해서 북조선의 이데올로기와 주장
들을 경청하고 비판할 것은 비판하며, 수용할 것은 수용하는 대화가
필요하다. 이런 뜻에서 나는 이 책에 그동안 북조선 기독교도련맹
지도자들이 내가 참석하고 강연했던 남·북 교회의 만남에서 발표한
글들 중 몇 편을 골라 그들의 표현대로 실었다. 이것이 현행 국가보
안법에 위배되는지는 모르겠지만 이제는 과감히 북쪽의 목소리를
있는 그대로 듣고, 비판도, 대응도 하는 것이 평화체제를 향하여 가
는 길에 필요한 일이라 생각되기 때문이다.

나는 지난 30여 년 동안 쓰고 강연했던 글들을 대략 시대 순으로
정리해 이 책에 실음으로써 각 시대마다 남·북 관계나 대화, 대결의
문제 상황이 어떻게 변천되어 왔는지를 파악하는 데 도움이 되도록
하였다.

이 책의 1부에서는 한국기독교교회협의회를 중심으로 남·북의
화해와 평화통일을 위한 남·북 기독교의 노력을 집중 조명했고, 2
부에선 정부의 대북정책이나 평화통일 정책의 문제와 한계를 논평
하며 신뢰 구축과 평화체제의 방안들을 건의한 글들을 모았으며, 3
부에선 일찍이 평화체제의 길을 걸으며 교류 협력을 강화해오다 통
일의 길을 열게 된 동·서독의 경험에서 우리가 배울 수 있는 교훈에
관한 글들을 실어 앞으로의 평화체제 수립에 참고가 될 수 있게 했다.

그동안 써서 여기저기 발표한 글들을 모아보니 분량이 엄청나게
많아서 대표적인 것들만 추려서 편집했고, 중복되는 부분들은 제외
시켰다. 운동의 흐름을 볼 수 있도록 시대감각과 현장성이 있는 글

들을 주로 선택했고, 긴 논문이나 학술적인 글들은 따로 뽑아서 다음에 다른 책으로 엮어 출판하려고 한다.

이 책이 바야흐로 눈앞에 다가오고 있는 남·북 관계의 개선과 평화체제의 실현에 헌신하고 있는 정부와 시민사회, 종교계와 학계에, 평화통일 운동가들에게 참고와 자극이 될 수 있기를 바라면서 천우신조의 기회를 얻은 한반도 평화의 씨앗이 자라 2019년 새해부터 평화체제의 열매를 맺을 수 있기를 기원한다.

출판계의 어려운 사정에도 이 두터운 책의 출판을 결행해 주신 동연의 김영호 사장님께 깊은 감사의 뜻을 표하며, 복잡한 원고들을 정리해 편집과 교정에 수고한 김구 목사님과 여러 직원들에게도 고마운 마음을 전하고 싶다.

2018년 12월 24일 성탄절에

이삼열

차례

제1부

한반도의 평화체제와 기독교의 사명

1장
1980~1990년대 한국교회의 평화통일 운동*

한국의 기독교가 사회 발전에 어떤 공헌을 하였으며, 미래 사회의 발전에 어떻게 기여할 수 있겠는가라는 전체 연구주제에 대하여, 이 논문은 특히 한국 사회 안에서 평화를 증진시키고, 민족통일의 과업을 촉진하는 데 어떤 역할과 기능을 담당하여왔는가를 살펴보는 것을 목표로 하고 있다. 사회 발전이라면 경제 발전, 정치 발전, 과학·기술·교육의 발전 등 광범위하며 포괄적인 개념이겠으나, 기독교가 이 땅에 존재했던 지난 100년간의 사회 발전은 민족의 자주와 독립이라던가, 봉건적 제도의 개혁, 근대화와 합리화 등으로 개념화할 수 있다고 볼 수 있다. 더욱이 대한민국이 건립된 1948년부터 오늘까지 지난 반세기를 놓고 본다면 우리는 민주화와 경제 근대화, 그리고 인권과 삶의 질 향상과 같은 거시적 흐름의 발전을 중심축으로

---

* 이 글은 숭실대학교 기독교사회연구소 편, 『한국사회발전과 기독교의 역할』(한울, 2000), 122-159에 실린 논문 "민족통일을 향한 기독교의 평화운동"을 수정 보완한 것임.

놓고 볼 수가 있을 것이며, 여기에 특히 빼놓을 수 없는 발전의 지표로서 민족 분단의 극복과 평화통일의 성취를 들어야 한다.

한 시대의 특징을 그 시대가 추구해간 목표를 중심으로 규정할 수 있다고 할 때에 20세기의 전반은 식민지와 봉건시대를 벗어나기 위한 민족 해방 운동기라고 할 수 있으며, 후반은 권위주의 독재시대와 분단시대를 극복하기 위한 민주화와 통일 운동의 시대라고 역사가들은 규정한다. 한국 민족의 20세기 역사는 일제하의 수난과 분단시대의 고통으로 묘사될 수 있다. 민주주의가 발전하지 못하고, 경제적 빈곤과 삶의 고통, 억압과 수탈, 전쟁과 폭력이 난무했던 근본원인이 민족의 자주성과 동일성 주체성이 짓밟힌 식민지시대와 분단시대에 있었다는 사실을 우리는 오늘 20세기말에 와서 절실하게 인식하고 있다.

1945년 일제로부터 해방의 기쁨은 잠시였고, 미국과 소련 군대의 분할 점령에 의해 남북 분단의 비극이 우리 민족에게 둘러씌워진 반세기 동안 우리의 소원은 통일이라며 수천만 남·북 동포들이 매일같이 외쳤지만 6·25전쟁이라는 동족상잔의 치욕스런 전쟁을 치렀으며, 수백만 동포들을 총칼과 폭탄으로 죽이고도 평화와 통일은 점점 멀어져 분단과 대결의 구조가 반영구화된 채로 살아온 것이 남·북한의 현실이었다. 평화와 통일은 우리 사회의 어느 무엇보다도 중요한 가치였고 민족 전체의 염원이었으나, 남·북 양측이 전력을 다해 추구해온 정책은 군사력 강화와 대결이었으며, 전쟁을 불사하는 정복에 의한 통일 조성이었다.

이러한 민족 분단과 대결의 상황 속에서 기독교가 과연 이 분단을 극복하고, 평화적 관계와 통일을 이룩하기 위해 어떻게 얼마만큼 노력하였는가 하는 것은, 기독교와 사회 발전의 관계를 밝히는 데 매우 중요한 문제가 아닐 수 없다. 더구나 민족의 분단이 자본주의와 공산주의라는 이데올로기의 갈등과 대립에서 비롯되었고, 기독교는 친기독교적인 미국이나 남한과 반기독교적인 소련과 북한의 대결구도 속에서 불가피하게 반공·반북 노선을 걸을 수밖에 없었고, 그래서 기독교는 분단과 대결시대에 한쪽 편에 서서 반공의식을 강화하고, 북한체제의 멸망을 위해서 기도하는 기독교적 멸공통일 운동에 앞장서는 아이러니컬한 처지에 놓여있었다. 기독교는 분단시대의 전반기에 분단의 극복보다는 분단의 심화와 민족의 분열 대결에 더 공헌을 했다고 볼 수 있다.[1] 그러나 이러한 기독교가 1980년대에 와서 새로운 시대적 상황과 도전에 부닥치면서 분단의 심화에 기여한 과거를 크게 반성하고 뉘우치면서, 분단을 극복하고, 평화와 통일을 촉진시키기 위해 헌신적으로 나서는 모습을 보이게 된다.

이러한 의식과 방향의 전환은 1980년대에 와서 광주학살사건 같은 경험을 통해 민주화의 좌절과 미국의 역할에 대한 비판의식이 생겨났으며, 국제적으로는 서구의 평화 운동과 소련의 페레스트로이카, 그리고 냉전체제의 극복이라는 80년대의 상황이 계기를 마련해주었다고 볼 수 있다. 그러나 이러한 상황의 변화에서도 기독교가 평화적 사명에 대하여 신학적으로나 윤리적으로 새롭게 각성하고 뉘우치는 운동과 역사 변혁적인 참여 운동을 주체적으로 전개하지 않았다면, 80년대에 와서도 기독교는 그 다수의 경향에서 보는 것처럼, 평화통일이라는 역사 발전에 별다른 기여를 하지 못하고 지나갔

---

[1] 이삼열, "분단의 극복과 기독교", 「기독교사상」 1985년 1월호.

을 수도 있다. 진보적인 지식인이나 학생들이 더 앞장서서 평화통일 운동을 전개하고 기독교는 뒷전에 머물러서 이러한 평화통일 운동을 견제하고 억압하는 반동적인 역항에 머물렀을 수도 있을 것이다.

그러나 다행히 기독교는 그 일부이지만 1980년대에 들어와서 민족의 평화와 통일을 위해 선구자적인 고백과 각성을 하게 되며, 남한의 통일 정책을 뒤바꾸어 놓는 데 커다란 영향을 미치는 주목할 만한 공헌을 하게 된다. 물론 이런 역할을 담당하는 기독교는 아직 기독교 전체가 아니며 공교회의 공식 기구들이 전부 참여하는 것도 아니다. 그러나 점차적으로 의식의 변화가 일어나며 1988년에 와서는 한국 개신교 연합체의 대표적 기구라고 할 수 있는 한국기독교교회협의회(NCCK)가 역사적인 평화통일 운동 선언문을 총회의 결의로 발표하게 된다.[2] 통일 운동의 물꼬를 텄다고도 평가되는 이 선언을 통해 한국의 사회와 정치계에는 커다란 변화들이 생겨나게 되었다. 금기시되던 통일 논의가 자유롭게 되며, 민간 측 통일 운동이 88년부터 급격히 확대되고 전 국민적 관심사로 확산되어나갔다. 마침내 88년 대통령의 7·7선언으로, 정부의 통일 정책이 급격히 변화하고, 남북대화와 교류가 발전하며 총리급 회담이 열리면서 1991년에는 남·북의 화해와 불가침 교류 협력에 관한 합의서가 조인되게 된다. 89년의 베를린 장벽의 철거, 90년 독일의 통일과 90년대 동구 공산권의 해체라는 급속한 세계사적 변화와 함께 남·북의 대결 긴장 관계는 평화공존론, 교류 협력의 관계로 전환하게 된다. 물론 현실적으로 모두 실현되지는 못하지만, 적어도 의식과 규범의 면에서는 90

---

2 이삼열, "교회협의회 통일선언의 입장과 배경", 「기독교사상」 1988년 7월호.

년대에 들어와 남·북의 평화공존시대를 촉진시켰다고 할 수 있다.

이제 이러한 80년대와 90년대의 변화 과정 속에서 기독교가 평화의 증진과 통일의 촉진을 위해 어떤 공헌과 역할을 했는가를 살펴보려는 것이 이 글의 목표라고 할 수 있다. 80년대와 90년대 약 20년간의 한국 사회에서 평화와 통일에 대한 문제의식과 현실이 얼마만큼 어떻게 바꾸었으며, 기독교는 여기에 어떤 공헌과 역할을 하였는가를 찾아보는 것은 엄청난 작업이 된다. 80년대에는 각성된 소수의 기독교인들의 외로운 운동이었고, 억압과 질시를 받는 평화통일 운동이었지만, 80년대 말 물꼬가 터진 이후로 90년대에 와서 엄청나게 많은 운동과 조직, 세미나와 토론, 선언과 행진들이 일어났으며, 북한을 찾아 드나드는 교류와 협력사업도 크게 발전하였다. 이러한 발전 과정들을 일일이 정리해서 기술한다는 것은 매우 힘들고 벅찬 일이며, 앞으로 체계적인 연구에 맡겨야 할 역사적인 작업이 될 것이다.[3] 그러나 필자는 이 운동 과정에 직접 참여해온 당사자로서, 앞으로의 작업을 위해 서론적인 논의와 틀을 만들어보려는 것이 이 글의 목적이다. 주관적이고 일방적인 견해와 관찰에 불과할지 모르겠지만, 앞으로 보완될 것을 믿으며 기독교, 특히 평화통일 운동에 나선 진보적인 에큐메니칼 운동기관인 한국기독교교회협의회 운동과 연대 운동들을 중심으로 살펴보고자 한다.

---

[3] 다음과 같은 연구서들이 이미 출판되어 있다. 기독교사회문제연구원 편, 『남북교회의 만남과 평화통일신학』, 기사연무크3(민중사, 1991); 남북나눔연구위원회, 『민족통일을 준비하는 그리스도인』(두란노, 1994); 이삼열, 『평화의 복음과 통일의 사명』(햇빛출판사, 1991).

편의상 운동의 과정을 세 시기로 나누어서 관찰해 보고자 한다.

1. 80년대 평화 운동과 한반도의 분단 극복 운동(1981~1988)
2. 탈냉전 시기의 남북대화와 통일 논의(1989~1995)
3. 북한의 곤경과 남·북의 교류 협력 운동(1993~1999)

지난 20년간의 짧은 기간을 다시금 세 시기로 나누는 데는 역사적 정치적 변화와 발전 때문이라고 하겠다.

1981년부터 88년까지는 통일 논의와 운동이 억압되었던 상황에서 기독교가 국제회의나 내부적 토론을 통해 한반도의 평화와 분단 극복의 방법과 실천에 관하여 과감한 토론과 주장을 전개하는 시기였다. 마침내 88년 2월의 교회협 선언과 88년 7월의 대통령 7·7선언으로 통일 논의와 운동이 자유화되면서 획기적인 변화가 일어나게 되었다. 이 시기에 기독교는 해외 교회들과 WCC 등을 통해 평화통일운동의 새로운 방향을 설정하며, 과감하게 북조선 기독교도련맹과 접촉하고, 남·북의 화해와 평화공존, 민이 주도하는 통일 논의를 활발하게 전개해간다. 이러한 변화는 87년 6월 항쟁이 민주시민의 승리를 이끌어내고, 헌법 개정과 대통령 직선제, 민주 정당의 활성화 등 민주화의 바람과 함께 쟁취된 것이었다는 것을 주목할 필요가 있다.

1988년부터 95년까지를 두 번째 시기로 구분하여 보는 이유는 7·7선언으로 통일 논의의 자유화가 이루어졌으며, 남북교류나 통일에 관한 논의가 전 국민적으로 확산되고, 평화통일 운동이 크게 대중화하는 시기이기 때문이다. 국내적으로는 정당, 노조, 언론, 학원의 자유와 참여 활동이 크게 활성화되었을 뿐 아니라, 정부 측에서도 국민여론에 호응하여, 남북고위급회담을 개최하고 남·북 관계의 개선을 시도하였으며, 한민족공동체 통일방안을 만들어내는 등 획기적인 통일 정책의 변화를 가져온 시기였다. 민간 측 통일 운동들도 열기를 띄게 되고, 문익환 목사·임수경 학생의 북한 방문이 이루어지고, 범민족회의 등이 남·북 간에 시도되는 등 평화통일 운동이 크게 발전하게 되는 시기이다. 국제 정세도 매우 긍정적인 방향으로 큰 변화를 일으켰다. 89년에 베를린 장벽이 무너지고 90년대에 독일의 통일이 기적같이 실현되었으며, 냉전시대는 종식을 고하게 되었다. 이 기운과 바람의 힘을 얻어 국내 통일 운동의 열기는 절정에 이르게 되었다. 마침내 북방 외교도 성공했고 남·북한이 유엔(UN)에 동시 가입하였으며, 92년엔 남북합의서가 채택·조인되기에 이르렀다. 이 시기에 기독교의 통일 논의는 일반 시민들의 통일 운동보다는 앞서가지 못하며, 선도적 역할을 진보적인 운동 단체나 학생 운동에 넘겨주는 것 같지만, 교회 안에서는 평화교육과 통일 문제의 의식화를 대중적으로 확산시키는 데 성공하게 된다. 통일 모색을 기독교의 선교적 과제로 삼도록 하는 의식의 변화가 일어나게 된다. 한편 제한적이지만, 북한의 기독교도련맹 대표자들과의 접촉 교류가 잦아지고, 북한을 방문하는 교회 지도자들도 점차 많아지게 되어 북한의 교회를 인정하고, 북한선교의 동반자로 이들과 협력하는 일들이 점차 늘어나게 되었다.

그러나 이러한 통일 운동의 열기와 활발한 분위기는 1994~1995년을 고비로 바뀌게 된다. 흡수통일에 맞선 북한의 방어적 정책이 핵확산금지조약(NPT)에서의 탈퇴와 핵무기 개발, 미사일 발사 등의 벼랑 끝 전술로 나타나고, "서울불바다"론으로 남·북 관계에 찬물을 끼얹으며 남·북 관계는 다시금 경직된다. 김일성 주석의 사망과 김정일 지도자의 권력승계, 그리고 동구 공산권의 와해에 따른 북한의

외교적 고립과 경제난은 북조선에 커다란 체제 붕괴의 위협을 가져
온다. 수백만 동포가 굶주리며 영양실조로 수많은 어린이 노인들이
죽어가는 참혹한 북한의 현실을 보면서, 남한의 평화통일의 논의는
일단 고개를 숙일 수밖에 없게 된다. 북한의 아사와 붕괴, 전쟁 도발
의 위협을 막는 것이 한반도의 평화에 필수적 전제조건이라는 인식
이 서서히 자라게 된다. 이런 현실 앞에서 연방제 통일이냐 공동체
통일이냐를 논쟁하는 것은 무의미한 일이며, 교류 협력 증대나 이산
가족의 재회 등은 북의 체제를 흡수통일하려는 전술로밖에는 보이
지 않아 북한의 곤경을 더욱 궁지로 몰아가는 정책이 되기 때문에,
통일운동가들도 조심스럽게 자제해야만 하게 되었다. 동·서독의
통일은 흡수통일로서 북쪽이 알레르기 반응을 일으키기 때문에 그
모델을 강조하기도 어렵게 되었다.

1995년 이후의 이러한 시기를 후세의 역사가들이 어떻게 기술할
지 모르지만, 필자는 일단 북한의 곤경과 체제 불안의 시기로 파악
하려고 하며, 이 시기의 가장 의미 있는 평화 운동을 남·북의 나눔
운동과 북한동포돕기운동으로 보려고 한다. 사실상 1995년 이후에
북한의 경제를 회생시키기 위한 노력이 다방면에서 일어나게 된다.
북조선의 합영법을 이용한 북한에의 투자·생산, 쌀과 옥수수·비료
·의약품의 지원, 그 밖의 인도적 지원활동 등이 크게 증대된다. 그러
나 북한 동포를 돕는 운동은 북의 전쟁 도발과 적화통일론에 의해
지장을 받으며, 북의 군사력을 강화한다는 이유로 여러 가지 제약을
받게 된다. 이 시기에 기독교 측의 북한동포돕기운동은 이러한 편견
과 장애를 넘어 민족애와 인도주의적 견지에서 지속시키며 확대하
려고 노력한다. 그러나 북한의 곤경은 해소되지 않고, 개방과 교류

를 할 수 있을 만큼 경제나 내부 체제가 안정되어 있지 못한 것 같다. 99년 6월의 서해안 교전 사건이나 금강산 관광객 억류 사건 등이 남·북 관계 개선에 그림자를 드리울 것은 명약관화하다. 이제 남·북 관계는 냉전적 체제와 구도를 근본적으로 청산하지 않으면, 평화도 통일도 기대하기 어렵다는 사실이 점점 분명하게 드러나고 있다. 기독교의 평화통일 운동도 이제 원칙적인 주장과 논의에서 현실적인 정책과 실천 방안을 강구해야만 하는 도전에 직면하게 되었다. 2천 년대에 가서 한반도의 평화를 위해, 통일의 실천을 위해 기독교는 어떤 과제를 우선적으로 실천해야 할 것인가가 심각히 논의되어야 할 단계에 이르렀다고 하겠다.

I. 분단 극복을 위한 기독교 운동(1981~1988)

조국의 분단이 반세기가 되었지만, 남한의 기독교가 통일 문제를 선교적 입장에서 논의하고, 평화통일 과업을 교회의 과제로 추진하기 시작한 것은 1980년대에 들어와서였다.[4] 1945년 분단 이후 주일마다 교회에서는 통일을 위해 울면서 기도해온 것이 사실이지만, 북진통일이나 멸공통일을 생각하면서 통일을 외쳤지, 화해와 공존을 전제로 하는 평화통일을 기원하거나 주장한 흔적은 별로 찾아볼 수 없다. 1960년대까지는 평화통일론 자체가 이적행위로 처벌되었고, 남·북의 공존론 자체가 간첩행위로 오인되었기 때문에, 남한에서는 교회뿐만 아니라 일반 사회에서도 이를 감히 주장할 수가 없었다. 1972년에 7·4공동성명이 남·북 정부 간에 채택된 뒤에도, 교회는 자주, 평화, 사상과 이념을 초월한 민족 대단결의 원칙을 오히려 반공정신에 어긋난다고 회의적으로 보았으며, 교회적으로 이를 지지하지 못했다. 1970년대 후반에 와서는 통일 문제를 심각한 교회의 과제로 보려는 일부의 시각이 있었지만, 유신독재 체제에 대한 투쟁과 인권 운동에 나섰던 당시의 진보적 기독교인들은 우선 민주화를 이룩한 뒤에 통일을 해야 한다는 '선민주 후통일'의 입장을 가졌다.

이러한 시각이 수정되어, 민주화와 통일은 함께 추진되어야 하며, 분단의 극복 없이는 민주화의 달성이 어렵다는 인식이 생긴 것은 1980년 광주민중학살사건을 경험하고 나서였다. 분단 구조 속에서 반공을 국시(國是)로 하는 안보 독재체제로써는 인권도 민주화도 사

---

4 이 장의 일부분은 필자가 〈조국의 평화통일과 선교에 관한 기독교인 도쿄회의〉(1990년 6월 10~13일, 도쿄 한국YMCA)에서 발표한 기조강연에서 발췌한 것임을 밝힌다.

회정의도 이룩될 수 없다는 것을 깨닫게 된 것이다. 이때부터 남한의 안보를 위해 존재하면서도, 민주화에 역행하며 독재정권을 지원해온 미국의 역할에 대해서도 비판이 높아지게 되었다. 적대적인 분단구조를 그대로 두고서는 남·북 양쪽에서 참 민주주의와 사회 정의를 실현할 수 없다는 절망적인 의식이, 국군의 작전권을 쥐고 있는 미국의 좌시 하에, 군부가 민주화 운동을 압살하는 광주사건을 경험하고 나서 점점 확산되기 시작한 것이다.

광주민주화항쟁 이후에 통일에 대한 인식과 요구가 높아진 것은 사실이지만 그러나 아직 민주화의 과제도 요원한 5공 초기에 교회가 어떤 식으로 통일을 주장해야 할지는 막연했다. 자칫 '선통일 후 민주'를 주장했다가는 '북쪽식의 적화통일'을 지지하는 자로 오인되었기 때문에, 섣불리 통일을 외칠 수도 없었고, 또 통일의 가능성이나 현실적인 방법이 별로 보이지 않았다. 그래서 통일은 반드시 필요하지만, 어떻게 가능한지는 모르겠으니까 우선 연구해보자는 결론에 도달했다. 이나마 통일 논의와 연구소를 설치하자는 결정도, 독일교회와 함께 협의회를 갖는 형식을 통해서 생기게 되었다. 1981년 6월 8~10일에 서울에서 모인 제4차 한독교회협의회는 공동결의문 제4항에서 이렇게 밝혔다. "분단된 우리 국가의 통일이 무엇보다 중요한 교회의 과제이다. 한국과 독일 양국의 분단은 서로 상이한 역사적인 배경과 세력에 의해 생기게 되었으나, 양국의 교회는 자유와 정의와 평화 가운데서 통일을 성취하려는 민족의 의지와 포부를 기독교적 사명과 책임감으로 받아들여야 한다." 그리고 제5항에서는 "우리는 한국기독교교회협의회(NCCK)가 통일 문제를 연구하며 촉진하는 위원회나 연구소를 설치할 것을 권장하며, 독일교회가 재독 한인들의 평화통일에 관한 논의를 지원하도록 요청한다"고 명시했다. 이러한 권장에 따라 한국기독교교회협의회는 1982년 2월 26일에 통일문제연구원 운영위원회를 설치할 것을 결의했으며, 동년 9월 16일에 운영위원회를 조직하기에 이르렀던 것이다.

한국기독교교회협의회(NCCK)는 통일문제연구원을 조직했지만, 아직 통일 문제를 연구할 자유를 얻지는 못했다. 통일에 관한 연구협의회를 가지려 했으나 당국의 방해로 두 번이나(1983년 3월 21~22일, 83년 5월 23~25일) 모임이 취소당하고, 회의장을 경찰이 막아 모일 수조차 없었다. 3월 21일 올림피아호텔에서 모이려던 국제회의는 한 주일 전 호텔 사장이 그때 물이 안 나와서 열 수 없다고 통보해 급히 회의를 연기하게 되었다. 정보부의 방해 공작이었다. 5월 23일엔 백주년기념관에서 모이려고 했는데 당일 아침에 경찰이 회의장을 둘러싸서 입장할 수가 없었다. 남한 기독교의 통일 논의는 1981년부터 공교회(公敎會)의 차원에서 시작된다고 볼 수 있지만, 1984년까지 처음 4년 동안은 외국 교회와의 협의를 통해서만, 통일에 대한 관심과 의지를 표명할 수 있게 된다. 1984년 3월 21~24일에 제3차 한·북미교회협의회가 서울에서 개최되었을 때도, 미국과 한국의 분단에 대한 책임과, 분단으로 인한 고통을 심각히 토론했으며, 한민족의 통일과 평화의 실현이 교회의 정당한 선교적 과제라고 고백하게 되었다.

이런 가운데 세계교회협의회(WCC) 국제위원회가 1984년 10월 29일~11월 2일에 일본 도잔소에서 개최한 〈동북 아시아의 정의와 평화 협의회〉는 한국교회의 통일 운동에 중요한 전기를 마련해주었다. 도잔소회의는 한반도의 평화와 통일 문제를, 한국교회와 해외의 교회들이 함께 본격적으로 협의한 최초의 회의였다고 할 수 있다. 필자가 쓴 한국의 상황 보고(김형태 목사 낭독)와 전문가들의 정세분석, 그리고 교회의 평화적 사명에 관한 진지한 협의 끝에 나온 도잔소 보고서는 교회의 통일 운동에 중요한 이정표를 마련해주었으며, 여러 가지 실천적 과제를 제기했다. 그 주요 내용은 다음의 세 가지로 요약할 수 있다.

1) 분단이 한반도에서 모든 악의 근원이며, 분단이 긴장과 전쟁 위협과 독재와 인권 유린, 경제적 손실과 인간적 고통의 원인이기 때문에, 이러한 분단의 극복이 평화와 정의를 실현하는 데 필수적인 요건이다.

2) 적대적이며 공격적인 분단 극복을 위해서는, 군비 경쟁을 지양하고 과장된 원수 상을 극복해야 하며, 교류와 만남이 있어야 하는데, 이를 위해서는 미국과 소련 등 주변 강대국들을 움직여야 하며, 해외 교회들이 이들 정부에 영향을 주도록 해야 한다.

3) 무엇보다도 남·북의 적대관계와 단절을 극복하기 위해서는 북한에 대한 정확한 정보와 접촉·교류가 필요한데, 이것이 남한 사람들에게 금지되고 있으므로, 해외 교회들이 북한 교회와 접촉하고 대화하며, 남·북한 기독교인들이 신뢰하고 만날 수 있는 여건을 조성해주어야 한다.

도잔소회의 이후인 1985년부터 89년까지 5년 동안은 이 회의에서의 결의와 건의들이 세계교회와 한국교회의 유대 속에서 실천되는 기간이었다고 보아도 좋을 것이다. 다른 한편으로 미국이나 캐나다, 일본, 서구의 교회들과 WCC 등 에큐메니칼 기구들이 북조선을 방문해서 많은 정보를 가져왔으며, 북조선의 기독교인들을 초청해내는 일을 집중적으로 하였다. 특히 미국의 장로교나 감리교, NCC는 한국 교회와의 깊은 유대 관계 때문에, 한반도의 평화와 통일을 위한 정책 문서를 만들고, 남·북의 화해와 통일을 위해 미국의 대(對) 한반도 정책의 전환을 촉구하는 결의문을 채택하기도 했다. 여기서 미국 정부가 북조선과의 적대 관계를 해소하고, 화해와 협력을 이룰 것을 요구하였으며, 평화협정의 체결·핵무기의 철거·주한미군의 철수·작전명령권 이양·군사훈련 중지 등을 요구한 것은 한반도의 평화 실현에 중요한 공헌이었다고 하겠다. 많은 세계 교회의 대표자들이 북조선을 방문해 교회와 정부의 지도자들을 만나고, 의견 교환한 내용들은, 우리 남한 교회에서도 큰 도움과 자극을 주었으며, 이러한 정보와 유대 관계를 기초로 해서, 남한 교회가 과감히 민간 측의 통일운동을 주도해나갈 수 있었다고 생각된다.

드디어 한국 안에서도 1985년부터는 통일문제협의회를 개최할 수 있게 되었고, 85년 5월 24일의 제1차 협의회, 86년 8월 25~26일의 제2차 협의회, 87년 8월 24~26일 제3차 협의회, 87년 11월 23~25일의 제4차 협의회, 88년 1월 21~22일의 제5차 협의회를 거쳐, 드디어 한국교회의 통일에 대한 신학적 입장과 정책이 정리되는 선언문이 마련되어, 1988년 2월 29일 NCCK 총회에서 "민족의 통일과 평화에 대한 한국기독교회 선언"이 채택되기에 이르렀다. 그러나 이러한 일련의 회의들이 국내에서만 있었던 게 아니라, 통일 논의의 자유와 정보의 제한을 극복하기 위해, 해외의 교회들과 유대해 계속 밖에서 협의회를 병행시키며 나갔다는 것이 중요하다. 참으로 해외 교회들과 해외 동포 교회들의 노력과 협력이 없었다면, 국내 교회의 노력과 정보만으로는 이만한 선언문을 내놓기가 어려웠을 것이다. 이러한 맥락에서 1985년 12월 9~12일에 열린 스토니 포인트회의, 86년 9월 2~5일 WCC가 주최한 제1차 글리온 회의, 86년 9월 29일~10월 3일 호놀룰루에서 모인 제4차 한·북미교회협의회 등이 우리의 문제의식을 발전시키는 데 큰 기여를 했다.

한국교회의 통일 운동을 위해 80년대 전반기의 중요한 문건이 1984년의 도잔소 결의문이라면, 후반기의 가장 중요한 문서는 88년 2월의 NCCK선언이다. 이 문서는 세 부분으로 되어 있는데, 첫째 부분은 한국 기독교의 신앙고백과 평화통일의 신학적 근거를 제시한 것으로서 왜 기독교가 통일을 신앙과 선교의 과제로 생각하느냐는 이유를 제시한다. 분단이 민족사에서 악의 근원이었다는 것과 증오와 전쟁·억압의 원인이었기 때문에 분단의 극복은 악의 제거요 악에서의 구원이라는 신앙고백이었다. 그리고 분단체제 속에서는 동족과 이웃에 대한 사랑을 실천할 수 없을 뿐 아니라 화해와 평화의 복음과 자유와 정의의 윤리를 실현시킬 수 없기 때문에 이것이 신앙의 문제요 선교적 과제가 되어야 한다는 것이다. 따라서 분단을 유지해오고, 분단 구조 속에서 안주하며, 분단 극복을 위해 노력하지 못한 기독교가 먼저 죄책 고백을 하자는 것이며, 회개와 새로운 사명감으로 평화 선교와 통일을 실천해가자는 것이다.

둘째 부분은, 기독교가 민족의 통일을 위해 제시하는 원칙과 정책의 건의이다. 통일에 관한 남·북한(조선) 정부 간의 첨예한 대립과 논쟁이 난무하는 가운데, 교회가 어떤 방안과 정책을 지지하느냐 하는 것은 대단히 어려운 문제였다. 고려민주연방공화국 안(案)도 있고, 평화 정착을 위한 기본 조약과 유엔 동시 가입 안도 있는데, 어떤 구체적인 방안을 교회가 지지하거나 합의해서 만들 수는 없었다. 그 래서 교회는 기독교의 신앙과 민족의 양심으로 받아들여야 할 통일 의 원칙들을 강조하면서 이 원칙을 실현하는 최소한의 정책들을 건 의하자는 데만 합의를 볼 수가 있었다. 그 다섯 가지 원칙과 정책 건 의는 다음과 같다.

1) 민족 자주 우선의 원칙: 민족의 삶과 이익을 우선적으로 고려하여 외 세의 간섭에서 벗어날 것을 원칙으로 세움. 이 원칙에 어긋나는 외국 과의 조약·협상을 수정 폐기할 것을 건의.

2) 평화 우선의 원칙: 분단체제의 안보보다는 민족 전체의 평화와 공동 안보를 우선적으로 생각한 원칙. 따라서 평화협정 체결, 핵무기의 철 거, 평화와 안정이 국제적으로 보장될 때 미군 철수, 유엔군 사령부 해체, 전시작전권 반환, 남·북 상호 군비 축소, 평화 산업으로의 전 환 등의 정책을 건의함.

3) 신뢰와 교류 우선의 원칙: 민족의 대단결과 동질성 회복을 위해 이념 과 체제의 차이에 따른 상호 비방과 욕설을 중단하고, 신뢰와 교류를 우선적으로 촉진시키자는 원칙. 남·북의 정보, 통신, 방문, 교류의 개방을 정책으로 건의함.

4) 민주적 참여와 민중 우선의 원칙: 통일 논의와 정책에 국민이 참여하 고, 특히 민중이 소외되지 않도록 우선적으로 참여시키자는 원칙. 통 일 논의의 자유화와 연구, 비판, 언론의 자유 보장을 정책으로 건의함.

5) 인도주의 우선의 원칙: 국가이익이나 이념과 체제보다도 인도적인 문제를 더 중요하고 우선적으로 해결해야 한다는 원칙. 이산가족의 방문 교류, 재결합을 통일문제 해결 이전에 우선적으로 실시할 것을

정책으로 건의함.

이 선언문의 세 번째 부분은 평화와 통일을 위해 교회가 실천해야
할 과제인데, 다음과 같은 다섯 가지로 요약된다.

1) 평화교육과 통일교육을 실시한다. 화해의 사명을 교육시키고 다른
   이데올로기와의 대화를 추진한다.
2) 이산가족의 서신왕래와 교류, 방문, 재결합을 추진한다.
3) 남·북 교회 간의 교류 방문을 실시하고, 민족 교회 공동체의 형성을
   추구한다.
4) 평화와 통일의 실현을 위해 동북아시아와 세계 교회와 유대를 강화
   한다.
5) 1995년을 평화통일의 희년으로 선포하고, 평화통일 기도주일로 지키
   고, 공동기도문을 작성하여 남·북 교회가 함께 지킨다.

이와 같은 NCCK선언은 국내외적으로 커다란 반향을 불러일으켰
으며, 국내에서는 민간 차원의 통일 논의를 자유화하고 활성화하는
데 획기적인 기여를 하였다고 평가되었다. 흔히 통일 운동의 물꼬를
트는 역할을 했다고 한다. NCCK는 그러나 보수적인 교회 내부에서
나오는 거센 반발과 비판에 부딪쳤으며, 이러한 진보적인 평화통일
관을, 어떻게 남한 내의 기독교인들과 교회에 심느냐 하는 커다란
과제를 짊어지게 되었다. 1988년 4월 25~29일 인천에서 모인 〈세계
기독교 한반도평화협의회〉는 NCCK선언을 대내외적으로 확산시키
며, 실천 과제를 국내외 교회가 다짐하며 결의하기 위한 대회였다.

그리고 WCC의 주선으로 1988년 11월 23~25일에 제2차 글리온회의가 개최됨으로써, 남·북 기독자들이 만나 평화통일의 선교적 과제들을 함께 확인하며 결의하는 것이 가능해졌다. 남·북의 교회와 기독자 대표들이 NCCK선언을 지지하고, 1995년을 통일의 희년으로 함께 선포했으며, 평화통일기도주일은 8·15 직전 주일로 정하고 공동기도문을 채택한 것은 실로 역사적인 일이었다고 하겠다.

그러는 사이에 6공화국의 새 정부는 개방적인 통일 정책을 수용하여, 1988년 7월에 7·7선언을 발표하고, 북한을 적대국이 아니라 민족 공동체의 일부로 받아들이겠다고 했으며, 교류 증진과 이산가족의 재회 등을 통한 민족 동질성의 회복을 주장했다. 신뢰와 교류의 원칙과 인도주의 원칙이 받아들여진 것이다. 국내의 통일 논의도 어느 정도 자유화되어 민주적 참여의 원칙도 수용되는 것 같았다. 7·7선언이 전혀 수용하지 못한 NCCK선언의 원칙과 정책은 민족 자주의 원칙과 평화의 원칙이었다. 교류·협력은 추진하되, 군사적 긴장 해소와 외국군 주둔의 문제는 신뢰가 구축된 다음에 논의하자는 것이다. 여기에 대한 남한 교회의 비판적 대응은 1988년 8월 14일 평화통일기도주일에 발표된 NCCK의 메시지에 나타났다. "우리는 정부 당국이 교류와 협력을 우선적으로 주장하고, 북한 정부가 군사적 긴장 완화나 평화적 조치들을 우선적으로 요구하면서, 명분 논쟁에 빠져 남·북 관계의 개선이나 진전이 이루어지지 못할 것을 염려한다. … 따라서 남·북한 당국이 '교류의 원칙'과 '평화의 원칙'을 동시에 추구하면서 서로의 제안과 건의를 함께 병행해서 다루는 지혜와 양보를 보여줄 것을 촉구한다"는 성명을 냈다. 그러나 이러한 병행과 양보의 정신은 남·북 당국으로부터 수용되지 못했으며, 따라서 고향 방문을 성사시키려던 적십자회담이나, 체육회담, 남북국회회담과 정치회담 등이 모두 교착상태에 빠지고 말았다.

88통일선언의 의미와 영향은 교회 안에서 뿐 아니라 전 사회 정치적으로도 높이 평가되었다. 물론 여기에 대한 찬반 논쟁은 몇 년 동안 계속되지만, 초기에 보수적 교단과 기독교 지도자들에 의해서 강렬하게 제기되었던 비판과 비난에 가까운 논쟁들은 정부의 정책자체가 88통일선언을 수용하는 방향으로 바뀌게 되자 사그러들게 된다. 교회협의 88통일선언문은 오히려 파문을 일으키면서, 교회 내적으로 평화통일에 대한 문제의식을 각성시키는 효과를 거두게 된다. 보수 교단과 기독교 단체들은 교회협 선언이 "평화협정이 체결되고 남·북한 상호간에 신뢰 회복이 확인되며 한반도 전역에 걸친 평화와 안정이 국제적으로 보장되었을 때, 주한미군은 철수해야 하며, 주한 유엔군 사령부도 해체되어야 한다"고 된 조항을 거두절미하여 "NCCK선언이 미군 철수를 주장해 북한의 대남 공작에 동조했다"고 비난하는 성명서를 대대적으로 발표했다.[5] NCCK의 통일선언이 88년 2월 29일에 연동교회에서 모인 NCCK 총회 석상에서 발표되었는데 한 달도 못되는 사이 보수 측 기독교단과 단체들은 모두 똑같은 내용의 반박성명서를 일제히 발표하고, 4월중에는 〈NCCK선언 범교단 평신도 단체 대책위원회〉가 조직되는 등 NCC와 비NCC의 대립과 공방전이 맹렬하게 전개되었다.

---

[5] 한국개신교교단협의회, 「민족통일과 평화에 관한 한국기독교교회협의회(NCCK)선언에 대한 개신교교단들의 입장」(대한예수교 장로회총회(합동) 총회장 김길현 외 고신, 개혁, 합동정통, 고려, 호헌 등 17개 교단장의 이름으로 발표된 반박성명서), 1988. 3. 23.

NCCK의 88통일선언을 비난하는 보수교단과 기독교지도자들은 〈한국장로협의회〉라든가 〈한국기독실업인회 중앙연합회〉, 〈한국 교회 평신도 단체협의회〉, 〈한국기독교 국민화합운동 협의회〉 등 거의 실체가 없는 조직체의 이름으로 똑같은 목소리의 비난 성명을 퍼부었다. 그러나 이들의 비난 내용을 분석해보면 민족의 평화와 통일문제에 대한 반공 노선 일변도의 곡해와, 북한에 대한 대결 의식으로 가득 차 있음을 알 수 있다. 가장 먼저 반박 성명을 낸 기독교 실업인회 중앙연합회의 주장(88년 3월 17일)을 보면 이들은 교회협(NCCK) 성명을 친북한 반체제적인 것으로 규탄하려고 했다. "우리들은 통일의 전제조건으로서 평화협정체결, 핵무기의 철거, 미군 철수, 유엔군 사령부의 해체 등을 거론하여 선언하게 하는 NCCK 주변의 일부 반체제 인사들의 교묘하고도 집요한 책략이 북한 김일성 독재체제가 내세운 대남적화통일 논리와 맥을 같이 하고 있음을 결코 간과할 수 없다"(3항). 이 성명은 또한 "북한의 위장종교집단인 조선기독교연맹위원장 김성률이 NCCK 성명을 3월 7일자로 지지 찬동한 담화를 발표하였으므로 NCCK는 이들의 지령을 받고 하는지 밝히라"는 요구도 했다(7항).[6] 〈NCCK 통일에 관한 선언 범교단 평신도 단체 대책위원회〉의 이름으로 발표된 비판문에는 "NCCK선언은 비성경적, 반기독교적, 반국가적인 선언문이므로 한국의 천만 기독교 신도들과 반공을 국시로 하는 대한민국의 모든 애국애족 국민들은 모두 총궐기하여 이를 반대하여야 한다"고 주장했다.[7]

---

6 한국기독교 실업인회 중앙연합회, 「우리들의 주장」, 1988년 3월 17일.

7 NCCK선언 범교단 평신도단체 대책위원회, 「통일과 평화에 대한 NCCK선언 이후 한국 교계의 반응 -교단, 기관 단체의 비판성명 교계언론 보도현황 및 논평」, 1988년 4월 29일.

이러한 보수교단과 반공 기독교 단체들의 비난 성명들은 기독교 신문 등 매스컴을 타고 확산되면서 오히려 NCCK통일선언을 교인들과 국민들에게 읽도록 선전해주는 효과를 거두었으며, 교계 신문잡지들이 선언서의 해설과 논쟁점들을 자세히 기사화해주어 대중적으로 알리고, 토론케 함으로써 통일 문제 의식이 고조되고 변화하는 효과를 거두기도 하였다. 이것이 아마도 NCCK선언이 통일 운동의 물꼬를 트게 만들었다는 평가를 받게 된 이유일 것이다. 어쨌든 한국기독교의 이 선언으로 88년 3월부터 열띤 통일 논의와 운동이 전개된다. 88년 7·7선언으로 이 논의는 더욱 가열되고 대중화되어 터부시되었던 통일과 북한에 대한 논의가 전 국민들의 입으로 회자되는 주제가 된다. 많은 통일 운동 단체가 생기게 되고, 통일 문제 연구 세미나, 토론회, 공청회, 학술대회가 붐을 이루게 된다. 실로 커다란 질적 변화를 이루었다. 이것은 실로 성령의 역사 같은 체험이었다.

II. 탈냉전시기의 남북대화와 통일 논의(1989~1995)

88년 2월의 교회협 통일선언은 기독교의 통일 운동뿐만 아니라, 민족의 평화통일 운동과 실천을 위하여 하나의 중요한 이정표를 세워놓았다. 이제까지, 7 · 4남북공동성명이나 북한의 '고려연방제 통일방안', 남한의 '민족화합 민주통일방안' 등 정부 차원에서의 논의와 방안들이 있어 왔지만, 민간 측에서 즉 시민사회에서 포괄적인 통일 논의를 전개하여 원칙과 정책적 제안을 이만큼 구체적으로 내놓은 경우는 없었기 때문이다. 그뿐만 아니라 교회협 선언이 제시한 5대 원칙, 민족 우선 · 평화 우선 · 신뢰와 교류 우선 · 인도주의 우선 · 민중참여 우선의 원칙들은 통일 논의를 주도해가며 방향성을 제시하는 새로운 발상과 가치를 보여주었기 때문이었다. 특별히 통일 논의와 과정에서 민의 참여가 중요하다며 민주적 참여와 민중 우선의 원칙을 제시함으로써, 이제까지 금기시되고 억압되었던 통일 논의의 자유화를 관철시키는 계기를 마련한 것은 자타가 공히 인정하는 역사적 공헌이었다.

찬반 논란을 거세게 일으켰던 88교회협 통일선언은 과감하게 분단 50년이 되는 1995년을 평화와 통일의 희년으로 선포하며 분단 반세기를 넘기지 않고 평화통일을 이룩하여야 한다는 신앙적 고백을 선포했다. 그리고 1995년까지 7년 동안 온갖 힘을 다 바쳐 남 · 북의 화해와 교류 협력 그리고 평화적 통일을 실현시키기 위해 전 교회적으로 국민들과 함께 대대적인 운동을 전개할 것을 선포하였다. 선언문의 기초위원들이 이와 같은 예언적인 기획을 작성했을 때, 우리는 88년 이후의 국내 정세나 남 · 북 관계가 어떻게 전개될지 전혀 예측

하거나 감을 잡을 수 없었다. 그러나 이것은 한국교회가 운동의 목
표로 설정한 해였으며 믿음을 가지고 노력하려는 신앙적인 일정표
였다.[8] 그러나 지금 돌이켜 보면 1988년에서 95년까지 7년 동안 한반
도의 상황과 남·북 관계에서는 놀라우리만큼 커다란 변화가 생겼
다. 한반도의 평화와 통일이 달성된 것은 아니지만 이를 위한 전제
조건이 되는 여러 가지 상황과 변화가 일어난 것을 우리는 느낄 수
있었다. 이것은 한반도의 상황에서뿐만 아니었다. 80년대 후반에 와
서 소련의 페레스트로이카 정책과 전략핵무기감축(SALT) 회의가 진
전을 보이더니 드디어 89년 11월에 놀랍게도 베를린 장벽이 무너졌
고 동구라파 공산국가들의 민주화가 폭발적으로 일어났다. 동·서
독은 그 후 일 년 만인 90년 10월에 급작스런 통일을 성취하게 되고
소련연방공화국마저 해체되어 민주화하는 기적 같은 일이 벌어졌
다. 80년대 말에서 90년대 초에 이르는 몇 년 동안에 세계사를 뒤집
어놓을 만큼 커다란 변혁이 생기게 되었는데, 이것이 동서냉전체제
의 해체였다.

아마도 이러한 세계사적 전환과 관련되었겠지만, 88년의 통일선
언과 7·7선언으로 활성화된 통일논의와 남북대화는 한반도 정세에
도 큰 변화를 가져왔다. 89년에 한민족공동체 통일방안이 발표되었
고 북방 외교가 성사되어 중국·소련과 국교 관계를 맺었으며, 많은
시련을 거쳐 남·북한이 유엔에 동시 가입하게 되었다. 그리고 남북
총리급회담은 결국 92년에 「남·북의 화해와 불가침 교류 협력에 관
한 합의문」을 통과시켜 조인하게 되었으니 실로 72년 7·4공동성명

---

8 이삼열, "평화통일운동과 교회협의회의 과제" (NCCK정책협의회에서의 발제강연
    1989.10.12), 필자의 책, 『평화의 철학과 통일의 실천』(햇빛출판사, 1991), 382.

을 채택한 후 20년 만에 새로운 통일의 이정표를 세우게 된 것이다. 이러한 국내 정치적 변화와 발전이 88년 이후 압축되어 나타난 것도 매우 놀라운 일이었다. 어쨌든 교회협의회가 88년부터 95년까지 평화통일 운동 7개년 계획을 〈95년 희년〉 프로그램으로 전개한 것은 매우 성공적이며 효율적이었다고 생각된다. 적어도 95년 희년을 맞기 위해서도 한국교회는 평화통일 운동을 열심히 전개해야 할 신앙적인 이유를 마련한 셈이 되었다. 그런데 묘하게도 이때부터 북한에서도 1995년을 조국 통일의 해로 만들자는 구호가 나타나게 되었다. 북한의 전략이겠지만 노동신문은 "1995년 조국해방 50돌을 나라의 자주적 평화통일 위업을 성취하는 역사적인 전환의 해로 만들자"고 강조했다.[9]

그러면 한국기독교교회협의회에서는 이 기간 동안 평화통일을 실현하기 위해 어떠한 노력과 운동을 전개하였는가? 88년 통일선언 이후 95년 통일 희년을 맞기까지 기독교 평화통일 운동을 주도해온 NCCK는 통일위원회를 중심으로 많은 대중 집회와 교육프로그램, 의식 계몽 활동을 수행하였으며, 통일 정책이나 방안, 남북대화에 관해서도 많은 성명서와 입장을 표명하였다. 그러는 한편, 북한교회와 대화의 창구를 열고 남·북의 기독교가 함께 민족의 평화통일을 위해 협력하려고 여러 차례 만남과 대화를 주선하였다.

우선 88년 한해는 교회협 통일선언의 논쟁과 여파가 비등하는 가운데, 이 선언의 의미와 내용을 교회 안팎에 널리 홍보하면서 교회의 과제 부분을 실천하는 데 주력하였다. 세계교회 대표들을 초청해

---

9 「노동신문」, 1988년 11월 8일자 1면.

서 88선언을 재확인시킨 4월의 인천대회를 필두로 해서, 11월의 2차 글리온회의를 개최하기까지 국내에서도 많은 통일 세미나와 기도회 등 집회가 열렸다. 무엇보다 8·15직전 주일을 평화통일 기도주일로 정하고 통일이 될 때까지 전국교회가 지키도록 하자는 88선언의 내용을 실천하기 위하여, 첫해인 88년 8월 14일 주일에 첫 기도주일을 오후 3시 정동교회에서 교회협 주최로 예배를 드렸다. 이 예배에서는「평화통일을 기원하는 공동기도문」이 작성되어 발표되었다. 첫해에는 남한교회 단독으로 발표되었으나 89년부터는 2차 글리온회의(88년 11월)의 합의에 따라 남·북의 교회가 함께 합의해서 만든 남북공동기도문이 발표되었다.[10] 7·7선언 이후 정부의 통일정책이 크게 전향적으로 바뀌게 되자, 남·북한 교류 방문에 대한 기대가 높아져서 88년 후반기에 와서는 대한복음교회가 '성탄절 판문점 남북 공동예배' 추진계획을 제안하기도 했고, 〈목회자정의평화실천협의회〉에서는 9월 25일 추석에 남·북 기독자들이 상호방문해서 추수감사절 예배를 함께 드리자는 제안도 했다. 남북교류에 관한 제안은 교회뿐만 아니라 학생 운동·민간 통일 운동 단체 등에서도 수없이 발표되었지만, 남과 북의 제안들이 늘 상충되어 조건을 만족시키지 못하기 때문에 실현될 수가 없었다.

그러나 89년부터는 통일 논의와 주장, 운동들이 전국적으로 봇물이 터지듯이 밀려오게 된다. 89년 초부터 남·북한 정부는 총리급 남북고위당국자회담을 제안하고 예비회담이 개최되는데, 문익환 목사는 갑작스럽게 일본 동경과 중국 북경을 거쳐 평양을 방문하여 김일

---

¹⁰ 한국기독교교회협의회, 「1994 남북평화통일 공동기도주일 예배문(1994. 8. 14)」에 1990~1994년의 남·북한 공동기도문이 수록되어 있음.

성 주석과 통일 문제를 의논하고 왔다. 물론 귀국 후 공항에서 체포되어 장기간 징역형을 받고 옥살이를 하게 된다. 재야 운동권에서도 전국민주민족통일운동연합(전민련) 등이 조직되고, 북쪽의 범민족대회 요구에 호응해서, 남·북의 동포들이 함께 연대하는 범민족대회를 성사시키기 위한 범민련 조직이 생겨나게 된다. 이러한 움직임에 따라 남쪽 범민련 대표를 평양이나 판문점으로 파송하려는 계획까지 수립되지만, 정부 당국의 불허로 방북이 성사되지 못하게 되자, 89년 8월에는 남한 측 전국대학생협의회(전대협) 대표자격으로 임수경 씨가 북한에 밀입국하게 되고 평양과 판문점에서 통일 행진을 마친 뒤 휴전선을 넘어 남쪽으로 넘어와 체포 구속되는 사건이 일어난다. 통일 논의의 자유를 획득한 국민들은 점차 북한 방문과 교류의 자유 등을 요구하며, 정부의 대북 정책을 뛰어넘어, 민간 측에서 통일 운동을 전개하여 남북교류와 방문·경제 협력·이산가족 재회 등을 촉진시키려는 운동을 활발히 전개했다. 임수경 씨가 구속된 상태에서 90년 8월 베를린에서 북한 대표와 범민족대회를 의논하기 위해 만난 범민족 대표 조용술 목사와 이해학 목사가 돌아와 구속되는 일이 벌어졌다.

88년에는 기독교가 교회협선언을 통해 통일 논의의 물꼬를 텄지만 89년·90년으로 오면서 민간 통일 운동은 전대협이나 범민련 같은 학생 운동·재야 민간 통일 운동 단체들이 선도하며, 방북 사건을 일으키고 열기를 돋우는 방향으로 운동을 전개해갔다. 그러나 민간 통일 운동에도 기독교 측의 목사나 평신도 등이 많이 참여하여 운동을 이끌어가고 있었다. 그러나 기독교의 공식기구며 공교회 조직인 교회협(NCCK)이나 각 교단들은 교회적인 방식을 넘어선 정치적 통일 운동에는 가담할 수가 없었다. 더구나 체제에 정면 도전하는 밀입북이나 비합법적 교류, 북한인과의 접촉 등은 하지 않았다. 합법적인 테두리 안에서 통일 논의와 운동을 전개하다보니 교회협은 정부의 통일 정책에 대한 비판이나 건의와 대중적인 의식 계몽과 정책 연구 등에 국한해야만 했다. 더욱이 교회협은 통일 운동을 선교적 과제로 선포했으며, 신앙적이고 교회적인 방법과 차원 속에서 노력할 것을 다짐했다. 교회 대중들의 기반 위에서 통일 운동을 전개하는 것이 필요했기 때문이었다. 그래서 평화통일기도회나 선교세미나 같은 형식을 통해서 운동을 전개해갔다. 예배·선교세미나·강연회 등을 통해서 통일의 5대 원칙과 정책제안들을 계몽시키고, 통일에 대한 희망과 의지를 대중 속에 심어주는 것이 교회가 할 수 있는 일이었기 때문이다.

이런 상황과 조건에서 교회협(NCCK)의 통일 운동은 매년 8·15 직전 주일에 남·북한 교회와 전 세계 교회들이 함께 지키기로 한 평화통일 기도주일을 정점으로 해서 프로그램과 행사들을 전개해갔으며, '1995 평화통일 희년운동'으로 집중해갔다. 이 운동은 교회협이 88선언문에 선포한대로 분단 50년이 되는 1995년까지 평화와 통일의 희년을 맞이하도록 남·북의 화해나 교류 협력, 평화체제의 구축, 통일 방안의 합의 등을 위해 노력하자는 기독교적 방식의 통일 운동이었다. 교회협은 이 운동을 위해 95년까지 희년운동본부를 설치하고 여러 가지 운동과 프로그램을 종합하는 실천계획을 세우기까지 했다. 이러한 논의를 토대로 1990년에는 희년운동 5개년 종합계획을 마련하기도 했다.[11]

이 계획에 따르면 교회협에서도 조국의 평화통일을 실현키 위한 매우 포괄적인 운동과 사업들을 계획하였음을 알 수 있다. 통일선언의 5대 원칙인 민족 자주, 평화 실천, 민족 대단결, 인도주의, 민주적 참여 등에 따라 이 원칙을 실현시키는 사업과 운동들로 기획된 희년 5개년 사업계획에는 거창한 구상들이 많이 있었다. 예를 든다면 반공이데올로기나 냉전논리의 극복, 군축 운동의 전개, 사상범의 대사면 복권, 핵무기 철거, 팀스피릿 군사훈련 반대, 남·북한 교회 상설협의기구 설치, 전국적인 평화교육 등 남·북의 분단과 대결 구도를 청산키 위한 수많은 과제와 운동의 제안들이 나왔다. 그러나 막상 실천해내기는 어려웠다. 정치적으로 군사적으로 법률적으로 복잡한 문제들을 전문적으로 다루어나가기에는 역부족이었고, 또 이를 실천하고 감당할만한 조직이나 기구도 마련되지 못했다. 회원교단들이 원칙적으로는 교회협의 통일 운동에 점차 많이 찬성하고 참여도 했지만, 아직 평화통일 운동에 열성인 교회나 기독교인들은 극히 소수에 지나지 않았다. 아직도 보수적인 교인이나 목사들은 기독교가 왜 통일 문제와 같은 정치적 문제를 선교적 과제라고 거론하는지 이해할 수 없다는 의견을 표시하곤 했다.

이런 여건 속에서 교회협이 가장 활발하고 열성적으로 추진한 평화통일 운동은 예배와 기도회, 선교세미나였으며, 특히 8·15를 전후한 연례적 평화통일 연합예배와 기도회, 부대적 행사에 온갖 힘을 기울였다. 89년 8월 13일엔 연동교회에서, 90년 8월 12일엔 소망교회에서 드렸는데, 이와 같은 대형 교회에서 초교파적으로 드리는 연합예배는 평화와 통일의 기원뿐 아니라 교회의 일치와 연합 운동을 위

---

11 한국기독교교회협의회,「한민족 한교회 - 1995 희년을 향한 기독교평화통일협의회 보고서」, 1991, 320

해서도 중요한 공헌을 했다. 또한 이 연합예배에는 남·북한 교회가 합의한 공동기도문이 낭독되었고 매년 해외 교회와 에큐메니칼 운동단체의 대표들이 참여했다. 예배가 있은 후 2~3일간 열리는 평화통일 정책 세미나에도 해외 대표들과 국내 교회 대표들이 함께 머물며 국내외의 동향에 관해 협의를 했으므로, 이 8·15를 전후한 행사는 교회협 통일운동의 구심점이 되었다. 예배나 기도회, 선교세미나 등은 주로 평화통일 의지와 의식을 확산시키는 대중적 평화교육의 장이 되었다. 그러나 정책협의회나 연구세미나 등에서는, 통일신학을 정립한다든가 통일 정책에 관한 건의나 비판문을 만들어 성명서로 발표하는 등 운동성이 강한 모임과 토론을 진행시키기도 했다.

특히 89년에서 92년에 이르는 3~4년간은 남북 관계가 대화나 협력의 과정을 통해 크게 개선되는 기간이었다. 89년 9월 11일에는 대통령이「한민족공동체 통일방안」이라는 새로운 공존적 통일 방안을 발표하였고, 90년 9월 3일에는 남북고위급회담 1차 회의가 서울에서 개최되었다. 남북교류법도 통과되어, 북한 방문이나 북한 인사 접촉 등이 허가를 받아 가능하도록 제도화되기도 했다. 이런 과정 속에서 교회협의회는 여러 차례 입장과 성명서를 발표하여, 남·북 정부 당국의 회담과 합의를 성사시키기 위해 노력하였다. 가급적 한편에 치우치지 않고 원칙적인 입장을 지키면서 현안문제들을 조심스럽게 분석하여 대안을 제시하는 노력을 했다. 예를 들면 남북고위급회담에 관한 성명에서는 ① 남북 교류와 군축을 동시에 협의하는 틀을 유지해주고 상대방이 감당하기 힘든 선행조건이나 책임전가를 위한 절차시비로 회담이 포기되거나 중단되는 일이 없도록 할 것, ② 한국 정부는 교류의 진정한 결실을 위해 현재의 '교류창구단일화'의 통제 장치를 대폭 완화할 것, ③ 북쪽이 강조하는 군축 제안을 남쪽이 보다 성실하게 받아들여 토론할 것이며, 군축 토론 자체가 공전하는 일이 없도록 할 것 등등의 요구를 했다.[12] 평양에서 2차 남북고위급회담이 개최되었을 때도 교회협은 성명서를 발표하여 성과 있는 회담과 진지한 토론을 촉구했다. 평화협정과 불가침조약을 체결할 것과 군축 협상에 임할 것, 남·북한이 유엔에 동시 가입할 것, 북한 방문으로 구속된 목사·신부·학생들을 석방할 것 등을 요구했다.[13]

다른 한편 교회협의회는 북한교회와의 만남과 대화를 통해서 한반도의 평화와 통일에 대한 남·북 양측의 입장과 태도를 교류시키며, 민족 교회로서의 하나 된 모습을 보이려고 노력했다. 북한의 조선기독교도련맹측과 WCC 등을 통해 교류하면서 북한교회의 내부 사정을 파악하고, 북한의 교회를 지원하며, 대화의 맥을 이어간다는 것만 해도 이미 민족의 통일에 크게 도움이 되는 일이었다. 더욱이 북한교회와 합의하여 공동의 기도문과 함께 공동의 정책성명서를 발표한 것은 남·북 양쪽 정부에게도 큰 영향을 주었다고 볼 수 있다. 남·북한 기독교의 직접 교류나 왕래가 불가능한 상황에서 교회협은 주로 미국이나 일본, 독일 등 해외 교회나 세계교회협의회(WCC) 등으로 하여금 국제적 회의를 주선케 하여 만남의 기회를 만들곤 했다. 89년 4월 23~26일에는 미국교회협의회(NCCUSA)가 주최하여 워싱턴의 체비체이스에서 한반도 평화통일협의회를 개최하였는데, 남·북한의 교회 대표들과 세계 여러 나라 교회 대표자들을 초대하여 한반도 문제를 집중 토론하고, 남·북한 교회가 서로 교류할 수 있는

---

12 「남북고위급회담에 관한 교회의 입장」, 한국기독교교회협의회 성명문, 1990년 9월 5일.
13 「제2차 남북고위급회담에 즈음하여」, 한국기독교교회협의회 성명문, 1990년 10월 15일.

기회를 제공하였다.[14] 결의문 속에는 미국의 대한반도 정책과 냉전 논리를 수정하도록 요구하며, 핵무기 철거와 평화협정·군축의 요구 등 핵심적 사항들을 공개적으로 토론하였다. 89년 6월에는 독일교회가 교회의 날(Kirchentag) 행사에 다시 남·북한 기독자들을 초청해서 만날 기회를 가졌으며, 89년 9월 29~30일에는 일본 동경에서 일본 기독교교회협의회(NCCJ)가 주최한 '동아시아의 평화와 교회의 사명'이라는 주제의 회의를 열었다. 90년 7월 10~13일에는 다시금 재일 대한기독교교회 총회가 주최해서 동경 한인 YMCA회관에서 남·북한 교회 대표들을 초청하여 〈조국의 평화통일과 선교에 관한 기독교인 동경회의〉가 열렸다.[15] 그리고 90년 12월 2~4일에는 스위스의 글리온에서 WCC가 주최한 〈한반도 평화 3차 글리온회의〉가 열렸다.

이러한 국제회의들을 통해 남한의 기독교 대표들은 북한의 교회와 북한 사람들의 삶과 형편에 대해 많은 것을 알아낼 수 있었다. 물론 북한 교회를 대표해 나온 사람들은 〈조선기독교도련맹〉의 위원장 강영섭 목사, 서기장 고기준 목사, 김운봉 목사를 위시하여 80년대에 와서 평양신학원에서 신학교육을 새롭게 받은 이철민, 황시천, 유병철 목사 등과 지도원이라는 명칭을 단 김남혁, 엄영선, 김혜숙 등 몇몇 요원들에 국한되었다. 철저한 단속과 감시로 북조선의 기독교 대표들은 대화가 자유롭지 못했으나, 그래도 며칠을 함께 묵으며 먹고 마시고 다니다 보면 인간인지라 삶의 모습, 진실의 모습이 조

---

14 박종화, "한반도의 평화통일을 위한 워싱톤 협의회의 배경",「교회와 세계」, 한국기독교교회협의회, 1989년 6-7월호, 통권 81호.

15 이삼열, "평화선교와 통일의 실천"(동경회의의 주제강연), 필자의 책, 『평화의 철학과 통일의 실천』(1991), 392-404.

금씩 밝혀지게 된다. 남·북한 기독자들의 만남은 거기서 무슨 거창한 통일신학이나 정책 문제가 논의될 수 없었지만, 만남 자체로써 커다란 의의를 가졌으며, 남·북 기독자들이 함께 예배드리고 기도하는 기회를 갖는 것만으로도 역사적 의미를 가지게 되었다.

그러나 해외에서의 남·북 기독자들의 만남은 궁극적으로 한반도 안에서의 만남을 실현시키고 남·북의 왕래와 교류를 관철시키기 위한 예비적 단계로서의 의미를 갖는 것이었다. 만남과 대화가 자주 있게 되면서 우리 땅에서 만나야 한다는 주장과 결의가 여러 번 있었다. 8·15 평화통일 공동예배에 대표들을 교환하며 서울과 평양에서 드리자든지, 판문점에서 만나 함께 드리자는 제의들이 오갔다. 90년 2월의 한국교회협 총회에 북한 기독교 대표들이 참석하도록 초청되기도 했고, 날짜가 정해져서 거의 실현될 뻔하기도 했다. 그러나 좀처럼 풀리지 않는 남북 관계는 우리 땅 위에서 함께 만나는 일을 어렵게 했다. 정부 관계나 다른 민간인들의 교류보다 한발 앞서 나가려는 남·북 기독자들의 교류 방문 기도는 성사되지 못했다. 대화는 하면서도 풀리지 않는 남·북의 장벽은 희년을 약속한 1995년까지도 남·북 교회의 공동예배와 만남을 한반도 위에서 이루어내지 못했다.

그럼에도 불구하고 남북고위급회담은 드디어 좋은 결실을 가져왔다. 91년 12월 13일에 채택되고 92년 2월 21일에 조인된 「남·북의 화해와 불가침 교류 협력에 관한 합의문」과 비핵화 선언이 그것이다. 이것은 남북 관계를 근본적으로 개선시킬 수 있는 새로운 틀의 합의문이었다. 물론 그대로 실천이 된다면 말이다. 그러나 남·북의 냉혹한 대결체제 속에서 당장에 실현되지 못했더라도, 실현되어야 할 목표로서, 규범과 가치로서 남·북이 합의했다는 사실은 역사적으로 커다란 의미를 갖는 것이다. 이 합의문의 채택과 서명으로 남·북의 동포들은 통일을 향해 큰 발걸음을 내디뎠으며, 크게 기뻐할 만한 사건을 맞이하게 되었다. 그런데 기독교 통일운동의 입장에서 더욱 기뻐할 일은 이 합의문의 내용 속에는, 교회협의 88년 통일선언이 제시한 정책건의 들이 거의 대부분 포함되어 있었기 때문이다. 특히 88선언의 5대 원칙 아래 제안된 "상호 존중과 비방의 중지"라든가, "불가침선언", "군사적 신뢰와 군축", "자유로운 왕래와 교류 협력", "핵무기 철거" 등이 남북합의서 속에 거의 그대로 반영되어 교회협 선언은 남북합의문의 선구적 역할을 했다고 인정을 받게 되었다. 여기에 대한 비교연구가 기독교사회문제연구원에서 만들어졌다.[16] 물론 반영되지 못한 부분도 있다. 특히 평화체제 구축을 위한 평화협정의 체결이나, 신뢰와 안정이 정착된 뒤 미군 철수나 유엔사령부의 해체 등은 남북합의서에 담겨질 수 없었다. 그러나 합의서에는 공고한 평화의 상태로 전환시키도록 노력하자는 함축적인 부분은 있어 방향 제시는 암시되었다고 볼 수 있다.

92년 남북합의서의 조인으로 남북 관계는 화해와 교류 협력의 단계로 전진하기를 기대했지만, 현실은 그와 반대로 진척되었다. 합의서가 약속한 남북화해공동위원회나 군사공동위원회, 교류 협력위원회는 전혀 가동되지 않았으며, 상호 비방과 중상을 하지 않고 주권과 체제를 존중한다는 조항은 처음부터 지켜지지 않았다. 92년 말 대통령 선거에서는 김영삼 씨가 승리했고, 93년 2월 문민정부를 수

---

[16] 한국기독교사회문제연구원, 『남북당국에 수렴된 한국교회의 통일선언 - 남북합의서와 한국교회 통일선언의 비교』, 1994.

립해, 군부 통치를 종식시키고 개혁을 단행하여, 남북 관계에서도 획기적인 변화가 기대되기도 했다. 한완상 교수가 통일원 장관이 되고, 곧 장기수 이인모 노인을 북으로 돌려보내 상당한 남북 화해 조치가 예상되었지만 정세는 곧 다시금 대결 국면으로 바뀌었다. 동유럽의 민주화와 소련의 공산주의체제 해체는 북한을 극도로 곤경 속에 빠트렸다. 공산권의 소멸로 외톨이가 된 북한은 외교적으로, 군사적으로, 경제적으로 심각한 위기에 빠지게 되었다.

북한은 93년 3월 갑자기 핵확산금지조약(NPT)에서 탈퇴한다는 선언을 했고, 핵무기 개발이라는 연막을 피우며 군사력 강화라는 초강수를 두게 되었다. 남북합의서도, 남북대화를 일단락 짓고 평화협정과 군축을 관철시키기 위해 미국과의 긴장을 격화시키려는 전술이었다. 미국과의 국교 관계를 맺고 경제 봉쇄에서 해방되려는 전략이 깔려있기도 했다. 어쨌든 북한의 핵개발을 저지시키고 핵확산금지조약에 머물게 하기 위해, 미국과 북한의 제네바회담이 93년 내내 계속되었다. 94년 초에는 간신히 판문점에서 개최된 남·북 당국자 간의 회담에서 합의서의 실천은커녕 '서울불바다론'이 나와 전쟁 위기설까지 퍼지게 되었다. 북한의 핵시설에 대한 미국의 폭격론까지 제기되며, 전쟁불사론이 확산되는 찰라에 미국의 카터 대통령의 평양방문과 김일성 주석과의 회담으로 위기국면이 해소되고, 김영삼 대통령과 김일성 주석 간의 정상회담개최가 극적으로 타결되지만 회담개최 보름 전, 94년 7월 8일 김일성 주석은 사망한다.

다시금 냉전적인 대결 국면으로 악화된 93년 이후 남북 관계 속에서 민간 통일 운동과 기독교 통일 운동은 심한 좌절감과 허탈감을 느끼게 된다. 어느 한편만을 원망할 수도 없고, 북한의 어려운 처지에 대해서도 연민의 정을 느끼지 않을 수 없게 된다. 동구 공산권의 해체와 독일의 흡수통일은 북한의 정권과 체제의 존립 위협을 느끼게 했다. 게다가 김영삼 정권의 통일 정책은, 94년 8월 이후로 자유민주주의 하에서의 통일이라는 흡수통일 정책으로 전환하는 모습을 보였다. 김일성 주석의 사망 이후 북한은 곧 붕괴하거나 내란이 일 것이라고 추정하는 사람들도 많았다. 이런 상황에서 통일 운동이 교류프로그램을 강요하는 것은 북한 측에 더욱 위기의식을 강화시키는 것이므로 오히려 자제해야 한다는 인식이 생기기도 했다. 그래서 93년 8월에만 해도 범민족 대회나 판문점에서 남북 공동 축제 같은 행사들이 많이 제안되고, 실제로 8월 15일 오후에는 기독교인 수만 명이 동원되어 독립문에서 임진각까지 〈인간띠잇기대회〉를 실시하였다. 그러나 94년 8월 15일에는 북한 측의 주석 사망과 곤경을 생각해서 오랫동안 대규모적으로 준비해오던 인간띠잇기 행사를 취소하였고 그 대신 임진각과 여러 지역에서 〈평화통일기원대회〉를 개최하게 되었다.

이런 침울한 분위기와 불안한 남북 관계가 지속되는 가운데, 한국기독교는 1995년 평화통일의 희년을 맞게 되었다. 한국기독교교회협의회는 통일위원회를 중심으로 95년 희년을 의미 있게 맞기 위해 오래 전부터 여러 가지를 준비하였다. 우선 희년선언문을 준비하고 95년 8월에는 남·북 기독자들이 한자리에서 희년예배를 드릴 수 있도록 추진키 위한 남·북 교회 지도자들의 회의를 주선하였다. 다시금 세계교회협의회(WCC)가 글리온 4차 회의의 형식으로 〈한반도 평화와 통일을 위한 제4차 기독교국제협의회〉를 일본 기독교협의회(NCCJ)가 준비하여 1995년 3월 28~31일 교토 간세이 세미나 하우스

에서 열도록 했다. 이 국제협의회에는 북한에서 강영섭 위원장 등 5
명이 왔고, 남한 측에서 김동완 총무 등 22명, 세계교회협과 해외 교회
대표들이 32명, 모두 약 60명이 모여, 「희년의 삶 속으로」라는 합의문
을 채택하였다. 그리고 남·북 교회 대표들은 따로 '95 통일 희년'을 맞
아 8·15 희년 공동예배를 판문점에서 함께 드리기로 결의했으며 이
를 「공동합의문」을 만들어 함께 조인했다.[17] 그러나 이 꿈과 계획은
실현되지 못했다. 희년예배는 결국 남·북 교회가 따로 드리게 된다.
남·북의 정부 당국은 어느 쪽에서도 남·북 교회의 판문점 공동예배
를 지원하거나 허락해주지 않았다.

　1995년 8월 15일, 드디어 민족의 해방과 분단이 시작된 지 50년이
되는 날이 왔다. 이 날은 평화와 통일의 희년으로 축제를 벌이려던
한국 기독교의 예언자적 호소와 기획은 현실적으로는 이루어지지
못했다. 분단의 상처와 대결의식은 남·북한 양측에 냉혹한 현실로
남아있었다. 1995년 평화통일의 희년을 선포한다는 기대는 수사에
불과했다. 실제로 이것은 88선언에서 운동과 실천의 목표로서 세운
것이지, 역사적으로나 정치적으로 계산된 것은 아니었다. 그래도 남
북대화마저 중단되고, 남북합의서의 조항들도 폐지처럼 거들떠보지
도 않게 된 마당에 기독교는 '95평화통일의 희년'의 의미를 어떻게
밝히며 남은 과제를 어떻게 수행하려 할 것인가가 이 운동을 추진해
온 교회협 통일위원회의 고민이었다. '95희년선언문'의 작성과 희년
사업의 정책을 협의하기 위해 94년 10월 인천 송도에서 기획전문위
원회가 모여 진지한 토의를 가졌다.[18] 희년선언의 기초위원을 선정

---

17 이삼열, "희년맞이 교토회의 낙수", 「한반도평화통일을 위한 제4차 기독교국제협의회
　보고서」, 1995년 3월 28~31일.

하고 '88년 통일선언' 이후 한반도 정세의 변화 발전을 전반적으로
파악하고 교회의 평화통일 운동과 희년사업들을 평가하면서 95년
이후 민족의 평화와 통일이 성취될 때까지의 전망과 방향의 제시를
'1995년 평화통일의 희년선언'을 통해 발표해야 한다는 데 합의했다.
88선언의 내용을 지키지 못한 반성과 죄책고백도 있어야 한다고 논
의되었고 신학적 선언이며 구체적 정책의 방향을 제시하고 교회의
과제들을 내놓아야 한다고 합의되었다.

1995년 8월 15일자로 발표된 한국기독교교회협의회의 「1995평화
와 통일의 희년선언」은 실로 수십 명의 신학자, 사회과학자, 교회지
도자들이 기초위원인 이삼열이 초안한 문서를 놓고 10여 차례 이상
독회를 거쳐 만들어낸 문서이다.[19] 한반도의 분단과 분단 극복의 노
력, 교회의 선교적 과제인식, 남북합의서 이후 남북 관계가 교착 상
태에 빠진 원인 분석, 대안적 정책 제안, 민족통일의 원칙과 방향 제
시, 그리고 교회의 다음 과제 등을 소상하게 피력한 선언문으로서 95
년 이후의 실천지침을 만들려고 했다. '95희년선언'은 다음과 같은
구조를 갖고 있다.

1) 희년의 선포와 신앙고백

2) 분단 극복을 위한 남·북 기독교의 노력

3) 동서 냉전의 해소와 남·북의 화해

---

18 한국기독교교회협의회 통일위원회, 〈1995 희년정책 협의회〉, 1994년 10월 17-19일,
   인천송도 비치호텔.

19 한국기독교교회협의회, 「희년의 삶속으로, 1995 희년국제협의회」, 1995년 10월 30일,
   182-203.

4) 신뢰 형성과 평화체제 실현의 길

5) 한반도 통일의 바람직한 방향

   (1) 함께 사는 통일(共生的 統一)

   (2) 서로 배우며 닮는 통일(收斂的 統一)

   (3) 새롭게 만드는 통일(創造的 統一)

6) 희년정신의 실천과 교회의 과제

   (1) 평화와 통일에 대한 신앙고백운동

   (2) 남·북 민간의 화해 운동

   (3) 인도적 삶의 회복 운동

   (4) 남·북의 나눔과 더불어 사는 운동

   (5) 남북 선교와 하나의 민족 교회 형성 운동

희년선언의 다음과 같은 구절은, 합의서가 실천되지 않고 남북 관계가 교착상태에 빠지는 근본 원인을 신뢰 관계와 평화체제의 부재에서 찾아야 한다는 인식을 다지고 있음을 보여준다. "우리는 좋은 합의문과 선언이 만들어지고도 실천되지 않고, 남북 관계가 다시 냉각되고 악화되는 근본 원인이 아직도 남·북 상호간에 기초적인 신뢰가 형성되어 있지 못한 데에 있다고 본다. … 남·북 양측은 서로 자기의 태도와 정책을 바꾸기 전에 상대방이 변하지 않았음을 먼저 탓한다. 북쪽이 적화통일을 포기하지 않았으니 남쪽도 대북 정책을 바꾸지 못하겠다는 것이고, 남쪽이 흡수통일을 하려하니 북쪽에서도 대남 봉쇄와 경계를 늦추지 못하겠다는 것이다. 이것은 매우 불행한 악순환의 논리다. 남과 북은 이러한 논리에 사로잡혀 있으며, 상대방이 합의문을 실천하기 전에는 나도 하지 않겠다는 '부정적 상호주의'에 빠져들고 있다. 남·북은 이제 이 잘못된 상호주의의 이데 올로기에서 벗어나 내 편에서 먼저 실천함으로써 상대방의 실천을 유도해내는 일방적, 선제적 실천으로 나가야 한다.… 무엇보다도 남·북 사이에 불신과 체제 불안을 해소할 수 있는 안정된 평화체제를 실현하는 것이 급선무라고 생각한다."[20] 희년선언은 남·북의 평화 체제 확립을 위해, 보다 더 어려움에 처한 북조선의 안전과 평화를 보장해주고 경제 발전에 협력하며, 미국·일본과 수교를 맺을 수 있게 하면서, 평화협정과 동북아 공동안보 협력체제의 구축을 제시했다.

'95희년선언'은 한국기독교의 평화통일 운동이 가진 시대의식과 남북 관계의 현실에 대한 인식, 그리고 통일 운동의 전망과 방향을 대변하고 있다. 여기서 나타난 분명한 문제의식은 아무리 북한이 고립되고 곤경에 빠지더라도 한반도의 평화와 통일을 위해서는 북한의 체제 붕괴와 흡수통일은 바람직하지 않으며, 평화의 원칙에도 어긋난다는 확실한 인식이었다. 그래서 희년선언은 북한이 기피하고자 하는 흡수통일을 반대하면서, 바람직한 통일의 방향으로서 함께 사는 공생적 통일을 제시했고, 서로 배우며 닮아가자는 수렴적 통일 방안을 제안하였다. 이를 위해 부정적인 상호주의를 배격하며 먼저 상대방의 입장을 생각해서(易地思之) 선제적으로 평화우선책을 쓰도록 권고하였다. 통일의 희년은 실현되지 않았지만 희년선언은 기독교 통일 운동에서 커다란 의미를 갖는 것이 되었다.[21]

---

20 위의 책, 191.
21 「한기협 통일위원회 및 정책협의회 보고서」, 1995년 12월 15일 성가수녀원.

III. 북한의 곤경과 남북나눔운동(1993~1999)

교회협의회(NCCK)를 중심으로 한 통일 운동은 1995년까지는 평화통일 기도주일행사와 북한교회와의 만남과 대화에 역점을 둔 95희년운동에 치중되어 있었다. 남·북 정부 당국의 교류 협력이나 평화체제 수립이 92년 합의서 이후 더 이상 진척이 되지 않는 상황에서, 교회는 이 원칙과 합의서의 실천을 강조하면서 남·북의 교회와 전 민족의 의지를 결집시키는 행사들에 의미를 부여할 수밖에 없었기 때문이다. 당국 간의 대화나 교류가 막힌 상황에서, 교회와 그리스도인들끼리라도 만남과 대화를 유지한다는 것은 귀중한 일이었기 때문이다. 통일운동은 남·북의 만남과 공동의 행사를 추진하는 운동이 되었다. 이것은 기독교 운동뿐만 아니라, 재야 학생들의 통일운동도 마찬가지였다. 범민족대회나 8·15통일축전을 판문점에서 개최하고 이를 통해 남·북의 인사들이 함께 만나고 통일을 기원하며, 축제를 가지면 곧 통일이 가까워지는 것으로 인식되었다. 북한 방문이나 남북 교류가 곧 통일의 첩경인 것처럼 생각되었던 시기다.

그러나 이러한 사정은 94년을 고비로 무드가 바뀌게 된다. 92년의 합의서 실천에 북측이 전혀 관심을 보이지 않는 이유가, 동구공산권의 붕괴 이후 북한의 경제가 큰 타격을 받고, 정치적으로도 불안과 위기의식이 높아졌기 때문이라는 것이 점차 이해되었다. 핵확산금지조약에서 탈퇴를 선언한 것이나(93년 3월), 핵개발 의혹이 생긴 것은 체제 유지를 위한 군부 강경파의 몸부림이라는 것이 드러났다. 게다가 94년 7월의 김일성 주석의 사망은 정치적 구심점을 잃는 위기와 불안 의식을 가중시켰다. 엎친 데 덮친 격으로 94년 9월 홍수와 우박은 북한의 농경지에 막대한 피해를 일으켜, 식량 생산에 큰 손실을 가져왔고, 홍수 피해는 95년 7, 8월에도 계속되어 엄청난 식량 부족과 기아 사태를 일으켰다. 조선기독교도련맹 황시천 목사의 보고에 의하면 94년 9월의 우박 피해는 황해남도와 북도에서 17만 정보의 농경지를 강타해서 양곡 102만 톤의 손실을 가져왔다고 하며, 95년 7월 31일부터 8월 18일까지 하루 평균 583㎜의 대홍수는 농경지뿐 아니라, 건물, 도로, 전기시설, 탄광, 공장 등의 파손과 침수 유실을 가져와 8개도의 145개 시군에서 520만 명의 주민들이 이재민이 되었다고 한다.[22] 그중에 2,600명이 기독교 신자라고 밝혔다. 북한의 인구 2,151만 4천 명(1994년 현재)의 4분의 1이 피해를 당했고, 피해 액수는 150억 달러에 달한다고 했다.

북한의 경제난과 곤경은 이미 동구공산권이 해체되고 소련이 시장경제화하면서 북한에 제공하는 석유 값을 사회주의 우호 가격이(배럴당 7~8불) 아니라, 국제시장가격(배럴당 18~20불)으로 받기 시작한 1991~1992년경부터 심각해지기 시작했다. 북한 경제는 1990년을 정점으로 해서 90년대에는 계속 GNP와 성장률이 하강곡선을 그리고 있다. 1990년에서 93년 사이에 소련에서 들여오던 기름은 절반 이하로 줄어들었고, 무역량은 50%나 감소했다. 오일과 곡물수입이 대폭 줄어들면서 북한의 에너지난과 식량난은 심각해지기 시작한 것이다. 90년대 북한의 식량난은 단지 94년과 95년의 홍수와 우박의 피해 때문으로만 여겨지지 않는다. 이미 90년대 초부터 일어난 경제

---

22 황시천, "조선에서의 자연재해 복구와 국제협조에 대하여", 1996년 1월 29일~2월 2일, 마카오에서 개최된 〈동북아시아 평화와 연대를 위한 국제기독교 에큐메니칼협의회〉에서의 조선기독교도연맹 대표의 발제 연설.

난과 산업구조의 붕괴가 식량난을 가속한 것이 아닐까 생각된다. 북한의 경제난과 식량 부족으로 소련과 중국의 접경지대에서는 95년 이후로 굶주림에 허덕이는 북한 동포들의 탈북 현상이 늘어가고 있었다.

한반도에 평화와 통일을 가져오려는 운동은 우선 곤경에 처해있는 북한 동포들을 물질적으로 돕는 운동으로 확대되어야 한다는 생각은 90년대 초부터 희년사업과 운동의 정책을 협의하는 회의에서 줄곧 나왔다. 독일의 통일 과정을 보더라도, 분단시기 내내 서독은 동독을 경제적으로 도와왔고, 특히 교회는 동·서독 지교회들이 자매결연들을 맺어, 성탄절과 부활절에 선물을 수십 대의 열차로 실어 보내곤 했다. 왜 우리도 북한 동포들에게 물질적 나눔을 베풀지 못하는가가 끊임없이 제기되었다. 그러나 92년에는 남북 교류와 경제협력을 규정한 합의서가 통과되고 실천되면 자연히 그런 운동이 일어날 것으로 생각되었다. 또한 그전까지는 북한사람들의 체제와 자존심도 생각해야 했기 때문에 북에다 물질적 지원을 하자는 이야기를 섣불리 할 수 없었다. 그러다가 남북합의서의 실천이 어려워지고, 북한의 경제난이 심각해진다는 것이 알려지면서부터, 북한을 우선 물질적으로 도와야 한다는 운동이 일어나게 되었다. 1993년에 와서 교회협이 여러 교단들 특히 교회협 비가맹교단들과 함께 희년운동을 전개하면서 〈남북나눔운동본부〉를 설치하고 추진한 것은 중요한 의미를 갖는다. 북한의 교회와 동포를 물질적으로 돕자는 운동이 공식화한 것이다.[23]

---

23 1993년 4월 27일 〈평화와 통일을 위한 남북나눔운동〉이 발족된다. 여기엔 특히 이제까지 기독교 통일 운동에 참여하지 않던 교회협 비가맹교단과 보수신앙적 기독교인들

물론 남북나눔운동이 출범하기 전에도 북한 동포와 교회를 물질적으로 돕는 일은 간헐적으로 있었다. 해외 교포들이나 해외 교회 대표들이 방북하였을 때는 적든 크든 물질적 선물과 기여가 있곤 했다. 국내 교회나 신도들도 이런저런 루트를 통해 달러와 선물을 보내곤 했다. 그러나 이런 물질적 공여와 나눔들은 전혀 알려지거나 보도될 수가 없었다. 엄격한 남북교류법이 있어 정부의 허가 없이는 일체 물질적 제공을 할 수 없기 때문이다. 외국의 교회나 방문자들을 통해 간접적으로 비밀히 할 수밖에 없는 이유가 여기에 있었다. 또한 북한 측에서도 선물이나 달러는 받으면서 이와 같은 사실이 전혀 알려지거나 보도되기를 원치 않는다. 심지어 알려지게 되면, 다음 북한 방문을 불허하는 제재를 가하기도 한다. 북쪽으로서는 자존심과 체제 유지를 위한 보안이 문제였으므로, 외부에서 도움을 베풀려는 사람들은 이 약속을 지켜주어야만 했다. 그래서 우리는 사실상 90년대 초부터 일어난 남·북의 물질적 교류와 나눔이 얼마만한 양에 이르렀는지를 정확히 파악할 수가 없고, 알고 있는 사실들도 공개할 수가 없다. 사실상 93년에 남북나눔운동이 조직되고 여러 교회, 교단들에서 적지 않는 돈이 모아졌지만, 정확히 얼마만큼이 어떻게 전달되었는지는 한 번도 공식적으로 공개된 적이 없다. 단지 남북나눔운동이 공식적으로 조직된 것은 북한을 돕는 모금운동이 공개적으로 공식적으로 추진된다는 사실을 공포하며, 북한에 물질적 지원과 나눔의 필요성을 대중적으로 전교회적으로 확산시켰다는 데 의미가 있을 것이다.

이 주도적으로 참여하여 기독교 통일 운동에 새로운 전기를 마련한다.

이런 사정이 1995년 홍수 피해 이후로는 본격적으로 달라지게 된다. 북한의 식량난과 경제적 고통은 날이 갈수록 심각해지고, 수십만의 동포가 굶어죽었다는 소식이 나오면서, 북한의 정부나 교회도 노골적으로 지원을 요구하며, 전 세계에다 인도적 호소를 보내게 되었다. 한국기독교교회협의회는 경제난·수해난에 허덕이는 북한 동포들을 돕고, 북한교회를 통한 연대와 나눔운동을 강화하기 위하여, 다시 한 번 남·북의 교회대표들과 세계교회들이 만나는 국제회의를 WCC와 함께 주선하게 된다. 교회협은 이제까지 공산권에 성경찬송 보내기, 약간의 교회비품을 돕는 지원만 했지, 물질적 지원운동에는 적극적으로 나서지 않았었다. 그러나 북한의 홍수피해와 식량난이 심각해진 1996년부터는 북한돕기운동을 전면적으로 전개하지 않을 수 없게 된다. 1996년 1월 29일~2월 2일 마카오에서 남·북의 교회 대표들과 해외 교회 대표들이 모인 가운데 〈동북아시아의 평화와 연대를 위한 국제 기독교 에큐메니칼 협의회〉가 개최된다. 여기에서 북조선의 기독교도연맹 강영섭 위원장과 국제부장 황시천 목사 등 5명의 대표들은 북한의 홍수피해의 참상을 설명하며, 전세계교회에다 지원과 도움을 호소하게 된다. 이 모임에 참가한 미국, 일본, 중국, 독일, 캐나다, 러시아 교회 대표와 WCC, CCA 등은 일단 북한의 홍수피해에 대해 긴급한 구호와 인도적인 지원 사업에 적극 참여하기로 하였으며, 동북아시아에 있는 여러 나라들, 중국, 일본, 남·북한 등 사이에 서로 돕고 협력하는 연대(solidarity)와 나눔(sharing)의 구조를 만들어가고 실천할 것을 다짐하였다.[24]

---

[24] 동북아시아의 평화와 연대를 위한 국제에큐메니칼 협의회(1996년 1월 29일~2월 2일, 마카오) 발표문(communique).

북한의 식량난과 굶주림, 질병을 도우려는 노력은 1995년 이래로 범세계적으로 확대되었다. 북한의 식량생산은 불과 250~350만 톤에 머물렀고, 북한주민들의 초소한의 영양 섭취를 위해서는 150~100만 톤의 식량이 더 있어야 했다. 세계식량기구(WFP)나 유엔개발기구(UNDP)를 비롯한 여러 국제기구들이 북한의 식량과 질병 문제를 돕기 위해 많은 노력을 했지만, 여러 보도들을 종합해볼 때 최소한 수십만 명 내지는 백여만 명 이상의 북한 주민들이 95년 이후에 굶어 죽었을 것으로 추정되고 있다. 북한 동포들의 아사 현상이 알려지고 탈북자들이 늘어가자 남한사회에서도 북한동포돕기운동이 일어나기 시작했다. 기독교도나 교회들뿐 아니라, 불교도들, 시민 운동 단체들의 다양한 모금과 지원 운동이 96년 이래로 전개되었다. 그러나 정부는 북한의 잠수정 출몰에 의한 안보 위협을 빙자하여, 민간 측의 모금이나 지원 활동을 억제하려 했으며, 적십자사로 대북 지원의 창구를 단일화하여 지원 활동을 어렵게 했다. 결국 종교단체들은 해외의 종교기관들을 통해서 식량이나 약품을 사 보내는 편법을 쓰게 되고, 대북연락이나 접촉의 어려움 때문에 국제기구들의 도움을 받아야만 했다. 그래서 1996, 1997년에는 주로 WCC나 유진벨재단 등을 통해서 혹은 북한을 방문하는 해외 인사들을 통해서 전달하게 되었다.

세계교회협의회(WCC)에서 북한돕기운동을 주관한 박경서 박사의 보고에 의하면 1996년~1999년까지 WCC를 통해서 북한에 지원된 식량, 약품, 의료, 농기구 등은 대략 2천만 불에 해당된 액수라고 한다. 그리고 그동안 상당한 돈과 식량이 해외 교회들로부터, 그리고 한국의 여러 교회들로부터 북한의 교회(조선기독교도련맹)를 통해 지원되었기 때문에 북한에서 교회의 위상이 크게 높아지게 되었다고

한다. 실제로 조선기독교도련맹은 1997년 10월경부터 종교적 업무
뿐만 아니라 사회봉사 활동을 할 수 있는 허가를 받아 국수공장, 염
소농장, 비닐하우스 등의 경영과 봉사활동을 하게 되었다고 한다.[25]
세계교회협의회는 북한 내에서 식량과 지원품들이 적절하게 분배되
고 북한당국과의 긴밀한 협력을 도모하기 위하여 1997년부터 캐나
다인 에리히 바인가르트너(전 WCC국제부 직원) 씨를 평양에 상주시
키며, 업무를 담당케 하고 있다.

국내의 기독교 단체들과 교회들이 얼마만큼 북한 동포들의 식량
과 약품 등을 지원하는 데 헌금하고 어떻게 보냈는지는 아직 정확한
통계가 잡혀있지 못하다. 국내 정치적인 여건상, 창구단일화의 제약
때문에 97년까지는 여러 가지 채널과 편법을 통해 북한으로 식량을
보냈다. 그리고 개별 교회별로 보내는 경우도 있지만, 96년에 조직
된 〈우리민족서로돕기운동〉 같은 기독교, 천주교, 불교, 시민단체들
의 연합기구를 통해 보내기도 하고. 또 선명회라든가 자선단체들을
통해서도 모금한 돈을 보내기 때문에, 정확히 한국기독교가 얼마만
큼을 북한 동포의 식량지원으로 보냈는지는 밝혀지지 않는다. 그러
나 시민운동이나 자선단체 등에도 많은 기독교계 인사들이 주도적
으로 참여하고 있고, 많은 교회들이 헌금을 보내고 있기 때문에, 기
독교의 나눔운동과 북한동포돕기운동은 상당한 정도에 이르렀다고
평가될 수 있다.[26] 지원 액수도 액수지만, 모금과 캠페인도 다양화·
전문화해서, 옥수수 보내기, 밀가루, 분유, 라면 보내기, 젖소 보내

---

[25] 〈한국기독교교회협의회주최 88선언 10주년기념 평화통일국제협의회〉(1998년 6월
    18~20일, 용인)에서의 박경서 박사 발제 강연문.
[26] 우리민족서로돕기운동 창립3주년 활동자료집, 1999년 6월 29일.

기, 도서 보내기, 옷 보내기, 씨감자, 비료 보내기 등 점차 나눔운동이 확대되고 확산되는 모습을 보이고 있다. 1997년 한 해 동안 북한에 지원된 식량 등은 정부 지원이 2,737만 불(246억 원)이고, 민간 부문에서 모금된 액수가 2,049만 불(181억 원)로 약 5천만 불에 이른다고 한다.[27]

물론 북한 주민들이 필요로 하는 식량과 의약품 등을 부담하기에는 턱없이 모자라는 액수이다. 1995년에서 98년까지 국제기구와 한국정부 및 민간단체가 보낸 대북지원금 총액은 9억 5천만 불에 달한다고 한다. 아직 남한 측이 부담하는 액수는 국제기구들 전체에 비해 매우 적은 양인 것 같다. 그러나 북한 동포를 돕는 남한에서의 운동들은 이제 겨우 2~3년간 시작되었고 그동안 정치적 제약도 많았다. 98년 김대중 정부가 들어서 햇볕정책을 실시하고부터는, 대북지원 창구단일화정책도 폐지되어 창구다원화가 이루어졌고, 모금의 제한도 해소되고, 북한 방문도 훨씬 자유로워졌다. 그러나 IMF 경제위기의 여파로 북한 동포를 돕는 모금활동은 1997년보다 오히려 위축되었다고 한다. 교회마저도 경제위기의 여파로 남·북의 나눔과 동포 돕기에 열정이 식어 가는 것 같다.

그러나 곤경에 처한 북한 동포들을 돕고 지원하는 일은 단순히 인도적 차원이나 경제적 차원에서가 아니라, 남·북의 화해와 동포에 대한 사랑의 표현이라는 차원에서 중요한 의미를 갖는 일이기에, 이 열정이 식지 않고 더 확대되도록 기독교가 앞장서 노력할 필요가 있다고 본다.

---

27 강문규, "정부의 대북정책과 민간지원운동", 위의 책, 45.

2장
통일 운동의 물꼬를 튼
교회협(NCCK) 88선언

I. 교회협 88선언의 입장과 배경*

　지난 2월 29일 한국기독교교회협의회(NCCK)가 총회에서 채택 발표한 「민족의 통일과 평화를 위한 한국교회 선언」은 기독교 안에서 그동안 진행되어온 통일논의를 수렴하고 집약해서 처음으로 체계화된 입장과 운동화를 위한 실천 과제를 내놓았다는 점에서 커다란 의미를 가진다. 그뿐만 아니라, 한국 사회 안에서 처음으로 본격적이며 공개적인 통일 논의를 유도해내고 통일 운동을 대중화시키는 역할을 했다는 점에서 역사적인 문서가 되었다고 할 수 있다. 선언이 발표된 지 3개월이 지난 오늘, 그동안 선언문을 둘러싼 보수 교단들과의 공방전이나, 학생 운동 측에서 발전시킨 통일 논의와 남·북 학

---

* 이 단락은 「기독교 사상」(1988년 7월호)에 실린 필자의 글임.

생회의 추진, 그리고 정부에서 약속한 통일 논의의 개방화 정책과 북한 측에서의 반응들을 살펴보면, 마치 이 선언문을 기점으로 해서 한반도에 통일 운동의 기운이 다시 솟아나며 성령(聖靈)의 역사가 일어난 것 같은 감회를 감출 수 없다.

NCCK에 가입하지 않은 보수 교단들과 또 반공적인 신앙에 사로잡힌 기독교인들이 수없이 많은 비판과 비난 성명을 발표하였지만, 지지와 찬사를 보내는 여론과 반응도 대단한 것이었다. 그 가운데도 '서울지역총학생회연합건설준비위원회'는 기타의 몇몇 운동 단체들과 함께 4월 16일자로 발표한 「민족 통일의 새 날을 열자: 한반도 평화와 조국의 자주적 통일을 위한 국민 대토론회 공동결의문」에서 다음과 같은 지지와 찬사를 보냈다.

2월 29일 발표된 NCCK의 선언문은 한반도의 평화의 서막을 알리는 환희의 축가와도 같이 모든 국민의 가슴에 통일에 대한 열망을 가슴 깊이 새겨주었다. 이에 우리 모두는 위의 성명을 적극 지지하고 이에 범국민적 통일 대오에 힘차게 궐기할 것을 결의하는 바이다.

이것은 NCCK선언이 남한의 안보를 외면하고, 북한의 주장에 동조하며, 국론을 분열시키는 독선적이고 반기독교적인 선언이라고 규탄한 비슷한 유의 많은 보수 기독교의 성명서들과 대조적인 것이다.

과연 NCCK선언을 통한 교회의 태도 표명이 한반도의 평화와 통일의 서막을 알리는 환희의 축가가 될 것인가, 아니면 비복음적이며 반기독교적인 독단과 위험스런 작태에 불과한 것인가 하는 것은, 이 선언문을 중심으로 한 기독교의 통일 논의를 어떻게 이해하며, 이

선언에서 제기한 원칙과 입장, 그리고 실천적 과제들이 과연 한반도의 평화와 통일에 어떤 영향과 결과를 가져올 것인가에 달려 있다고 하겠다. 물론 NCCK선언은 이 한 편의 글에서 통일 논의를 완결한 것이 아니며, 이제까지의 논의와 합의들을 요약한 것에 불과하고, 또 정리를 하는 과정에서도 모든 의견들을 다 집약하고 통일했다고 볼 수는 없기 때문에 일면적이고 편향된 시각이나 서술이 있을 수 있다고 인정한다. 그러나 부정적인 비관이나 비난조의 시비보다는 건설적인 비판과 보완, 그리고 보다 발전적인 논의가 있어서, 분단의 역사와 현실에 대해서 보다 깊이 있는 분석과, 평화와 통일에 대한 체계적인 신학적 이해, 그리고 민족의 화해와 통일을 위한 구체적이며 현실적인 제안과 방법들이 모색되고 탐구되는 것이 더 바람직하다는 것은 필자만의 생각이 아닐 것이다.

이러한 발전적 논의와 실천적 모색을 위해서 이 선언이 나오게 된 배경과 표출한 입장이 무엇이며, 통일의 원칙과 정책적 제안, 그리고 실천 과제들이 무엇을 의미하는가를 살펴보는 것은 중요한 일인 것 같다. 특히 이 선언문의 작성과 토론에 참여했던 한 사람으로서 논해 달라는 「기독교사상」 편집자의 청탁을 받고 주저되면서도, 좌우의 비판자들과 건설적인 대화와 토론의 장을 연다는 뜻에서 교회 선언의 배경과 입장, 그리고 실천 과제의 방법에 관하여 주관적인 이해와 생각들을 써보고자 한다.

1. 통일 문제에 대한 기독교의 새로운 인식

먼저 생각해볼 문제는, 왜 기독교가 갑자기 통일 문제에 열을 올리고 통일 운동에 앞장서겠다고 과감하게 나오게 됐느냐를 이해하는 것이 중요할 것 같다. 말하자면 기독교의 통일 운동은 일관된 연속성을 갖는 운동이냐, 아니면 새로운 질적 변환을 한 운동이냐는 문제이다. 이러한 문제는 과연 기독교가 분단시대 40여 년 동안 분단과 통일에 관해 어떤 입장을 취해 왔느냐 하는 문제와 연결된다.

원래 통일에 관한 논의는 지난 40년간 억압되어 왔고 정부 측의 통일 방안이나 연구도 매우 폐쇄적이었기 때문에, 자유롭게 통일 문제를 거론하거나 체계적으로 논의했던 적이 별로 없었다. 그런 가운데도 비교적 자유롭게 통일 논의를 할 수 있었던 시기는 세 번쯤 있었던 것 같다. 첫 번째는 1945년 분단 직후부터 양쪽에 단독 정부가 수립된 48년까지요, 두 번째는 1960년 4월 학생혁명 이후 61년 5·16 혁명이 일어나서 학생들의 급진적 통일 논의를 억압하기까지이며, 세 번째는 1972년 7·4남북공동성명이 나오고 나서 남북대화가 진행되던 1~2년 동안이었다고 하겠다. 첫째 시기엔 김구(金九) 선생 등의 남북협상론이 나왔고, 둘째 시기엔 학생들이 중립화 통일 논의나 연방제 통일 방안을 들고 나오며, 판문점에서 남·북 학생들이 만나자는 대화 제안을 했고, 세 번째 시기엔 7·4공동성명의 정신에 입각한 평화통일 방안에 관한 논의들이 발전되어 나왔다.

그러나 이런 기회에도 기독교가 통일 문제에 깊은 관심을 보이거나 통일논의나 운동을 펼치는 예를 볼 수 없었다. 오히려 진보적 통일방안들에 대해 경계하는 태도를 보였으며, 공산주의자들과의 대화는 주의해야 하며 위험한 것으로 보았다.[1] 7·4공동성명이 나오고

---

[1] 이삼열, "분단의 극복과 기독교", 「기독교사상」 1985. 1.; 金容福, "민족분단과기독교의 대응", 『分斷現實과 統一運動』(民衆社, 1984).

정부에서 오히려 북한과 대화를 하겠다는 데도, 기독교 측에서는 그 "사상과 이념을 초월하는 민족적 대단결"이라는 것이 의심스러워 이를 경계하는 성명서들이 나왔다.[2] 즉, 남북회담으로 반공 전선에 이상이 생겨서는 안 되겠다는 태도였다.[3] 일부의 기독교 진보인사들이 반공법의 철폐와 개방적인 통일 방안을 논의했으나 워낙 보수적이며 반공적인 한국 기독교에 반향을 일으키거나 자극을 주지 못했다.

70년대에 와서는 기독교가 유신 독재체제 하에서 민주화와 인권, 사회정의 운동에 꽤 활발히 참여하였으므로, 정부를 비판할 수 있는 용기와 자세는 갖고 있었지만, 아직 통일 문제에 대해서는 본격적인 관심과 논의를 갖지 못한 채 있었다. 개별적인 민주인사들이 민주화와 함께 통일 문제가 중요하다는 강조를 하였고, 급진적 운동권에서는 '선통일 후민주'의 논리도 제기되곤 했지만, 기독교 운동의 대체적 방향은 '선민주 후통일'의 선에 머물러 있었다. 민주화가 되고 나서 통일이 되어야지, 독재 정권 하에서의 통일이란 무의미하며, 또 가능할 수가 없으므로, 통일 논의 때문에 민주화 운동 세력을 가르지 말고, 우선 민주화 운동에 연합하자는 주장이 우세했다. 사실 이때 통일 운동을 하다 보면, 반공 문제와 북한에 대한 견해 차이 때문에 민주 운동 세력이 갈라지고 대립하는 예들이 특히 해외 교포 운동에서 많이 있었다.

이러한 상황이 바뀌고 기독교가 통일 문제를 보다 중요한 것으로 인식하고 본질적인 관심을 갖기 시작한 것은 1980년대에 들어와서

---

[2] 한국기독교장로회 교회와사회위원회가 낸 「7·4남북공동성명에 대한 성명서」(1972년 7월 11일), 한국기독교교회협의회 실행위원회의 성명(1972년 7월 18일).
[3] 조국통일기독신도연합회(회장 김세진)가 발기(1972년 8월 7일).

이다. 역시 상황이 바뀌면 인식도 바뀌는 법이다. 통일 문제와 관련하여 한국 기독교는 다음과 같은 세 가지 관련성에서 새로운 인식을 얻게 되었다고 필자는 생각한다.

1) 민주화와 통일의 관련성

무엇보다 중요한 인식의 변화는 1980년대로 넘어오면서 광주 학살사건과 제5공화국의 출범을 경험하게 되면서 얻게 되었다고 본다. 70년대에 민주화와 사회정의를 최우선의 과제로 놓고 유신체제에 저항하며 투쟁해온 한국교회는 유신체제가 무너지면서도 민주화가 실현되기는커녕, 새로운 군사 독재체제가 수립되어 온 국민들의 민주화에의 열망이 허무하게 무산되는 것을 보면서 민주화가 한국에서 실현되지 못하는 원인이 안보의 위협을 구실로 한 비민주적 정치체제와 권력구조에 있으며, 그 뿌리는 남·북한의 분단과 상호 적대관계에 있기 때문에, 민족 분단을 극복하고 통일을 이룩하는 것이 진정한 민주화를 위해서도 필수적으로 요청된다는 사실을 절실하게 깨닫게 되었다. 특히 한국의 분단에 책임을 져야 할 미국 정부가 한국의 민주화와 인권보다 분단체제의 유지와 정권의 안보에 더 우선적 관심을 가져온 것을 비판적으로 보는 시각이 점차 확산되었으며, 이러한 미국의 부정적인 역할은 휴전선의 긴장과 전쟁 위험이 제거되지 않는 한 변경될 가능성이 희박하다는 사실도 인지하게 되었다.[4]

---

4 제4차 한·북미교회협의회(1986. 9. 29~10. 3., 하와이, 호놀룰루)에서 필자가 발표한 "한반도의 평화와 정의"(한국 측 입장).

80년대 초 민주화에 좌절을 당한 기독교 민주 운동가들이 적어도 이제는 민주화 운동과 통일 운동을 분리하거나 별개의 것으로 볼 수가 없다는 인식에 도달한 것은 상황의 변화에 따른 당연한 귀결이라고 생각된다. 통일이 되지 않은 분단 상황, 즉 적대적이며 위협적인 남·북의 분단이 곧 남·북한 양쪽에 민주주의를 제대로 할 수 없게 만드는 요인이라는 인식이, 결국 민주화를 위해서도 이런 분단이 극복되고 평화적인 관계의 수립과 통일이 이루어져야 한다는 민주화와 통일의 관련성에 대한 인식을 수반하게 되었다고 볼 수 있다.

2) 평화와 통일의 관련성

80년대에 서구에서 강력하게 민중 운동으로 일어난 평화 운동은 기독교에도 커다란 반향을 불러일으켰다. 수십만 수백만의 시민들이 반핵 데모를 벌이며, 핵무기의 증가 배치에 반대할 뿐 아니라 우리 쪽의 핵무기부터 철거하고 폐기함으로써 상대방의 무기도 철거·폐기시키는 방안을 제시하여, 동서의 평화와 공동 안보를 주장하기에 이르렀다. 1983년도 WCC 밴쿠버 총회나 85년도 오키나와의 CCA 평화대회 등은 한국교회에도 평화선교(Peace-Making Mission)의 중요성을 인식하게 하였고, 기독교와 평화의 사명을 강조하게 되었다. 특히, 1984년 10월 일본의 도잔소에서 열린 '동북아시아의 평화와 정의'라는 WCC-CCIA 회의는 한반도에서의 평화 문제는 통일과 연결되지 않을 수 없다는 인식을 심어 주는 회의가 되었다.

"평화를 만드는 자가 되라"(마 5:9)는 평화의 복음을 한반도와 같은 반평화적인 상황에 적용시킬 때 이것은 구체적으로 남·북한의 전쟁을 방지하고 긴장을 완화하며 분단을 극복해서 민족이 함께 통일을 이룩하는 것을 의미한다는 것은 너무나 당연한 논리였다. 그러나 한국에선 이제까지 이 당연한 논리를 북한에 대한 적대감과 원수상 때문에, 또 실질적인 북한의 침략 위협 때문에 이해하지도 수용하지도 못했던 것이다. 핵전쟁까지 할 수 있는, 가장 전쟁 준비가 완벽하게 된 남·북한에서 평화를 실현하기 위해서는 더 이상 무력 대결이나 군비 경쟁을 해서는 안 되며 대화와 신뢰 형성을 통해 적대의식과 공격성을 제거하고 정치 체제와 이데올로기의 갈등을 넘어서 화해하고 평화적인 공존을 이루며, 가능하면 완전한 통일에까지 나아가지 않으면 안 된다는 평화와 통일의 관련성에 대한 인식을 강하게 부각시켰다고 할 수 있다. 한반도에서의 평화는 곧 적대적 분단의 극복에서 평화적인 공존과 민족적 통일에 이르는 전 과정을 포괄하는 개념이어야 한다는 것이 새롭게 인식되었다.

3) 선교와 통일의 관련성

70년대의 기독교는 대체로 인권 문제나 사회정의를 기독교 신앙과 관련시켜, 이를 위한 투쟁과 노력을 선교적인 과업으로 인식하였다. 물론 이를 정치적 행위로 몰아붙이는 정부와 보수적 기독교의 비난과 방해가 있었으나, 교회는 이를 인권선교, 산업선교, 빈민선교 등으로 선교의 테두리 안에서 옹호하여, 기독교 신앙과 선교의 개념을 구체적인 사회 현실 속에서의 하느님의 선교로 확장하는 데 이론과 실천면에서 성공했다고 볼 수 있다. 그러나 아직 한반도의 평화나 통일 문제를 신앙과 선교에 연결시킨 흔적은 보기 어렵다.

이것은 아직 정치적인 문제에 속했고, 게다가 공산주의와의 대결이나 공존이냐 통일이냐의 문제는 정치적·이데올로기적인 문제였지 신앙의 문제로 보기는 어려웠다.

그러나 70년대 말, 유신체제의 말기에 나타난 산업선교나 사회정의운동에 대한 극심한 탄압에서, 이를 모두 용공적 행위로 몰아붙이게 되자, 가난하고 억눌린 자들을 위한 노력과 투쟁이 공산주의와 동조하는 행위라면, 반공 자본주의란 결국 가진 자를 옹호하고 가난하고 빼앗긴 자들을 사랑할 수 없는 이데올로기가 되기 때문에 공산주의와 이분법적 분단이 곧 기독교 신앙의 실천과 선교를 어렵게 만드는 요소라는 것을 깨닫게 된다.[5] 결국 동서의 갈등뿐만 아니라, 극도로 편협하고 적대적인 남·북의 대립이 가난한 자들을 위한 선교마저 구속하며, 선교적 실천행위를 극도로 제한하고 편협되게 만드는 것을 체험하게 되었다. 여기서 남·북의 분단이 기독교 신앙과 선교마저 왜곡시키고, 때로는 마비시키는 모순 구조임을 알게 되며, 분단의 극복과 통일은 완전한 선교를 위해서도 필요하다는 인식이 생기게 된다.[6]

결국 기독교가 선교적 행위로 실천해오던 인권 운동, 사회정의 운동, 민주화 운동이 분단체제하의 안보와 이데올로기 문제에 부딪쳐 더 진전할 수 없게 되자, 이의 돌파를 위해서도 분단의 극복과 통일이 요구되는 것을 인식했으며 이를 선교적 과제로 삼게 되었다.[7] 그

---

[5] 1970년대 말에 NCCK 주최로 열린 '인권과 안보문제협 의회', '선교자유 수호 협의회' 등에서 이런 의식이 나타난다.

[6] NCCK의 이념문제협의회(1979년 6월 4~5일, 상지회관).

[7] 1980년 3월 11일, 기장의 선언문은 통일은 교회의 선교적 과제라고 천명했고 통일문제 연구소를 설치하기로 결정했다. 1981년 6월 8~10일 한독교회협의회가 통일을 교회적

후 80년대에 들어와서는 평화 선교가 강조되면서 평화를 만드는 선교적 행위가 구체적으로 남·북의 화해와 신뢰, 평화적 통일 과업으로 연결되자, 통일 문제가 곧 신앙과 선교의 문제와 밀접히 관련된다는 의식이 더욱 강화되었다. "평화의 복음을 실천하며 민족의 삶과 고통에 대해 책임을 지는 길이 민족의 화해와 통일을 이룩하는 데 있기 때문에 통일에 대한 관심과 노력은 곧 신앙의 문제임을 인식한다"고 NCCK선언문은 공표하고 있다.

2. 분단체제와 기독교에 대한 자기 반성

80년대에 들어와 통일 문제를 새로운 시각으로 보게 된 기독교는 우선 교회 안에서 통일 문제를 연구하고 논의하는 기구를 설치하게 되며, 통일 문제에 관한 연구 협의회를 여러 차례 갖게 된다. 기독교의 통일 논의가 본격적으로 시작되었다고 볼 수 있는 이 모임들에서 분단 상황에 대한 사회과학적인 이해와 신학적인 반성이 동시에 일어나게 된다. 이 협의회의 내용들은 NCC가 자세히 보고서에 기록하여 출판했기 때문에, 상세히 읽어보면 기독교의 통일 논의가 어떤 문제의식을 가지고 어떤 토의를 거쳐 발전되었는가 하는 것을 추적할 수가 있다.

필자는 80년대에 나타난 기독교의 통일 논의를 관찰하고 또 여기에 참여하면서 여러 가지 면에서 의식의 변화와 발상의 전환을 목격하였다. 왜 이토록 오랫동안 분단의 구조와 체제가 해소되지 않고

책임과 사명으로 인식하며, 통일 문제를 다룰 기구를 설치하기로 선언했다.

고착되어 가느냐를 반성해보면서, 기독교는 분단시대와 분단체제에 대한 새로운 인식을 하게 되고, 또한 여기에서 배태된 여러 가지 모순의 구조를 파악하게 되었다. 그리고 이러한 분단체제의 모순 구조를 기독교 자체와도 관련시켜 생각하는 발상과 의식의 전환을 일으켰다고 생각된다.

무엇보다도 기독교인들이 통일 논의를 할 때 많은 시간을 들여 질문하고 생각해보는 문제는, 분단과 통일의 문제는 민족적 문제요 국가적·정치적 문제인데 기독교인들에게는 어떤 의미를 갖는 문제인가 하는 것이다. 다시 말하면, 왜 우리가 이 문제를 한 민족으로서 국민의 일부로서 다루는 차원을 넘어서, 기독교인으로서 신앙인으로서 책임감을 느끼고 다루어야 하는가 하는 문제였다. 많은 기독교인들이 통일은 꼭 해야 하는가 의문을 제기했다. 서로 사상과 체제가 다른데 무리하게 합치는 것보다 갈라져서 잘 살면 되지 않겠는가? 또 현실적으로 미소 강대국들이 대립하고 주변 강대국들이 한국의 통일을 원치 않는데 가능할 것인가? 또 통일을 하자고 하지만 방법과 대안이 있는가? 서로 방안이 반대적인데 어떻게 가능하겠는가? 통일은 바라지만 하나의 이상이요 꿈이지 실현은 불가능하다는 숙명론의 입장에 서거나, 현재의 상태를 놓고 관계를 개선하는 정도로 해야지 자칫하다가는 혼란과 파괴만 증대된다는 현실론에 서는 기독교인들도 꽤 많이 있었다.

그러나 통일 논의를 진행하면서, 역사적·정치적·군사적인 문제들을 검토하고 성서연구 등을 통해 신학적인 반성을 하면서 한반도에서 진정한 평화와 정의를 실현하고, 민족의 고통을 줄이고 삶과 발전을 도모하려면 반드시 남·북의 이 적대적인 분단이 극복되어야 하고, 이것은 어떤 형태로든지 영구분단이 아닌 통일로 이어지지 않으면 안 된다는 결론을 얻게 되었다. 이러한 결론을 얻는 데는 몇 가지 발상의 전환이 필요했으며, 이러한 새로운 발상은 기독교적인 신앙과도 관련이 있음을 발견하게 된 것이다.

1) 분단을 악의 근원으로 보는 발상의 전환

'꼭 통일을 해야 하는가', '갈라져 살아도 큰 불편만 없으면 견딜 만하지 않은가'라는 주장은 아직도 분단이라는 것이 좋지는 않지만 그렇게 나쁜 것도 아닌 불가피한 것이라는 생각을 밑바탕에 깔고 있다. 그러나 이러한 생각은 남·북한 분단의 성격과 구조를 충분히 이해하지 못한 데서 나온 것이며, 분단시대의 분단체제가 만들어낸 잘못된 분단 의식의 소산임을 직시할 필요가 있다.

민족의 의사와는 관계없이 강대국들에 의해 자의적(恣意的)으로 그어진 한반도의 분단은 역사적으로나 지리적으로도 부자연스런 것이며, 정치적으로나 문화적으로 하등의 이유가 없는, 강대국들의 편의에만 따른 타율적인 분단이었다. 이 분단은 국토와 민족을 반으로 갈랐을 뿐 아니라 사상과 이념도 반쪽으로 나누었고, 정치체제와 경제체제와 제도를 좌파와 우파로 나누어 남·북이 서로 반대되는 한쪽만을 택하게 하고 서로를 극단적인 대립과 적대 관계에 놓이게 하였다. 남·북에 각기 독재 정권이 단독정부를 세우고, 숙청과 암살과 학살을 범하고, 6·25전쟁이라는 동족상잔을 치르게 된 것은 모두 분단이라는 구조적 악에서 배태된 것이었다. 이것은 모두 분단의 원인이 아니라, 분단의 결과들이라는 것을 바로 인식하지 못했다.[8] 이러한 분단 자체를 악으로 보지 못하고, 분단의 결과들에서 비극의 원인을 보려고 할 때, 분단시대와 분단체제의 문제들을 바르게 이해할 수 없으며, 분단을 극복하는 길도 바르게 파악할 수 없게 된다.

이 분단은 상대방이 존재한다는 것 자체가 자기 존재나 안보에 위협이 되는 적대적 분단이기 때문에 긴장과 갈등, 도발과 전쟁 위협이 상존하는 분단이며, 자체의 존립을 위해 계속 무력을 강화하고 적개심과 공격심을 조장해야 하고, 상대방을 분열시키고 교란시키는 간첩작전을 계속해야 하는 반평화적인 분단이다. 양쪽은 따라서 아무리 군사력을 증대해도 안보의 위협은 자꾸만 증대되며 마침내는 최신예 무기와 핵무기로 민족 전체의 파멸과 국토의 초토화를 가져올 수도 있는 위험한 분단이다. 이러한 분단은 양쪽에서 안보 제일주의와 군사 문화를 만들 수밖에 없고, 정치사상과 가치관을 교조적인 이데올로기로 만들 수밖에 없으며, 이런 분단체제에서는 민주주의나 인권을 수호할 수 없게 된다. 사회정의나 국민 복지가 희생될 수밖에 없고, 그리고 안보의 위협 때문에 강대국에 의존하거나 예속되는 불가피한 상황이 생기게 된다.

분단시대 40여 년 동안 남·북한 사회에서 일어난 모든 악과 부정적인 것이 분단 자체와 연결되지 않은 것이 없다면, 우리는 분단 자체를 악의 근원이라고 보아야 한다. 필자는 분단이라는 것은 누가 어떤 의도로 했든지 하느님과 민족 앞에 죄악이었으며, 모든 다른 죄를 짓게 만드는 뿌리가 되는 죄였다는 의미에서 이를 원죄와 같은 죄악이라고 규정했다.[9] 원죄란 말은 물론 신학적으로 문제가 있기

---

8 이삼열, "분단의 극복과 기독교", 「기독교사상」, 1985. 1.

9 "Situation Report of Korea" in, WCC-CCIA, Ecumenical Consultation on Peace and

때문에 선언문에서는 쓰지 않고 "구조악의 원인"으로 표현되었지만, 분단이란 것을 단순히 한(恨)의 대상으로만 볼 것이 아니라 타도하고 극복해야 할 대상으로서, 근원적인 악으로 보지 않으면 안 된다는 것이 토론과 반성을 통해서 합의된 결론이었다고 할 수 있다. 분단을 악의 근원으로 보는 발상을 하게 될 때, 기독교인은 분단을 극복하고 통일을 쟁취하는 것이 기독교인의 복음적 사명이라는 근거와 논리를 얻게 된다.

2) 분단 심화의 책임을 나에게서 보는 발상의 전환

한반도에 38선을 긋고 민족을 분단시킨 책임은 미·소 강대국에게 있지만, 오늘날까지 이런 분단체제를 그대로 유지하고 더욱 악화시켜온 책임을 강대국에게만 돌릴 수는 없다. 마치 우리는 강대국들만 물러가고 손을 떼면 통일이 자동적으로 될 것 같이 생각하나 사실상 분단체제를 고착화시키고 유지해온 것은 우리 민족 스스로에게도 큰 책임이 있는 것이다. 38선을 경계로 한 남·북의 분단이 강요된 이후에 남·북으로 갈라진 우리 민족은 강대국들의 분단 정책에 휩쓸려들어 분단을 지혜롭게 극복하거나 해소하지 못했으며, 양쪽에 단독정부를 세우고, 배타적이며 적대적인 대결에로 나아갔고, 전쟁과 폭력마저 불사함으로써 분단을 극도로 심화시키고 민족 자해적인 파괴와 무력 대결로 분단을 더욱 더 악화시켜 왔다.

같은 분단국이면서도 동·서독은 우리처럼 그렇게까지 서로 미워

Justice in North East Asia, Tozanso, October 1984.

하며 파괴하고 전쟁까지 불사하는 적대적 분단을 만들지 않았다. 오스트리아 같은 나라는 강대국들이 분할 점령을 했어도 단독정부를 만들지 않고, 자유주의 정당과 사회주의, 공산주의 정당들이 하나의 연립정부를 만들어 외세의 압력에 버티다가, 마침내 1954년에 중립화 통일을 이루게 되었다. 그러나 남·북의 우리 민족은 양쪽에다 극단적인 반공적 자본주의 체제와 폐쇄적이며 독단적인 공산주의 체제를 심어놓고, 서신 왕래도, 방문도, 대화도 막힌 단절과 대결 속에서 서로 가장 미워하고 적대적이며 공격적인 원수가 되고 말았다. 우리의 분단은 미·소 강대국들의 갈등과 대결의 산물이었지만, 남·북한 관계는 미국과 소련의 관계보다 더 증오하고 적대적이며 단절된 관계로 전락하고 말았다. 남·북한 양쪽은 자기의 존립을 위해서는 상대방을 멸절시켜야 하는, 하늘을 같이 이고 살 수 없는 원수가 되었으며, 이 세상에서 가장 먼 나라가 된 것이다.

이렇게 적대적인 분단체제가 남·북 양쪽에 생긴 것을 남쪽은 북쪽의 책임이라고 하고 북쪽은 남쪽의 책임이라고 서로 밀지만, 세상에 개인이든 사회든 종족이나 국가든 원수의 관계가 생겼을 때, 그 책임이 한쪽에만 있는 법은 없다. 물론 책임의 크고 작음을 따질 수는 있겠지만, 분단을 극복하고 민족의 화해를 이루기 위해서는 내쪽의 책임과 잘못을 먼저 반성하는 것이 좋으며, 또한 이것은 상대방에게도 반성하는 계기를 만들어주게 된다. 또한 이것이 기독교적인 화해의 복음에서도 타당한 논리이며 방법인 것이다.

사실상 우리는 분단시대의 반쪽에 해당하는 남한이라는 분단체제 속에서 살아왔고, 이 체제가 요구하는 이데올로기와 적대 의식에 영합하며 살아왔다. 우리가 가진 편협된 이데올로기나, 극도로 폐쇄된 반공주의는 사실상 냉전시대의 분단체제에서 만들어지고 교육된 분단의식의 산물이었던 것이다. 물론 우리는 북한의 동포들이 가진 냉전적 사고와 분단체제에서 만들어진 편협된 의식과 이데올로기도 비판해야겠지만, 상대방에 대한 비판은 이미 귀가 따갑도록 했고, 다 알고 있는 사실이기 때문에, 이제는 나의 책임과 잘못을 반성하고 회개해야만 민족의 화해와 평화가 이루어질 수 있다는 것이다. 보수 교단들은 NCCK선언이 왜 남·북의 적대감과 증오, 불신의 책임을 북쪽에다 묻지 않고 남한의 우리 측에다가만 지우려는가 하고 비판했지만, 이것은 자신의 죄부터 먼저 회개하고 반성하자는 기독교적 정신으로 그렇게 한 것이다. 북쪽의 잘못과 죄에 대해서는 북쪽의 동포와 기독자들에 의해서 반성되고 고백되는 날이 있기를 바라서이다.

남북 분단을 더 적대적으로 만들고, 더 증오하며 악화시킨 데에는 분단체제 속에서 영합하며 산 우리 모두에게 책임이 있지만, 특히 기독교인들이 여기에 적지 않은 책임을 져야 한다는 것이, 기독교의 통일 논의에서 얻은 새로운 발상이었다. 한국의 기독교는 특히 기독교와 공산주의라는 그 적대적인 역사의 유산 때문에 더욱 북의 형제들을 미워하고 저주한 죄를 범한 것이다. 물론 여기엔 북한에서 초기에 기독교가 박해를 받았고 많은 분들이 순교했다는 사실과 체험이 근거가 되고 있지만, 이것도 화해와 용서와 원수까지 사랑하라는 그리스도의 복음에서 본다면 영원히 북쪽을 미워하고 적대해야 할 이유는 되지 못하는 것이다. 또한 40년이나 지난 오늘은 우리도 변했고 북쪽도 변했으므로 대화와 화해의 길이 열려 있으며, 기독교와 공산주의는 오늘날 세계 도처에서 공존하며 대화를 하고 있는 상황이다.

바로 이 점에서 한국교회는 분단 초기부터 분단 자체를 악으로 보지 못했고, 분단을 심화시키는 데 기여했으며, 또 분단을 극복하려고 노력하지 못한 것을 회개하며, 이를 신앙적으로 죄책 고백을 해야 한다고 주장하게 되었다.[10] 한국 기독교는 남·북의 대결과 전쟁을 평화와 화해의 복음으로 극복하려고 노력하지 않았으며, 전쟁과 무력 대결을 찬양하였고, 아직도 북한 동포들에게 핵전쟁도 불사하겠다는 자세를 고치지 않음으로써 평화의 사명을 다하지 못한 죄책을 고백하여야 한다. 한국교회가 가진 분단의 신학을 회개하고, 분단체제하에서 잘못한 죄책을 고백할 때에, 통일에 기여하는 기독교가 된다고 서광선(徐洸善) 교수는 통일의 신학을 주장하기도 하였다.[11]

3) 분단체제보다 통일을 우선으로 생각하는 발상의 전환

분단시대의 적대 관계에도 불구하고 남·북한 양측에서는 항상 통일을 목표로 내세웠고, 여러 가지 통일 방안과 제안들을 내놓았으며, 대화나 협상을 벌이기도 했다. 그러나 이러한 회담이나 제안들이 이제까지 수없이 오고갔어도 통일을 향한 한 걸음의 진전도 가져오지 못했고, 남북 관계가 개선되지도 못했다. 1972년 7·4공동성명

---

[10] 한국기독교교회협의회,『한반도 통일문제 협의회 보고서』(1986. 8. 25.~26., 인천 송도 (종합 토의, p.38.))

[11] 제4차 한·북미교회협의회(1986. 9. 29~10. 3., 호놀룰루)에서 서광선 교수가 발표한 강연 "평화를 위한 참회: 통일의 신학을 위하여" 참조.

이 있은 후 양측은 통일의 3대 원칙에 합의했고, 남북조절위원회까지 조직했지만, 상호 적대적인 행위와 비방은 그치지 않았고, 전쟁의 위험과 긴장은 고조되어만 갔다. 80년대에 들어와서도 북에서는 '고려민주연방공화국안'을 통일 방안으로 제안했고, 남쪽에서는 '민족화합민주통일방안'이란 것을 내놓았다. 그러나 이를 실현해가는 방법으로서 북에선 평화협정을 먼저 체결하고 최고민족회의를 통해서 연방공화국을 만들자고 하며, 남에선 남·북한이 기본 관계에 대한 잠정 협정과 불가침 조약을 체결하고 남·북한이 소련, 중국, 미국, 일본 등에 교차 승인을 받고, 유엔에 동시 가입한 뒤 민족통일협의회를 통해서 '통일민주공화국'을 수립하자고 제안했다.

실로 남·북한이 진정코 민족의 분단을 극복하고, 평화적으로 대화나 교류를 통해 민족이 단합하고 이념적 차이를 넘어서는 통일을 이루겠다는 결심만 한다면 어떤 방법과 과정을 통해서 하느냐 하는 것은 서로 타협할 수도 있는 사소한 차이일 텐데도, 이제까지 양쪽은 서로 명분만 찾으며 대화나 협상을 진전시키지 않고 있다. 한쪽에서 3자회담을 하자고 하면 다른 쪽에서 2자회담을 주장하고, 정당 사회단체의 연석회담을 하자고 하면 최고 책임자 회담을 하자고 하고, 이렇게 서로 다른 제안만 해서 민족의 고통과 분단의 상처를 자꾸만 연장시키고 확대해야 하는 것인지 알 수가 없다. 진정코 40여 년간의 분단과 이질화를 극복하고 다른 이념과 체제를 통일시키려면, 서로 조금씩의 양보와 존중이 있어야 하거늘, 한 치의 양보나 신뢰도 없이 서로 자기의 방안과 구상만을 고집하며 상대방을 거부하며 매도하려는 독선적인 태도는 참으로 통일을 하기 위해서 통일방안을 내놓는 것인지, 않기 위해서 명분만 내세우는 것인지를 알 수 없는 의구심만 낳게 한다.

결국은 양쪽이 모두 통일은 하자면서 분단체제 속에서의 자기 쪽 안보와 이익에만 매달려 있고, 상대방에 대한 불신과 공포를 버리지 못하기 때문에 통일 방안과 정책마저 분단체제와 분단 의식에 사로잡힌 것일 수밖에 없게 되었다. 그동안의 모임과 토론을 통해 기독교의 통일 논의가 발견하게 된 것은, 어느 쪽이건 분단체제의 유지와 자기 쪽(분단권)의 이익을 우선으로 생각하는 통일 방안이나 제안들은 진정한 민족 화해와 분단 극복에 기여할 수 없다는 사실이다. 따라서 진정한 통일을 위해서는 분단의 논리나 사고방식에 지배되거나 분단체제의 유지를 우선으로 생각하는 것이 아니라 민족 전체의 이익과 통일을 우선적인 것으로 지향하는 통일 방안이 만들어져야 한다는 것을 새롭게 깨닫게 되었다.

사실상 이제까지 정부의 통일 정책이나 방안은 항상 분단체제하에서의 남한의 안보와 경제를 우선적으로 생각하는 토대 위에서 만들어진 것이었다. 그래서 이승만 정권은 '선반공 후통일' 정책이었고, 박정희 정권은 '선경제 후통일' 정책을 내세웠으며, 전두환 정권은 '선안보 후통일' 혹은 '선평화 후통일'의 논리를 가지고 있었다. 통일은 이제까지 항상 뒤로 미루어진 목표에 불과했고 우선적인 추구의 대상이 아니었다고 할 수 있다. 이것은 북쪽의 경우에도 체제의 안보를 우선적으로 생각하는 통일 정책이라는 점에선 마찬가지라 생각된다.

이런 점에서 정부는 집권층만이 주도하고 독점하는 통일 방안과 논의는 이런 한계를 벗어나기 어렵다는 인식이 새롭게 획득되었다. 이제까지 국민들은 통일에 관한 논의를 금기시하고 자제하도록 강요되었고, 정부의 통일 정책이나 방안, 남북대화의 내용들은 비밀에 부쳐졌던 것이 현실이었다. 통일은 민족 전체의 문제이며 누구나 자기의 삶이 관계된 문제인데도, 통일논의는 이제까지 유신시대엔 통일주체국민회의에서 하는 것으로 되어 있었고, 5공화국 때엔 평화통일자문회의에서만 할 수 있는 것으로 제한되었다. 이것은 통일논의의 비민주적 성격을 드러내고 있다. 결국 정부나 집권층이 독점하는 통일 방안은 분단체제의 유지를 우선적으로 생각할 수밖에 없다는 역사적 경험에 의해서, 기독교의 통일 논의는 민족 구성원 전체가 참여하는 민주적 통일 논의를 실현할 것을 촉구하며 강조하게 되었다.

3. 민족통일의 5원칙과 실천 과제

그러면 기독교의 통일 논의를 통해서 얻어진 방법과 과정은 어떤 것인가? NCCK선언은 무슨 구체적인 통일 방안이나 방법을 제안하지 않고 통일 논의와 통일의 실현 과정에서 고려되어야 할 원칙들을 논하고 있으며, 이에 따른 교회의 실천과제가 무엇인가를 생각해보고 있다. 이제 막 통일 논의를 시작하면서 남·북의 실상과 국제 관계를 있는 그대로 다 파악하기도 전에 어떤 통일 방안을 만든다든가 대안을 내놓으라고 한다면 무리한 요구일 것이다. 통일 방안과 정책 및 구체적 방법과 과정들은 통일 논의가 전 국민적으로 확대되고 객관적인 자료에 의해서 연구되고 토론될 때에 단계적으로 구체화될 수 있는 것이며, 아무도 처음부터 단번에 완성된 청사진을 만들 수는 없는 문제일 것이다.

단지 교회협의회(NCCK)의 통일협의회에서는 지금까지 남·북한 양측에서 제기했던 통일의 원칙과 방안들을 검토하고, 쟁점들을 정리해보면서 현 단계에서 주장될 수 있는 최소한의 원칙과 정책적 건의 사항들을 다섯 가지로 묶어서 내놓기로 하였다. 선언문에 나타난 대로 처음 세 가지 원칙은 남·북한 정부가 1972년에 합의 서명한 7·4공동성명의 3대 원칙을 그대로 받아들이기로 한 것이다. 이것은 앞으로도 남·북한이 가장 쉽게 합의할 수 있는 최소한의 원칙들이다. 그러나 이 원칙들을 구현하는 정책적 건의에서는 7·4공동성명보다도 더 구체적이며 전진적인 내용을 제기했으며, 보다 더 통일 지향적인 방안들을 내놓았다고 생각된다. 자주, 평화, 민족 대단결 같은 것은 아주 보편적인 원칙이며 명제들이다. 문제는 이런 원칙들을 이것과 상반되는 원칙들보다 우선적으로 생각하느냐 차선책으로 생각하느냐이다.

이 점에서 NCCK선언의 다섯 원칙은 분단체제의 유지와 안정을 생각하는 원칙들보다는 민족 통일을 더 우선적인 것으로 생각하는 다섯 가지 우선의 원칙이라고 불러도 좋을 것이다. 분단의 고정화나 영구화를 탈피하고 이미 심화되고 악화된 분단을 의식적으로나 제도적으로 극복하여 통일에로 가까이 가기 위해서는 분단(체제)의 현실이나 논리보다 통일 지향의 이상과 논리를 우선적으로 받아들이는 원칙 위에 서야 한다고 보았기 때문에, NCCK선언은 초안에서 다섯 가지 우선의 원칙들로 불렀던 것이다. 같은 원칙들을 남·북한이 모두 주장하고 선전하면서도 아직 분단체제의 유지 원칙들을 더 우선에 놓고 있기 때문에 남북대화나 통일 운동에 진전이 없다고 강하게 느꼈기 때문이다.

1) 자주의 원칙(민족 우선의 원칙)

막연한 민족 자주나 자존의 원칙이 아니라 참으로 민족 전체의 삶과 이익을 분단체제의 현상 유지보다 우선으로 생각하자는 원칙이다. 따라서 현재의 남·북한이 맺은 국제관계나 동맹 관계, 협약 관계들도 중요하지만, 이것보다 민족 전체의 이익과 공동체를 보다 우선적으로 생각하는 것이 중요하다는 원칙이다. 아울러 통일 방안에 관한 논의나 남·북의 대화 협상에서도 외세나 강대국들의 눈치를 보기보다는 민족의 주체성을 우선적으로 살리자는 원칙을 말하게 된다.

2) 평화 우선의 원칙

평화의 원칙을 실현하는 데 있어서 항상 반작용을 하는 것은 분단체제하의 양쪽의 안보를 우선으로 생각하는 사고이다. 양쪽은 모두 북침·남침의 위협을 빌미로 해서 계속 군사력을 강화하고, 전쟁 분위기를 고조시키며 전쟁 준비를 더 완벽하게 해가고 있다. 그런데 한쪽의 안보 강화는 곧 다른 쪽의 안보 위협이 되어, 서로 안보와 군사력 강화로 경쟁할 수밖에 없고 이것이 긴장을 격화시키는 원인이 된다. 따라서 이러한 적대적이며 경쟁적인 안보 논리를 극복하고 평화적 관계를 발전시키는 길은 안보 우선의 원칙을 평화 우선의 원칙으로 대체하는 길밖엔 없다. 군비 축소나 핵무기 철거, 미군 철수 등을 주장한 것은 바로 이러한 평화 우선의 원칙에 서려고 하기 때문이라고 하겠다.

여기서 NCCK선언은 보수 교단들로부터 국가의 안보를 소홀히 생각한 위험한 주장을 했다고 여러 차례 공격을 받았는데, 선언문의 문맥을 자세히 읽는다면 결코 안보나 안정을 가볍게 생각했다고 할 수는 없을 것이다. 미군의 철수도 평화협정의 체결과 남·북의 신뢰 관계 형성을 전제로 해서 요구한 것은 현실적인 안보론을 고려했기 때문이며, 특히 한국인들의 심리적 불안감을 고려해서 조심스럽게 주장된 것이라고 하겠다. 미군 철수의 문제는 안보와 평화의 문제보다는 자주의 원칙에 문제가 되기 때문에 원칙적으로는 외군(外軍) 철수라는 면에서 인정되어야 할 것이다. 필자는 현재 판문점을 경비하는 미군들만이라도 우선 한국군으로 교체했으면 좋겠다는 생각을 해본다. 외국 방문객들이 늘 판문점을 가보면 북한과 미국이 전쟁을 한다는 인상을 받고, 남한은 미국에 예속된 느낌을 받는다고 하는데 판문점에서라도 우선 미 경비병을 철수시켰으면 좋겠다.

핵무기 철거를 조건 없이 주장한 것은, 오늘날 전 세계적인 반핵 평화 운동의 원칙을 따른 것이며, 물론 이것은 남한에 있는 핵무기뿐 아니라 한반도를 겨냥한 시베리아에 있는 소련의 핵무기를 동시에 협상을 통해서 철거하라는 주장이다. 이것은 레이건 대통령과 고르바초프 서기장의 INF조약처럼, 미소가 협상조인해서 철거해야 할 문제이다.

3) 민족 대단결의 원칙, 신뢰와 교류 우선의 원칙

사상과 이념, 제도를 초월한 민족의 대단결을 위해서는 이데올로기의 차이성보다는 민족의 동질성이 더 강조되어야 하며, 불신과 적대 공격 관계에 있는 남·북한이 상호 폐쇄적인 단절과 대결보다 상호 신뢰와 교류를 우선적으로 생각하고 실천하는 원칙이 중요한 것이다. 신뢰와 교류를 우선적으로 쌓아갈 때, 민족의 동질성이 회복되고 민족의 대단결을 이룰 수 있으며 민족 전체에게 이익이 온다. 이를 위해서는 상호 비난과 비방을 중지하고 서로의 제안을 믿어주는 양보와 형제애가 필요할 것이다.

통일 논의는 개방하되 남북대화나 교류의 창구는 정부로 일원화하겠다는 정부의 정책은 현 단계에서는 이해가 되나 이를 영구적으로 그렇게 할 수는 없을 것이다. 참된 신뢰회복과 단결을 위해서는 각계각층의 교류가 있어야 하며, 정부는 이러한 교류와 접촉의 기본적인 틀을 북한 당국과 협의해서 만들어줄 뿐, 모든 만남과 대화를 통제하겠다고 하면, 이것은 대화와 교류의 의미를 살리지 못하게 된다. 오히려 대화와 교류를 다원화하는 것이 정부가 못하는 대화나 협상을 민간인 단체나 종교 단체들이 할 수도 있는 것이다. 동·서독의 예를 든다면, 동독에서 잡은 서독의 간첩과 서독에서 잡은 동독의 간첩을 가끔 교환하는 일이 있고, 때로는 돈을 주고 사오는 경우도 있는데, 이런 일은 정부에서 하기가 곤란하기 때문에 교회가 나서서 인도적 견지에서 주선하고 있다. 앞으로 우리에게도 정부가 하기 어려운 많은 곤란한 일들이 있을 텐데, 이것은 대화와 교류의 채널이 다변화되었을 때 가능한 일이 된다. 특히 요즘 거론되는 남·북한 학생 교류 같은 것은 이들이 앞으로 통일의 주역이 될 사람들이라는 의미에서 꿈을 키워주고 통일 의지를 갖게 하기 위해서, 정부의 협상과 대화에 방해가 되지 않는 한 적극 지원하고 장려해야 하리라 생각한다.

4) 민주적 참여의 원칙, 민중 우선의 원칙

통일 논의와 정책은 민족의 구성원 전체의 운명에 관한 문제이므로 국민 대중들이(북한에선 인민 대중들이) 민주적으로 참여하는 것이 절대로 중요하다. 물론 앞으로 국회에서도 통일 논의를 하겠고, 학술 단체나 연구 단체에서도 논의를 하겠지만 통일 논의의 국민적 기구를 '평통자문위'로 하겠다는 정부의 발상은 포기되어야 한다. 거의 임명제나 다름없는 평통자문위는 통일 논의를 하는 국민적 기구가 있다는 알리바이 역할밖에는 못하며, 더구나 여기엔 국민의 다수를 대표하는 민중 층의 참여가 없기 때문에 곤란하다. 모든 계층과 지역의 국민들을 통일 논의와 정책을 만드는 회의나 기구에 참여시키되 특히 수가 많으면서도 항상 소외되고 있는 민중들의 참여를 우선적으로 고려할 것을 선언문은 주장하고 있다. 보수 교단 측에서는 이것을 가지고 NCCK가 민중 민주주의 통일론을 주장했다고 비난하는데 이것은 비약이며 과장이다. 더구나 민중혁명론을 주장했다는 것은 문안을 너무나 왜곡한 것일 뿐이다.

5) 인도주의의 원칙, 인도 우선의 원칙

통일 문제를 생각하면서 기독교가 빼놓을 수 없는 원칙이 인도적 원칙이다. 인간이란 항상 제도와 사회구조 속에서 불가피하게 자유를 구속당하며 개인을 희생시키게 되어 있는데, 가급적 이러한 희생을 막고 인간의 기본적 자유와 권리를 옹호하자는 것이 이 원칙이다. 예수 그리스도의 복음은 원래 인간을 가장 존귀한 것으로 보며,

사람을 안식일보다 더 중요하고 우선적인 것으로 보는 사상을 갖고 있다고 할 수 있다. 제도나 이념, 사상보다는 인간을 더 중요하게 보는 인도 우선의 원칙이 있어야 제도와 사상 때문에 희생되고 있는 인간을 해방시키며 구원할 수가 있다. 이러한 원칙에서 분단체제 때문에 오는 인간적인 고통은 무엇보다 우선적으로 해결해야 한다. 따라서 통일이나 남북 정치 회담이 완결되기 전이라도 최소한 이산가족의 재회와 재결합, 고향 방문 같은 것은 우선적으로 실시하라는 요구이며 주장이다. 사람이 자기가 난 고향을 그리워하고 방문하는 것은 기본적 권리에 속한다. 정치적인 고려나 이데올로기 문제보다도 자기 어머니와 아들, 남편과 아내를 죽기 전에 한 번 부둥켜 안아 보겠다는 가장 인간적인 소망을 정부는 무엇보다 우선적으로 실현시켜야 할 것이다. 그래서 일 년 내내 관리하기가 어려우면 추석이나 명절 때 만이라도 제한해서 빨리 이산가족들의 재회의 소원을 풀어주게 되길 바란다.

끝으로, 선언문에 제기한 교회의 실천 과제 중 희년(禧年)의 선포에 관해서는 이미 여러 가지 논란이 있기 때문에 한 마디 부연하고자 한다. 1995년을 민족 해방과 분단으로부터 50여 년이 되는 해라고 해서, 이를 '평화통일의 희년'이라고 정한 데는 통일문제협의회 안에서도 여러 가지 찬반의 논란이 많이 있었다. 여기에 대해서는 NCCK 통일문제연구원이 발행한 「제3차 한반도 통일문제협의회」[12]를 참조하기 바란다. 물론 이것이 신학적으로나 역사적으로 잘못된 해석과 계산에 의한 것일 수도 있는데, 우리는 희년선포의 의미를 1995년에

---

[12] 1987년 8월 24~26일, 인천 송도의 보고서, 108-112.

가서야 무슨 통일을 기대한다는 예언 같은 것이 아니고, 지금부터 적어도 그때까지 앞으로 7년 동안, 적어도 분단이 50년이 넘지 않도록 평화통일을 위한 운동과 실천 계획을 수립해나가겠다는 프로그램적 성격을 강하게 갖고 있다고 하겠다. 1995년을 평화통일을 실현하는 해로 보는 것이 아니라, 적어도 1995년까지는 이를 실현하도록 기도하며 최선을 다해 보겠다는 실천적 의지를 표명한 것이라고 보면 좋을 것 같다.

II. 분단이 원죄다(1984 WCC 도잔소협의회)[13]

한국은 세계에서 가장 위험한 곳 중의 하나이다. 긴장과 위협이 가득차서 두 개의 한국 사이엔 언제라도 군사적 충돌이 생길 수 있을 뿐 아니라 한반도와 아시아 전역에 핵전쟁이 일어날 수도 있다. 1983년 9월 280명의 승객을 태운 KAL 여객기가 소련기에 의해 격추된 사건이나, 버마의 랭군에서 한국의 고위관료 16명이 북한 테러리스트에 의해 살해된 사건은 한반도의 긴장과 위험이 얼마나 극도에 달했는가를 보여주는 두 가지 예증(例證)에 불과하다. 이 사건에서 보이는 바와 같이, 한반도의 긴장은 곧 미국과 소련과 아시아 여러 나라들을 포함하는 국제적인 문제임이 분명하다.

두 개의 한국은 세계에서 가장 강대한 군사력을 가진 나라들에 속한다. 남·북한을 모두 합친다면 5,800만 국민 가운데 150만 명이 군복을 입은 정규군이다. 남한은 4,000만 국민 가운데 62만의 군대를 갖고 있으며, 북한은 1,800만 국민 가운데 78만 명의 병사를 두고 있다. 그뿐만 아니라 남·북한은 각기 국가예산의 30~40%를 군사비에 쓰고 있다.

그보다 더 위협적인 것은 두 개의 한국 사이에 있는 적대감과 이

---

[13] 이 단락은 필자가 WCC가 주최한 〈동북아시아의 평화와 정의 회의〉, 일명 도잔소회의 (1984년 10월 29일~11월 2일, 일본 도잔소)에 제출한 한국의 상황 보고문을 번역한 글이다. 영어 원문은 WCC-CCIA, Peace and Justice in North East Asia, Prospects for Peaceful Resolution of Conflicts, Findings, Recommendations and Papers of a CCIA-WCC Consultation, Tozanso International Center near Tokyo, Japan, 29 Oct.~2, Nov. 1984. 필자는 그때 도잔소회의 참석을 위해 출국할 수 없어서 한국 측 발제자로 김형태 목사가 이 글을 발표했다.

데올로기적 갈등이다. 예를 든다면 우리들은 남한에서 자주 북한의 간첩 침투와 테러분자, 그리고 땅굴을 파고 군사력을 강화하는 것과 같은 도발적인 행위를 북한이 하고 있다는 이야기를 정부로부터 듣는다. 고등학교와 대학에서 남·북 양측의 학생들은 상대방의 도발과 공격에 대비한다는 구실로 군사훈련을 받고 있다. 유치원에서부터 대학교에 이르기까지 모든 학생은 남쪽에선 반공교육을, 북쪽에선 반제국주의 교육을 한 주일에 한두 시간씩 받아야 한다. 세계에서 과연 두 개의 한국보다 더 잘 전쟁 준비가 되어 있는 나라가 있겠는가?

무엇보다 우리들을 불안케 하는 것은 남한에 배치된 핵무기이다. 이것은 남·북이 군사적 충돌을 하게 되면 쓰일 수도 있고, 그렇게 되면 한반도 전체가 폐허가 되고 만다. 여기서 더 심각한 문제는 남한의 국민들이 과연 남한이 핵무기를 갖고 있는지, 생산하고 있는지조차 알지 못하고 있다는 사실이다. 단지 외국의 보도를 통해서만 간접적으로 핵무기가 배치되어 있다는 것을 알고 있을 뿐이다. 그래서 우리는, 핵무기를 배치할 때 정부로부터 통고를 받을 뿐 아니라 의논을 하고, 또 국민들이 핵무기나 미사일에 대해 알 권리도 저항할 자유도 갖고 있는 서유럽인들을 부럽게 생각한다. 아마 전쟁이 터져 핵무기를 사용하게 되더라도 한국인들에게 물어서 동의를 받고 하지는 않을 것 같다.

이러한 위협과 위험은 바로 우리나라의 분단에 근본 원인이 있으며, 이 분단에 대해서는 한국 자체보다는 미국과 소련과 일본이 더 많은 책임을 져야 한다. 2차 대전이 종전되면서 일본의 식민지로부터 해방됨과 동시에 한국을 분단한 것은 자연스럽지도 못했으며,

정치적으로 합리적인 것도 아니었다. 이것은 미국과 소련이 수천 년 동안 같은 문화와 전통을 가지고 한민족으로 살아온 한국인의 역사를 고려하지 않고, 분단이 한국민에게 미칠 무서운 결과들을 염두에 두지 않은 채로 비극적인 분단을 만들어놓았기 때문이었다.

우리 남·북 양쪽의 국민들은 국토와 민족의 분단을 강하게 규탄하고 있다. 왜 그런가 하면 분단이 우리 모두에게 그토록 많은 악과 피해를 가져왔기 때문이다. 한국에서는 분단이 원죄(原罪)와도 같다. 분단된 반쪽은 어느 쪽도 다른 반쪽과 결합되지 않고서는 완전히 구원받을 수가 없다.

분단은 양측의 정치를 40년 동안 마비시켰다. 분단은 민주정치의 실현을 저해하였다. 양쪽 정부는 모두 다른 쪽에서 적이 공격할 준비를 하고 있는 한 참된 민주주의를 허용할 수 없다고 강조했다. 적에게 승리하는 것이 가장 중요한 과제이므로 안보가 민주주의나 인권보다 우위를 차지한다고 했다. 자연히 여기에 대한 비판이나 반대 세력인 야당은 침묵하도록 강요당했고 억압되고 말았다. 분단선 너머의 다른 쪽보다 우월한 국가를 만들기 위해서는 국가에 최대한의 권력을 주어야 했기 때문에, 정치적 테러나 사형, 고문, 이데올로기의 세뇌, 기만, 부정부패 등 온갖 종류의 잘못이 저질러지고 허용되었으며 무성하게 되었다.

분단된 한국은 경제적으로도 균형 잡힌 발전을 할 수가 없었다. 국가예산의 30~40%와 GNP의 6~10%가 군사비에 쓰이면서, 어떻게 참된 경제적 발전을 이룩할 수 있겠는가? 비록 남한의 경제가 지난 20여 년 동안 크게 성장했고 수출은 200억 불에 달했지만, 거의 450억 불에 달하는 외채(外債)를 지고 있고, 매년 이자만 50억 불을 지불해야 하게 되었다. 여기에는 군사비에 막대한 돈을 들여야 하는 경제구조 자체가 책임이 있다. 남한은 한 대에 5,000만 불씩이나 하는 전투기를 600여 대나 사들여야 했다. 마찬가지로 북한에서도 78만 명의 군대를 유지하고 800여 대의 전투기를 사들이기 위해서 그들의 노동자들과 농민들에게 일과 생산의 대가를 충분히 지급하지 못했다. 북한과 인구가 1,800만으로 같은 동독은 겨우 18만 명의 군대를 유지하고 있다. 이처럼 북한이 경제적으로 지고 있는 부담은 엄청난 것이다.

분단이 한국인에게 가져온 고통과 비애는 이루 다 설명할 수 없다. 1,000만 이상의 사람들이 가족과 헤어져 이산(離散)되었다. 비무장지대(DMZ)의 선을 넘어서는 어떠한 방문도 정보 교환도 이산가족들에게 허용되지 않았다. 우리 교회에도 이런 경우가 가끔 있다. 목회자가 북한에서 넘어온 피난민인데, 그는 그의 아내와 자식들을 북에다 두고 왔다. 30년이 넘도록 그는 두고 온 아내의 생사에 관한 소식도 들을 수가 없었다. 그렇지만 그는 부인의 운명을 모른 채로 재혼을 할 수가 없었다. 그는 기독교 목사로서 고통과 눈물 속에 참으며 첫 혼인관계를 유지해야만 했다. 왜 우리는 최소한 헤어진 이산가족들에 대한 정보 교환이라도 할 수 없는 것일까? 분단이 이처럼 많은 악(evils)과 죄(sins)를 가져왔기 때문에 원죄(原罪, original sin)라고 불러야 한다고 생각한다.

그러면 어떻게 우리는 이 많은 악(vices)과 골칫거리(troubles)의 뿌리요, 전쟁의 위험의 원천이요, 평화의 장애물인 이 분단으로부터 구제될 수 있겠는가? 2차 대전 이후에 분단된 나라는 세 나라였다. 독일과 베트남과 한국이다. 베트남은 전쟁을 통해서 통일을 달성했고, 독일은 1민족 2국가의 틀 안에서 평화적인 공존을 이룩했다. 한국만이 아직도 아무런 해결책을 찾지 못하고 세계평화를 위협하면서 분단국으로 남아 있는 유일한 국가이다. 한국 분단 문제의 해결 없이는 한국과 동북아시아에서 결코 참된 평화가 있을 수 없다. 왜냐하면 한국의 분단은 매우 적대적이며 위험한 분단이기 때문이다.

그러면 왜 한국의 분단을 통일하는 것이 이제까지 불가능했는가? 남·북 양쪽이 통일을 궁극적 정치 목표로 설정하고, 남·북의 국민들이 모두 통일을 그토록 염원하고 희망해 왔음에도 말이다. 한때, 1972년에 남·북한 양측 정부는 통일의 원칙에 합의한 일이 있다. 즉 평화적으로, 민족 자주적으로, 이념을 초월하는 단결의 방식으로 통일하자는 것이었다. 그러나 양측의 대화나 국제적 회담들은 평화통일을 위해서 별 진전을 가져오지 못했다. 긴장과 위협은 줄어들지 않고 오히려 증가되었다.

우리는 과연 이런 현실에 누가 책임이 있는지 잘 알 수가 없다. 양쪽의 국민들은 통일 문제를 논의할 자유가 없으며, 물론 통일 정책을 만드는 데 참여하도록 허용되지도 않는다. 우리는 한국의 평화통일을 위해서 3자회담을 해야 된다느니, 4자회담을, 혹은 6자회담을 해야 된다는 등의 이야기를 안에서보다는 밖으로부터 듣고 있다. 우리의 절망은 바로 이 중요한 우리 자신의 문제를 스스로 대처해나가지 못하고 주변 강대국들의 눈치만 보고 있어야 한다는 데 있다. 우리 민족에겐 통일에 대한 강한 열망이 있지만 그러나 또한 양쪽의 국민들은 다른 쪽의 이데올로기에 대해 강한 적대감이 있는 것도 사실이다. 그래서 상대방의 이데올로기는 거부하면서 상대방과 통일을 협의하겠다는 것 자체가 정말 모순인 것이다. 사실대로 말하자면 양쪽은 모두 평화공존과 다원적인 통합(pluralistic unification)을 받아들일 태세가 되어 있지 않다.

통일을 한다면 평화적인 방법 이외에 다른 방법은 바람직하지 않다. 한반도에서 다시 전쟁이 난다면 이 전쟁은 우리의 전 민족을 파멸시킬 뿐 아니라 세계적인 핵전쟁으로 확대될 수도 있다. 아무도 베트남식의 통일을 원하는 사람은 없다. 우리의 통일은 양쪽의 민중들이 참여하고 합의해서 만드는 평화적인 것이어야 한다. 국민 전체의 참여와 민주적 해결 방식이 평화적 통일에 필수적이며 본질적인 요건이다. 참된 민주주의 없이 평화통일은 달성될 수 없다. 그러므로 통일을 논의하고, 이 문제에 관해 국민적 합의(national consensus)를 만들 수 있도록 활동할 수 있는 자유가 무엇보다 먼저 보장되어야 한다. 이것은 또한 돌이켜보면 한반도에서 긴장이 해소되어야 하고, 적어도 완화되어야 한다는 것을 요구하게 된다.

한국의 교회들은 나라의 민주화 운동에서 중요한 세력으로 큰 역할을 하였는데, 이제는 통일의 과제를 감당하도록 촉구되고 있다. 우리 국민들의 마음속에는 이제 저 못된 분단과 긴장을 해결하지 않고서는 참된 민주주의를 실현할 수 없다는 의식과 감각이 널리 형성되고 결정화(結晶化, crystallized)되고 있다. 그러나 우리는 아직 어떻게 이 통일을 실현하며, 이 목적을 위해 교회가 무엇을 어떻게 해야 하는지에 대해 방안(idea)을 잘 모르고 있다. 우리는 이러한 도전에 대해 이 문제를 연구하고 반성해볼 기회도 충분히 갖지 못했다. 현재로서는 한국의 기독교인들이 이 복음이 가르쳐준 원칙인 평화와 화해의 원칙에 충실하여야 한다는 것만 일반적으로 말할 수 있을 뿐이다.

그렇지만 이데올로기의 금기와 편견이 지나치게 엄격하고 강한 한국에서 평화와 화해를 위해서 일한다는 것은 쉬운 일이 아니다. 예를 든다면 1960년대까지는 남한에서 평화통일을 논하기만 해도 사형 언도를 받는 죄목을 뒤집어쓰게 되었다. 통일 정책을 만드는 데 국민들이 참여해야 한다든가 적대적이며 비합리적인 반공주의 (anticommunism)와 같은 이데올로기적 금기를 비판하는 일과 같은 통일의 원칙에 관련된 여러 제안이나 주장들은 아직까지도 허용되지 않고 있다. 우리 교회와 기독교인들은 세상의 정치적 집단들보다 더 훌륭한 아이디어나 방법론을 갖추고 있다고 할 수는 없다. 그러나 교회는, 다른 사람들이 충분한 용기가 없어 하지 못할 때, 예언자적 목소리를 낼 수 있고, 기독교적 원칙에 충실함을 보일 수가 있을 것이다.

우리는 이제 한국이라는 구체적 상황 속에서 평화와 화해의 의미가 무엇인지를 알아야겠다. 우리는 이 회의가 우리들의 이러한 과제를 더 잘 이해하고 보다 넓은 전망(perspective)을 얻는 데 큰 도움이 되기를 희망한다. 우리는 이제 핵무기 문제에 관해, 적대적이며 공격적인 반공주의나 반제국주의 선전과 정책에 대해, 평화연구, 평화교육, 그리고 평화통일에 관해, 북에 있는 동포들과 대화하는 문제에 관해, 북한의 기독교와의 방문 교환이나 대화에 관해, 그리고 동서의 이데올로기 갈등에 대한 교회의 입장에 관해 진지하게 심사숙고해야 할 것이다. 우리는 평화의 복음에 충실하기 위해 지혜와 용기가 필요하다.

III. 통일의 난제와 교회의 과제[14]
(1986 호놀룰루 한미교회협의회)

1. 평화와 화해를 위한 교회의 새로운 노력

2세기를 향한 공동 선교의 방향을 모색했던 3차 한·북미교회협의회가 서울에서 개최된 지 2년 반 후(1984년 3월)에 다시금 한반도의 평화와 정의를 주제로 4차 협의회가 여기 호놀룰루에서 개최되게 된 것을 기쁘고 뜻있게 생각합니다. 지난 2년 반 동안은 그리 길지 않은 시간이었지만 한반도의 평화와 정의를 위한 한국과 세계교회의 공동적 노력의 면에서는 여러 가지 중요한 일들과 변화가 일어났고 한국과 북미의 교회들에게도 많은 것을 새롭게 생각하고 계획하며 추진하게 한 중요한 기간이었습니다. 이런 점에서도 한·북미 교회들이 그 동안에 진행되어온 평화와 정의를 위한 교회의 여러 가지 노력들과 업적들을 이 시점에서 반성해보고, 평가해보며 앞으로 한 걸음 더 나아간 발전을 이룩하기 위하여 문제점들을 함께 해결하도록 모색하며, 함께 구상해보는 기회를 갖는다는 것은 매우 필요하며 또 시기적으로 적절한 일이라고 생각합니다.

우리는 이미 지난번 협의회에서 선교 2세기를 향한 우리 교회들의 특별한 선교적 과제가 예수 그리스도께서 기쁜 소식을 주려고

---

[14] 이 글은 1986년 9월 29~10월 3일, 하와이 호놀룰루에서 모인 제4차 한·북미 교회협의회에서 발표한 주제강연임. 미국교회협의회(US. NCCK), 캐나다교회협의회(CCC), 한국기독교교회협의회(NCCK) 대표 60여 명이 참석했고, 미국의 저명한 한국 전문가들도 참석해 주한미군 문제를 논의했다.

하신 가난하고 억눌린 이 땅의 민중들과 함께 자유와 정의와 인권과 민주주의를 실현하도록 노력하며, 또한 갈라진 세계와 분단된 한국에서 화해와 통일과 평화의 복음을 증거하며 실천하는 데 있다는 것을 확인하였고 또한 이를 위해 우리 교회들이 서로 협력하고 함께 노력할 것을 결의하였습니다.

한·미 교회들이 선교역사상 처음으로 한국의 분단과 분단으로 인한 민중들의 비극적인 삶과 고통에 대해 깊은 책임감을 느꼈으며 교회가 한국민들이 분단선을 넘어 재결합하고 전쟁이 아닌 평화를 성취하며 민족통일을 이룩하는 일을 선교적인 사명으로 감당해야 한다고 인식하였습니다. 그 후 세계교회협의회의 국제위원회가 〈동북아시아에서의 평화와 정의〉라는 주제로 84년 11월에 일본의 도잔소에서 협의회를 갖고 특별히 분단된 한국에서 평화를 실현하는 길은 남·북한의 군사적 긴장과 대결을 해소하고 평화공존과 통일의 길을 모색하는 데 있으며, 이를 위해 교회가 남·북한의 적대 관계를 해소하고 대화와 교류 화해를 이룩하는 데 공헌해야 한다는 중대한 결의를 한 바 있습니다. 84년은 이런 점에서 한반도의 평화와 통일을 향한 교회의 노력의 면에서, 또한 이를 위한 구체적인 실천계획의 면에서 중요한 이정표를 세운 해였다고 생각합니다.

한국교회와 기독교인들은 80년대에 들어서면서 변화된 국내 정치적 현실에서의 반성과 또한 국제적인 평화 운동의 열기에서 얻은 기운으로 통일 문제에 관한 새로운 인식과 각오를 가지게 되었습니다.70년대에 민주화와 사회정의를 최우선의 과제로 놓고 유신체제에 저항하며 투쟁해온 한국교회는 유신체제가 무너지면서도 민주화가 실현되기는커녕, 새로운 군사독재 체제가 수립되어, 온 국민들의 민주화에의 열망이 허무하게 무산되는 것을 보면서 민주화가 한국에서 실현되지 못하는 원인이 안보의 위협을 구실로 한 비민주적 정치체제와 권력구조에 있으며, 그 뿌리는 남·북한의 분단과 상호 적대관계에 있기 때문에, 민족 분단을 극복하고 통일을 이룩하는 것이 진정한 민주화를 위해서도 필수적으로 요청된다는 사실을 절실하게 깨닫게 되었습니다. 특히 한국의 분단에 책임을 져야 할 미국 정부가 한국의 민주화와 인권보다 분단체제의 유지와 정권의 안보에 더 우선적인 관심을 가져온 것을 비판적으로 보는 시각이 점차 확산되었으며, 이러한 미국의 부정적인 역할은 휴전선의 긴장과 전쟁 위험이 제거되지 않는 한 변경될 가능성이 희박하다는 사실도 인지하게 되었습니다. 또한 유럽을 중심으로 열화처럼 일어난 반전 반핵 평화운동과 세계교회들과 에큐메니칼 운동이 일으킨 평화 선교에 대한 새로운 각성들은 한국의 기독교에도 교회의 평화적 사명에 대한 반성을 하게 하였고, 한반도에서 뿌리깊이 상존하고 있는 반평화적인 구조와 전쟁 위협, 긴장과 갈등관계를 어떻게 극복할 것인가에 대해 새로운 자기비판과 숙고를 하게 되었습니다.

이러한 반성과 새로운 각오들이 표출된 것이 1981년 6월의 한독교회협의회에서였으며 여기서 2차 대전 후 분단된 운명을 함께 진 한국과 독일교회가 분단국 속에서의 교회의 고백과 책임을 논하면서, 특히 한반도에서의 분단이 막대한 고통과 위협을 주고 있다는 것을 함께 인식하고 한국기독교교회협의회 산하에 통일 문제를 연구하는 기구를 설치할 것을 결의했습니다. 그 후 여러 차례 한국교회들은 통일 문제를 반성하고 협의하는 모임을 가지려고 노력했으나 당국의 저지와 방해로 실패했으며, 따라서 통일문제연구원이 형식상 조직되었으나 실질적인 활동과 업적을 낼 수 없는 상황에 있게 되었습니다. 물론 그동안 한국의 여러 신학자들과 평신도들 혹은 기독청년, 학생, 여성단체들에서 한국의 평화와 통일 문제에 관한 반성들과 새로운 의견들이 많이 쏟아져 나왔지만 교회는 이를 공식으로 수렴해서 거론하기나 합의된 입장과 태도를 만들어낼 수가 없었습니다. 이러한 차제에 84년에 열린 한·북미교회협의회와 세계교회협의회 도잔소협의회는 한국교회와 평화통일 문제에 관한 새로운 인식들을 수렴하여 정리하고 구체적인 과제와 방향을 설정하는 데 중요한 계기를 마련해주었다고 생각합니다.

84년의 이러한 에큐메니칼 모임들 이후에 한반도의 평화와 통일에 관한 관심과 열의는 세계교회들과 한국교회에 매우 고조되었으며, 특히 한반도의 분단과 긴장 관계에 직접적으로 책임을 느끼는 미국의 교회들이 남·북한의 긴장 완화와 통일에 해야 할 사명과 의무가 있음을 절감하면서 지난 2년여 동안 매우 열성적인 노력과 헌신적인 활동을 보여 주었습니다. 일일이 여기서 다 열거할 시간도 필요도 없겠지만, 도잔소회의의 결론들을 수행하며 실천하는 작업들이 그동안 세계교회와 북미주의 교회들에 의해 활발하게 추진되었으며, 이것은 85년 11월의 WCC-CCIA 책임자들의 북한 방문, 85년 12월의 미국 NCC가 스토니포인트에서 가진 한국통일문제에 관한 협의회, 86년 1월의 한국과 미국의 장로교회들이 샌프란시스코에서 가진 통일문제에 관한 협의회, 교회 대표자들의 북한 방문, 86년 4월의 미국 NCC 교회 대표자들의 북한 방문, 86년 5월의 미국장로교회(PCUSA) 총회에서의 한국의 화해와 통일에 관한 결의문 통과, 그리고 86년 11월의 미국 NCC 총회에 제출된 결의안 작성 등 지난 2년 동안 숨 가쁜 활동과 눈부신 발전과 변화들에서 여실히 보이게 되었습니다.

무엇보다 우리는 86년 9월 2일부터 5일까지 스위스의 글리온에서 세계교회협의회 국제위원회가 주최한 평화문제협의회에서 한국의 분단 사상 처음으로 남·북한의 기독교의 공식 대표들이 만날 수 있고 함께 예배드리고 성찬을 나눌 수 있었다는 사실을 매우 감격스럽게 생각하며 의미 있는 역사적인 기록을 수립했다고 생각합니다. 이 역사적인 만남이 남·북한의 기독교인들과 교회들에게 아직 충분히 알려지지 않았지만, 이것은 지난 수년 동안의 한국교회와 세계교회들이 한반도의 긴장 완화와 평화를 위해 노력한 수고들의 결정이며, 남·북한의 교회들이 평화와 통일을 위해 함께 공헌할 수 있는 가능성을 열어주는 작은 씨앗이 되었다고 의미를 부여해보고 싶습니다. 한국교회는 이 자리를 빌려 그동안 한반도에서의 평화와 통일을 실현하기 위한 긴장 완화와 분단 극복을 위해, 교회가 해야 하고 할 수 있는 일들을 고안하고 논의하며 결의했을 뿐만 아니라 이의 실천을 위해 동분서주하며 여러 가지 모임을 주선하고 남·북한을 방문하여 남한과 북한의 기독교의 거리를 좁히는 데 이바지한 세계교회협의회와 아시아기독교협의회 등 에큐메니칼 기관들과 미국교회를 비롯한 해외 여러 나라들의 교회에 깊은 감사와 우정을 표시하고 싶습니다. 우리는 그동안 세계교회와 이웃교회들의 에큐메니칼 유대와 협력들이 한반도에서의 분단 극복과 통일과 같은 복잡하고 어려운 문제들을 한국교회가 해결해나가는 데 커다란 힘이 된다는 것을 실감했으며, 여러 가지 장애와 제한, 방해들을 함께 이겨나갈 때에 실질적인 열매들을 하나씩 거두어낼 수 있다는 체험을 얻게 되었으며 이

것은 우리들에게 있어서 매우 중요하고 유익한 경험이며 교훈이었
다고 생각합니다.

2. 통일의 당위적 요청과 현실적 난제들

80년대에 들어와서 한국교회는 평화의 사명과 통일의 과제에 대
한 새로운 계몽과 인식을 얻고, 지난 5~6년 동안 새로운 결의와 자세
로 이러한 사명과 과제를 감당하고자 노력하였으며 또한 미비하지
만 과거에 비해본다면 괄목할 만한 발전과 의식에서의 변화를 이룩
한 것이 사실입니다. 무엇보다 중요한 소득은 한국교회가 분단된 한
국의 통일문제를 그 선교적 과제와 책임으로 인식하게 되었다는 점
일 것입니다. 한국이 분단된 후 지난 40년 동안 한국교회는 통일을
위해서 기도하지 않은 적은 하루도 없지만 그것은 북한에서 김일성
집단과 공산주의자들이 사라지게 되면 실현될 수 있는 막연한 미래
의 것으로 생각해왔지 그들과 공존하면서 화해하면서 만들어내는
통일의 구체적인 가능성에 대해서는 별로 생각해보거나 논의해 본
적이 없습니다. 7·4공동성명이 남·북한 정부 당국자들에 의해서 발
표되고 나서도 교회는 이념과 체제를 초월한 민족의 대단결이란 원
칙을 의아스런 눈으로 보았고, 행여 반공 정책이 약화되거나 무너질
까봐 두려워하는 기미를 보였습니다. 물론 북한과의 적대 관계를 해
소하고, 반공 정책을 수정하며 통일을 위한 적극적인 노력을 해야
한다고 주장하는 기독자들이 있었지만 거의 무시되어도 좋을만한
극소수에 불과했습니다. 북한 공산주의자들과의 공존과 통일은 마
치 기독교의 신앙과 원칙을 포기하거나 양보하는 것으로 생각하여

통일 문제를 두려워하거나 꺼리는 태도를 취해왔던 것이 숨길 수 없는 사실입니다. 통일 문제는 진보적 정치인들이나 거론하는 문제로 생각했고 기독교의 복음과 선교와는 직접 관련되지 않는 것으로 생각해왔습니다.

물론 아직까지 남·북한의 평화적 관계와 통일 과업이 교회의 본질적 사명이란 인식이 한국교회와 기독교인들에게 보편화된 것은 아니지만 에큐메니칼한 교회들에 있어서는 상당한 정도로 신학적으로나 기독교 윤리적으로 혹은 사회선교적으로 당연한 일로 받아들여지게 되었습니다. 이것은 80년대에 와서 한국의 여러 교회들의 총회선언문들이나 성명서에서 나타나고 있으며, 특히 이러한 인식이 지난 86년 8월 25~26일 인천에서 열렸던 한국기독교교회협의회의 통일문제협의회에서 분명하게 드러나게 되었습니다. 한국에서 그리스도의 평화의 복음을 실천하는 선교적 사명 가운데는 남·북의 분단을 극복하고 화해와 통일을 성취하는 것이 가장 핵심적인 과업이라는 인식이 차츰 공감을 얻게 되고 있습니다. 평화(Shalom)는 신구약성서 속에서 여러 가지 의미를 갖고 있지만, 무엇보다 인간의 삶이 온전하게 유지되며 건강하고 풍부하게 되는 것을 의미합니다. 평화는 전쟁이나 폭력이 없는 상태일 뿐만 아니라, 전쟁이나 폭력을 일으킬 수 있는 잠재적 원인이 되는 갈등과 적대 관계와 공격성을 제거하고 화해와 공존의 관계를 이룩하는 것을 말하며, 보다 적극적인 의미에서는 모든 사람들이 평등하고 조화롭게 인권과 자유와 복지를 누리며 살 수 있는 정의로운 사회를 만드는 것을 의미하는 것입니다. 그래서 평화운동은 오늘날 반전반핵 운동으로 이해될 뿐만 아니라, 화해와 공존의 운동으로, 그리고 정의와 평등한 사회를 만드는 개혁 운동이나 인권 운동으로도 이해되고 있는 것입니다. 그런데 오늘날 한반도에서의 이러한 평화는 이 점에서 곧 분단의 극복과 통일을 통해서만 실현될 수 있다고 볼 수 있습니다.

갈라진 민족이나 국가들이 반드시 통일이 되어야만 평화가 보장된다는 법은 없으며 역사에서는 오히려 분단됨으로써 평화가 보장이 되는 나라와 민족의 경우들도 없지 않은 것이 사실이지만, 한반도에 있어서는 분단이 극복되고 통일이 이루어지지 않는다면 평화가 보장될 수 없다는 것이 한국의 역사적, 국제정치적 상황과 한국의 분단의 성격에서 분명히 드러나게 됩니다. 한반도에서의 분단은 역사적으로나 문화·정치적으로 부자연스럽고 부당한 분단이었으며, 또한 상대방의 존재를 처음부터 인정하지 않은 적대적이며 공격적인 분단이었기 때문에 이미 분단초기부터 갈등과 긴장과 전쟁을 낳을 수밖에 없는 반평화적인 분단이었습니다. 한 미군장교에 의하여 하룻밤 사이에 그어진 38선은 6천만 한국 민중들의 비극적인 삶과 고통의 원인이 되었고, 지난 40년의 한국사를 전쟁과 비민주적 독재와 인권 유린과 경제적 예속과 외세 의존이라는 불행한 역사로 만든 장본인이 되었으며, 온갖 억압과 학살과 고문과 부정부패, 세뇌, 만행 등 사회악을 낳은 원죄가 되었습니다. 우리는 이러한 분단을 극복하지 않고서는 민족의 생존을 위협하는 전쟁이나 세계평화를 깨뜨리는 핵전쟁을 방지할 길이 없으며, 남쪽이나 북쪽에서 모두 안보를 구실로 한 독재와 인권 탄압을 막을 길이 없으며, 엄청난 군사비와 전쟁 준비에 대한 경제적 부담 때문에 건전하며 자립적인 경제 발전과 복지 사회를 이룩할 수가 없고, 이산가족의 고통이나 사회적 불안을 감소시킬 수도 없고 민족적인 자립이나 주체성도 이룩할 수가 없다는 것이 너무나 분명한 현실이라는 것을 알게 되었습니다. 따라서 우리에게서의 통일은 이러한 적대적이며 반평화적인 분단의 극복을 의미하며, 분단 극복의 과정이 대화와 교류를 통해 남·북한의 화해와 공존을 이룩하고 마침내는 하나의 민족 국가로의 통일에까지 나아가는 것을 의미합니다. 통일은 곧 반평화적인 분단의 극복이 평화로운 통일사회를 이룩하는 데까지 나아가는 전 과정을 의미하는 것입니다. 통일은 곧 평화의 실현을 의미하기 때문에, 평화는 통일을 이룩하는 방법일 뿐만 아니라 통일의 목표며 이념이 되는 것이라고 생각합니다. 그래서 우리는 전쟁을 통한 통일이나 통일되어서도 국민의 일부를 죽이거나 추방하는 베트남식의 통일을 원하지 않으며 반드시 평화와 정의를 가져오는 통일을 추구하며 갈구하는 것입니다.

이러한 통일은 물론 우리 민족의 당위적인 요청이며, 규범이기 때문에 남·북한의 어느 누구도 이러한 통일을 반대하거나 거부할 사람은 없습니다. 한국인들이 남·북한을 막론하고 통일에 대한 의지와 열망이 절대적이라는 것은 바로 그만큼 분단이라는 것이 민족의 비극과 고통의 원인이 된다는 인식과, 통일이야말로 평화와 번영의 자립을 가져다 줄 수 있다고 믿는 신념 때문인 것입니다. 정부(통일원)에서 조사한 여론에서도 매년 국민들의 98% 이상이 통일을 원하고 열망하는 것으로 나타나고 있는데 이러한 것은 아마 북한의 여론 조사에서도 마찬가지 일 것이라고 생각합니다.

한국 민중들의 통일에 대한 열망과 포부가 높은 것은 통일이 없이는 민주주의도 정의사회도 민중의 인간다운 삶과 복지도 이루어질 수 없기 때문이라는 것을 알기 때문입니다. 결국 한국이란 나라와 민족은 통일이 없이는 반편이며 반신불수의 불구에 불과하기 때문에 '선민주 후통일'이라든가 '선경제발전 후통일' 같은 주장은 더 이상 논리적으로는 설득력을 가질 수가 없게 되었습니다. 이것은 40년간의 분단사를 고통과 좌절로 살아온 한국 민중들의 체험적 증언이며, 통일 문제를 유보하면서 문제를 해결하려던 여러 가지 시행착오를 겪은 뒤에 얻은 역사적 교훈이었습니다.

그러나 통일에 대한 이 같은 당위적 요구와 규범적 인식이 곧 통일문제를 해결하거나 추진하도록 하지는 못합니다. 그러기에는 너무나 어려운 현실적인 장벽과 난관이 가로막혀 있습니다. 통일을 위한 노력이나 단계적인 방안들을 저지하고 좌절시키는 장벽들은 여러 가지가 있으나, 그 중 가장 중요한 장애 요소는 분단 자체와 분단이 만들어놓은 양쪽의 적대적인 체제와 이데올로기입니다. 지난 40년 동안 남·북한에는 각기 비타협적이고 폐쇄적이며 독단적인 반공적 자본주의와 전체주의적 공산주의가 지배 이데올로기로 뿌리를 내렸고, 이 양 체제의 단절과 적대적이며 공격적인 대결은 한국전쟁과 그 후로 계속되는 도발과 긴장으로 더욱 심화되고 악화되어만 갔습니다. 왕래도 서신교환도 통신도 두절된 남·북한 양쪽은 이 세상에서 서로 가장 먼 나라로, 가장 증오하는 나라로 되어갔으며, 자기의 존립을 위해서는 상대방을 멸절시켜야만 하는 불구 대천지원수가 되었습니다. 물론 한국의 분단과 대결은 미국과 소련이 중심이 된 동북아시아의 갈등과 대결의 냉전의 산물이었지만 남·북한은 미국과 소련의 관계보다 더 차가운 얼음장으로 얼어붙었고, 더 증오하고 공격적인 적대 관계가 되어갔습니다. 분단의 책임은 미국과 소련에 있지만, 분단을 이토록 심화시킨 반이성적이고 맹목적인 열광주의로 만든 책임은 미·소의 대립뿐 아니라 남·북한 양쪽의 정권과 지배세력들에게 더 많이 있습니다. 분단의 극복을 위해 노력한 것이 아니라 더욱 심화시키는 데는 남쪽에서 볼 때에 지배세력들뿐 아니라 우리 기독교도 크게 공헌하였습니다. 여기에는 물론 1945년부터 50년 한국전쟁이 있기까지 북한에서 기독교가 경험한 탄압과 많은 기독교인들의 순교, 그리고 유물론과 유신론의 이념적 대립 등이 원인이 되고 있지만 남한의 기독교는 보다 냉정하게 스스로를 반성하고 북한이나 공산주의자에 대해 화해와 사랑의 복음을 실현하려한 것이 아니라, 그들을 악마와 원수로 규정하고 십자군의 전쟁을 통해 그들을 정복하는 것이 기독교 신앙에 충실한 행위로 믿어버리게 되었습니다. 남한의 기독교가 분단의 심화와 북한에 대한 원수상과 적대관계를 강화시키는 데 어떻게 얼마나 기여했는가 하는 것은 사료를 통하여 밝혀져야 하고 신학적으로 교회사적으로 더 연구되고 반성되어야 할 것입니다.

남한의 거의 대부분의 사람들이 북한의 남침 야욕과 공산화 통일을 위한 남조선 혁명 전략이라는 것을 믿고 있는 상황에서 북한과의 적대 관계를 해소하고 화해와 평화통일을 이룩하자는 주장은 그리 설득력과 신빙성을 얻지 못하는 것이 당연한 것 같습니다. 이런 상황에서 교회의 일부 크리스천들이 통일을 위해 반공 정책을 포기하고, 핵무기의 제거와 미군의 철수를 주장한다고 할 때 이것이 이적 행위로 반국가·반체제적인 행동으로 오해를 받는 것은 그럴만한 이유가 있다고 생각합니다. 말하자면 당위적인 통일을 위해서는 분단이 가져온 적대 관계와 공격성을 풀고 화해와 접근을 시도해야 하겠는데, 분단시대와 상황이 낳은 상대방에 대한 불신과 공포와 긴장과 위기의식이 정부나 집권세력의 강요에 의해서 뿐 아니라, 우리들 자신의 의식 속에 내면화되어 있기 때문에 이를 저지하며 억누르는 모순된 상황에 놓이게 되는 것입니다. 따라서 통일을 위한 이제까지의 모든 노력들은 그 당위적 요구와 현실적 난관 사이의 딜레마에 빠지게 되며, 이를 타개하는 것이 여간 어렵고 힘들지 않은 일이기 때문에, 통일에의 열망은 늘 현실적인 좌절과 절망으로 보상되곤 했던 것입니다.

이제 80년대에 와서 새롭게 일어난 기독교의 통일 운동도, 그리고 형제 교회들의 한반도의 평화와 화해 통일을 위한 노력들도, 국내에서는 같은 어려움과 현실적인 장벽에 부딪히게 되는 것이 확실합니다.

이러한 현실적인 장벽과 난관이 정부나 교회 밖의 세력들에 의해서도 오지만, 교회 안에서 화해와 평화의 복음을 믿는 같은 그리스도의 형제들로부터도 거세게 오고 있다는 것이 오늘 우리 교회의 현실입니다. 도잔소회의의 결의문이나 미국장로교회와 NCC의 결의문들이 기독교가 화해와 평화와 통일에 기여할 수 있는 구체적이며 건설적인 방안들을 제시했음에도 불구하고, 한국교회는 아직 이를 전적으로 지지하거나 받아들이고 실천할 자세와 입장을 갖추지 못하고 있다는 것이 우리들의 솔직한 고백이라고 하겠습니다. 지난 8월의 인천 협의회에서도 확인된 바와 같이 한국교회 안에는 상당히 의견 차이가 큰 대립적인 견해들이 있어서 통일된 입장을 만들어내지 못하는 상태에 있다고 하겠습니다. 한쪽에서는 북한의 남침 야욕과 남한과 기독교에 대한 적대감이 그대로 존재하는 한 남한에서도 공산주의에 대한 반공주의나 적대관을 포기할 수 없으며 미군철수나 핵무기 제거를 지지할 수 없다는 보수적인 입장이 있으며, 다른 쪽에는 우리가 먼저 북한에 대한 원수상과 적대관을 극복하고 통일을 지향해야 저쪽에서도 공격과 비난을 하지 않고 대화와 협상에 임하게 될 것이며 주한 미군의 철수와 핵무기 철거는 남·북의 화해와 평화적 공존과 통일에 크게 기여할 수 있다는 생각입니다. 특히 미군 철수 문제에 관해서 이러한 주장들과 생각이 엇갈린 상황에서 한국교회는 성급히 태도와 입장을 만들어낼 수는 없으며 보다 더 신중한 연구와 검토와 합의과정을 거쳐야 하리라고 봅니다. 한국교회(NCCK)로서는 아직 공식적인 태도를 만들어 내놓을 처지에 있지 못하지만, 대체로 미군 철수나 주한 유엔군을 미국이 아닌 중립국의 군대로 대체해야 한다는 주장은, 이것이 남한의 안보와 민주적 질서와 남·북한의 평화적 관계에 부정적인 영향을 주지 않는 범위와 방향에서 이루어져야 하며, 이를 위해서는 남·북한의 신뢰 관계와 협약 관계가 남·북한의 불가침조약이나 혹은 평화협정이나 다른 어떤 것을 포함하는지는 보다 면밀하게 전문적으로 연구되고 검토되어야 한다고 생각되며, 신뢰 관계가 무엇을 의미하는지도 보다 더 구체적으로 연구되어야 할 것입니다. 문제는 남·북한이 어떻게든 빨리 서로 신뢰 관계를 구축하고, 긴장과 대결 관계를 평화적 공존적 관계로 전환시키는 협약 관계를 갖기 위한 대화와 협상에 들어갈 수 있도록 하는 것입니다.

3. 평화와 통일을 위한 한국교회의 실천적 과제

통일의 당위성과 분단의 현실성 사이의 갈등과 딜레마 속에서 고민하는 한국교회는 그렇다고 아무것도 하지 않고 수수방관하고만 있을 수는 없습니다. 더구나 세계교회들과 이웃 형제 교회들이 이토록 적극적으로 한반도의 평화와 통일을 위해서 노력해주고 있는 마당에 한국교회가 구경만 한다든가 수동적 자세를 취하고만 있다는 것은 이러한 시대와 상황 속에서 우리에게 위탁된 선교적 사명을 게을리 하는 것이라고 하겠습니다.

그러면 과연 한국교회가 평화와 통일을 위해 오늘의 현실 속에서 할 수 있고 또 해야 할 과제가 무엇일까요? 문제가 복잡하고 현실적인 난관이 많이 있을수록 문제를 근원적으로 탐구하며 서서히 단계적으로 풀어가는 자세가 필요하다고 생각됩니다. 우리는 먼저 과연 교회가 민족의 화해나 통일 문제 같은 벅찬 과제들을 감당해갈 준비와 능력을 갖추고 있느냐 하는 것부터 반성해 보아야겠습니다. 그리고 우리의 능력과 실정에 적합한 과제를 선택하여 하나씩 해결해가도록 해야 할 것입니다.

1) 통일 논의를 위한 자료·연구 협의회

(1) 교회는 먼저 민족의 삶과 평화에 그토록 중대한 분단과 통일문제에 관해 보다 더 체계적으로 연구하며, 전체 국민들의 의견과 여론을 수렴하여 결집하고 또 되고 불충분한 통일 방안이나 정책들을 비판해서 올바른 통일 논의와 방안이 마련되도록 노력해야 할 것입니다.

교회는 통일 방안이 바른 원칙과 방법 위에서 세워지도록 관심을 가지고, 통일 논의가 정부나 일부의 세력들에 의해 독점되지 않고 전 민중의 참여와 협의 하에 이루어지도록 지켜보며, 폭넓게 의견을 수렴하는 광장과 통로를 만들어야 합니다. 이 점에서 통일에 관한 연구협의회나 토론회, 공청회 등을 마련하는 일이 이미 중요한 공헌이 될 것입니다.

(2) 통일 문제를 논의하고 방안을 만드는 데 있어서 무엇보다 중요한 것은 북한에 대한 정확하며 객관적인 정보를 갖고 바른 평가를 내리는 것입니다. 이 점에서 우리는 통일하고자 하는 상대방인 북한에 대하여 거의 무지에 가까운 지식밖에 없다는 것을 고백해야 하겠습니다. 북한 연구는 교회가 앞으로 선교를 위해서도 필요한 일이며, 이 점에서 북한의 사회, 역사, 제도, 이데올로기 등에 관해 보다 객관적이고 구체적인 지식을 갖도록 하는 것이 중요하다고 봅니다.

(3) 통일 문제에서 기독교가 특히 부담을 지고 있는 문제가 기독교와 공산주의의 문제입니다. 통일을 하는 것도 공산주의자들과 하는 것이며, 평화를 위해서도 이들과 공존해야 하는데 양자의 모순과 적대 관계를 어떻게 해결할 것인가가 문제가 되는 것입니다. 여기서 우리는 기독교와 맑시즘의 대화나 공산주의 국가 안에서의 기독교의 체험들을 연구하고 이해하는 것이 상당한 도움을 주리라 믿습니다.

(4) 한국교회는 통일 문제나 이데올로기, 북한에 관한 연구가 중요함에도 불구하고 아직 이를 신학적으로, 사회과학적으로 다른 전문기구나 조직을 갖고 있지 못합니다. 한국기독교교회협의회의 통일연구원에 적어도 자료센터나 전담데스크가 설치되어서 연구나 토론, 정보, 자료의 수집 활동이 강화되어야 하겠습니다.

2) 평화교육

(1) 기독교가 평화의 사명을 수행하기 위해서는 평화 문제를 의식화시키고, 평화를 실현하는 방법을 교육하는 데 노력해야 하며, 교회는 특히 이 점에서 커다란 공헌을 할 수가 있다고 보여집니다. 교회의 주일학교, 청년, 여성, 학생들의 조직과 활동을 통해 광범하게 사회 교육적인 평화 교육을 실시할 수 있는 능력과 가능성을 가지고 있기 때문입니다.

(2) 교회는 특히 전쟁을 반대하고 무력과 힘으로써 거짓 평화를 유지하려고 하는 군사화에 대하여 계몽하는 교육을 실시해야만 하겠습니다. 기독교는 역사 속에서 의로운 전쟁(bellum justum)이라는 명목으로 국가가 일으킨 전쟁을 정당화하는 오류를 범했는데 '무력의 우세를 통한 평화'라는 오늘의 군비 강화 정책을 그리스도의 평화의 복음으로 비판할 수 있는 평화교육이 강력히 실시되어야 하겠습니다. 교회는 특히 오늘날 핵전쟁의 무의미성과 하나님의 창조질서에 대한 거역성을 강조하여 의식화해야 하고, 한반도에서 어떠한 종류의 핵무기의 사용도 반대하는 의식을 생명 운동의 관점에서 넓혀져야 하겠습니다.

(3) 교회는 남·북 간의 적대감과 증오심을 제거하기 위하여 북한 사람들을 인간으로도 보지 않으며, 동포가 아닌 원수로 보게 하는 맹목적이며 광적인(blind, fanatic) 반공 교육을 탈피하게 하는 평화 교육을 실시해야 할 필요가 있습니다. 교회는 다른 체제와 이데올로기 속에서 사는 사람들과 함께 평화적으로 공존할 수 있는 가능성과 방법을 가르쳐주어야 하겠습니다. 그러기 위해서는 우선 막힌 담을

헐고 원수 된 관계를 폐하는 화해의 복음과 정신을 실현하도록 교육해야 합니다.

(4) 교회는 인종과 지역과 계급과 이념의 차이를 가진 사람들이 가진 갈등 관계를 폭력이나 무력으로써 해결하지 않고 평화적인 수단과 방법으로 해결하게 하는 평화 교육을 연구하고 실시해야겠습니다. 학원과 거리와 공장, 사회 곳곳에 만연해 있는 폭력을 제거해야 평화로운 사회를 이룩할 수 있으며, 대내적인 분단과 적대 관계를 막을 수 있습니다. 물론 교회는 가난하고 소외된 약자들의 권익을 옹호함으로써 정의사회를 이룩하고 이를 통해 진정한 평화가 실현된다는 점을 평화 교육에서 강조해야 할 것입니다.

3) 만남과 대화의 교류

(1) 평화를 만드는 일은 적대적이고 공격적인 관계에 있는 나라나 집단의 사람들이 서로 만나고 대화하며 교류하는 일을 통해서 촉진되며 증진될 수가 있습니다. 모든 인간의 만남은 이해와 신뢰의 바탕이 되기 때문입니다. 특히 교회나 기독교인들이 국경과 분단선을 넘어 서로 만나고 교류하는 것은 에큐메니칼 정신을 구현하는 것이며 평화와 화해의 복음을 구체적으로 실천하는 일일 것입니다. 우리는 특히 이러한 사명을 감당해온 세계 여러 나라들의 교회와 특히 독일의 교회가 해온 평화와 통일에의 역할들에서 중요한 경험과 교훈들을 배울 수 있다고 믿습니다.

(2) 특히 우리는 남·북한의 분단을 심화시키는 장벽과 적대감(Antagonism)과 긴장을 완화시키며 해소하고 평화와 통일을 이룩하는

데 남·북한의 교회와 기독자들의 만남과 대화와 교류가 크게 이바지할 수 있다고 믿습니다. 우리는 북한에서 여러 가지 이념과 갈등과 정치적 어려움에도 불구하고 기독교와 교회가 존속하고 있으며, 최근에 와서 더욱 활발한 신앙적 활동을 할 수 있게 된 것을 하나님께 감사드리며 또한 세계 여러 나라의 교회와 만나고 대화할 수 있게 된 것을 커다란 축복으로 생각하는 바입니다.

우리는 지난 9월 초 글리온(Gilon)에서의 남·북 기독자의 첫 만남을 감격스럽게 생각하면서 이제는 남·북한의 기독자와 교회 대표자들이 한국 땅에서 서로 만나고 함께 평화와 통일을 위해 기도하며 화해의 사명을 감당하기 위한 대화를 나눌 수 있게 되어야 한다고 생각합니다. 한국기독교교회협의회는 이제 북한의 기독교도련맹의 대표들이 남한의 교회들을 방문하여 함께 예배드리고, 하나의 교회임을 확인하며, 그리스도 안에서 한 형제자매로서의 사랑과 우정을 나눌 수 있게 되기를 희망합니다. 물론 남한의 교회 대표자들이 북한의 교회와 기독자들을 방문하여 만나는 일도 가능하게 되기를 바랍니다. 세계교회들과 북미의 교회들이 도와주시고 기도해주시기 바라며 남·북한의 정부 당국자들이 이를 허락하여 주시기를 부탁드립니다.

(3) 우리는 북한의 교회와 그리스도인들과의 만남과 대화의 필요성을 절감하면서, 또한 사회주의, 공산주의 국가들 속에 있는 교회와 기독교인들을 만나고 대화하는 것이 매우 유익하고 필요한 일이라고 생각합니다. 북한의 기독교를 잘 이해하기 위해서도 중공이나 소련, 동유럽이나 남미의 사회주의 국가들 속에 있는 기독교의 모습과 교회들의 신학적·선교적 과제들을 이해하는 것이 중요하며,

이들과의 만남과 대화의 가능성을 활발히 모색해야 하리라 생각합니다.

(4) 이러한 점에서 에큐메니칼 기관들인 세계교회협의회나 아시아기독교협의회, 그리고 북한과 공산권의 교회들과 접촉과 대화의 관계를 가진 미국이나 캐나다, 일본, 서독의 교회들이 한국교회의 이러한 만남과 교류의 확대를 위해 다리의 역할을 해줄 수 있으며, 그들의 장보와 경험들을 나누어 줌으로써 크게 도움을 줄 수 있으리라 믿습니다. 대화와 교류를 증대하기 위한 교회들 간의 접촉과 방문들은 특히 남·북한의 기독교 교회들이 가진 여러 가지 제한성과 연약한 위치와 민감성(Sensitivity)을 고려하여 신중히 숙고(carefully considerity)되고 함께 잘 협의되어야 한다고 생각합니다.

4) 정책적 건의

(1) 한국교회는 평화와 통일이 실현될 수 있도록 기도하며, 교회로서 할 수 있는 일을 실천할 뿐만 아니라, 통일 정책을 만들고 시행하는 정부나 정당, 그리고 사회단체들에게 그때마다 적절하다고 생각되는 정책들이나 방안들을 건의하는 일을 소홀히 하지 않아야 한다고 생각합니다. 무엇보다 교회는 정부가 전 국민과 민족 전체의 뜨거운 열망이며 소망인 통일 문제를 한 정권적인 차원에서가 아니라 민족적이며 역사적인 차원에서 생각하며 수립하도록 촉구하고자 합니다. 민족의 생존과 운명이 달린 통일 정책을 바르게 수립하기 위해서도 국민적인 통일 논의와 토론을 보다 활성화시키고 자유롭게 해야 한다고 믿습니다. 통일 문제나 이산가족의 결합, 남·북한의

경제, 스포츠, 학술, 예술의 교류와 같은 중대한 문제를 논의하고 결정하는 기구들이 보다 더 민주적으로 구성되어야 하며 국민들의 의사를 반영할 수 있는 기구와 제도로 운영되어야 할 것입니다.

(2) 우리는 남·북한 정부에 의해서 주장되고 혹은 거부되는 통일방안이라는 것이 고려연방제든 민족화합민주통일방안이든 국민들과의 광범한 대화와 자유로운 논의를 거쳐 작성된 것이 아니기 때문에, 어떠한 의도와 배경을 가지고 나온 것인지를 충분히 인식하지 못하고 있으며 왜 양쪽이 서로 거부하는지도 분명히 알지 못하고 있습니다. 따라서 여기에 쉽게 동의하거나 반대할 만한 입장과 준비를 갖추지 못하고 있다고 하겠습니다.

우리는 원칙적으로 남·북한이 전쟁의 위험을 막고, 분단과 적대관계를 극복하여 호혜와 협력과 통일에 이를 수 있는 모든 제안과 조치들을 환영하고 지원해야 한다고 생각하며, 이를 촉진시키는 모든 종류의 회담과 협약을, 그것이 2자회담이든 3자회담이든, 불가침조약이든 평화협정이든, 하루속히 촉진되어야 한다고 생각합니다. 남·북한 정부는 7·4공동성명의 정신과 합의사항을 준수하여 하루속히 대화와 협상을 재개하여줄 것을 바랍니다.

(3) 남·북한 정부들은 어떠한 경우에도 한반도에서 남·북 간에 전쟁을 해서는 안 되겠다는 결의와 자세를 보다 확고하게 천명해야 하며 실천적으로 보여주어야 한다고 생각합니다. 다음 번 전쟁은 핵전쟁이 될 것이며, 민족의 말살과 국토의 황폐화를 가져올 것이기 때문에, 전쟁을 방지하고 군사적 충돌과 긴장이 생기지 않도록 하는 데 통일 정책의 최우선이 놓여야 할 것입니다. 이를 보장할 수 있는 협약관계와 신뢰관계가 구축되는 즉시에, 남·북한의 군사력의 감소

와 주한 외국군의 철수, 그리고 한반도에 배치되고 겨냥된 모든 종류의 핵무기를 상호 협상을 통해 제거하는 일이 실시되기를 바랍니다.

(4) 남북대화가 교착 상태에 있고 긴장 관계가 완화되지 않은 오늘의 상황 속에서도 남·북한의 정부들은 상호 적대적이며 공격적인 대북, 대남 정책을 우호적이며 평화 공존적인 것으로 전환해야 한다고 생각합니다. 북한이 남한을 비방하거나 공격하며 도발하지 않을 것을 기대하기에 앞서, 남한이 북한에 대한 공격적이며 적대적인 선전과 비방을 중지하며 북한을 대화의 파트너로서 인정하여 존중하는 정책을 실시하기를 촉구합니다.

마지막으로 한국교회가 이 어렵고 중대한 평화와 통일을 위한 사명 중 성실하게 잘 감당해갈 수 있도록 북미의 형제 교회들과 세계 교회들이 기도하여 주시고 열심히 지원해주시기를 바랍니다.

IV. 기독교 통일 운동의 5대 원칙
(1987 송도 교회협 정책회의)[15]

1. 머리말

민족의 고통과 비극의 원인이며 민족의 삶과 발전에 저해 요소인 분단을 극복하고 통일을 이룩하는 것은, 우리 민족 최대의 목표이며 우리 시대의 최우선의 과제이다. 민족의 의사와는 전혀 관계없이 강대국들에 의해 자의적으로 그어진 한반도의 분단은 역사적으로나 지리적으로도 부자연스런 것이었으며, 정치적으로나 문화적으로도 한국인에게 책임이 없는 타율적인 것이었다. 반식민지 독립운동 시대에 사상과 이념의 차이로 인한 민족 내부의 갈등과 독립운동가들 사이에 분열과 대립이 있었던 것은 사실이나, 이러한 것은 세계 어느 민족에게나 있는 것이었으며 또 나라를 가를 만큼 심각한 것도 아니었다. 이 점에서 한반도의 분단은 외생적(外生的)이며, 우연적인 것이었고, 타의에 의해 강요된 분단이었다. 분단이 되어서도 남·북한의 우리 민족은 한 번도 분단을 당연하거나 정당한 것으로 받아들인 적이 없으며 통일의 목표를 포기한 적이 없다. 따라서 분단의 극복과 통일의 달성은 민족의 자주성의 확립이며, 주체성의 회복이요, 진정한 민족 해방의 길이라는 것을 남·북한 우리 민족은 함께 절실하게 인식하고 있다.

---

15 이 단락은 필자가 한국기독교교회협의회(NCCK)가 주최한 제4차 한반도 통일문제협의회(1987. 11. 23~25.)에 제출한 문서임. 이 글에서 필자가 제기한 5대 원칙은 많은 논의 뒤에 교회협 88선언에 통일 정책의 5대 원칙으로 채택되었다.

그러나 분단이 강요된 이후에 38선의 남·북으로 갈라진 우리 민족은 강대국들의 분할 정책에 휘말려들어 분단을 지혜롭게 극복하거나 해소하지 못했으며, 양쪽에 단독정부를 세우고 배타적이며 적대적인 대립 속으로 빠졌을 뿐 아니라, 전쟁과 폭력마저 불사함으로써 분단을 극도로 심화시키고, 민족 자해적인 파괴와 무력대결로 분단을 더욱 더 악화시켜왔다. 지난 40여 년 간 남·북한 양쪽에는 분단의 결과이기는 하지만 폐쇄적이며 독단적인 반공주의적 자본주의와 전체주의적 공산주의 체제가 뿌리를 내렸으며, 갈라진 두 체제와 나라는 단절과 대결 속에서 가장 서로 미워하는 적대적이며 공격적인 관계에 빠져버리게 되었다. 서신 왕래도, 방문도, 통신도 두절된 남·북한 양쪽은 이 세상에서 가장 먼 나라로 되었으며, 자기의 존립을 위해서는 상대방을 멸절시켜야 하는 하늘을 같이 일 수 없는 원수가 되었다. 우리의 분단은 미국과 소련이 중심이 된 강대국들의 갈등과 대결의 산물이었지만, 남·북한 관계는 미국과 소련의 관계보다 더 증오하고 적대적이며 비타협적인 것으로 전락하고 말았다.

이 땅에 정의롭고 평화로운 하느님의 나라를 세우는 데 이바지해야 할 우리 그리스도인들은 평화와 화해의 복음을 실천하며, 동족의 삶과 세계평화를 해치고 위협하는 적대적이며 반평화적인 분단을 극복하고, 갈등과 대결에서 화해와 공존으로 나아가는 것이며, 마침내 하나의 평화로운 민족 사회를 이룩하는 것을 말한다. 그러나 한국교회는 분단 초기부터 이의 극복과 통일을 위해 노력하지 못했으며, 오히려 분단의 심화에 기여했을 뿐 아니라 북한에 대한 전쟁과 무력대결마저 찬양하는 반평화적이며 반통일적인 과오를 범했다. 이제 한국의 그리스도인들은 이와 같은 죄책과 과오를 고백하면서 민족의 삶과 평화에 대한 책임을 다짐하며, 통일을 위한 그리스도인의 사명을 다할 것을 결의해야 한다.

2. 통일 방안의 문제점

통일은 민족 전체의 염원이며 분단시대의 역사적 과업이었지만, 남·북한 양측의 수많은 통일 방안과 제안들은 아직도 통일에의 실질적인 진전을 가져오지 못했으며, 수많은 남북대화나 회담들도 통일을 향한 남북 관계의 개선에 별다른 도움을 주지 못했다. 여전히 전쟁의 위험과 긴장은 고조되고 있으며, 남·북 간의 상호 적대적인 행위와 비방은 그칠 줄을 모르고 있다. 비록 1972년 7·4공동성명 이후에 통일의 3대 원칙이 합의되고 긴장 완화와 방문 교류를 위한 여러 가지 회담이 진행되었으나, 수많은 주장과 제의가 오갔을 뿐 현실적으로 달성된 것은 아무 것도 없다. 그러면서 남·북한 양측은 회담과 대화가 실패한 책임을 항상 상대방에게 돌렸으므로 평화와 통일의 명분만 내세울 뿐, 진정한 민족의 화해와 통일을 위한 노력과 결단을 보이지 않고 있다.

통일 방안에 있어서도 남한 측이 주장하는 '민족화합민주통일 방안'이나, 북한 측이 주장하는 '고려민주연방공화국안'이 모두 다 7·4 공동성명의 정신을 강조하고 평화적인 통일, 교류와 협력을 통한 점진적인 통일, 사상과 이념의 차이를 초월하는 민족의 단합, 그리고 민주적인 통일과 민족 자주 혹은 자결의 원칙을 주장하고 있다. 물론 북한이 통일의 조건으로서 미군 철수와 남한 사회의 민주화와 반공법, 보안법의 폐지 등을 주장하고 남한 측이 남·북한 교차 승인과 유엔 동시 가입 그리고 '남·북한 기본관계에 대한 잠정협정' 체결 등을 전제조건으로 내세우고 있으므로 방법과 전략상에 현격한 차이를 보이고 있는 것은 사실이다. 그러나 근본적으로는 통일의 과정에서 미군도 철수해야 하고 유엔에 가입도 해야 하며, 사회의 민주화나 폐쇄적인 반공주의나 반자본주의의 수정도 해야 하는 것이므로, 양측의 주장과 요구에 원칙적인 차이나 반대는 있지 않으며 또한 약간의 방법상이나 절차상의 차이는 대화와 협상을 통해서 극복할 수도 있는 것이라 보인다. 북한과 미국 간에 평화협정을 먼저 체결해야 한다는 북한 측의 주장이나, 남한과 북한 간에 불가침조약이나 기본조약을 먼저 체결해야 한다는 남한 측의 주장도, 남·북의 긴장을 하루속히 해소하고 평화적 공존을 이루어 교류와 협력, 대화를 통해 이념이 다른 두 체제 간의 통일을 이룩한다는 원칙에만 합의한다면 서로 타협할 수 있는 사소한 차이에 불과하다고 생각된다. '최고민족회의'를 통해서 '고려민주연방공화국'을 만들자는 안이나, '민족통일협의회'를 통해서 '통일민주공화국'을 만들자는 안이나, 그 명칭과 구성방법이 약간씩 다르다 하더라도, 양쪽 집권자들의 이해관계나 사심이 없이 민족 전체의 뜻에 따라 어떤 형태든지 통일된 나라를 만들자는 근본 목표에만 동의한다면 그렇게 합의가 어려울 것 같지는 않다.

더구나 이를 위한 회담에 있어서 3자회담이냐 2자회담이냐, 각 정당 사회단체를 포함하는 회담이냐, 최고 책임자의 회담이냐의 문제는 그야말로 통일을 위해 이렇게도 해볼 수 있고 저렇게도 해볼 수 있는 사소한 차이인데도 양측이 서로 차이점과 명분만 내세우며 아무런 대화나 협상의 진전을 보이지 않고 있는 것은 통일을 갈망하는 민족의 의사에 배반하는 역행이라 여겨지는 것이다.

진정코 40여 년 간의 분단과 이질화를 극복하고, 서로 다른 이념과 체제의 사회를 통일시키려면 서로 조금씩의 양보와 존중이 있어야 하거늘, 한 치의 양보나 신뢰도 없이, 서로 자기의 방안과 구상만을 고집하며, 상대방을 거부하며 매도하려는 독선적 태도는 참으로 통일을 하기 위해서 통일 방안을 내놓는 것인지, 통일을 않기 위해서 명분만 내세우는 것인지를 알 수 없는 의구심만 낳게 하고 있다. 남·북한 양쪽 정부는 아직도 상대방을 너무나 불신하고 있으며, 대화와 타협으로 통일을 하자고 하면서도 상대방의 존재를 너무나 인정하지 않으려는 좁은 마음씨를 고치지 못하고 있다. 그야말로 통일을 하겠다면서 분단 의식을 극복하지 못했으며, 화해를 주장하면서도 대결 의식과 적대 의식을 극복하지 못한 상태에 있으므로, 우리 민족의 통일은 구호나 표어로만 있고 현실적인 노력이나 실천으로서 있지 않는 공수표처럼 보이는 것이다.

바로 현실적인 노력이나 구체적인 실천이 없다는 것이 우리에게 통일 방안이 분단의 영구화 방안처럼 보이게 되는 이유이며, 상호 인정과 신뢰 그리고 양보가 촌무(寸無)하다는 것이 '통일은 불가능하겠구나'라는 좌절감을 갖게 만드는 근거라고 하겠다.

3. 통일 지향의 원칙들

그러나 이제 통일이 우리 민족의 생존과 삶, 번영과 발전을 위해 필수적이며 긴급한 과제라면, 우리는 더 이상 분단의 논리와 사고방식에 지배되어 통일 과업을 지연시킬 수가 없으며, 또한 어떤 다른 목표의 뒤에 오는 것으로 미룰 수도 없다. 통일이나 통일을 향한 변화가 없이는 우리에게 진정한 안보나 평화도 없고, 민주화도 경제발전도 참 열매를 맺을 수 없는 것이기 때문에, 이제는 통일 과업을 이들 모두와 함께 병행시켜야 할 뿐 아니라 오히려 우선적인 것으로 추진시키지 않으면 안 된다.

특히 평화를 만드는 자가 되라는 평화의 복음과, 막힌 담을 헐고 둘로 하나를 만드신다는 통일의 복음을 실현해야 할 남·북한의 기독교인들은 누구보다도 앞서서 민족의 평화와 통일을 실천할 수 있는 의식과 발상의 전환을 기해야 할 것이다.

분단의 고정화나 영구화를 탈피하고 심화된 분단을 의식적으로나 제도적으로 극복하여 통일에로 가까이 가기 위해서는 분단의 현실이나 논리보다 통일의 지향이나 논리를 우선적으로 받아들이는 원칙 위에 서야한다고 생각한다. 우리는 통일을 우선적으로 생각하는 원칙들을 다음의 다섯 가지 원칙에서 보고자 하며, 오늘의 현실에서 통일을 실현하기 위해서는 이러한 우선적 원칙들이 받아들여지고 실천되어야 한다고 믿는다.

1) 민족 우선의 원칙(자주의 원칙)

남·북한 양측은 분단된 조국을 통일하고 주변 강대국이나 세계 여러 나라와의 우호적이며 평화적인 관계를 맺음에 있어서 무엇보다도 민족의 자주성과 이익을 우선시키는 민족 우선의 원칙을 실천하고 견지해야 한다.

첫째, 남·북 간의 협상이나 회담, 국제적인 협약에 있어서 주변 강대국이나 외세의 간섭에 의존되는 일이 없어야 하며, 민족의 자주성과 주체성을 지켜가야 한다.

둘째, 남·북한 양측은 민족의 삶과 이익을 우선으로 하지 않고 이에 배치되는 모든 외교적 협상이나 조약을 수정해야 하며, 국제연합이나 동맹국들과의 관계나 협약에 있어서도 남·북한 상호 간의 합의와 공동의 이익을 우선적으로 고려하여 반영시켜야 한다.

셋째, 이념과 체제는 시대와 역사를 따라 변하지만, 민족은 같은 운명 공동체로서 영원하며 불변하는 것이기에 이념과 체제의 차이 때문에 민족을 가를 수는 없으며, 민족은 하나이며 나뉠 수 없다는 단일성의 원칙이 철저히 지켜져야 한다. 따라서 분단으로 이질화된 남·북한 사회는 하루속히 동질성을 회복해야 한다.

2) 평화 우선의 원칙(평화의 원칙)

남·북한 양측은 분단된 체제 속에서의 상호 적대 관계와 무력 대결을 합리화하며 긴장과 충돌을 계속 야기시키는 안보 제일주의를 극복하고 남·북의 공존과 평화적 관계를 위해서 대결과 긴장을 해소하는 평화 우선의 원칙을 받아들이며 실천해야 한다.

첫째, 한반도의 전쟁 방지와 긴장 완화를 위해서는 하루속히 한국전쟁을 종식시키는 평화협정이 체결되어야 하며, 이를 위해서 남·북한 당사국과 미국과 중공 등 참전국들이 휴전협정을 평화협정으로 전환시키고 불가침조약을 여기에 포함시키는 협상을 조속히 열어야 한다.

둘째, 평화협정의 체결이나 혹은 협상의 낙관적인 진행과 함께 상호신뢰가 회복되었을 때 주한 미군은 철수되어야 하며, 주한 유엔군 사령부는 해체되어야 한다.

셋째, 남·북한은 평화통일과 경제 사회 발전에 역기능을 하는 과다한 군사력을 상호 협상에 의해 감축해야 하며, GNP의 6%와 15%를 차지하는 남·북한의 군사비를 줄여서 평화 산업에 전환시켜야 한다.

넷째, 핵무기는 어떤 경우에도 쓸 수 없는 무기이며, 쓸 수 없는 무기는 위협의 효과도 없으며 안보에도 도움이 안 되기 때문에 한반도에 배치되고 겨냥된 모든 핵무기는 철거되어야 한다.

다섯째, 남·북한은 평화를 위해 상호 적대감과 공격성을 없애고 이질적인 이념과 체제가 한반도 위에서 공존함을 인정해야 하며 상호비방과 욕설, 배타주의를 제거해야 한다. 따라서 극단적이며 감정적인 반공주의와 반자본주의는 상호 건설적인 비판과 공존 논리로 전환되어야 한다.

3) 신뢰와 교류 우선의 원칙(민족 대단결의 원칙)

남·북한 양측은 분단의 상처를 하루속히 치유하며, 남·북한 사회의 단절을 막고 민족의 동질성을 시급히 회복하기 위해서, 정치적 회담 성과와 관계없이 서신 왕래와 방문을 자유롭게 하며, 학문·예술·종교·과학기술 등 비정치적인 분야에서부터 교류를 우선적으로 실시해야 한다.

첫째, 긴장 완화와 신뢰 회복은 상호 순환 조건 관계에 있으며, 단절과 폐쇄 상태를 그대로 두고서는 신뢰도 긴장 완화도 이룰 수가 없기 때문에, 남·북한 양측은 개방과 교류를 우선적으로 실시하여 상호 신뢰와 적대감 해소를 도모해야 한다.

둘째, 통일의 전제 조건으로 남·북한은 우선 서로의 실체와 실상을 편견 없이 객관적으로 파악하여야 하는 바 교류와 방문과 통신을 허락하지 않고 이것은 불가능하다. 따라서 남·북한은 정부 당국자들의 회담이나 협상의 타결 이전에라도, 민간 차원에서의 교류와 만남을 속히 추진해야 한다.

셋째, 남·북한 양측은 어떤 형태의 통일이나 연방제가 이루어지기 전에라도 민족의 동질성 회복이라는 차원에서 남·북의 언어, 역사, 지리, 생물, 자연자원 등 학술 분야에서의 교류와 협동 연구를 추진시켜야 하며, 문화, 예술, 종교 분야에서의 교류와 만남을 개방하고, 특히 종교의 자유가 빈약한 북한 사회의 자유화를 위해서도 남·북 기독자의 만남과 교류를 허락해야 한다.

4) 민중 우선의 원칙(민주적 참여의 원칙)

통일은 국토의 통일이나 국가의 통일만이 아니며, 전민족의 통일이기 때문에 통일 방안의 마련이나 통일 논의에는 민족의 성원 전체가 민주적으로 참여해야 하며, 그 가운데서도 특히 다수를 차지하면서도 소외되기 쉬운 민중의 참여를 우선적으로 촉진시켜야 한다.

첫째, 남·북한이 각기 민주주의와 민주적 통일을 주장하고 있으나 양측이 모두 민중이 주인이며 주체가 되는 민주주의를 실현하지 못하고 있다. 보다 더 민주적 통일이 되기 위해서는 지배자나 권력자가 아닌 인민대중(북한)과 국민대중(남한)들이 주체적으로 참여하는 민주 사회와 통일 과정이 되어야 한다.

둘째, 통일된 민족 사회는 민중이 주인이 되고 주체가 되는 사회여야 하지만, 민중은 어느 하나의 계급이나 계층을 말하는 것은 아니며, 또한 민중이 독재하는 사회도 아니다.

셋째, 지배자나 권력층이 아닌 민중의 이익과 관심이 대변되고 보장되기 위해서는 하나의 이념이나 가치가 지배하며 독주하는 획일적 체제나 폐쇄 사회에서는 안 되며, 여러 가지 이념과 가치, 정치 조직과 문화 형태가 공존할 수 있는 다원 사회와 열린 사회가 이루어져야 한다.

5) 인도(人道) 우선의 원칙(인도주의의 원칙)

통일의 방법이나 과정이 어떻게 결정되든지, 통일된 사회의 모습이 어떻게 나타나든지, 그것은 민족이나 국가의 공동선과 이익을 실현하는 것일 뿐만 아니라 인간의 자유와 인도주의를 최대한 보장하는 것이어야 한다. 국가나 민족도 개인의 자유와 복지를 보장하기 위해 있는 것이며, 이념과 체제도 인간을 위해서 존재하는 것이기 때문에 인도적 견지와 입장은 최대한 우선적으로 배려되어야 한다.

첫째, 무엇보다도 지난 40여 년 간 분단체제에서 희생과 고통을 당해온 이산가족들의 만남과 재결합이 허용되어야 하며, 어느 곳에서든지 당사자들이 살기 원하는 곳으로의 이주가 자유스럽게 보장되어야 한다.

둘째, 통일이 되기 전이라도 모든 사람들에게 일 년에 일정한 기간 동안(추석이나 설 같은 명절 때) 남·북의 친척과 고향을 방문할 수 있는 자유를 허용해야 한다.

셋째, 남·북한 양측은 체제나 이념의 반대자들에게 양심과 신앙에 입각한 비판의 자유를 최대한 허용해야 하며, 세계인권선언과 유엔인권협정을 준수해야 한다.

V. 88선언의 실천과 교회협(NCCK)의 과제
(1989 양평 교회협 정책회의)[16]

교회협의회(NCCK)의 통일선언이 발표된 지 1년 반이 지난 오늘의 시점은 평화와 통일에 관해 교회가 해온 일과 해야 할 일에 관해 근원적인 반성과 검토가 요구되는 시기라고 생각된다.

우리가 아직도 서슬이 퍼렇던 5공 치하에서 숨소리를 죽여가며 조심스럽게 한 구석에서 통일 논의를 전개하여 만들어낸 1988년 2월의 NCCK통일선언은, 그동안 국내외로 평화통일 운동을 불러일으키는 데 커다란 역할을 하였으며, 남·북한 양측의 정부로부터 어느 정도 공감과 지지를 얻어내는 데 성공하였다고 생각된다.

그러나 그동안 열화같이 솟아난 통일논의와 분단선과 분단의 체제를 넘어서려는 희생적인 실천 운동들, 그리고 이에 자극을 받은 정부나 국회 차원에서의 여러 가지 노력들은 우리 NCCK의 선언문의 범위를 넘어서고 있으며, 우리 교회로서도 한 걸음 더 나아가 현재의 분단체제와 의식을 극복하는 구체적인 방안과, 남북 관계를 통일의 방향으로 개선시키는 대안이 무엇인지에 관해 생각하지 않으면 안 될 상황에 이르렀다고 보인다.

그동안 NCCK가 민족의 화해와 평화통일을 위해 해온 일은, 스스로도 높이 평가할 수 있는 것이겠지만, 그러나 결코 자만과 자족에 빠져서는 안 되며, 오히려 우리가 하지 못한 일들이 무엇인가를 반성하며, 산적한 어려운 과제들을 냉철하게 살펴보고 새로운 각오와

---

16 이 단락은 한국기독교교회협의회(NCCK) 정책협의회(1989. 10. 12., 양평)에서 발표한 필자의 발제 강연 원고임.

책임을 다짐해보는 것이 중요하다고 생각된다.

이번 일본 NCCK가 주최한 도쿄회의(1989년 9월 29일~10월 1일)에서, 남·북한 기독자들이 다시 만났을 때 북조선의 기독교도련맹 부위원장인 이철 목사는 농담 삼아 다음과 같이 말한 적이 있다. 천주교의 성체대회에 북한 신도들이 20명이나 온다는 소식과 불교도의 방문, 복음화대회 등의 정보교환이 있고나서 우리 측에서, "왜 통일 운동은 NCCK가 제일 먼저 고생하며 했는데, 남북교류는 다른 데서 먼저 하게 되느냐?"고 투정하듯이 물으니까, 이철 목사는「토끼와 거북이」이야기를 하면서, 토끼가 먼저 뛰었지만 방심하고 졸게 되면, 거북이가 먼저 골인하는 법이라고 하면서 장내를 웃겼다. 이 말은 반농담으로 한 말이지만, 우리는 여러 가지 의미에서 진지하게 새겨들어야 하리라고 생각한다.

평화통일에 관한 교회협의회(NCCK)의 오늘의 과제가 무엇이냐를 생각해보는 이 시간에 나는 먼저 우리 NCCK가 과연 해온 일이 무엇인가를 먼저 확인해보는 것부터 시작하려고 한다.

1. 이제까지 NCCK가 해온 일

첫째는 NCCK가 오랫동안 금기시되어왔던 통일 운동을 국민 운동의 차원에서 제기시키고 활성화시키는 데 중요한 선도적인 역할을 담당했다고 확신한다. 그동안 통일 운동을 제일 열심히 했다고 보이는 학생 운동 쪽에서도 '서총련'의 1988년 4월 성명서에서 NCCK선언을 가리켜 "한반도의 평화의 서막을 알리는 환희의 축가"와 같으며 "통일의 열망을 국민의 가슴에 깊이 새겨주었다"고 했다. 재야·언론 측에서는 일반적으로 NCCK선언이 통일 운동의 물꼬를 트는 역할을 했다고 인정하고 있으며, 대체로 선도적 역할에 대해 긍정적으로 보고 있다는 것은 다 잘 아는 사실이다. 우리 교회는 처음으로 통일 논의의 마당(場)을 민간 차원에서 열었다는 데 큰 의미를 가진다고 하겠다.

반공이 국시(國是)가 아니라 통일이 국시가 되어야 한다고 발언했다가 유성환(兪成煥) 의원이 옥에 갇힌 것이 바로 1년 전인 걸 생각하면, 반공 의식을 극복하고, 북에 대한 적대감을 회개하여야 하며, 통일을 우선적 목표로 추구해야 한다고 한 NCCK선언은 당시로선 분명히 위험을 무릅쓴 진보적인 선언이었음에 틀림없다.

그래서 혹자는 이 선언이 북한을 적으로서가 아니라 민족공동체의 일부로서 선언한 노태우 대통령의 7·7선언을 이끌어낸 선언이었다고 평하기도 한다. 이때로부터 신문이나 TV의 통일문제에 관한 논의에서나, 통일원, 여·야당, 국회, 심지어 정치학회의 토론에서도 NCCK의 대표를 참석시키는 것이 관례화하게 되었고, 세간(世間)에서도 NCCK의 통일 방안이란 것이 거론되기에 이르렀으며, 마치 통일 논의에서는 NCCK를 빼놓을 수 없는 듯이, NCCK가 무슨 통일 운동 기관처럼 알려지기도 했다.

이만한 인정을 받고, 상당한 대접을 받기까지는 NCCK가 나름대로 고심하고 노력한 업적과 용기가 있었다고 생각된다. 이미 1980년대 초 민주화의 좌절과 5공 독재시대를 맞으면서 교회는 분단과 통일문제의 심각성을 인식했으며, 1981년 6월 한독교회협의회 때 분단국에서의 교회의 사명을 논의하면서, 통일문제의 중요성을 공감하게 되어 NCCK에 통일연구원을 두기로 결의했던 것이다. 적어도 7, 8년 동안 NCCK가 꾸준히 노력하며, 탄압과 오해를 무릅쓰고 진지하게 모임과 논의를 전개해온 것이 결실을 맺게 된 것이라고 생각된다. 물론 우리는 여기서 NCCK와 연대하고 있는 해외의 에큐메니칼 운동 기관들과 미국, 일본, 독일 등의 NCCK가 지원해주고 격려해준 힘이 크다는 것을 잊지 말아야겠다.

둘째로, NCCK가 선언문을 통해 한 일은, 막연히 평화나 통일을 규범적으로나 선언적으로 주장하지 않고, 통일의 원칙과 방안에 대해 상당히 구체적인 문제까지 과감히 언급했다는 데 있다.

NCCK선언이 제기한 평화통일운동의 다섯 가지 원칙은 기본적으로 7·4남북공동성명에서 3대 원칙을 받아들이고, 여기에 기독교가 내세우고자 하는 두 가지 원칙, 곧 민주적 참여의 원칙과 인도주의 원칙을 추가로 덧붙인 것이다.

아무래도 7·4공동성명의 3대 원칙만 가지고는, 즉 민족 자주성의 원칙이나 평화의 원칙, 이념과 체제를 초월하는 공존과 단결의 원칙은 중요한 원칙이지만, 이것은 양측의 정권 담당자들이 만든 것이기 때문에, 국민들의 민주적 참여 부분이 빠져 있다. 그래서 민주적 참여가 하나의 다른 원칙으로 세워졌으며, 특히 민중의 참여를 우선적으로 보장하는 원칙을 세우고자 했던 것이다. 또한 집권자들은 체제나 이념, 민족이나 평화를 논하면서도 인권이나 인도적인 문제를 소홀히 하기 쉬운 것이 흔히 볼 수 있는 일이기 때문에 교회는 인간을 제도나 이념보다 우선적으로 생각해야 한다는 인도주의 내지는 인도 우선의 원칙을 내세우게 되었다.

교회가 7·4공동성명의 원칙을 단순히 모방하는 데 그치지 않고 두 가지 원칙을 추가해서 제기했다는 것은 중요한 일이라 생각한다. 그뿐만 아니라 7·4공동성명의 3대 원칙에 있어서도, NCCK선언은 단순한 명칭에 만족하지 않고 민족의 자주성, 평화체제의 실현, 그리고 민족의 단결과 동질성 회복을 위한 신뢰와 교류의 형성을 위한 구체적인 방안들을 충분하지는 않지만 거론하였다.

여기서 중요한 것은 이제까지 남·북한 정부에서 7·4성명의 원칙을 주장하면서도, 각기 아전인수격인 해석과 요구를 해왔으며, 따라서 서로 어긋나는 정책 방안을 제시해왔다는 사실이다. 북한에서는 군비 축소와 외군 철수를 통한 평화 정착에 우선을 두었고 , 남한에서는 경제 교류나 가족 방문 등을 통한 관계 개선에 우선을 두었기 때문에 7·4성명의 원칙을 긍정하는 데는 같았으나, 그 실천 방안에서는 항상 평행선을 달려왔던 것이다.

북에서 평화협정 체결을 주장하면 남에서 불가침조약 우선을 주장하고, 북에서 3자회담을 주장하면 남에서는 양쪽 당국자 회담 우선을 주장하고, 북에서 대민족회의나 연방제를 주장하면 남에서는 교차 승인이나 유엔 동시 가입, 그리고 통일 헌법 같은 것을 주장해서, 서로 상반되는 주장들만 대화 없이 되풀이하고 있었다.

NCCK선언문은 이러한 양측의 주장들과 쟁점들을 가급적 편견 없이 수용하려고 노력하였으며, 서로가 공통적으로 용납할 수 있다고 생각되는 요소들을 중심으로 입장과 방안들을 만들었다. 따라서 대결 체제를 평화체제로 전환하는 방안과 교류와 협력의 증대를 통해 신뢰를 형성하고 공동체를 이루는 방안을 동시에 모두 수용하였으며, 도저히 한쪽에서 받아들이기 어려운 방안들은 제해놓는 방식을 취했던 것이다. 우선 이것이 공동의 토대와 원칙을 만드는 데 한 방안이 되기 때문이다. 그래서 평화협정과 불가침조약을 함께 요구했으며, 평화의 보장과 외국 군대의 철수를 함께 요구했던 것이다.

우리는 NCCK선언 이후에 남·북한 양측의 주장들이 한 걸음씩 발전하고 있는 것을 볼 수 있다. 물론 7·7선언이 교류의 원칙을 중심으로 받아들이고, 북한의 11월 7일자 평화의 4대 원칙 선언이 여전히 평화체제의 실현을 중심으로 나타나고 있는 것이 사실이지만, 양측은 차츰차츰 명분상으로라도 상대방의 원칙을 포용해야 한다는 태도를 제스처로서나마 보이고 있는 것이다. 최근의 노 대통령의 한민족 공동체 통일 방안에서 평화체제 구축과 군축 문제를 포함시키고 있는 데서, 양측은 엄밀하게 손익 계산을 하고 있는 것이 사실이지만, 타협과 발전의 가능성은 만들어졌다고 생각한다. 결국 NCCK선언이 좀 막연하지만 남·북 양쪽에서 별 거부반응 없이 납득할 만한 원칙과 방안들을 내놓았다는 점에서 일단계의 작업은 성공했다고 믿는다.

셋째로, NCCK가 한 중요한 일은 교회 안에서 평화통일의 문제의식을 고양하며 실천적인 평화통일 운동을 해온 것이라 믿는다. 아직 이것이 범교회적인 현상은 아니지만, 기독청년, 학생, 여성들, 그리고 여러 교회와 노회, 평신도 단체에서 평화와 통일에 관한 세미나를 열고 강연회를 가지며 의식을 계몽하고 확산시키는 일에 이바지한 것은 통일 운동에서 한 중요한 공헌이라 믿는다.

물론 이전에도 한국교회는 평화와 통일에 대한 사명과 책임을 강조해온 것은 사실이지만, 1988년 2월의 선언문에서처럼 평화통일 운동을 신앙 운동으로서, 교회의 선교적 과제로서 강하게 부각시킨 적은 없다. 분단을 악으로 규정하며, 분단의 유지와 심화에 기여해온 반공적·적대적 자세를 화해와 평화의 사명에 대한 반역이었다고 규정하며 죄책을 고백한 것은, 평화통일을 회개의 운동으로서 전개하려는 신앙적 자세에서였다고 생각된다.

또한 분단을 극복하고 민족의 통일을 이룩하는 것은 그리스도의 이웃사랑에 대한 계명의 실천이요, 평화의 복음, 화해와 일치의 복음을 실천하는 선교적 행위로 부각되었다. 평화통일 운동과 신앙적 행위, 선교 활동과를 일치시킨 것은 대단히 중요한 일이었다고 생각한다. 이젠 한국교회가 평화통일 운동을 하지 않는다면 신앙을 저버리고 선교를 망각하는 것이 된다.

더구나 중요한 것은 1995년을 한국교회가 평화와 통일의 희년으로 선포했다는 것이다. 하느님의 뜻과 은혜의 섭리가 한반도에서는 평화통일로 나타나야만 한다. 그것도 분단 50년이 되는 1995년에 꼭 이루어져야만 하는 것이다. 만약 1995년에 가서도 평화통일이 안 이루어지고 오히려 분단이 심화되고 악화된다면 어떻게 하겠는가? 이때는 하느님이 책임을 져야 하는 것인가?

우리가 하느님에게 책임을 미루게 하기 위해서 이와 같은 희년 선포를 했을까? 나는 아니라고 생각한다. 통일의 희년 선포는 하느님의 뜻을 한반도의 역사 속에서 실현하려고 하는 한반도의 교회와 기독교인들의 실천 의지와 신앙의 표현이라고 말하고 싶다. 한반도의 역사가 이스라엘 민족의 역사와 같은 템포나 상황일 수가 없기 때문에 50년이라는 희년의 연대는 지극히 상징적인 의미만을 갖는다고 하겠다. 만약 우리가 분단 10년 만에, 50년 뒤의 통일의 희년을 선포했다면, 한국교회는 아마 통일의 의지가 없는 분단 고정론자로서 역사의 반동으로 몰렸을 것이다. 그러나 1995년을 통일의 희년으로 선포할 때는 7년밖에 남지 않은 매우 급한 시기이다. 아무리 빨리 서둘러도 매우 힘든 기간이다. 그러나 이것은 한국교회가 운동의 목표로서 설정한 해이며, 믿음을 가지고 목표의 달성을 위해 노력하려고 하는 신앙적인 일정표이다. 1995년을 통일의 희년으로 정한 것은 앞으로의 7년 동안을 목표의 달성을 위한 사업계획을 가지고 일하자는 데 뜻이 있지, 무슨 예언적 성취나 운수를 알아맞히는 숫자의 놀음에 있지 않다.

그러나 이상한 일이 생기고 있다. 작년 1988년 11월 8일자 북한의 노동신문 1면에 실린 북한 정부의 선언문에 보면 이런 구절이 있다.

1995년은 조국 해방 50돌이 되는 역사적인 해이며, 우리 민족에게 있어서는 이해야말로 더 이상 조국 통일의 과제를 넘겨서는 안 될 중대한 역사의 경계선으로 되어야 한다.
북과 남, 해외의 전체 조선 동포들은 조국통일의 기치 밑에 굳게 단결하여 대결과 분열의 역류를 이겨내고 힘차게 전진함으로써 조국 해방 50돌을 반드시 나라의 자주적 평화통일 위업을 성취하고, 겨레의 숙명을 실현하는 역사적인 전환의 해로 되게 하여야 한다.

최근에 북한을 다녀온 어느 해외 교포의 말을 들으니, 북한에서는 요즘 온통 1995년이 통일의 해라고 이구동성으로 말하더라고, 심지어 백두산을 올라가는 어느 산골에서도 북한 주민을 만났더니 "정말 1995년에 통일이 되느냐"고 묻더라는 것이다.

이제 남한 정부에서만 어느 성명서에서 "우리는 늦어도 1995년까지는 통일을 실현하도록 노력해야 할 것이다"라는 적극적 의사 표시를 한다면 통일의 희년 1995년은 매우 성공적인 계획과 선포가 될 것으로 보인다.

우리는 이 희년의 선포를 한국교회의 평화통일에 대한 강력한 실천 의지와 계획으로 승화시키는 것이 중요하다고 본다.

그러면 이제 NCCK가 해온 일에 대해서는 이만큼 이야기하고 NCCK가 하지 못한 일이 무엇인가를 반성해보는 것이 필요하다.

2. NCCK가 하지 못한 일

첫째로, 무엇보다 제일 먼저 반성해 보아야 할 것은 NCCK가 교회의 일치된 지지를 받지 못했다는 사실이다. NCCK선언이 교회의 선언인데, 회원 교단의 교회들로부터도 인정을 받지 못하고 격렬한 반대와 비판에 부딪친 것은, 어쨌든 NCCK로서는 깊이 반성해보아야 할 문제인 것 같다.

NCCK는 진보적 선언문을 만들어 공표하는 데는 크게 힘썼지만 과연 회원 교단들에게 이를 설득시키고 이해시키는 데 얼마나 노력했는지 반성해 보아야 할 것이다. 수없이 쏟아져 나온 반대 성명서들, 비판론자들의 글을 얼마나 차근히 검토하고 대응 수단을 강구했는지 반성해볼 필요가 있다. 2주일 전 영락교회서 모인 1989년도 예장 총회 보고서에는 NCCK선언을 비판한 평화통일연구위원회의 보고서가 20페이지나 실려 있는데, 이 보고서가 예장 총회에서 이의 없이 채택되었다면 여간 심각하지 않은 문제인데, NCCK로서는 이 반박문에 어떻게 대응할지, 어떤 방식으로 설득할지 대책이 강구되어야 할 것 같다. 문제는 일부의 사람들에 의해 NCCK선언이 비복음적이며 일방적이라느니, 민중통일론이며 희년 선포가 사회주의 성향을 띠고 있다느니와 같은 엉뚱한 보고서가 나왔는데도 1천여 명이 넘는 총대들이 이를 반론 하나 없이 그대로 받아들였다는 기막힌 사실에 있다. NCCK 신학위나 통일위에서 적절한 연구와 대응이 있어야겠다.

물론 NCCK선언문이 한국교회나 기독교인들의 고정관념인 반공의식이나 북한에 대한 적개심, 증오심을 화해와 공존의 논리로 전환시키려 했고, 대결 체제를 평화체제로 전환시키기 위해 군축이나 핵무기, 외국 군대의 철수 등을 주장했기 때문에 반론과 비난이 있는 것은 당연하다 하겠지만, 여기에 대해 NCCK로서는 적절한 평화교육과 통일교육을 시도해야 하며, 대응 논리의 강구나 홍보 등에 신경을 써야만 평화통일 운동이 확산되며 실천될 수 있는 것도 명확한 현실이다.

두 번째로, NCCK가 하지 못한 일로 반성해야 할 것은 통일 논의와 통일 운동을 체계적이고 지속적으로 전개하지 못하고 있다는 점이다. NCCK는 어려운 상황에서 국민적인 통일 논의의 장을 여는 데 큰 공헌을 했으나, 통일 논의가 어느 정도 자유롭게 활발하게 전개되는 상황에서는 이를 충실하게 지속하며 체계적으로 구체화하는 작업을 제대로 해냈다고 볼 수 없다. 물론 이것은 교회 전체의 지지를 받지 못해서 여기에 힘을 기울일 수 없었다는 데도 원인이 있지만, 주어진 여건에서나마 NCCK선언문이 발표된 이후에 이를 실천하기 위한 후속적인 작업들에 대해서는 별다른 큰 노력을 하지 못했다고 생각된다.

우선 양측 정부에서 그 뒤로 상당한 통일문제에 관한 연구와 토론 방안에 관한 논의들이 있었는데, NCCK가 이를 다 파악하여 추적해서 적절한 반응을 보였는지 한 번 반성해볼 필요가 있다. 항상 NCCK 통일 방안이란 말은 신문에도 토론회에서도 나왔지만, 각 정당에서 여러 가지 통일 방안에 관한 연구와 토의를 하고, 또 국회에서 남북 교류 법안 같은 것을 심의할 때 이것이 다 평화통일 운동에 중요한 문제들인데도 NCCK가 얼마나 주체적으로 이 문제들을 생각하고 논의해왔는지 의문이다.

지금까지는 그렇다 하더라도, 앞으로 더욱 군축이나 핵무기, 평화협정 문제와 같은 남·북의 이해관계가 첨예하게 대립되는 문제들이 제기될 텐데, 평화와 통일에 관심을 가지고 이를 선교적 과제로 실천해야 할 교회가 평화의 원칙 하나만 덜렁 선언해놓고, 구체적 방안과 과제에 대해 방관만 한다면 이를 책임 있게 수행했다고 할 수는 없을 것이다. 남북교류나 평화통일 교육에 대해서도 막연한 주장만 할 것이 아니라 구체적인 방안과 실천 과정을 연구하고 계획하는 작업이 뒤따라야 할 것이다.

우리는 여기에서 과연 NCCK의 현 기구나 인원으로써 이런 광범한 문제들을 감당해나갈 수 있겠는가도 심각하게 반성해 보아야 할 것이다. 나는 차제에 NCCK 통일연구원이 이런 과제들을 감당할 수 있도록 어떻게 확충되어야 하는가도 대책이 마련되어야 한다고 믿는다. 일을 안 하려면 모르지만, 일을 하려고 한다면 이를 위한 인원과 예산, 기구들이 있어야 하고, 또한 교회 안의 여러 인재들과 기관, 시설 등을 활용하는 방안에 대해서도 대책이 마련되어야 한다고 믿는다. 무엇보다 중요한 것은 NCCK가 평화통일의 과제를 주요 과제로, 정책적인 선교 과제로 받아들일 것이며, 이에 대한 책임 의식을 갖느냐를 결단해야 할 것 같다.

만약 이러한 통일 문제를 우선적 선교 과제로 삼는다면, 앞으로 전개될 여러 가지 남·북 기독자들의 만남이나 교류 등에 대해, 북한의 사회주의 체제 안에서의 기독교와 바른 대화와 협력을 유지하기 위해, 정부의 남북대화와 협력을 유지하기 위해 정부의 남북대화 사무국에 준 바는 전담 부서와 기구를 설치하고 이를 조직적·체계적으로 해가지 않으면 안 될 것이다. 각 교단별로 평화통일위원회 등이 있는데, 연합사업 기관인 NCCK가 어떻게 각 교단별 인원과 예산 등을 효율적으로 연결시켜서, 한국교회로서 효과적인 평화통일 운동을 해나갈 수 있는지에 대해서도 깊이 있게 연구해야 하리라 생각된다.

적어도 한국교회협의회(NCCK)는 작년 2월의 선언서에서 공표한 교회의 과제들을 성실하게 실천하고 수행할 의무가 있다고 생각한다. 통일의 방안과 과정을 계속해 연구하며 국민적인 통일 논의의 장을 만드는 일, 교회 안에서 평화통일에 대한 교육을 하는 일, 북한 교회와 협력하고 교류해서 남·북한의 통일과 평화를 위해 공동의 선교를 모색하는 일, 그리고 1995년 희년을 맞이하기 위한 구체적인 사업계획 등을 마련하는 것은, 최소한 NCCK선언문의 책임을 이행하기 위해서도 필요한 일일 것이다.

이렇게 두 가지 방면에서 NCCK가 하지 못한 일이 무엇인가를 생각해보고 나면 마지막으로 NCCK가 앞으로 평화통일 선교를 위해 해야 할 일이 무엇인가가 조금 분명하게 되는 것 같다.

3. NCCK가 이제 해야 할 일

첫째는 통일의 신학을 만드는 일이다.

나는 그동안 남한의 교회들 안에서 일어난 통일 제에 대한 논쟁과 토론들을 지켜보면서 기독교가 참으로 남북통일에 이바지할 수 있기 위해서는 다음과 같은 세 가지 문제에 대한 올바른 인식과 해답을 얻어야겠다고 생각해 보았다. 특히 NCCK선언문을 둘러싼 반대와 비판 여론들을 설득시키고, 평화통일의 인식 토대를 굳게 세우려면, 이 문제들에 대한 교회의 입장이 신학적으로 확고하게 마련되지 않으면 안 된다고 여겨진다.

첫째, 통일문제가 정치문제인데, 왜 교회의 선교적 문제가 되어야 하느냐는 것이다. 이러한 의문과 반대는 70년대에 교회가 민주화와 인권을 선교적 과제로 삼아야 한다고 했을 때도 마찬가지였다.

둘째로, 아무리 평화나 통일이 필요하다고 하더라도 북한과 같은 공산주의자들과 어떻게 평화를 이루고 통일을 할 수 있겠냐는 것이다. 어떻게 기독교와 공산주의의 유물론이 공존할 수 있느냐고 반대한다. 이들은 특히 1945년 분단시기에 겪은 공산주의자들과의 경험이나 6·25전쟁의 체험에 사로잡혀서, 공산주의자나 북한 사람들하고는 대화도 할 수 없고, 화해나 공존을 할 수 없는 것으로 인식하고 있다.

셋째로, 과연 한반도의 통일이 참된 평화와 민주주의를 보장할 수 있겠는가에 대한 회의이다. 혼란과 무질서와 억압과 독재를 더 가져올 바엔 차라리 분단된 채 이대로 있는 것이 낫지 않겠느냐는 생각이 상당히 많은 사람들에게 자리잡고 있다. 그래서 이들은 평화는 좋지만, 통일은 곤란하다는 주장을 한다. 통일이야 좋지만 어떤 통일이냐고 묻는다. 그리고는 곧 적화통일 아니냐고 겁부터 먹는다. 이북 사람들은 통일 하면 겁부터 먹지는 않는 것 같은데, 남한 사람들은 왜 통일 하면 자신이 없는지 모르겠다. 그래서 금방 베트남식 통일보다는 독일식 평화공존이 낫지 않겠느냐고 한다.

이러한 문제들에 대한 해답을 얻기 위해서는 아주 포괄적인 통일의 신학이 있어야겠다고 생각한다.

첫째, 민족의 화해와 통일이 정치 문제만이 아니라, 기독교의 선교적 과제가 되어야 하는 이유를 성서적으로, 선교신학적으로 밝혀주어야 한다.

둘째, 기독교와 공산주의, 기독교와 마르크시즘, 혹은 기독교와 민족 주체사상이 어떤 관계에 있고, 어떻게 공존할 수 있으며, 대화할 수 있는지를 기독교 윤리적으로, 정치신학적으로 밝힐 수 있어야겠다.

셋째로, 한반도에서의 평화는 왜 통일 없이는 달성될 수 없는가를, 즉 평화와 통일의 관계를 사회과학적으로, 역사신학적으로 설명해 줄 수 있어야 한다.

통일의 신학이 필요하다는 주장은 여기저기서 있으나 아직 이러한 문제들을 포괄적으로 설명해주는 통일의 신학은 어느 곳에서도 본격적으로 논의되거나 수립되지 못하고 있다.

사실 이제까지 우리의 신학은 통일의 신학을 만들어낼 만큼 자유로운 상황이나 객관적인 입장에 있지 못했다. 북조선에 관한 문제도, 이데올로기 문제도, 분단과 전쟁과 대결에 관한 해방 이후의 역사에 관한 문제도 객관적이며 자유로운 연구와 논의를 할 수가 없었다. 그래서 우리의 사회과학도, 역사학도, 신학마저도 분단체제의 한계를 벗어나지 못했으며, 분단 이데올로기에 지배되어왔던 것이다. 그래서 우리의 신학이 분단신학이었다는 자기반성을 하게 된 것이다. 이제 분단신학이 통일의 신학이 되기 위해서는 남·북의 기독자들과 신학자들이 함께 협력하고 토의하는 일들이 반드시 필요한 일이라 생각한다. 성서의 텍스트를 분단의 현실이라는 남·북 양쪽의 맥락에서 다시 읽고 생각하며 토론하는 작업을 해야 할 것이다. 무엇보다도 NCCK는 교회들을 설득하고 평화교육과 통일교육을 해내기 위해서 신학적 연구와 체계화의 작업들을 해나가지 않으면 안 될 것이다.

둘째, 북한의 교회와 교류 협력을 강화하고 공동선교를 모색하는 일이다.

통일을 위해 남·북이 교류와 협력을 통한 신뢰 구축과 공동체의 형성이 필요하다는 것은 공인된 사실이지만, 교회는 우선 남·북의 교회 간에 신뢰와 유대를 형성하는 것이 필요한 과제로 삼아야 할 것이다. 이제까지 우리 교회들이 북한에 대해 가진 생각과 행동은 북한 선교라는 차원의 것이었다. 그 의미를 넓게 이해한다 하더라도 우리는 이 말을 '평화선교'나 '남북 선교'로 바꾸어 제국주의적인 냄새를 풍기지 않도록 해야 하겠다.

물론 북한에 있는 현재의 교회나 조선기독교도련맹이 제한된 교회이며 체제 내에 있는 교회지만, 우리는 이 교회를 통하여 평화 선교를 함께 실천하고 남·북한의 공동선교를 모색할 수밖에는 없다고 생각한다. 어려운 상황과 체제 속에서 그래도 기독교를 존속시키고 오늘에 이르기까지 유지해온 것은 바로 이들의 공로라고 해야 할 것이다. 그래서 가능하다면 우리 남한교회가 북한교회를 물질적으로나 신학적으로 지원하고 돕는 일을 해야 하리라고 생각한다. 동·서독 교회의 관계를 보면, 체제 내에서 특권과 혜택을 누리고 있는 서독 교회가 경제적으로나 조직적으로 취약하고 어려운 동독의 교회를 많이 돕고 있는 것을 볼 수 있다. 교회당의 건축이나 개수비를 댄다든가, 동독 교회 목사들이 심방할 수 있도록 자동차와 휘발유값을 보낸다든가, 많은 교회들이 서로 자매 관계를 이루어 돕고 있다. 우리 남·북한 교회 사이에도, 북에서만 허용된다면 앞으로 이러한 관계로 발전되어 갈 수 있을 것이다.

그러나 우선은 남·북 교회가 민족을 향한 평화와 통일의 책임 의식을 같이하며 당장의 공동 과제를 위해 평화통일선교협의회 같은 것을 갖는 일이 중요하다고 본다. 가능하면 인적인 교류, 신학생 교류 같은 것을 통해 정신적인 유대를 강화하고, 서서히 하나의 교회로 만들어 가는 작업을 해야 할 것이다.

셋째는 통일의 방안과 과정에 관해 연구하며 토론하는 일이다.

교회가 통일 논의의 장을 여는 데는 성공하였지만, 이 문제를 계속 연구하고 구체적 실천 방안을 만들어내는 일에 참여하지 않으면 결국 통일은 전문가들이나 정치가들이 하는 일이 되고 만다. 통일의 목표뿐 아니라 내용과 방법이 평화와 정의, 인도주의에 입각해서 이루어지기 위해서는, 계속 연구와 협의를 통해 바람직한 방안의 모색이 있어야 하겠다.

갈라졌던 한 민족이, 이데올로기와 체제로 분열된 두 세계 사이에서 분단된 한반도가 통일에까지 이르려면, 여러 가지 복잡하고 힘든 고정을 겪어가야 할 것이다. 적대 관계를 해소하고, 이질성을 극복하며, 두 체제가 하나로 수렴하기 위해선 단순한 화해나 사랑의 정신만 갖고는 되지 않을 것이다. 여기에 통일의 모델이나 방안이 있어야 하며, 국제 관계의 해결이 있어야 한다. 교회는 어떤 특정한 이념을 가진 통일론을 내놓을 수는 없지만, 정부나 학계에서 내놓는 방안들을 교회의 원칙과 입장에 따라 검토하며 비판하고 수정하는 노력을 할 수 있고 또 해야 한다고 생각한다. 이제까지 NCCK가 내놓은 건의들은 통일의 방안에 관한 것이었다기보다는 분단의 극복을 위한 원칙들과 제안들이었다. 이제는 보다 본격적으로 구체적인 통일 방안들에 관해 논의하고 건의하며 또 비판할 단계가 되었다고 생각한다.

넷째는 평화통일에 장애가 되는 요소들을 제거하는 길이다.

이런 장애 요소들은 우리가 사는 분단체제의 현실 속에 너무나 뿌리 깊게 자리 잡고 있다. 그러나 우리가 아무리 좋은 통일의 원칙과 방안을 제시한다 하더라도 이런 장애요소들이 있는 한 이를 실천할 수 있는 길은 없을 것이다. 아무리 교류와 신뢰의 원칙과 제안을 했어도 현재와 같이 북한을 적으로 규정하고 모든 적과의 연락 교섭을 범죄시하는 현행 국가보안법이 그대로 있는 한, 통일을 향한 남·북 간의 신뢰 구축은 원천적으로 봉쇄되고 있다.

그 밖에도 북한에 대한 여행과 통신의 자유가 억압되고 있는 오늘의 장애를 극복해야 한다. 이 밖에도 우리는 평화의 체제를 이룩하는 데 장애가 되는 요소들, 군비 증강이나 핵무기의 개발과 주둔, 그리고 휴전체제의 지속 등을 극복하는 것이 급선무로 필요하다.

마지막으로, 1995년 통일의 희년을 실현하기 위한 연차적 계획을 수립하는 일이다.

우리가 1995년을 통일의 희년으로 선포하고 매년 8·15 전 주일에 평화통일을 위한 기도주일로 지키기로 했지만, 예배만 드리고 기도만 한다고 해서 평화통일이 저절로 이루어지는 것은 아니다. 평화와 통일에 대한 구체적인 개념과 실천 방안을 만들고 이를 실천할 수 있는 단계적인 계획이 서야만 하겠다. 인간이 역사를 만들려고 노력하고 실천하지 않으면, 하느님도 어떻게 하실 수가 없을 것이다.

1995년을 통일의 희년으로 선포하고, 남·북한 교회가 통일의 축제를 함께 지내려면, 그때까지 우리 교회가 해야 할 과제들과 사업들에 대한 구체적 계획이 서야만 한다. 경제 발전도 계획을 세워서 하고, 민주화나 교육개혁, 환경개선도 적어도 몇 년의 계획을 가지고 해야 하는데, 민족의 운명이 걸린 평화통일을 연차적 계획과 과제의 실천이 없이 1995년에 단번에 획득하겠다는 것은 언어도단이다. 남·북의 적대관계를 평화의 체제로 만드는 단계적 계획, 남·북의 국민들이 상호신뢰와 동질성을 회복하고 하나의 공동체와 민족의식을 갖게 하는 단계적 계획, 남·북의 정치·경제·군사 국제관계를 통일을 전제로 한 차원에서 변혁시켜 나가는 단계적 계획 등이 마련되지 않으면 안 될 것이다. 이것은 남·북의 민족 성원 모두가 참여해서 수립해야 하는 계획이겠지만, 교회는 교회 나름대로 교회가 할 수 있는 일과 해야 할 일들에 대한 연차적 계획을 수립해 가야 할 것이다.

그래서 지난 9월 말 도쿄에서 모인 남·북 기독자들의 만남에서는 1995년 희년을 맞이하기 위한 남·북한 교회의 5개년 계획을 함께 수립하자는 데 합의하였다. 1990년 8·15 주일에 이를 공표키로 하고 그때까지 남·북한 교회는 희년 5개년계획을 수립하고 함께 만드는 일에 협력하기로 결의한 것이다. 이를 위해 북한의 기독교도련맹 대표들이 1990년 2월 NCCK 총회에 참석한 뒤 남한의 교회 대표들과 함께 희년 5개년계획 작성을 위한 평화통일선교협의회를 갖기로 하였다. 만약 북조선 교회 대표자들의 남한 방문이 여의치 못할 때는 내년 6월 말까지 제3국에서 만나서 이 협의회를 밖에서 갖자는 데까지 합의하였다.

이제 우리 NCCK에게는 엄청난 과제와 일이 앞에 놓여 있다고 생각한다. 어떻게 회원 교단뿐만 아니라 한국교회 전체의 지지와 협력을 얻으면서 민족을 위한 평화통일의 선교적 과제를 감당해가겠는가의 지난한 과제가 우리 앞에 놓여 있다. 하느님께 지혜와 용기를 구하면서 이 험난한 길에 십자가를 질 각오까지 한다면 이 일들을 한국교회가 능히 감당해갈 수 있으리라 믿는다.

VI. 남북통일과 해외 교회의 사명
(1989 호놀룰루 한인장로교대회)[17]

1. 평화와 통일의 길이 열린다

한국과 역사적이며 운명적인 관계 속에 있는 미국의 장로교회에서 복음적 사명을 다하고 계신 한인교회 지도자 여러분!

한국의 장로교회에서 자란 한 평신도로서, 그리고 미국 장로교가 한국 땅에 처음으로 세운 고등교육기관인 숭실대학에서 가르치는 한 사람으로서, 특별히 조국의 통일을 위한 교회의 선교적 사명을 생각하고 논의하는 이 귀중한 모임에 참여하게 된 것을 기쁘게 생각하며, 이 힘든 과제를 놓고 국내외의 교회가 한 자리에 앉아서 함께 기도하며 의논하는 이 귀중한 자리에 서게 된 것을 뜻깊고 감격스럽게 여기는 바입니다.

특히 저는 70년대에 독일에서 10여 년간 머물며 한인교회와 동포(광부·간호원 등)들의 선교를 위해 일해 본 경험을 가지고 있고, 그때 한국의 민주화와 통일을 위해 해외의 한인 크리스천들이 어떤 과제를 감당해야 하느냐는 문제로, 미주에 계신 여러분들과 의논하고 만난 추억을 갖고 있으며 또 그때의 많은 동지들을 여기에서 다시 만날 수 있게 되어 더욱 반갑고, 이 자리에서 같이 참여하게 된 것을 감사하게 생각하고 있습니다.

오늘 우리의 조국 땅에는 남과 북이 분단된 지 40여 년 만에, 실로

---

17 이 글은 미국장로교 전국한인교회협의회(NKPC) 18차 대회(1989. 6. 27~30., 하와이 호놀룰루)에서 발표한 필자의 기조강연 원고임.

이 두터운 장벽과 단절을 극복하고, 민족이 다시금 화해하며 하나의 공동체를 회복할 수 있는 긍정적인 분위기와 좋은 기회가 열리고 있다는 것은 여러분들도 잘 아실 줄 믿습니다. 무엇보다도 남한의 민주화와 북방의 페레스트로이카 물결로 남북 관계를 개선할 수 있는 국내외적인 호기를 얻었고, 1988년의 올림픽을 전후해서 노태우 대통령의 7·7선언과 남북국회회담, 정치군사 문제에 관한 총리회담 예비회담 등이 진전되면서 남북 교류와 경제 협력 등의 가능성과 분위기가 고조되어간 것을 우리는 보아왔습니다. 실로 한때는, 작년 말과 금년 초만 해도, 남한의 노동자들이 북한의 노동자들과 함께 금강산을 개발하고, 원산의 제철공업소에서 함께 일하며, 남한의 학생들이 북한의 명소들을 수학여행 가고 함께 평양의 운동장에서 축구시합을 하는 날들이 앞에 보이는 것 같은 환상과 꿈에 젖어 있었습니다.

실로 남·북한의 골짜기에 널려 있는 마른 뼈들이 생기를 얻고 숨을 쉬며, 남·북한의 잘린 허리가 다시 연결되어 피가 통하고, 그래서 "남과 북이 하나가 되리라"는 에스겔 37장의 예언과 기적을 우리의 조국 땅 한반도에서 보는 것 같은 느낌이었습니다.

물론 최근에 외서 문익환 목사의 방북(訪北) 사건과 좌경 학생들의 구속 탄압으로 남북 관계가 다시금 경직되고, 평양축전 참가 금지와 중국 천안문(天安門) 사태 등으로 분위가가 냉각되는 것 같은 느낌은 있습니다만, 남북 관계를 근본적으로 개선해야 한다는 양쪽 정부와 국민들의 열망에 변화가 없는 한 민족의 화해와 통일을 향한 발걸음은 멈추지 않고 진전되리라고 보며, 더구나 7천만 남·북 겨레의 희망과 염원을, 그리고 그 도도한 물결을, 국내외의 어떤 세력도 함부로 짓밟거나 막을 수는 없다고 생각합니다.

그러나 우리 민족의 가나안 복지와 같은 평화와 통일에 들어가는 길은 그렇게 쉽게 값없이 올 수는 없습니다. 다소간의 국내외 정세의 변화로 가볍게 올 수 있는 것이 아니라, 남·북한 우리 민족이 어려움을 극복하고, 편견과 오해와 증오의 장벽을 허무는 힘든 과정과 노력을 통해서만 얻을 수 있는 한때의 축복인 것입니다. 따라서 우리는 민족의 평화와 통일이 단번에 오지 않는다고 실망하기보다는 —우리는 모든 것을 너무 성급히, 속도를 위반하면서 하려는 경향이 있습니다— 우리가 해야 할 노력과 책임을 다 했는가를 반성해보는 것이 무엇보다 중요한 일이라고 생각합니다.

2. 통일의 신학이 필요한 이유

우리는 오늘 이 시간 특히 기독교인으로서 얼마만큼 우리 민족의 화해와 통일을 위해 진정으로 노력하였는가를 생각해보며, 앞으로의 이 과제를 달성하기 위해 기독교인들이 해야 할 특별한 사명이 무엇인지를 인식하는 것이 중요하다고 생각됩니다. 특별히 작금에 국내외에서 일어나고 있는 통일 운동에는 기독교인들의 노력과 공헌이 적지 않으며, 또한 국내에서도 기독교는 통일·평화 운동의 중요한 세력으로 부각되어가고 있습니다. 작년(1988년) 2월의 한국기독교교회협의회(NCCK)가 발표한 「민족의 통일과 평화를 위한 선언문」은, 여러 정당과 언론, 재야와 학생들로부터도 "통일 운동의 물꼬를 트는" 선구적인 역할을 했다고 평가받고 있습니다. 물론 NCCK 선언이 한국교회의 전체 의사를 수렴하거나 대표하는 것이 아니지만,

억압되고 금기시되었던 통일 논의를 활성화하고, 분단의 극복과 통일을 위한 평화의 원칙과 교류 신뢰의 원칙, 그리고 인도주의 원칙과 방안 등을 제시했다는 점에서 한 역사적 이정표를 만들었다고 생각합니다.

그러나 이 역사적인 선언문도 국내 교회나 NCCK에 의해서만 이루어진 것은 아니며, 그동안 해외의 교회들과 에큐메니칼 기관들, 그리고 해외의 한국 기독교인들의 수고와 노력들이 결정(結晶)이 되어, 함께 협의하며 만들어진 것이라는 것을, 선언문을 초안한 한 사람으로서 밝히고자 하는 바입니다. 1980년대에 들어와서 여러 차례 진행된 한미교회협의회, 한독교회협의회, WCC 도잔소회의 등이 없었다면, 국내의 일부 크리스천들로서 만은 이런 과감한 작업을 해낼 수 없었을 것입니다. 이 점에서도 국내와 해외의 기독교인들과 교회는 민족의 화해와 통일을 위해 공동의 책임과 과제를 짊어지고 있고, 또 함께 이 과제를 수행해가야 한다고 생각합니다.

그러나 우리는 이러한 과제를 수행하는 데 있어서 교회와 기독교인들 사이에서도 많은 의견 대립이 있고 어려운 장벽들이 있다는 것을 여러분들이 잘 알고 계실 것입니다. 남·북의 기독교인들이 화해를 하면서 남한의 기독교인과 교회들 안에서 갈등과 마찰을 빚고 대립하는 양상이 벌어지는 것도 사실입니다. 그래서 우리는 남·북의 분단과 분열을 극복하기 위해, 남한 내부의 분열과 대립을 극복해야 하며, 우리 교회 안의 신학적 이견과 차이들을 극복해가야 할 필요를 절실히 느끼고 있습니다. 오늘의 이 모임도 아마 이러한 어려운 과제를 해결해보기 위해서 있게 되었다고 믿습니다.

그동안 국내 교회 안에서의 통일 문제에 대한 논쟁과 토론들을 지켜보고 참여해 보면서, 기독교가 남북통일에 이바지할 수 있기 위해서는 다음과 같은 세 가지 문제에 대한 올바른 인식과 해답을 얻어야 한다고 생각해 보았습니다. 특히 NCCK 선언문을 둘러싼 반대와 비판의 여론들이 이 문제들에 걸려 있기 때문에, 이 문제에 관한 교회의 입장이 신학적으로 마련되지 않으면, 기독교의 통일 운동과 민족 화해의 작업이 확고한 자리를 차지하기가 어렵다고 생각되었습니다.

그 첫째 문제는, 통일 문제는 정치 문제인데 왜 교회의 선교적(宣敎的) 과제가 되느냐 하는 문제입니다.

둘째는 통일은 북과의 통일이요, 공산주의자들과의 통일인데 어떻게 공산주의하고 기독교가 통일할 수 있느냐는 것입니다(공산주의는 쳐버리든가 없애버릴 대상이지, 화해하고 통일할 대상이 아니라는 생각을 가진 이들이 적지 않게 있습니다).

셋째는 통일은 복잡하고 어려운 과제인데, 평화공존이면 됐지 꼭 그 어려운, 또 위험한 통일을 해야 하느냐는 문제입니다.

이러한 문제들에 해답을 얻기 위해서는, 포괄적인 통일의 신학이 있어야 합니다. 그래서 저는 기독교가 민족의 통일을 위해서 어떤 기여를 할 수 있고, 사명을 다하기 위해서는 무엇보다 바른 통일의 신학을 갖는 것이 시급한 과제라고 생각하고 있습니다.

통일의 신학은, 첫째로 왜 통일 문제가 정치 문제만이 아니라 교회의 선교적 과제가 되어야 하느냐는 해답을 줄 수 있는 성서적이며 선교신학적인 토대를 마련해 주어야 하며, 둘째로 기독교와 공산주의, 기독교와 마르크시즘의 이데올로기는 어떤 관계에 있고, 또 있어야 하느냐는 기독교 윤리적·정치신학적인 해답을 줄 수 있어야 하며, 셋째로 한반도에서의 평화는 왜 통일이 없이는 달성될 수 없는가의 문제를 설명해주며, 평화와 통일의 관계를 사회과학적으로 역사신학적으로 설명해줄 수 있어야 하는 것이라고 생각합니다.

아직 이러한 모든 문제들을 포괄적으로 설명해주는 통일의 신학이 어느 곳에도 수립되지는 못했으며, 이것이 필요하다는 주장만 있을 뿐 아직 본격적인 논의나 체계적 연구가 이루어지지는 못하고 있는 것이 국내의 현실입니다. 완전한 통일의 신학은 앞으로 남·북한 교회와 신학자들이 협력하여, 그리고 해외의 신학자들과도 협의해서 만들어가야 할 과제라고 생각합니다. 우리는 사실 이제까지 통일의 신학을 만들만큼 자유로운 상황이나 객관적인 입장에 있지를 못하였습니다. 북한 문제도, 이데올로기 문제도, 분단과 전쟁과 대결에 관한 역사의 문제도, 객관적이며 자유로운 연구와 논의를 할 형편이 아니었습니다. 그래서 우리의 정치학도, 역사학도, 그리고 신학마저도 분단체제의 한계를 벗어나지 못했으며, 그래서 어떤 신학자의 표현대로 분단의 신학을 가져왔는지도 모르겠습니다.

이제 분단의 신학에서 통일의 신학에로 탈바꿈을 하기 위해서는 분단의 현실이라는 맥락에서 성서의 본문을 다시 읽으며 생각해보는 작업을 하지 않으면 안 될 것입니다.

3. 민족통일이 선교적 과제다

민족통일이 과연 교회의 선교적 과제가 되어야 하는가를 (NCC선언문이 주장하듯이) 바로 이해하기 위해서는 분단과 통일이 갖는 정치적 의미뿐만 아니라 성서적이며 신학적인 의미를 인식하는 것이 중요하다고 봅니다. 과연 성서나 기독교 신학은, 한 민족이 통일되는 것이 하느님의 뜻이라고 가르치고 있습니까? 우리는 에스겔 37장의 "남과 북이 하나가 되리라"는 말씀을 남북통일을 주장하는 성서적 상징으로 받아들이고 있습니다만, 그러나 어느 시대 어느 상황에서나 한 민족은 통일되어야 한다는 주장은 성서에는 없습니다. 때로는 민족이 나뉘어 있는 것이 하느님의 뜻일 수도 있고, 분단이 꼭 하느님의 뜻에 대한 거역이라고까지 할 수는 없을 것입니다.

따라서 분단이 옳으냐 통일이 옳으냐는 문제는, 민족이라든가 통일에 대한 성서적 해석에서만 해답을 찾을 것이 아니라, 평화와의 관련 속에서 찾아야 한다고 생각합니다. 신구약성서를 막론하고 평화는 언제나 하느님의 뜻이었고, 절대적인 가치였습니다. 민족의 통일이냐 분단이냐의 문제도 그 관건은 평화에 있다고 봅니다. 한민족이 갈라져서도 참 평화를 누릴 수 있다면, 굳이 통일이 선교적 과제가 될 필요는 없을 것입니다.

영국의 식민지에서 해방된 후 인도와 파키스탄은 오히려 갈라짐으로써 평화를 얻을 수 있게 됐습니다. 또한 오늘의 동·서독은 당분간 두 개의 국가로 나뉘어 있는 것이 유럽의 안보와 평화를 위해서 유익하며 옳은 길이라는 생각을 공유하고 있습니다. 오늘날 독일에서 민족이 통일되는 것이 하느님의 뜻이라고 누가 주장한다면, 그건 나치의 잔당이나 하는 소리라고 양쪽에서 웃음거리가 될 것입니다.

따라서 저는 민족의 분단과 통일을 생각하는 신학적 토대가 평화에 있다고 보며, 통일의 신학은 평화의 신학에 기초되어야 한다는 생각을 해보고 있습니다.

평화야말로 예수 그리스도의 복음의 핵심이었고, 우리에게 가르쳐주신 가장 중요한 윤리적 명령 가운데 하나였습니다. 예수께서 탄생하실 때도 천사들이 "땅에는 평화"(눅 2:14)라고 예수 탄생의 의미를 평화로써 부각했고, 예수께서 제자들과 작별하면서 남긴 고별사에서도, "나는 너희들에게 평화를 주고 간다. 내 평화를 너희에게 주는 것이다"(요 14:27)라며 자신의 선교를 평화로써 요약했습니다. "평화를 만드는 자가 복이 있나니 저희가 하느님의 아들이라 일컬음을 받으리라"(마 5:9)는 산상수훈의 말씀은, 우리가 모두 평화를 만드는 자(peace-maker)로서, 요즘 많이 논의되는 평화선교(peace-making mission)의 사명을 받고 있음을 의미합니다.

그러나 참으로 평화를 만드는 자가 된다는 것은 무엇을 의미합니까? 그것은 과거 한때 기독교가 잘못 이해했던 것처럼, 마음의 평화나 내세의 평화와 같은 수동적인 평화, 유토피아적인 평화만을 의미하는 것은 아닙니다. 구체적인 현실 속에서, 평화가 부재하는 곳에서 능동적으로 평화를 만들어야 한다는 것을 뜻합니다. 사도 바울이 에베소 2장 14절에 쓴 대로, "예수 그리스도의 평화는 막힌 담을 헐고 원수된 관계를 폐하고, 적대관계의 둘을 하나로 새롭게 만드는 일"을 통해서 이루어지는 동적이며 사회구조적인 평화였습니다.

원래 평화란 말은 여러 가지 의미를 가진 포괄적인 단어였습니다. 구약학자인 베스터만(Claus Westermann) 등 성서학자들은 샬롬(shalom)이라는 성서의 단어에 20여 가지의 뜻이 있다고 합니다. 건강, 안전, 복지, 질서, 온전함, 화해, 구원, 정의, 조화 등 인간의 삶에 필요하고 삶을 풍부하게 하는 모든 요소들이 망라되었다고 할 수 있습니다.

따라서 평화는 바이츠제커 교수가 정의하는 것처럼 오늘의 시대에 있어서 '인간의 삶의 조건'이라고 하겠습니다. 인간의 삶을 온전하게 유지하기 위해서, 전쟁과 폭력을 없애고, 갈등과 적대 관계와 공격성을 제거하며, 인간의 삶을 희생시키며 소외시키는 빈곤이나 차별, 억압, 예속과 같은 구조적인 폭력을 없게 하는 것이 곧 평화를 만드는 일이 되는 것입니다.

평화를 만드는 자의 사명(peace-making mission)이 이러한 구체적인 과제와 연결된다고 할 때에, 한반도에서 평화선교를 실천한다는 것은 반드시 통일의 과제와 연결되지 않을 수 없다고 봅니다. 왜냐하면 가장 위험하고 일어나기 쉬운 전쟁이 남·북한 사이의 전쟁이며, 가장 심각한 갈등과 적대관계가 남·북한 동포 사이에 있고, 빈곤과 억압과 독재와 같은 구조적 폭력들이 분단체제라고 하는 반평화적인 구조 속에 배태되어 있기 때문입니다. 따라서 이러한 한반도의 분단을 그대로 두고서 참 평화를 이룰 수 있는 길은 없습니다.

4. 민족의 삶을 지키는 평화

왜 우리의 분단은 평화를 불가능하게 하는 분단입니까? 왜 우리 민족은 반드시 분단을 극복하고 통일을 이룩해야만 참 평화를 만들 수 있게 됩니까?

저는 그 이유를 다음과 같은 세 가지에서 찾아보고자 합니다. 이 분단의 구조와 성격을 바로 아는 것이 분단을 극복하는 길을 보이게 해주며 평화와 통일의 가능성을 제시해 줄 수 있기 때문에, 우리는 이 분단의 반평화성과 반민족성, 반자주성, 그리고 반자유성을 철저히 인식할 필요가 있다고 생각합니다.

첫째로, 이 분단은 민족의 삶을 파괴하고 반편으로 마비시킨 반평화적인 분단이었습니다. 기독교는 민족주의와 동일시될 수는 없고, 민족의 우월감을 내세우는 종교도 아니지만, 민족의 삶에 대해서는 관심을 가져야 하고 책임을 느껴야 하는 종교입니다. 민족의 고통과 아픔은 하나님도 관심을 가지고 책임을 느끼는 문제였습니다. 애굽에서 종살이하던 이스라엘 백성을 보시며 하나님은 모세에게 이렇게 말했습니다. "내 백성이 고역을 견디다 못하여 신음하며 아우성을 치고 있구나. 내가 이제 너를 바로에게 보낼 터이니, 가서 내 백성 이스라엘을 애굽에서 건져내어라"(출 3:9-10). 하나님도 들으시는 이 민족의 고통과 신음을 기독교인이 듣지 못하면 안 됩니다.

기독교가 남·북의 분단을 극복하고 통일을 이룩하는 일을 선교적 사명감으로 해야 한다는 이유는, 무엇보다 고통과 아픔을 겪고 있는 민족의 삶에 대한 관심과 책임 가운데 있는 것이라 생각합니다. 일제시대에 우리 기독교 선조들이 독립운동에 참여했던 것도, 바로 고통과 신음 속에 시달리는 민족의 삶에 대한 책임 때문이었습니다. 그러나 1945년 일제로부터의 해방은 완전한 민족의 해방이 아니었고, 완전한 자주독립을 가져다 준 것도 아니었습니다. 민족의 의사와는 반대로 미국과 소련은 한반도의 38선으로 나누어 점령했으며, 각기 남·북한에 친미적이며 친소적인 단독정부를 세워 두 개의 불완전하며 적대적인 국가와 체제로 분단시켰습니다.

이 분단은 처음부터 긴장과 갈등과 전쟁을 낳을 수밖에 없는 반평화적인 분단이었습니다. 상대방이 존재한다는 것 자체가 나의 안보의 위협이 되며 적이 되는 분단이기 때문에, 서로가 무력을 강화하고 상대방을 제어하지 않으면 자기의 안보가 위태롭다고 생각하는 분단입니다. 그래서 자기 안보에 위협이 될 만한 요소는 무자비하게 탄압하고 희생을 시켰습니다. 북쪽에서는 물론 사회주의 체제에 위협이 될 만한 세력, 동조하지 않는 세력을 무자비하게 숙청하고 제거했습니다. 지주계급, 기독교인, 친미 분자, 부르주아 층들을 몰아내고, 아오지 탄광으로 보내고 자세히는 모르나 죽임을 당한 사람들도 많이 있습니다.

그러나 오해를 하지 맙시다. 이념과 체제의 반대자에 대한 숙청은 북쪽에서만 있은 것은 아닙니다. 남한에서도 공산주의자들뿐 아니라 그와 비슷한 색깔의 사람들도, 그 가족들도, 친척들도 무자비하게 학살했습니다. 신의주 학생사건만 이야기하지 맙시다. 제주도 4 · 3 사태 때 남한 정부는 5만여 명의 양민들을 학살했습니다. 여수, 순천, 거창에서 수천 명씩을 죽였고, 6 · 25 직전에는 보도연맹사건으로 6만 5천명을 재판도 없이 죽였습니다. 그때 유행한 말이 "골로 간다"였는데, 이것은 죽으러 간다는 말이었습니다. 골짜기에 데려다가 총살시킨다는 말이었습니다.

냉전과 단절과 긴장상태가 계속되면서 남 · 북한은 서로 가장 미워하는 먼 나라가 되었으며, 편지도 전화도 방문도 할 수 없는 남 · 북한은 세계에서 가장 공격적이고 적대적인 나라가 되었습니다. 남 · 북한에 흩어진 1천만의 이산가족들은 40여 년 동안 서로 소식도 듣지 못하며, 부모와 형제, 부부가 갈라져서 가정이 불구가 되고 반편이 되는 비극과 설움을 안고 살게 되었습니다.

1985년 남북적십자회담의 주선으로 몇몇 이산가족들이 잠시 만나고 헤어졌을 때 북의 아들과 남의 어머니가 40년 만에 만나 다시 헤어질 때 부둥켜안고 떨어질 줄 모르던 장면은 우리 민족 전체의 가슴을 울리게 했습니다. 버스가 떠날 때 모자는 부둥켜안고, 이젠 다시 못 만나고, 소식도 못 전하니, 매월 보름달 뜨는 밤에, 남·북에서 서로 같은 달을 보면서 얼굴 보듯이 하자며 울면서 헤어졌습니다. 부모와 자식이 만나고, 부부가 함께 살며, 고향을 방문할 권리는 사람이 타고난 자연법적인 권리이며, 어떤 국법이나 실정법으로도 막을 수 없는 권리인데, 이 권리를 빼앗기고 살고 있는 동포가 1천만이 넘고, 이들은 마치 견우직녀처럼 다른 별에 사는 듯 보름달이나 보면서 아픔을 달래야 하는 사람들이 되고 말았습니다.

우리 기독교가 관심을 가져야 할 민족의 삶과 문제는 이산가족의 문제만은 아닙니다. 이 분단과 대결과 긴장의 상태가 이대로 가다가는 언젠가는 남·북한이 전쟁을 할 수밖에 없는데, 남·북한 150만의 정규군과 600만의 민병대, 1,500대의 전투기와 수백 기의 핵무기와 핵지뢰·화학무기들이 쓰이는 전쟁은 6·25처럼 한 300만쯤 죽이는 전쟁이 아니라 7천만 동포를 모두 살해하고, 우리 금수강산을 완전히 초토화시키고 말 것입니다. 동물도, 식물도, 강물도 모두 파괴되고 오염이 된 불모지가 되었을 때 무슨 민족의 삶이 있습니까? 그때 가서 민주주의는 해서 뭘 하며, 공산주의는 갖다가 어디다 쓰겠다는 말입니까?

우리 기독교는 이산가족의 만남이나 남북교류, 그리고 북한 선교에 관심을 가져야 하지만, 이에 못지않게 무기를 줄이고 전쟁을 막으며, 권총을 빼어들고 겨누면서 '예수 믿으시오' 하는 선교는 바른 선교가 아닙니다. 평화적 관계를 수립하는 데 관심을 가져야 합니다. 북한에다 교회를 세우고 전도하는 것도 중요하지만, 그에 앞서서 남·북한의 적대적 장벽을 헐고, 평화의 관계를 만드는 것이 보다 중요한 하나님의 선교라는 사실을 인식할 필요가 있습니다.

5. 화해자의 사명

둘째로, 평화를 만드는 자가 되라는 복음은 남·북 간의 적대관계를 해소하고 화해를 이루며 신뢰를 회복할 때에만 실천될 수 있습니다. 총을 쏘거나 전쟁을 하는 상태는 아니지만, 적개심과 증오심을 잔뜩 가지고 기회만 노리고 있는 냉전 상태는 평화라고 할 수 없습니다. 기독교가 특별히 남·북한의 화해와 통일에 선교적으로 참여해야 하는 이유는, 기독교가 화해를 강조하며, 적대관계나 증오심을 해소하고, 원수를 사랑해야하는 복음과 신앙을 가지고 있기 때문입니다.

그런데 우리는 여기서 아주 어려운 문제에 부닥치게 됩니다. 공산주의자들과 어떻게 화해하느냐는 것입니다. 남·북한의 분단과 대립은 특히 자본주의와 공산주의라는 이데올로기의 갈등에 기인하고 있는데, 기독교는 이 이념적 대립에 기여하기도 했고 또한 피해를 보기도 한 종교입니다. 기독교는 서구세계에서 시민계층과 자본주의 이데올로기와 영합했기 때문에, 사회주의나 공산주의와는 그 발생 초기부터 유난히 심각한 대결과 박해의 관계 속에 들어갔습니다. 가난한 자와 노동자들의 문제를 돌보지 않던 19세기의 기독교를 맑스주의자들은 민중의 아편으로 불렀고, 죽은 뒤 내세에서나 행복을 누리라고 축복해주는 기독교의 교리를 무신론과 유물론으로 뒤집어 엎으려 했던 것입니다. 그러나 기독교와 맑스주의의 이러한 세계관과 철학의 대립은, 러시아의 볼셰비키 혁명과 공산화의 과정에서 유혈적인 박해와 저항의 관계로 악화되었고, 이것이 2차 대전 후 스탈린 치하의 소련을 중심으로 한 동구의 공산화와 중국과 북한의 공산화가 이루어지면서 더욱 더 격렬하고 악화된 적대관계로 들어갔으며, 특히 한국에서는 이것이 한국전쟁으로 더할 나위 없이 극단적으로 잔인하고 악랄한 모습으로 나타나게 되었습니다.

그래서 남한의 기독교는 분단시대 40여 년 동안 반공 이데올로기의 온상이 되었고, 반공체제를 유지하는 데 중요한 역할을 했던 것이 사실이고, 북한 공산주의자들은 그만큼 잔인하게 기독교를 방해 세력으로 탄압했던 것이 사실입니다. 한반도에서 역사가 짧은 기독교와 공산주의가 세계에서도 유래를 찾기 어려운 격렬한 적대관계와 박해관계를 이루고, 천여 년의 전통을 가진 유럽의 기독교와 150여 년의 역사를 가진 세계 공산주의의 모든 갈등과 모순의 짐을 가장 무겁게 짊어지게 된 것은 역사의 한 아이러니가 아닐 수 없습니다.

사실상 오늘날 기독교와 공산주의는 세계 여러 곳에서 공존하고 있으며, 기독교와 맑시즘의 대화나 상호 수용을 통해 배타적인 관계가 극복되어 가고 있는데, 한반도에 있는 기독교와 공산주의는 아예 대화도 단절한 채, 극단의 오해와 편견과 증오심에 휩싸여 한 걸음도 벗어나지 못하고 전혀 화해와 공존의 길을 찾지 못하고 있는 것은 안타까운 현실이며, 반평화적인 현실이라고 하겠습니다.

그러나 이제 남·북한이 전쟁을 통해서가 아니라, 화해와 공존을 통해서 분단과 대립을 극복하고, 통일에까지 나아가려면 무엇보다도 기독교와 공산주의가 대화를 하며 공존하는 것이 필요하게 되었습니다. 사실상 남한에는 1천만 이상의 기독교인들과 1천만의 공산주의자들이 한반도에서 화해와 공존을 하지 못하고서, 민족의 화해와 통일을 기대한다는 것은 공염불에 불과합니다.

물론 화해라는 것은 원칙이 없는 무조건의 타협은 아니며, 비굴한 굴종이나 항복을 의미하는 것도 아닙니다. 오해를 풀면서, 과거의 지나친 잘못과 적대 관계를 용서해주고, 서로가 서로를 인정해주며 존중해주는 관계를 의미합니다. 기독교와 공산주의 문제를 간단하게 논할 수는 없으나, 이러한 화해는 서구 기독교와 맑시즘의 대화나 소련, 동구, 중국의 남미 등지에서의 공존 관계를 볼 때 불가능하지 않은 것으로 확신할 수 있습니다.

사실상 화해의 기본 원칙은 상대방의 잘못에 대한 비난이나 공격에 앞서서, 자신의 잘못을 먼저 인정하며 반성하는 데 있다고 하겠습니다. 앞으로 북한 사람들은 그들대로 분단과 전쟁과 탄압에 대해서 자기비판과 반성을 하는 날이 있겠지만, 남한에서 먼저, 우리 기독교인들이 먼저 북에 대한 적대감과 과장되고 곡해된 원수상, 그리고 동족상잔의 과오를 반성하며 회개하는 일 없이는 진정한 화해와 통일이 이루어지기는 어려울 것입니다.

저는 늘 남·북한의 화해와 재결합은, 마치 갈라져서 별거하던 부부가 다시 재결합하는 것과 같이 해야 한다고 생각해봅니다. 같이 살아야 하는 것이 운명이며 필연이라면, 싸우고 헤어졌던 때에 한 잘못과 과오를 지나치게 들춰내서 공격하는 것은 도움이 되지 않습니다. 왜 바람을 피웠냐, 왜 서방질을 했느냐는 등 이제는 호세아의 경우처럼 사랑으로 덮어주고 용서해주는 것이 필요합니다.

그런데 이렇게 오랫동안 단절된 채 증오하고 적대해온 남·북한 사이에는 쉽게 화해가 되지 않으며 신뢰가 생기기 어렵습니다. 남·북 사람들이 한두 번 만나 대화를 했다고 해서 신뢰가 생기고, 화해가 된다고 생각하면 오산입니다. 서먹서먹하고 소외감과 이질감을 느끼더라도 자꾸 만나야만 합니다. 자꾸 만나고 이야기해서 감정을 풀어야 합니다. 때로는 언쟁을 하고 갈등이 있더라도 포기하지 않고 만나서 대화를 계속할 때에만 성과가 있고 신뢰가 생기며 화해가 이뤄질 수 있게 됩니다. 별거했던 부부가 모두 재결합에 성공하는 것은 아닙니다. 이렇게 노력하지 않고, 언제 때가 오면 되겠지 하고 무관심하게 기다리다가는 영영 화해와 재결합의 기회를 놓칠 수도 있습니다.

저는 이 점에서도 특히 해외에 있는 한인 기독자들의 역할이 중요하다고 생각합니다. 이미 국내에서 접촉도, 정보도 불가능했을 때, 선구적으로 북한과 접촉해서 교류를 맺는 교량의 역할을 해외 크리스천들이 담당했던 것처럼, 이제 남·북한의 사람들이 서로 서먹서먹함과 소외감, 이질감을 극복할 수 있도록 상호 신뢰감을 형성해주는 일도, 남·북한 양쪽을 비교적 자유롭고 객관적으로 관찰할 수 있고, 실정법의 제한과 구속을 덜 받을 수 있는 해외 한인들과 크리스천들이 해주어야 한다고 생각합니다.

남한 교회와 크리스천들에게 북한의 바른 모습을 전해주고, 사회주의나 공산주의 속에서의 기독교의 모습들도 바르게 소개해주며, 그리고 북한 측에 대해서도 남한과 자본주의 세계의 장단점을 객관적으로 소개해줄 임무가 해외의 한인들과 교회에 있다고 보는 것입니다.

6. 정의로운 평화

마지막 세 번째로, 왜 우리의 분단이 극복되고 통일이 되어야 하는가 하면, 우리의 남·북한 분단체제를 가지고서는 정의로운 평화를 실현할 수 없기 때문입니다. 이 분단체제는 근본적으로 비민주적 독재와 외세의 종속, 인권의 유린과 박탈, 민중의 억압과 수탈을 가져올 수밖에 없는 체제입니다. 민족의 자주적 결단에 의해서가 아니라, 강대국의 이익과 편리에 의해서 나눠진 분단, 민주적 발전보다는 안보의 위협 때문에 통치 권력을 무제한 확대하고 독재 권력이 있어야 겨우 유지되는 분단, 가난한 민중들의 삶과 복지보다는 군사력의 강화와 통치 권력의 안보와 정보활동에 엄청난 돈을 써야 하는 이 분단은 결코 남·북한 양쪽에 민주적이며 자유롭고 정의로운 사회를 건설할 수 없게 만드는 요인인 것입니다. 그래서 이 분단은 남·북한 사회의 모든 죄와 악의 근원이 되는 원죄와 같은 근본악(根本惡)인 것입니다.

이러한 분단을 그대로 두고서 우리는 참된 평화를 이룰 수가 없습니다. 정의나 자유가 없는 평화는 참된 평화가 아니라, 이사야나 예레미야 선지자가 비판한 것처럼, 거짓 평화요 위장된 평화일 뿐입니다. 우리는 마치 미군이 주둔하고 핵무기와 미사일이 지켜주니까 평화롭게 살고 있지 않느냐고 착각하기 쉬운데, 민족의 자주적인 노력이나 결단에 의해서가 아니라, 외국 군대에 의해서 억지로 유지되고 있는 평화는 위장 평화일 뿐이지 참된 평화일 수는 없습니다. 외국 군대에 의해 억지로 유지되던 베트남의 평화가 진정한 평화였습니까? 아프가니스탄에 참 평화를 유지할 수 있었습니까? 엘살바도르에, 파나마에, 필리핀에 진정한 평화가 있을 수 있었던가요?

예수님이 말씀하시는 참 평화는 세상이 주는 평화와는 다른 것입니다. 어떤 점에서 다르냐 하면, 이 세상의 평화는 두려움에 기초되어 있습니다. 평화를 말하면서도 자꾸만 무기를 증강하고, 전쟁 준비를 강화하는 것은 적에 대한 두려움 때문입니다. 공포 때문에, 불안 때문에, 자꾸만 핵무기를 개발하고 군사력을 강화합니다. 지구를 열일곱 번이나 다 폭파시키고도 남을 핵무기를 만들어놓고도, 안보가 걱정이 되어서 또 무기를 개발합니다. 힘과 군사력이 있어야 공포나 불안을 덜 수 있고, 평화를 유지할 수 있다고 믿기 때문입니다.

그러나 예수 그리스도의 평화는 이런 평화가 아닙니다. 가난한 자와 억눌린 자들을 해방시키고, 정의와 자유와 인권을 확대시키며, 막힌 담을 헐고 원수된 관계를 폐함으로써, 그리고 둘이 하나가 되게 함으로써 이룩되는 그리스도의 평화(Pax Christi)는 이 세상이 주는 평화, 두려움에 기초된 평화, 힘과 군사력으로 유지해보려는 평화와는 다른 종류의 평화인 것입니다.

그러나 우리는 마지막으로 이러한 참된 평화 운동과 통일 운동을 할 때에 한 가지 잊지 말아야 할 사실이 있습니다. 이 땅에서 평화를 만드는 일을 일생 평화적으로 하신 예수 그리스도께서, 마침내는 로마 법정에 의해 "평화를 교란하는 자"(눅 23:14)라는 죄목을 쓰고 십자가에서 처형을 당하게 되었다는 사실입니다. 정의와 해방을 실현하는 예수 그리스도의 참된 평화 운동 Pax Christi는, 힘과 군사력에 의한 로마의 평화인 Pax Romana에 의해서는 평화를 교란하는 행위로 보일 수밖에 없었다는 아이러니와 패러독스입니다. 가난한 자들과 소외된 자들과 독립 운동하는 자들과 함께 돌아다니는 예수를,

당시의 정권은 체제에 불만을 가진 세력으로, 프롤레타리아의 동조 세력으로 보고 위험시했던 것입니다.

이것은 우리가 참으로 자유와 정의에 입각한 참된 평화와 통일을 추구하다 보면, 때로는 세상의 권력에 의해서 '평화를 교란하는 자'라는 죄목을 쓰고 십자가를 지거나 수난을 당할 수도 있다는 것을 의미합니다. 때로는 공산당으로 몰리고, 때로는 제국주의의 앞잡이로 몰려 수난을 당할 수도 있음을 각오해야 하는 것입니다.

존경하는 재미 한인교회 지도자 여러분!

그러나 이런 십자가를 지면서도 수난과 욕을 당하면서도, '평화를 만드는 자'의 사명을 다할 때, 하느님께서 주시는 축복이 있습니다. 그것은 '너희야말로 하느님의 아들이다'라는 칭호를 받는 것입니다. 우리 미국 장로교의 한인교회와 기독교인들이 모두 조국의 통일을 위해 선교적인 사명을 다하고, 평화를 만드는 자의 책임을 다하여 하느님의 아들이 되는 축복을 받으실 수 있기 바랍니다.

감사합니다.

3장
1995년 평화와 통일의 희년선언

　여기에 실은 「1995년 평화와 통일의 희년선언」의 작성은 1994년 10월 17일 인천 송도비치호텔에서 모인 교회협 통일위원회 주최 〈95 희년정책협의회〉에서 '95 희년선언 작업반'을 구성함으로 시작되었다. 작업반은 강문규, 박상증, 오재식, 서광선, 민영진, 이삼열, 홍근수, 김상근, 이재정, 노정선, 채수일, 최성, 이선태 등 13명이었다. 서광선 위원장의 사회로 작업반은 여러 전문가들을 초청해 토론회를 가졌고, 이삼열에게 초안의 기초 작업을 맡겼다. 작성된 초안을 놓고 작업반은 수삼차 검토회의를 거쳐 수정했으며, 확정된 선언문을 교회협 실행위와 총회가 결의했다. 원래 계획은 1995년 8월 15일에 판문점에서 남·북 교회 공동희년대회를 열어 발표하는 것이었으나, 정부당국의 불허로 공동대회는 무산되었고, 대신 8월 10~12일 서울의 감리교여선교회관(한남동)에서 모인 「1995 희년 국제협의회」에서 국문, 영문이 공개발표(이삼열 낭독)되었다.

1. 희년의 선포와 신앙고백

제 오십 년을 거룩하게 하여 전국 거민에게 자유를 공포하라(레 25:10).
주의 성령이 내게 임하셨으니 이는 가난한 자에게 복음을 전하게 하시려고
내게 기름을 부으시고 나를 보내사 포로된 자에게 자유를, 눈먼 자에게 다시
보게 함을 전파하며 눌린 자를 자유케 하고 은혜의 해를 전파하게 하려 하심
이라(눅 4:18).

이 땅의 그리스도인들은 일제의 압박과 식민지 지배에서 해방된
지 오십 년이 되는 오늘, 다시금 분단의 사슬과 대결의 고통에서 민
족을 해방시키고, 억압과 예속, 소외와 차별에서 민중을 해방시키는
기쁨의 해가 왔음을 선포하며, 평화와 통일의 희년이 한(조선)반도
에 도래하였음을 널리 외친다. 우리는 한국기독교교회협의회와 조
선기독교도연맹이 그 동안 함께 기도하며 준비해온 평화통일 희년
예배를 남과 북의 모든 그리스도인들과 함께 드리면서, 정의와 자유
를 선언하는 희년의 나팔을 높이 불고, 평화와 통일을 선포하는 희
년의 종소리를 크게 울려, 삼천리 금수강산 방방곡곡에 이 은총의
해를 널리 알리고자 한다.

우리는 이미 7년 전에 해방과 분단 50주년이 되는 올해를 평화와
통일의 희년으로 선포하였으며, 희년을 맞이하기 위한 대행진과 운
동을 전개해갈 것을 다짐하였다. 희년의 선포는 기쁨과 은총의 해를
주시려는 하나님의 약속에 대한 믿음의 표현이었으며, 평화와 통일
을 이루시려는 하나님의 선교에 동참하여 이를 실천해가려는 우리
의 결단이었다. 7년이 지난 오늘 우리가 바라던 평화와 통일이 아직

이 땅에 온 것은 아니지만, 우리는 그 동안 정치적 상황이나 사회적 의식의 면에서 커다란 변화가 일어났음을 경험하였으며, 이렇게 희년이 도래하는 과정을 체험케 하신 하나님의 은혜에 감사를 드린다.

그러나 기쁨의 해, 희년은 구약성서에서도 선포만으로 이루어지는 것은 아니었으며, 희년의 정신과 희년법을 지키고 실천해야만 성취될 수 있는 것이었다. 레위기에 기록된 희년의 법과 정신은 노예를 해방하고, 빚진 자를 탕감해주며, 빼앗긴 땅을 돌려주고, 혹사된 땅을 쉬게 하여 인간과 자연을 불의한 사회구조에서 구원하며, 원래의 모습을 회복시키시려는 하나님의 뜻에서 나온 것이었다.

그래서 희년의 선포는 해방을 의미했다. 희년은 노예 되었던 히브리 민중의 해방에 역사적 근거를 가지며, 억압과 착취의 불의한 지배 구조에서 인간을 주기적으로 해방시키려는 정신이 담긴 제도였다. 또한 희년의 선포는 화해를 의미했다. 지배자와 피지배자, 부자와 가난한 자가 다시금 평등한 관계 속에서 새롭게 화해하는 해가 희년이었다. 평등과 화해는 가진 자들이 기득권을 포기함으로써만 성취될 수 있었다. 그래서 희년의 선포는 정의를 의미했다. 노예의 해방과 부채의 탕감, 땅의 안식은 사회정의와 생태계의 정의를 상징한다. 이러한 측면에서 보면 희년의 선포는 평화의 선포였다. 모든 억압과 소외와 갈등과 대결이 해소되는 새로운 평화공동체가 탄생함을 의미했다.

그리고 이러한 희년은 예수 그리스도의 삶과 선교에서 구현되었으며, 가난한 자에게 기쁜 소식으로, 갇힌 자에게 자유함으로, 눈먼 사람에게 보게 함으로, 주님의 은총의 해로 선포되었다. 해방과 분단 50년을 맞으며, 우리는 우리의 희년이 분단의 고통과 대결의 강요에서 민족이 해방되고, 원수된 관계에서 남과 북이 화해하며, 정의와 평화를 실현하는 민족통일이 이루어질 때 맛볼 수 있는 기쁨과 축복이라고 믿는다. 이것이 1995년을 평화와 통일의 희년으로 선포한 이유이며, 이것이 우리의 신앙고백이었다.

2. 분단 극복을 위한 남·북 기독교의 노력

남과 북의 기독교가 특히 조국의 분단 극복과 평화통일을 선교적 과제로 삼고 적극적으로 노력하게 된 것은 1980년대에 들어서면서부터였다. 70년대 민주화와 인권 운동에 매진했던 남한의 기독교는 80년 광주민중학살과 군사독재의 영구화 과정을 보면서, 분단 극복과 통일 없이는 민주주의와 인권의 실현이 불가능하다는 인식을 얻게 되었다. 이 문제를 처음 공개적으로 논의했던 것이 "분단국에서의 교회의 사명"이라는 주제로 1981년 6월 8~10일 서울 크리스챤 아카데미에서 열린 제4차 한독교회협의회에서였다. 1982년 2월에는 한국기독교교회협의회 산하에 통일문제연구원을 설치했으나, 당국의 방해로 통일문제 연구협의회를 개최할 수 없었다.

국내에서의 자유로운 통일논의가 거의 불가능한 상황에서 남한의 기독교는 미국, 일본, 독일 등의 교회협의회를 통해 평화와 통일에 대한 기독교의 책임을 논해왔다. 마침 1984년 10월 세계교회협의회(WCC)의 주최로 일본의 도잔소(東山莊)에서 개최된 〈동북아시아의 정의와 평화협의회〉는 한국교회의 통일운동에 중요한 전기를 마련해주었다. 도잔소회의 보고서는 무엇보다 분단이 한(조선)반도에서 모든 악의 근원이 되는 원죄와 같은 죄악이며, 적대적인 분단과 과장된 원수상을 극복하고, 남과 북의 만남과 교류를 통해 화해와 신뢰를 얻게 하는 것이 평화와 통일의 첩경이 된다는 인식을 심어주는 중요한 문서였다.

북조선의 기독교도연맹은 비록 도잔소회의에는 오지 못했으나 축전을 보내왔으며, 그 후로 해외 교회들과 세계교회협의회의 주선으로 남·북의 교회 대표자들이 한(조선)반도 밖에서 만나 협의할 수 있는 기회가 주어졌다. 1986년 9월 2~5일 스위스 글리온(Glion)에서 남과 북의 그리스도인들은 여러 가지 제한 속에서나마 처음으로 만나 성찬을 나누고, 성서를 연구하며, 평화와 통일에 대한 그리스도인들의 책임과 과제를 논의하였다.

또한 1985년 이후에는 서서히 국내에서도 교회가 통일협의회를 개최할 수 있게 되었으며 교회협의회 통일위원회의 주최로 다섯 차례의 협의회와 연구 모임을 거친 끝에, 드디어 한국교회의 통일 문제에 관한 신학적 입장과 정책이 정리되는 선언문이 마련되었다. 이것이 1988년 2월 29일 한국기독교교회협의회 제 37차 총회에서 채택되고 발표된 「민족의 통일과 평화에 대한 한국기독교회 선언」이었다.

이 선언은 분단을 구조악의 원인으로 규정하고, 바로 분단의 극복이 악에서의 구원이라는 뜻에서, 신앙의 문제요 선교적 과제라고 주장하였다. 그리고 이제까지 기독교가 분단체제 속에서 안주하였을 뿐 아니라, 분단을 유지하고 심화시키는 데 기여하였으며, 분단 극복을 위해 노력하지 못한 데 대한 죄책을 고백하였다. 이 선언은 또한 통일운동의 다섯 가지 원칙을 만들고 여기에 따른 정책적 건의들을 내놓아, 남과 북의 정부와 민간 통일운동에 커다란 자극을 주었다. 당국에 대한 정책건의와 함께 교회의 책임과 과제도 새롭게 인식하여 구체적인 프로그램을 제시하기도 하였다.

이러한 남한교회의 인식과 선교적 사명감은 1988년 11월 제2차 글리온 회의에서 조선기독교도연맹 대표들과 공유되고 공감대를 형성하는 계기가 되었다. 남·북의 기독교는 비로소 1995년 평화와 통일의 희년을 함께 선포하고 8·15 직전 주일을 남북평화통일공동기도주일로 함께 지키기로 하였으며, 평화와 통일을 위한 노력에 함께 연대할 것을 다짐하였다.

그 뒤로도 남·북의 기독교 대표자들은 1989년 4월 워싱턴에서, 1989년 6월 베를린에서, 1989년 7월 모스크바에서, 1990년 9월 교토에서, 1991년 2월 캔버라에서, 그리고 그 밖의 여러 곳에서 여러 가지 형태로 만남과 교류를 가졌으며, 신뢰와 우의, 신앙적 유대를 돈독히 다져왔다. 1990년 12월의 글리온 3차 회의에서는 희년 5개년 공동사업 계획을 만들어 추진하기로 합의하였으며, 지난 1995년 3월 〈한(조선)반도 평화와 통일을 위한 제4차 기독교 국제협의회〉(일본, 교토)에서는 8·15 희년 공동예배를 판문점에서 함께 드리기로 약속하기도 했다. 또한 통일운동을 하다가 구속된 사람들의 석방이나, 장기수 송환, 팀스피리트 훈련과 같은 대규모 군사훈련의 중지, 군비축소, 이산가족의 재회와 방문을 위한 노력을 함께 하기로 하였다.

우리는 남·북 기독교의 이러한 공동노력들이 그 동안 남·북의 적대관계와 대결의식을 완화시키고, 분단 상황을 개선시키며, 평화를 증진시키는 데 적지 않게 기여했으며, 또한 7·7선언을 비롯한 정부의 정책이나 남북합의문에 반영되어 남·북의 화해협력 시대를 여는 데도 한 역할을 하였다고 믿는다. 특히 우리는 북조선의 교회와 그리스도인들이 남한교회와의 대화와 협력을 위해 그 동안 여러 가지로 애쓰며 노력해온 것을 마음속 깊이 감사하며, 분단 극복과 조국통일을 위한 부단한 결의와 불굴의 신앙심에 경의와 연대를 표한다.

우리는 북조선의 헌법이 93년 3월에 개정되면서 종교에 관한 조항이 변경되었음을 확인하였다. 즉 "모든 인민은 종교의 자유를 가진다. 동시에 종교에 반대할 자유도 가진다"는 이전의 조항이 "모든 인민은 종교의 자유를 가진다. 종교의 자유는 예배당의 건설과 예배의 자유로 보장된다"는 조항으로 바뀌었다. 아울러 92년판『조선말사전』에는 종교에 관한 낱말풀이가 크게 친종교쪽으로 바뀌었다. 예를 들어 "선교사"라는 항목의 설명은 81년판에는 "미제를 비롯한 제국주의자들이 예수교를 선전하며 보급한다는 명목으로 다른 나라에 파견하는 종교의 탈을 쓴 침략의 앞잡이"였으나, 92년판에는 "기독교를 보급 선전할 사명을 띠고 다른 나라에 파견되는 사람"이라고 고쳐졌다.

1950년 남·북 간의 전쟁 이후 북조선에서 교회당은 소멸하고 가정교회만이 존재해왔으나, 80년대에 들어와 봉수교회와 장충성당이 세워지고, 92년에는 평양시 서쪽에 칠골교회가 세워졌다. 성경과 찬송가가 인쇄되고, 교역자를 양성하는 신학원이 열리게 된 것도 큰 변화였다. 우리는 북조선에 이러한 변화가 일어난 것을 크게 기뻐하며, 이를 하나님의 크신 역사와 축복으로 믿고, 이를 위해 부단히 노력해 온 북조선 그리스도 자매형제들에게 감사와 존경과 사랑을 표한다. 이와 함께 단절된 남과 북의 가교를 만들기 위해 오해를 무릅쓰고 남과 북을 왕래하며 힘써온 해외 동포 그리스도인들과 세계 여러 나라 교회들에게 충심으로 감사와 동지애를 보낸다.

3. 동서 냉전의 해소와 남 · 북의 화해

남과 북의 기독교가 1995년을 평화와 통일의 희년으로 선포한 1988년 이래, 국제 정세와 국내의 통일 환경은 급격한 변화가 일어났으며, 평화와 통일을 앞당기는 데 도움이 될 여러 가지 긍정적인 일들이 일어났다. 유럽의 평화운동과 소련의 페레스트로이카, 미 · 소의 전략 핵무기 감축 등으로 진척된 탈냉전과 동서의 접근은 마침내 1989년에 베를린 장벽을 무너뜨리는 세기적 사건을 일으켰으며, 동구 공산권이 붕괴하면서 동서 냉전체제가 해체되는 세계사적 변화를 가져왔다. 1990년에는 우리와 같은 분단국이었던 동서 독일이 분단 45년을 청산하고 통일되었고, 남 · 북 예멘이 분단 23년을 마감하고 통일을 이루었다.

냉전 체제의 해소라는 세계적 변화는 동북아시아와 한반도에도 따뜻한 바람을 일으켰으며, 소련과 중국, 몽고, 베트남과의 북방 외교를 진전시키게 하였고, 드디어 북조선과의 관계에서도 변화가 일어나게 하였다. 기독교의 1988년 통일선언으로 물꼬가 트인 민간 통일운동과 통일논의는 훨씬 더 활발해졌으며, 6공화국 정부는 그 해 7월 7일 대결과 적대관계에 있는 북조선을 통일과 번영의 동반자로 인정하며, 민족간의 화해와 교류를 추구하겠다는 대통령 특별선언을 발표하였다.

7 · 7선언 이후에 개선되고 완화된 정세는 남북대화를 재개시켰을 뿐 아니라 예술단, 축구단, 고향방문단의 교류를 추진하게 하였으며, 민족의 화해와 남북 교류, 평화통일에 관한 무성한 논의를 각계에서 불러일으켰다. 1988년 9월에는 한국 정부의 통일방안으로 신뢰

구축과 교류 협력, 남북연합, 통일민주공화국의 세 단계를 거치는 〈한민족공동체 통일방안〉이 마련되기도 하였다.

이산가족들의 간절한 북한방문 요구와 남북 교류에 대한 각계의 폭발적인 요청과 주장들은 「남북교류협력에 관한 법률」(1990. 8)을 제정케 하였으며, 정부의 창구단일화 주장과 법률적 통제가 강화되자, 문익환 목사, 임수경 학생, 문규현 신부 등이 북조선을 방문하고 돌아와 형벌을 감수하는 신선한 충격을 일으키기도 하였다.

이러한 가운데에서도 정부의 북방정책은 좋은 성과를 거두어 소련과의 수교(1990. 9), 중국과의 수교(1992. 8)를 맺었으며, 1991년 9월에는 남·북이 유엔에 동시 가입하는 결실을 보았다. 특히, 1990년 9월부터는 분단사상 처음으로 남·북 총리를 수석대표로 하는 남북 고위급회담이 열리었고, 남·북 간의 긴장 완화와 평화 정착, 교류 증대를 위해 여러 차례 서울과 평양을 오가며 회합하였다. 마침내 1992년 2월에는 「남북 사이의 화해와 불가침 및 교류 협력에 관한 기본합의서」라는 역사적인 문서가 조인되었으며, 또한 한반도에서 핵무기의 제조와 배치 사용을 금지하는 「한반도 비핵화 공동선언」도 서명 발표되었다.

실로 「남북기본합의서」와 「비핵화공동선언」은 남·북의 분단을 극복하고 화해와 공존, 협력과 공영의 시대를 열어 가는 데 초석이 되는 획기적 문서이며, 민족의 평화통일에 한 이정표를 세운 중대한 기록이었다. 우리는 이 합의서가 1988년 통일선언이 제의한 원칙과 정책들을 대부분 수용하고 더욱 구체화하였음을 기뻐하며, 이를 하나님께서 역사하신 것으로 믿고 희년을 향한 전진의 발걸음이 이루어진 데 감사와 찬양을 드린다.

그러나 이렇게 중요한 합의문이 남·북 간에 서명되고 3년이나 지났건만, 아직 우리에게 화해와 협력의 시대는 오지 않고 있으며, 남북합의서는 전혀 실천되지 않고 있다. 남·북 양측은 "서로 상대방의 체제를 인정하고 존중하며 내부문제에 대한 간섭을 하지 않고 비방중상을 하지 않겠다"는 조항을 이행하지 않고 있으며, "보다 더 공고한 평화상태로 전환하고 군사적 신뢰를 조성하며 단계적 군축을 실현하겠다"는 조항도 지키지 않고 있고, "민족 구성원들의 자유로운 왕래와 접촉이나 경제, 사회, 문화 교류"에 관한 조항들을 만들어놓고도 아직 추진할 기미를 보이지 않고 있다. 우리는 이 귀중한 역사적 합의문이 다시금 7·4공동성명처럼 휴지가 되고 무효화되는 것이 아닌가 하는 우려를 떨쳐 버릴 수 없다.

남과 북은 화해와 신뢰 구축을 말로만 선언했을 뿐, 진심으로 서로 믿지 못하기 때문에, 서로가 적화통일과 흡수통일을 노리고 있다고 비난해왔다. 그래서 평화협정이나 군비축소 대신 군사훈련과 군비강화를 도모했고, 국제무대에서 민족의 이익을 위해 공동으로 노력하는 대신 '북핵제재론'이나 '서울불바다론'으로 맞서다 한(조선)반도를 다시금 동족살상과 파멸의 전쟁터로 만들 뻔한 위기와 긴장 속에 몰아넣었다.

다행히 지미 카터 전 미국 대통령의 중재로 남북정상회담의 길이 열리고, 전쟁 위기 국면은 벗어나게 되었으나, 김일성 주석의 갑작스런 사망과 조문파동 등으로 남북대화는 또다시 단절되고 냉전상태로 돌아서게 되었다. 북미회담과 경수로 협상과정에서도 남과 북은 대화 거절과 따돌림으로 일관해 결국 불신의 벽만 두터워지고 말았다.

우리는 해방 50주년, 즉 평화와 통일의 희년으로 경축해야 할 1995년 8월 15일에 남·북이 뜻을 모아 전 민족적인 경축행사와 만남을 이루어내지 못하게 된 것을 매우 유감스럽게 생각한다. 분단의 상처와 골이 깊게 파여 있는 현실을 안타깝게 바라보면서, 우리는 화해와 신뢰를 이루어내지 못하는 민족의 현실을 실로 가슴 아프게 생각한다.

4. 신뢰 형성과 평화체제 실현의 길

우리는 좋은 합의문과 선언문이 만들어지고도 실천되지 않고, 남북 관계가 다시 냉각되는 근본원인이 아직도 남북 상호간에 기초적인 신뢰가 형성되어 있지 못한 데 있다고 본다. 그리고 신뢰부재의 가장 큰 이유는 합의문에서 주장하는 바와 남·북의 국내 정치, 즉 대북, 대남 정책이 일치하지 못하고 모순되어 있는 데 있다고 생각한다.

남·북 양측은 서로 자기의 태도와 정책을 바꾸기 전에 상대방이 변하지 않았음을 먼저 탓한다. 북쪽이 적화통일을 포기하지 않았으니 남쪽도 대북정책을 바꾸지 못하겠다는 것이고, 남쪽이 흡수통일을 하려 하니 북쪽에서도 대남봉쇄와 경계를 늦추지 못하겠다는 것이다. 이것은 매우 불행한 악순환의 논리이다. 남과 북은 이러한 논리에 사로잡혀 있으며, 상대방이 합의문을 실천하기 전에는 나도 하지 않겠다는 '부정적 상호주의'에 빠져들고 있다.

남·북은 이제 이 잘못된 상호주의의 이데올로기에서 벗어나, 내 편에서 먼저 실천함으로써 상대방의 실천을 유도해내는, 일방적, 선제적 실천으로 나아가야 한다. 그러나 이러한 평화 우선적인 입장은 남·북 양쪽에서 국가안보를 모르는 위험한 모험주의로 거부되고 있다. 그리고 남·북 양측은 자기 쪽이 상대방보다 군사적으로 열세라고 생각하며, 침략과 정복을 당하지 않을 안전장치나 평화의 보장이 없다고 생각하고 있다.

그래서 우리는 오늘의 상황과 현실 속에서 남·북이 진정한 화해와 신뢰를 이루고, 평화적 공존과 교류, 협력을 이루어 나가기 위해서는 무엇보다도 남·북 사이에 이러한 불신과 체제 불안을 해소할 수 있는 안정된 평화체제를 실현하는 것이 급선무라고 생각한다.

우리는 독일통일의 기초가 된 동·서독의 화해와 신뢰, 교류 협력이 1972년에 체결된 기본조약을 통해 확실한 평화체제를 보장하고, 주권과 영토, 체제와 안보의 위협을 제거했을 때 실천되었다는 사실을 유념해야 한다. 동·서독은 전쟁을 치르지 않았지만, 남·북한(조선)은 전쟁을 치렀기 때문에 휴전협정 체제와 같은 불안한 상태로는 군축이나 개방, 교류, 협력을 과감히 실천할 수 없다는 점을 생각해야 한다.

더구나 북조선은 오늘날 국내외적으로 많은 어려움을 겪고 있다고 보인다. 동구권은 해체와 변화로 우방과 시장을 잃어버렸으며, 교역의 감소로 원유와 식량, 생활필수품의 수급에 타격을 입고 있다. 그렇다고 자본주의 세계와의 교역이 자유로운 것도 아니며, 미국의 대북 수출입 제한은 그대로 살아 있다. 일본과 서방세계는 미국과 북조선의 관계가 정상화되지 않는 한 교역 관계를 개선할 수가 없다고 주장하고 있다. 더구나 북조선은 남북 대결과 긴장으로 엄청난 군사비를 부담해야 하며, 남한이 군비를 줄이지 않는 한, 안보 때문에 군대와 무기를 줄이지도 못하는 상황에 놓여 있다.

그래서 오늘의 상황 속에서 남·북의 평화체제를 실현하는 길은,

남한과 비교해 상대적으로 어려움에 처한 북조선의 안전과 평화를 보장해주고, 경제발전에 협력하며, 변화된 세계질서 속에서 고립되지 않고 세계 여러 나라들과 선린과 교역 관계를 맺을 수 있도록 도와주는 데 있다고 믿는다. 동북아시아의 평화와 공동안보체제를 이룩하기 위해서도 북조선이 조속한 시일 내에 미국, 일본과 수교를 맺는 것이 필요하며, 남·북이 함께 주변 강대국들과 평화와 우호의 관계에 들어가는 것이 바람직하다.

이제 남·북이 진정한 화해와 협력의 관계로 발전하기 위해 신뢰를 형성하고 평화체제를 실현하는 것이 필수적인 전제조건이라고 한다면, 이를 위해서 남·북 양측의 정부가 특별히 취해야 할 정책들은 어떤 것인가? 우리는 이미 1988년의 상황에서도 분단 극복과 통일을 위한 다섯 가지 원칙과 정책들을 제시한 바 있다. 우리는 오늘의 상황에서도 이 원칙과 정책들이 타당한 것이라고 믿으며, 이들의 어김없는 실천을 다시 한 번 촉구한다. 아울러 우리는 오늘의 상황 속에서 진정한 신뢰와 평화를 구축하기 위해, 이 원칙들에 따른 보다 구체적인 정책들을 다음과 같이 제의한다.

1) 자주의 원칙(민족 우선의 원칙)

남북 양측은 무엇보다도 민족의 자주성과 이익을 우선시키는 민족 우선의 원칙을 실천하고 견지해야 한다.

(1) 남과 북은 냉전과 분단 시대의 동맹관계를 재검토하고, 남북합의서를 바탕으로 민족 자주적인 평화조약과 동북아공동안보협력체제를 구축해야 한다.

(2) 민족의 자주성을 손상시키며, 민족의 존엄과 권익에 어긋나는 한미 방위조약과 조소군사조약 등이 조속히 개폐되어야 한다. 한반도의 전시작전권도 주한 미군에서 한국군에 이양되어야 하며, 미 주둔군에 대한 한미행정협정도 조속히 개정되어야 한다.

(3) 평화협정의 주체는 남·북한(조선)이 되어야 하며, 미국과 중국 등 참전국들은 남·북 당사자들의 협상과 합의를 존중하며 이를 지지하는 서명을 해야 한다.

2) 평화의 원칙(평화 우선의 원칙)

남·북 양측은 분단국의 안보와 군사적 우위보다 남·북의 공동안보와 민족의 평화를 우선적으로 추구하는 평화 우선의 원칙을 지켜야 한다.

(1) 남북군사공동위원회를 조속히 발족시켜 휴전선의 비무장화와 단계적 군축을 협상하고, 일정과 계획을 만들어 실천해야 한다.

(2) 남북군사공동위원회의 합의와 허락이 없이는 남·북 쌍방은 어떤 군비증강이나 신예 무기의 반입, 대규모 군사훈련도 실시해서는 안 된다.

(3) 한(조선)반도의 비핵화를 철저히 보장하기 위하여 남북핵통제공동위원회는 조속히 전 국토에 대한 사찰과 검증을 실시하여야 하며, 주변 강대국들과의 협상을 통해 한(조선)반도의 비핵지대화를 실현시켜야 한다.

3) 민족 대단결의 원칙(신뢰와 교류 우선의 원칙)

남·북 양측은 단절을 극복하고 민족 동질성을 회복하며 민족 대
단결을 이루기 위해 사상과 제도의 차이를 넘어 남·북의 교류와 방
문, 통신과 회합을 우선적으로 할 수 있도록 하여 신뢰와 화해의 기
틀을 만들어야 한다.

(1) 남과 북은 상대방을 반국가단체나 적으로 규정하여 신뢰와 화해에
　　장애가 되고 있는 모든 법률체계를 개폐하여야 하며, 남한의 국가보
　　안법이나 이에 상응하는 북조선의 법률들이 조속히 개폐되어야 한다.

(2) 각종의 교류와 협력 사업을 촉진시키기 위해 남북교류법과 창구단
　　일화 원칙 등이 현실에 맞게 시정되어야 한다.

(3) 남·북의 상호신뢰와 화해, 민족 대단결을 저해하는 비난이나 욕설
　　을 중단해야 하며, 방송, 신문 등 언론 매체가 허위, 과장, 왜곡 보도
　　하는 것을 통제해야 한다.

4) 인도주의 원칙(인도 우선의 원칙)

남·북 양측은 분단국의 이념이나 체제보다, 인간의 자유와 존엄,
인도주의적 입장을 우선적으로 존중하는 원칙을 견지해야 한다.

(1) 남·북 양측은 2촌 이내의 직계 이산가족(부부, 부모, 부자)의 재회
　　와 재결합을 어떤 교류 협력보다 우선적으로 실현시키고 70세 이상
　　노인 가족들의 자유로운 방문을 즉시 실시해야 한다.

(2) 분단과 전쟁 이후 남·북 양쪽에 본인의 의사에 반하여 부당하게 구
　　속 억류되어 있는 모든 사상범과 장기수들을 석방하고 가족이 있는

곳으로 그들을 송환해야 한다.

(3) 납치된 어부들과, 자의에 의하지 않고 강제로 억류되어 있는 모든 피납인사들을 석방, 송환해야 한다.

5) 민주적 참여의 원칙(민중 우선의 원칙)

남·북 양측은 통일 논의와 통일 방안의 결정과정에, 민족의 전 구성원들이 민주적으로 참여할 수 있도록 해야 하며, 특히 다수이면서 소외되기 쉬운 민중의 의사와 이익을 반영시키는 데 우선적으로 노력해야 한다. 근로계층과 여성, 청소년들의 의견이 존중되어야 하고 그들도 의견 수렴과정에 참여할 수 있도록 해야 한다.

(1) 민간 통일운동의 자유로운 활동과 의사표현을 조장해야 한다.

(2) 남북 관계의 문서와 정보를 모든 국민들에게 정확하고 진실되게 공개해야 한다.

(3) 비무장지대나 판문점 공동경비구역 안에 남·북 민간인들이 회합할 수 있는 장소와 건물 시설을 마련하고, 각계각층의 다양하고 다원적인 통일 논의와 의견수렴이 이루어지도록 해야 한다.

5. 한(조선)반도 통일의 바람직한 방향

남·북의 화해와 협력시대가 열리고, 평화공존의 체제가 구축된다 하더라도, 민족 공동체를 이루기까지 우리는 결코 통일의 희망과 노력을 포기하거나 늦추어서는 안 된다. 아무리 평화롭고 협력적인 남북연합이나 연방제라 하더라도 민족의 분단이 영구적이어서는 안

된다. 분단체제로는 완전한 평화를 이룰 수 없고, 또 민족의 꿈을 펼칠 수 없기 때문이다.

그렇다고 우리는 원칙과 방향이 없는 무조건적인 통일을 조급히 서두르는 것도 민족의 삶과 장래를 위해 바람직하지 않다고 생각한다. 우리는 그동안 전쟁과 정복에 의해 급격히 이루어진 베트남의 통일이 많은 불행과 희생, 인권유린을 가져온 것을 목격했고, 한 쪽의 붕괴와 다른 쪽의 흡수로 이루어진 독일의 통일이 일방적인 지배와 식민지화를 가져와 많은 불평등과 부작용, 심리적 장벽과 갈등을 만드는 것을 보았다. 우리는 이미 1993년 4월에 베를린에서 열렸던 한독교회협의회를 통해 흡수통일의 후유증과 문제점들에 관해 진지하게 논의했으며 여러 가지 충고와 교훈을 얻은 바 있다. 분단 50년의 비극과 고통을 치르고, 이제 지구상에 유일하게 남은 분단국가로서 한국(조선)이 성취해야 할 통일은 다른 나라의 불행과 부작용을 되풀이하지 않는 것이어야 하며, 이들의 단점과 문제점들을 보완하는 것이어야 한다.

그러나 우리는 바람직한 통일의 길이나 조국의 미래상이 쉽게 만들어질 수 있는 것이 아니며, 또 기성품처럼 이미 만들어놓은 것들 중에서 선택할 수 있는 것도 아니라고 생각한다. 기존의 통일방안들은 어떤 상황을 전제하면서 가상적으로 만들어놓은 모델일 뿐이고, 토론과 협상을 위해 제안된 것이기 때문에 국제 정세와 국내 상황이 달라지면 변경되거나 수정될 수밖에 없다. 또한 통일방안은 상황에 따른 국민적 논의와 민족적 합의를 거쳐 결정되어야 할 고도의 정치적 선택이기 때문에, 교회가 어떤 기독교적인 통일방안을 만들어낼 수는 없으며, 또한 그럴 필요도 없다고 생각한다.

그럼에도 불구하고 우리는 통일이 이루어지는 방향과 그 정신에 대해서 무관심할 수 없으며, 그리스도인과 교회로서도 논의해야 하고, 의사 표시를 해야 한다고 생각한다. 왜냐하면, 통일이 민족의 삶과 운명에 중대한 영향을 미치는 일이고, 그리스도인에게는 언제나 정의와 평화의 가치를 실현해야 할 윤리적, 사회선교적 책임이 있기 때문이다. 이러한 뜻에서 우리는 그 동안의 역사적 체험과 교훈을 토대로 한(조선)반도의 현실을 분석하면서, 민족의 통일과 미래에 관해 여러 가지 반성과 논의를 해왔다. 앞으로 보다 더 많은 연구와 구체적 토론이 필요하겠지만, 우리는 우선 민족 통일이 나아가야 할 세 가지 방향을 다음과 같이 제시하고자 한다. 이것이 우리가 실천하려고 하는 희년의 정신과도 일치하는 것이라 믿기 때문이다.

1) 함께 사는 통일(共生的 統一)

통일은 남과 북이 하나가 되는 것을 의미하지만, 하나가 되는 과정에 어느 한쪽이 희생이 되거나 고통을 당하는 통일이 되어서는 안 되며 양쪽이 같이 이기며 사는 공생적인 통일이 되어야 한다. 역사 속에 있었던 많은 통일들이 힘에 의한 강압적인 것이었기 때문에, 한 쪽이 다른 쪽을 정복하고 지배하였으며 식민지로 만드는 통일이 되고 말았다. 이러한 통일들은 양쪽을 함께 살리는 통일이 아니었으며, 통일 후에도 그 민족의 구성원 모두를 행복하게 하거나 만족스럽게 하는 것이 아니었다. 우리의 통일은 합의에 의한 통일이어야 하며 양쪽을 서로 살리는 상생(相生)의 통일이어야 한다.

원래 우리의 전통사상 속에는 상극(相剋)이 아니라 상생(相生)을 추구하려는 사상이 있었다. 이스라엘 민족이 하나님과 함께 계약을 맺으며 이룩하려했던 공동체도 부자와 가난한 자, 주인과 노예, 그리고 여러 가지 지파와 종족들이 함께 살도록 하는 공생(共生)의 원리 위에 세워지는 공동체였다. 의인과 악인에게 똑같이 햇빛과 비를 내리시는 하나님의 사랑과(마태 5:45) 착한 아들과 방탕한 아들을 함께 품어 안으시는 아버지의 사랑을(누가 15:20) 강조하신 그리스도의 가르침도 모두 함께 사는 공생의 진리에 대한 가르침이었다.

이러한 믿음과 정신을 가지고 우리는 앞으로 실현해갈 통일의 과정과 단계에서, 그것이 체제의 연합이든 연방국가이든, 결코 어느 한 쪽이 지배자로 군림하거나 다른 한 쪽이 열등국민으로, 식민지로, 죄인으로 추락하는 통일이 되지 않도록, 공생의 원칙과 구조를 철저히 지키는 데 최선을 다해 노력해야 한다.

2) 서로 배우며 닮는 통일(收斂的 統一)

남과 북은 5천 년 동안 한 핏줄을 나누며 같은 언어, 습관, 문화를 지녀온 한 겨레이며, 겨우 50년 동안 분단되어 다른 제도와 사상을 가지고 살아왔다. 이념과 체제가 달라 생활방식, 사고방식, 가치관이 이질화되었다고 하지만, 민족과 문화의 동질성에 비한다면 이질적 요소는 극히 적은 부분에 불과할 것이다. 사상과 제도가 다른데 어떻게 통일해서 함께 사느냐는 걱정이 많으나, 이 차이는 서로 배우며 장점을 공유하는 방식으로 극복해갈 수 있다고 믿는다. 세상의 모든 제도와 이념은 절대적인 것이 아니라, 다른 제도와 이념에서 배우며 영향을 주고받은 것이었다.

자유주의와 사회주의도 이미 19세기로부터 서로 배우며 수렴해 왔고, 남에게서 배우며 발전하지 않는 폐쇄적인 제도나 이데올로기들은 소멸되고 말았다. 비록 남과 북은 이제까지 자본주의와 사회주의, 자유와 평등, 개방성과 주체성을 이분법적으로 나누어 대결해왔으나, 이제는 민족공동체를 이루어가는 과정에서 양자의 장점을 변증법적으로 종합하며, 단점은 지양하고 극복해서 서로를 비슷하게 만드는 수렴적인 통합을 이루어내야 한다. 무엇보다 서로의 강점을 존중해주고, 약점을 보완해주려는 자세가 중요하다. 남의 눈 속의 티는 보면서 제 눈 속의 들보는 보지 못하는(마태 7:3) 어리석음을 범해서는 안 되며, 믿음이 강한 자가 약한 자의 약점을 돌보아 주며, 유대인과 이방인이 서로 받아들이듯(로마 15:1-7) 서로 받아들이는 자세를 갖도록 해야 한다. 그리고 개인과 사회는 하나님으로부터 각기 다른 은사와 신령한 선물을 받고 있다는(로마 12:6) 점도 철저히 인식될 필요가 있다.

계통이 다른 생물들도 같은 환경과 조건에서 오래 함께 살면 점차 비슷한 형태가 나타난다고 하며, 다른 제도와 사상, 문화도 삶의 양식과 틀이 비슷해지면, 즉 공동체적 삶이 이루어지면, 서로 닮아간다. 남한의 자유민주주의, 자본주의적 경제발전, 개방적 세계화와 북조선의 인민민주주의, 사회주의적 경제체제, 민족적 주체사상이 서로 영향과 가르침을 주고받으며, 교류와 대화를 통해 배우며 닮아간다면, 다른 민족이 이루어내지 못한 발전적이며 수렴적인 통일을 우리 민족이 이루어낼 수도 있을 것이다.

3) 새롭게 만드는 통일(創造的 統一)

우리의 통일은 단순히 갈라졌던 남과 북을 재결합시켜서 옛 모습으로 돌아가는 통일이 아니라, 새로운 것을 만들어내며, 새로운 가치와 문화, 새로운 사회구조와 공동체를 창출해내는 창조적 통일이 되어야 한다. 50년 전 분단 이전의 조국은 비록 하나였으나, 민족의 자주성과 독립도, 자유와 민주도, 정의나 평화도 없었던 비참한 조국이었다. 이제 분단 50년의 시련과 고통을 겪으며 희년의 정신으로 통일될 조국은 모든 면에서 새롭게 태어나는 조국이어야 한다. "막힌 담을 헐고, 원수된 것을 폐하시며, 이 둘을 자기 안에서 하나의 새 사람으로 만드셔서 평화를 이루신" 그리스도의 정신(에베소 2:14-17)과 "시대의 풍조를 본받지 말고 마음을 새롭게 함으로 변화를 받아서 선하고 완전한 것을 분별해내는 태도"(로마 12:2)가 새롭게 만드는 통일의 정신적 기초와 방향이 되어야 하리라 믿는다.

이런 뜻에서 우리는 남·북 양측의 현행 제도와 구조 중, 어느 한 쪽의 것을 다른 쪽에 그대로 이행시키는 방식의 통일을 원하지 않는다. 우리가 적화통일이나 흡수통일을 반대하는 이유도 그것이 정의와 평화를 가져오는 통일이 아니기 때문일 뿐 아니라, 결코 조국을 새롭게 만드는 통일이 될 수 없기 때문이다. 남과 북은 모두 현행의 사회체제가 가진 문제들을 직시하고 반성해야 하며, 민족과 민중의 삶의 요구에 부응하기 위해서도 그 체제와 구조를 과감히 수정하고 개혁하지 않으면 안 된다.

우리 민족의 20세기는 핍박과 수난으로 점철되어 왔다. 우리의 통일은 과거로 돌아가는 것이 아니라 21세기의 지구촌에서 자존과 긍지를 갖는 민족 공동체를 형성해가는 데 목표를 두어야 한다. 분단의 아픔이 민족의 새로운 힘을 창출하는 모태가 되도록 서로 노력해야 한다.

6. 희년 정신의 실천과 교회의 과제

이제 「남북 사이의 화해와 불가침, 교류 협력에 관한 기본합의서」가 만들어지고 남과 북이 화해와 협력 시대를 거쳐 통일 시대로 힘차게 맥진해야 하는 90년대의 중턱에서, 평화선교의 사명을 가진 우리 그리스도인들과 교회가 해야 할 과제는 무엇인가?

남한의 교회들은 그 동안 1988년 통일선언에서 제시한 과제에 따라 여러 차례 평화와 통일에 대한 협의회와 연구 세미나를 열어왔으며, 평화교육과 통일교육에 기여했고, 평화통일 기도주일을 지키며 남·북 교회의 공동기도문을 만드는 등 많은 일들을 전개하여 왔다. 통일글짓기 대회나 인간띠잇기 대회와 같은 대중동원의 행사와 계몽운동을 통해 평화통일의 의식화에도 노력했으며, 세계교회들과 함께 남·북 교회의 만남도 여러 가지 형태로 이루어냄으로써, 조선기독교도연맹과의 깊은 유대와 결속을 만들어왔다. 물론 우리가 발표한 많은 대정부 건의와 정책 비판성명들이 분단과 대결의 상황을 개선시키는 데 기여한 것도 사실이다. 그러나 지난 7년의 일들을 겸허하게 반성해볼 때, 우리 교회와 그리스도인들은 평화와 통일을 위해 설정했던 과제들을 충실하게 실천하지 못했으며, 희년정신의 실천을 위해 성의와 헌신을 다하지 못했음을 고백한다. 무엇보다 우리는 이 사명감을 교회 전체의 것으로 보편화시키며, 희년운동을 범교회적으로 추진하는 일을 성공적으로 수행치 못했다. 남북평화통일 공동기도주일이나 평화교육에 참여하는 교회는 아직 적은 수에 머물러 있다. 평화선교와 통일교육이 교회학교나 평신도교육, 신학교육에 충실히 반영되고 있지 못하며, 이에 대한 성서적, 신학적 연구도 미흡한 상태에 있다.

이제 희년을 맞이했지만, 아직 평화와 통일의 길이 저 멀리에 있는 오늘, 우리 교회가 힘써 해야 할 일은 우리가 이미 설정했던 과제들을 보다 철저하게 체계적으로 실천해 가며 보다 범교회적으로 추진해 가는 일이다. 그러나 우리 앞에 다가오는 1990년대 후반은 무엇보다 남·북의 진정한 화해와 평화체제를 확립하는 시대가 되어야 하므로, 교회의 과제도 여기에 중점을 두어 계획되어야 하리라 생각된다. 이러한 문제의식과 전망을 가지고, 오늘의 남북 관계가 교회의 현실을 바라보면서, 우리는 앞으로 5년 동안 교회가 특별히 힘써서 수행해야 할 과제를 다음과 같이 세운다.

1) 평화와 통일에 대한 신앙고백 운동

평화와 통일을 이루는 것이 민족을 분단과 대결이라는 구조적 악에서 구원하는 길임을 신앙적으로 고백케 하며, 교회가 이를 선교적 사명감으로 추진하도록 신앙고백운동을 범교회적으로 전개해야 한다. 예배와 성서연구, 교회학교 교육, 평신도 교육에 이러한 신앙고백들이 담겨지도록 해야 하며, 각급 신학교와 목회 교육 기관들은 신학적 연구와 교재, 예배 의식 등을 개발하는 데 힘써야 한다. 평화통일기도주일은 앞으로도 8·15 직전 주일에 통일이 되는 날까지 남과 북, 해외에서 공동으로 지켜질 것이며, 기도와 신앙고백운동의 장이 될 것이다.

2) 남·북 민간의 화해 운동

화해의 사명을 가진 교회는 남·북 민간의 뿌리 깊은 불신과 오해, 증오심을 제거하고 참된 신뢰와 이해와 사랑을 심는 화해운동에 앞장서야 한다. 반세기의 상처 깊은 분단과 적대 관계는 민족의 가슴에 적대 의식과 원수상을 너무나 뿌리 깊게 박아놓아 화해가 쉽게 이루어지지 않고 있으며, 남북합의서가 정부 간에 만들어졌어도, 불신과 비방과 증오심이 사라지지 않고 있다.

앞으로 전개될 교류와 협력, 남·북의 만남과 행사도 화해를 이루는 데 가장 우선적인 목표를 두어야 한다. 정부나 언론의 대북 과장 보도나 선전을 감시하며 비판하는 여론을 일으키는 것도 하나의 방안이 될 것이다.

3) 인도적 삶의 회복 운동

인도주의 원칙을 선언한 교회는 화해와 공존과 교류 협력의 시대에 무엇보다 분단과 대결로 인해 빚어진 인간적인 고통과 상처를 치유하고 일그러지고 마비된 민족구성원들의 인도적 삶을 회복시키는 데 우선적인 노력을 기울여야 한다. 희년의 정신이 고통당하며 소외된 자를 돌보고, 그들의 권익을 옹호하는 데 있다면, 분단의 희생자들인 이산가족, 사상범과 장기수, 국가보안법과 이에 상응하는 법들의 피해자와 피납자들, 그리고 그들의 가족들을 돌보며, 상처를 치유하는 데 교회가 앞장서 노력해야 한다.

4) 남·북의 나눔과 더불어 사는 운동

민족의 대단결을 이루고 동질성을 회복하는 데는 신뢰와 교류가 필요하며, 이를 구체적으로 실현하는 길은 서로가 가진 것을 지적으로나, 물질적으로, 또한 정신적으로 함께 나누는 데 있다. 앞으로 함께 살며 서로 배우고 닮는 통일의 길을 모색해야 할 남과 북의 동포들은 지금부터 더불어 사는 일에 힘쓰고 고통을 분담하는 정신과 습성을 기르는 것이 중요하다. 장차에는 국민적인 나눔 운동이 일어나야 하겠지만, 이러한 일에는 교회가 누구보다 먼저 나서서 섬기는 자세로 실천해야 한다. 서로 나누는 일은 조건이 없는 순수한 동포애를 바탕으로 해야 하고 그것을 통해 우리가 더불어 살아가는 데 대한 신뢰가 쌓여 가도록 해야 할 것이다.

5) 남북 선교와 하나의 민족 교회 형성 운동

남과 북의 교회는 한(조선)반도에서 정의와 평화를 이룩하는 하나님의 선교를 실천하기 위하여 선교 협력을 강화해야 하며, 이를 위해 가능하면 교단과 종파를 넘어서는 하나의 민족 교회를 형성하도록 노력해야 한다. 물론 우리는 북조선 땅에 교회가 더 많이 세워지고, 그리스도인의 수가 증가하기를 바라며 기도한다. 그러나 선교는 교회나 그리스도인의 수가 증가하는 것만을 의미하지 않으며, 바른 선교는 하나님의 나라가 이루어지는 데서 나타난다고 보기 때문에 우리는 남과 북이 모두 선교의 대상이 되어야 한다고 생각한다. 이것이 우리가 '북한선교'라는 용어를 자제하고, '남북 선교'나 '한(조선)반도선교'라고 칭하고자 하는 이유이다. 이제 북조선에서의 선교활동은 교파의 차이를 넘어서 연합적으로 이루어져야 하고, 북조선의 그리스도인들이 중심이 되어 추진되어야 하며, 남·북 양측에 하나의 민족교회를 형성해나가는 방향으로 발전되어야 한다.

하나님께서 한 민족 한 교회에 대한 우리의 기도와 소망을 이루어 주시고 축복을 내려 주시리라 믿는다.

1995년 8월 15일
한국기독교교회협의회

4장
해외에서 만난 남·북 교회와 기독자의 대화

I. 통일의 신학과 희년의 계획(1989 도쿄회의)[1]

나는 일제 말기에 평북 철산(鐵山)에서 태어났다. 외조부(外祖父)는 평양신학교를 1908년에 2회로 졸업하고 철산읍교회를 창립하고 시무하시다 1911년 일제에 비판적인 기독교인을 탄압한 105인 사건의 한 분으로 옥살이를 하신 장관선 목사이시다.

아버지는 1944년에 신학 공부를 하러 우리 가족을 이끌고 만주 봉천으로 가셨다. 해방 후 목사가 되었으나, 북한의 고향으로 돌아가지 못하고 1948년 중국을 거쳐 월남했다.

여섯 살 때 떠난 고향이지만, 내 부모 친척들이 살던 고향 철산,

---

[1] 이 글은 일본기독교협의회(NCCJ)가 주최한 〈동북아 평화와 교회 회의〉(1989. 9. 3., 도쿄 평화교회)에서 남·북 기독자들이 만남을 가졌을 때 한 필자의 발제 강연문임.

내가 어려서 세례 받고 다니던 송교동 교회를 한 번 가보고 싶은 마음은 언제나 간직하고 있다. 괜히 북쪽 동포를 만나면, 우리 부모님들의 사투리와 억양이 같아서 친척을 만난 것 같고, 정말 정다움을 느끼게 된다.

이번에 말로만 듣고 사진으로만 본 북녘의 기독교인 형제들 네 분(이철 목사, 김운봉 목사, 양수웅, 김남혁)을 처음으로 만나서 대화할 수 있게 된 것을 큰 축복으로 생각하며, 반갑고 감사한 마음을 어떻게 표현해야 좋을지 모르겠다.

그러나 이렇게 북의 형제를 만나고 싶고 반갑게 이야기하고 싶은 사람은 나뿐만 아니라 남한의 수백만 수천만이 있으며, 어떻게 하면 우리 조국 땅의 7천만 동포들이 자유롭게 만나고 반갑게 이야기할 수 있게 될 것인가를 의논하기 위해서 우리들은 선택받은 자로 만나게 되었다. 이러한 만남을 혈육 간에, 부자간에, 부부간에, 형제간에 하지 못하고 사는 사람들이 무수히 많은 것이 슬픈 현실이다.

1985년 적십자사의 주선으로 한 50명의 이산가족이 잠시 만났을 때, 남쪽의 어머니와 북쪽의 아들이 헤어지던 장면은 우리 모두를 울게 했다. 떠나는 버스 창문을 열고, "이젠 보름달 뜨는 밤(15일) 달 보며 얼굴 본 듯이 하자"고 했다. 부부나 모자가 같이 살고, 친척이나 고향을 방문할 권리는 사람이 타고난 자연법적(自然法的)인 권리인데, 이런 권리를 국가의 실정법에 의해 박탈당하고 사는 동포가 1천만이 넘는다는 것은, 우리의 분단이 얼마나 비인도적이며 반평화적인가를 여실히 보여주고 있다. 남북적십자회담이 진행된 지 18년이나 지났지만, 아직 남북 이산가족들의 상호 분단의 정치적 문제 해결 없이는 인도적 문제의 해결 또한 기대될 수 없다는 것을 말해

준다고 하겠다.

남·북의 기독교인들이 해외에서나마 만나기 시작한 것도 1986년 9월 1차 글리온(Glion) 회의부터 치면 벌써 3년이 되었다. 해외에 있는 남한 출신 기독교인들이 북한을 방문하고 북의 기독교인들과 만난 역사를 친다면 벌써 10년이 되어온다고 할 수 있다. 그동안 글리온 선언을 비롯해서, 여러 가지 선언과 합의 사항들도 있었다고 알고 있다. 그러나 여기서 합의된 원칙이나 건의들이 실현되기에는 우리 조국의 현실은 너무나 분단의 구조와 대결의 체제에서 벗어날 줄을 모르고 있다.

물론 그동안 남·북 기독교인들의 만남과 대화, 그리고 WCC, 여러 나라 NCC 등을 통한 북한교회의 방문 등은 남·북 양쪽의 교회와 기독교인들에게 상호 이해를 증진시키고, 평화와 통일에 대한 의식화와 교육에 커다란 기여를 했다고 믿는다. 평화와 통일에 대한 기독교인들과 국민들의 의식이 고조되어가고 있는 것이 사실이며, 북에 대한 편견이나 적대감이 조금씩 감소되어 가는 것도 주의해 보면 알 수 있다. 이러한 변화는 남한 정부의 7·7선언이나 북방외교 등에 의해서도 촉진되고 있다고 할 수 있겠다.

그러나 아직도 우리는 남한의 기독교인들 다수로부터도 NCCK의 통일 선언문에 대한 확고한 지지를 받지 못하고 있으며, 교회 안에서도 적지 않은 비난과 비판을 받고 있는 것도 사실이다. 여기에는 아직 북에 대한 객관적 정보의 부족과 편견, 그리고 이데올로기적인 편향성이 크게 작용하여, 북조선에 대한 과도한 불신과 불안감을 일으키며, 평화와 통일의 가능성을 회의적이고 부정적으로 보게 만들고 있다.

남한 기독교인들의 이러한 부정적이며 소극적인 자세를 갖고는 우리가 바라는 평화와 통일을 기대하기 어려울 뿐만 아니라 오히려 민족의 화해와 통일에 장애가 될 수도 있다는 것이 예견되고 있다.

이러한 상황과 현실 속에서 과연 남·북의 기독교인들이 조국의 평화와 통일에 이바지할 수 있다면, 어떠한 일들을 하는 것이 바람 직할까를 곰곰이 생각해 보아야 하리라 믿는다.

나는 이번 도쿄(東京)에서 이렇게 남한의 기독교교회협의회(NCCK) 대표들과 북조선의 기독교도련맹(CCF)의 대표들이 모인 자리에서 이 문제를 해결하기 위해서는 다음과 같은 두 가지 작업을 함께 해 보는 것이 좋지 않을까 생각한다. 물론 이것은 이번의 짧은 시간에 이 작업을 다하자는 것이 아니고, 이런 작업을 앞으로 양측 교회가 연대와 협력 속에서 하도록 함께 합의를 해보자는 것이다.

그 첫째 작업이 통일신학에 관한 일이다.

나는 그동안 특히 남한의 교회들 안에서 일어난 통일문제에 대한 논쟁과 토론들을 지켜보면서, 기독교가 참으로 남북통일에 이바지 할 수 있기 위해서는 다음과 같은 세 가지 문제에 대한 올바른 인식 과 해답을 얻어야 한다고 생각해보았다. 특히 NCCK선언문을 둘러 싼 반대와 비판의 여론들을 설득시키고, 평화통일이라는 인식의 토 대를 굳게 세우려면 이 문제들에 대한 교회의 입장이 신학적으로 확 고하게 마련되지 않으면 안 된다고 여겨진다.

첫째는 통일 문제가 정치 문제인데 왜 이것이 교회의 선교적 과제 가 되어야 하느냐는 것이다. 아직도 교회의 많은 사람들은 평화통일 문제가 정치적 문제이지 교회가 나서서 해야 할 선교적 문제로 보고 있지 않다.

둘째는 통일은 북과의 통일이요, 북조선 공산주의자들, 유물론자들과 통일할 수 있느냐는 것이다. 특히 이들은 1945년 분단 시기에 겪은 공산주의자들과의 경험이나 6·25전쟁의 체험에 사로잡혀서 공산주의자나 북한 사람들하고는 대화도, 화해도, 공존도 할 수 없는 것으로 생각하고 있다.

셋째는 과연 한반도의 통일이 참된 평화와 민주주의를 보장할 수 있겠느냐는 회의적 질문이다. 혼란과 무질서와 억압과 독재를 더 가져올 바엔 차라리 분단된 채 이대로 있는 것이 낫지 않겠느냐는 회의적 태도가 상당히 많은 사람들에게 자리 잡고 있다. 이들은 평화공존이면 됐지 꼭 그 어렵고 위험한 통일을 해야 하겠느냐고 묻는다. 이들은 베트남식 통일보다는 독일식 평화공존이 낫지 않겠느냐고 주장한다.

이러한 문제들에 해답을 주기 위해서는 포괄적인 통일의 신학이 있어야 한다고 생각한다. 통일의 신학은, (1) 민족의 화해와 통일이 정치문제만이 아니라 기독교의 선교적 과제가 되어야 하는 이유를 성서적으로, 선교신학적으로 밝혀주어야 한다. (2) 기독교와 공산주의, 기독교와 마르크시즘, 혹은 기독교와 민족 주체사상이 어떤 관계에 있고 어떻게 공존할 수 있으며 대화할 수 있는지를 기독교 윤리적으로, 정치신학적으로 밝힐 수 있어야겠다. (3) 한반도에서의 평화는 왜 통일이 없이는 달성될 수 없는가를, 즉 평화와 통일의 관계를 사화과학적으로, 역사신학적으로 설명해 줄 수 있어야 한다.

통일의 신학이 필요하다는 주장은 여기저기서 있으나 아직 이러한 문제들을 포괄적으로 설명해주는 통일의 신학은 어느 곳에서도 본격적으로 논의되거나 수립되지 못하고 있다.

사실 이제까지 우리의 신학은 통일의 신학을 만들어낼 만큼 자유로운 상황이나 객관적인 입장에 있지 못했다. 북조선에 관한 문제도, 이데올로기 문제도, 분단과 전쟁과 대결에 관한 해방 이후 역사에 관한 문제도 객관적이며 자유로운 연구와 논의를 할 수 없었다. 그래서 우리의 사회과학도 역사학도 신학마저도 분단체제의 한계를 벗어나지 못했으며 분단 이데올로기에 지배되어 왔다. 그래서 우리의 신학은 분단신학(分斷神學)이었다는 자기반성마저 나오게 된 것이다.

이제 분단신학이 통일의 신학이 되기 위해서는 남·북의 기독자들과 신학자들이 함께 협력하고 토의하는 일이 반드시 필요한 일이라고 생각된다. 성서의 분단과 현실이라는 남·북 양쪽의 맥락에서 함께 읽으며 묵상하고 숙고할 필요가 있다.

나는 통일신학의 작업이야말로 남·북의 기독교가 함께 유대를 가지며 만들어야 할 작업이라고 생각하기 때문에 이번 모임에서 제안해 보고자 한다.

두 번째로 생각해 볼 과제와 작업은 1995년 통일의 희년을 위한 공동의 프로그램과 작업이라고 하겠다.

이제까지 글리온이나 워싱턴, 모스크바에서 남한과 북조선의 기독교인들이 만나서 합의하고 확인한 사실은 평화와 통일이 우리 남·북 기독교인들에게 우선적인 관심과 과제가 되어야 한다는 것이었으며, 이를 위해 남·북의 기독교인들과 세계교회가 함께 노력해야 한다는 것이었다. 이제까지 우리들은 통일을 위해 평화의 원칙이나 민족자주의 원칙, 교류와 신뢰의 원칙, 인도주의 원칙, 민주적 참여의 원칙 등을 확인하고 다짐하는 일들을 여러 선언문과 성명서 등을 통해 했다.

그러나 이제는 우리의 토론의 단계를 한 단계 높여서 어떻게 하는 것이 우리 기독교가 민족의 평화와 통일에 기여할 수 있는 길인지 물리적 방안을 모색하며, 실천적인 과업을 설정하고 실행하는 것이 필요하고 중요해진 단계가 되었다.

평화를 이룩하고 통일을 하자고는 했지만 이것을 하자는 말만 해서 저절로 되는 것은 아니다. 여기에는 우선 평화와 통일에 대한 개념의 통일이 있어야 하고, 방법과 과정에 대한 합의가 있어야 한다. 우리가 1995년을 통일의 희년으로 선포하고 매년 8·15에 평화통일을 위한 기도주일로 지키기로 했지만, 예배만 드리고 기도만 한다고 해서 평화통일이 이루어지는 것은 아니다. 남·북의 적대적 분단을 극복하고, 민족의 화해와 통일이 있기 위해선 구체적인 화해와 통일의 작업이 있어야 한다. 이제 우리 기독교인들이 남과 북에서 이 작업을 어떻게 구체적으로 전개하느냐가 문제이다.

사실상 이제까지 평화와 통일을 이룩하자는 합의나 토론이 없어서 진척이 안 된 것이 아니다. 7·4공동성명을 남·북 간에 합의해 놓고서도 남·북은 계속 단절 속에 있었고 아무런 관계의 개선을 보지 못했다. 남북조절회의나 적십자회담, 경제 회담, 국회 회담이 열렸어도 서로 평행선만 달릴 뿐 아무런 합의나 통일에 도달하지 못했다. 이제 우리 기독교인들이 만났다 하더라도, 또다시 이야기만 나누었을 뿐 실지로 분단과 단절과 적대감을 극복해내지 못한다면 아무런 기여를 하지 못한다. 평화와 통일을 이룩한다는 것은 우선 평화와 통일을 이룩하는 데 장애가 되는 요소들을 극복한다는 것을 의미한다. 그래서 이것도 다음과 같은 세 가지 작업이 필요하다고 생각한다.

첫째로, 한반도(조선반도)의 반평화적 구조를 청산하고 평화적 관계를 수립하는 것이다. 이것은 정치적 군사적 대립과 적대 관계를 청산하고 새로운 관계를 설정하는 것을 의미한다.

둘째로, 대화와 교류를 통해, 분단시기에 형성된 이질성과 차이를 극복하고, 신뢰를 형성하며 유대를 강화하는 것이 필요하다. 남·북 간에 신뢰와 동족애가 없는 것이 평화·통일의 커다란 장애이다. 그러므로 신뢰 구축을 위한 대화, 교류 협력의 구체적인 프로그램과 계획의 수립되어야 한다.

셋째로, 남한과 북조선의 통일을 위한 모델이 없는 것이 큰 장애 요소이다. 이데올로기와 정치체제의 차이를 넘어서 한 민족 한 나라가 될 수 있는 통일 방안이 있기 전에는 통일될 수가 없다. 물론 제시된 방안은 고려민주연방제도 있고, 한민족공동체의 통일 방안도 있으나, 양측이 합의에 도달할 수 있는 방안이 없다. 그러므로 남·북 양측은 속히 이 방안에 관해서도 제안과 거부만 되풀이 할 것이 아니라 합의(consensus)를 위한 토론에 들어가야 한다. 이 토론에 남·북 기독교인들이 기여할 수 있는 구체적 방안이 모색되어야 한다.

이 세 가지는 어느 것을 먼저 하고 나중 하느냐의 선차(先次) 문제가 아니라 동시에 같이 추진해야 할 문제이다. 서로가 상호 간에 영향을 주고 조건이 되는 문제들이기 때문이다.

평화통일의 실천적 과제는 구체적으로 이 세 가지 과제라고 생각한다.

1) 어떻게 적대적 관계와 반평화적 구조를 화해의 관계와 평화의 구조로 바꾸겠는가?

2) 어떻게 민족의 동질성을 회복하고 상호신뢰와 한 민족의식을 회복하

겠는가?

3) 어떠한 민족통일의 모델을 만들고, 어떻게 그 과정과 방법에 관해 합
   의에 도달하겠는가?

이 과제를 해결하는 데 기독교인들이 이바지할 수 있다면 이를 위
한 연구와 토론이 필요하며, 남·북 기독교인들이 개념적으로나 실
천방법에서 합의에 도달하는 것이 필요하다고 본다.

이러한 과제를 감당하는 데는 남·북의 기독교인들이 만남과 대
화, 상호방문과 교류를 강화해야 하며 구체적인 스케줄이 만들어져
야 한다. 따라서 이제는 이러한 과제들을 실천하기 위해 상호 만남
과 대화를 정례화(定例化)할 필요가 있다.

특별히 NCCK의 선언을 북의 그리스도 형제들이 동의하고 지지한
다면, 더욱이 1995년(분단 50주년)을 통일의 해로, 통일의 희년으로
만드는 데 합의했다면, 1995년을 맞이하기까지의 우리들의 과제와
방법에 대한 구체적인 계획과 방안이 있어야 한다.

그래서 나는 이 자리에서 1995년 통일의 희년을 맞이하기 위한 남·
북 기독교인들의 5개년 계획을 함께 작성할 것을 제안하고자 한다.
물론 남·북에서 각자 따로 만들 수도 있겠지만, 남과 북이 합해야
하는 마당에, 이를 함께 의논하며 만들지 않으면 의미가 없다고 생
각한다.

그래서 1990년 8·15 이전에 남·북 기독교 대표들이 통일의 희년
5개년계획을 만들어 함께 합의하고, 이를 1991년을 1차 년도로 해서
5개년을 남·북 기독교인들이 합심 협력해서 함께 실천하고 노력할
것을 다짐하는 결단의 예배와 대회를 1990년 8·15에, 남·북에서 각

기 대표단을 서로 교환한 채로 갖기로 하는 것이 좋지 않을까 제안해 본다. 이를 위해 1990년 NCCK 총회와 WCC의 JPIC대회에 북의 조선기독교도련맹 대표들이 남쪽을 방문하는 계기가 토론과 합의를 위한 한 기회가 될 것이며, 그 이전이나 이후에라도 남한의 NCCK 대표들이 정부의 허가를 받아 평양을 방문해서 이 문제를 의논할 수 있을 것이라 생각된다.

남·북 간의 정치적 상황의 어려움으로 이와 같은 상호 방문과 우리 땅에서의 협의가 불가능할 때는 내년 8·15 이전에 적어도 두 차례의 만남을 우리의 조국 땅 밖에서 진행시킬 수밖에 없을 것이며, 이 경우에는 일본 NCC나 WCC 혹은 CCA 등에 모임의 주선을 요청할 수밖에 없다고 본다.

나는 오늘 하루의 이 짧은 모임이 이 두 가지 제안을 중심으로 토의되었으면 효과적이 되리라고 생각한다. 특히 이번 도쿄에서의 만남이, 남·북 기독자들의 유대와 공동체를 한 차원 높여 공고히 하고 평화와 통일에 관한 우리들의 선교적 책임과 의무를 한 단계 높여 체계적이며 지속적으로 수행하는 데 기여할 수 있기를 바라면서 부족한 발제를 끝맺고자 한다.

II. 조국의 평화통일과 선교(1990 도쿄회의)

1. 평화 선교와 통일의 실천(한국기독교교회협의회 이삼열)[2]

남한과 북조선 그리고 해외에 있는 기독교인들이 이번 도쿄(東京)
에서 만나, 평화통일과 선교에 관한 회의를 하게 된 것은 시기적으
로 중대한 의미를 가지며, 남·북의 교회 관계에서 중요한 전기를 마
련하는 기회가 되리라고 믿는다. 무엇보다도 우리는 동서의 냉전시
대가 청산되어가고, 분단국이었던 독일과 예멘이 막 통일을 성취한
좋은 때를 맞게 되었다. 이러한 세계적인 탈냉전(脫冷戰)의 흐름과
분위기에 따라 한(조선)반도에 긴장 완화와 신뢰 형성의 기운이 솟
아나고 있으며, 남·북의 정부 당국자들이 다시금 대화를 재개하고
군축과 평화통일을 협의할 채비를 갖추는 호기가 오게 되었다. 실로
금년(1990년)은 분단 45년 한국(조선)전쟁 40주년을 맞는 해로서 어
느 때보다도 남·북이 긴장과 대결상태를 해소하고 분단을 극복하며
통일을 이루어야 한다는 의식과 결의가 고조되고 있는 해이며, 이제
는 평화통일을 본격적으로, 구체적으로 논의하고 추진해야 할 때가
왔다고 생각한다.

이러한 때에 우리는 다시 만나게 되었다. 남·북의 기독자들이 함
께 만난 것은 벌써 여러 차례 있었지만, 이제까지는 세계교회협의회
나 미국, 일본, 독일 교회가 주최한 모임에 함께 참석하는 형식으로

---

2 이 글은 1990년 7월 10~13일 재일대한기독교총회가 주최한 〈조국의 평화통일과 선교
  에 관한 기독교인 동경회의〉(도쿄 한국YMCA)에서 필자가 남한 측을 대표하여 기조강
  연한 원고임.

만났으며, 외국어와 한국어 통역을 통해서 의사교환을 하는 불편을
겪으면서 만났다. 이번 재일대한교회의 수고와 노력으로 처음 한(조
선)인 기독교회가 주최한 남·북 기독자의 만남이 이루어진 것은 매
우 뜻이 깊다. 비록 일본 땅이지만, 한국 YMCA 건물에서 우리말로
평화통일에 관한 회의를 하게 된 것은 분명히 한 걸음 진보를 의미
하며, 주체성을 가지게 되었다고 생각한다. 또한 우리 남한 교회에
서 이렇게 많은 교회 대표자들이 나와서 북조선의 그리스도인 형제
들을 만난 적은 없었다. 우리들은 지금 실로 남·북의 전교회적인 관
심과 기대 속에 나아가서는 전 민족적인 관심 속에 만나고 있다고
할 수 있다.

　이 뜻깊은 만남과 역사적인 도쿄회의에서 우리는 무엇을 해야 하
며, 이제까지 평화와 통일을 목표로 한 우리의 노력들은 지금 어디
에 와 있는가? 나는 남한 교회와 그리스도인들의 입장에서, 이제까
지 기독교가 분단의 극복과 평화통일을 위해서 노력해 온 일들을 돌
이켜보고, 앞으로 특히 평화통일의 희년을 향해 해나가야 할 과제들
이 무엇인지를 살펴봄으로써, 남·북 그리스도인들의 평화선교와 통
일의 실천을 위한 이번 도쿄회의에 기대하는 바를 말씀드리고자 한다.
(중략) 남·북의 교회와 세계 교회가 평화통일을 위해 유대를 맺는
일에는 1988년과 89년에 커다란 진전이 있었다고 생각된다. 특히 미
국 교회가 주선한 89년 4월 23~26일의 워싱턴 체스체이비스 회의에
서는 남·북 기독자들이 다시 만났으며, 함께 예배를 드리게 되었다.
그리고 1989년 6월에는 독일 교회의 날(Kirchentag) 행사에서 다시 남
·북 기독자들이 초청되어 만났으며, 1990년 9월 29~30일에는 일본
기독교협의회(NCCJ)가 주최한 "동아시아의 평화와 교회의 사명"이

라는 주제 하에 열린 도쿄 회의에서 다시 만나게 되었다. 특히 일본에서의 만남에서는 남·북 기독자들이 우리 땅에서 만나자는 결의를 하였으며, 1차로 1990년 2월 남한의 NCCK 총회에 북조선 기독교도련맹 대표단이 참석하고, 평화통일협의회를 통해 1995년을 향한 희년 5개년 계획을 함께 작성해, 1995년 8월의 평화통일 기도주일에 남·북에서 함께 발표하자고 했다. 만약 남·북의 왕래가 여의치 못하면, 1995년 6월 안에 해외에서 다시 만나 희년 계획을 세우자고 했다.

우리는 남·북 기독자가 우리 땅에서 처음 만나는 1990년 2월을 고대했으나, 결국 북조선 기독자들의 남한 방문은 이루어지지 못했다. 만약 이것이 가능했다면, 교회의 통일운동이 한 단계 발전해서 남·북 기독자의 직접 교류 왕래라는 제3시기로 들어갈 수 있었을 것이다. 우리는 이 숙제와 과제를 그대로 짊어진 채로, 다시 90년 7월에 도쿄에서 만나게 되었다. 지난 10개월 동안 세계정세는 크게 변했고, 한(조선)반도에도 중단되었던 남북대화가 재개되는 새로운 상황을 맞아 우리들의 이번 도쿄회의도 이런 변화와 분위기 속에서 가능하게 되었다고 생각해 본다.

이번 도쿄회의의 성격과 과제를 어떻게 규정해야 할지 잘 모르겠으나, 어떤 계기와 목적으로 만나든, 평화와 통일을 향한 선교적 책임을 짊어질 남·북 기독자의 만남이라면, 우선 우리가 함께 합의했던 결정사항과 이미 설정해 놓은 공동의 과제들을 어떻게 수행하며 실천할 것인가를 의논해야 하지 않을까 생각한다. 나는 작년 9월 29일 일본 NCC가 주최한 도쿄 모임에서 남한 교회 측의 발제를 하면서, 남북 기독자들이 현 단계에서 함께 해야 할 중요한 과제는 통일의 신학을 만드는 일과, 1995년 희년을 향한 5개년 계획을 세우는 일이라고 말한 바 있다. 이 과제를 위한 협의를 이번 모임을 통해서 부분적으로라도 할 수 있겠는지, 아니면 남한 기독교교회협의회(NCCK)와 북조선 기독교도련맹(CCF) 상에 협의회를 따로 가져야 할지는 모르겠으나, 여기에 관련되는 예비적인 토론은 이번에 충분히 할 수 있었으면 좋겠다고 생각한다.

통일의 신학과 희년의 계획을 함께 세우며 실천해나가기 위해서는, 무엇보다도 남·북의 기독교인들의 만남과 교류가 우리 땅에서 이루어지고 정례화 되어야 한다고 생각한다. 이를 위해서 당장 실천할 수 있는 사항을 하나 제안해 보겠다. 우리는 1990년 8월 12일 주일에 이미 평화통일 기도주일을 남과 북에서 지키기로 합의했는데, 이때에 남·북 기독자들 약간 명씩을 평양과 서울에 교환 방문케 함으로써, 남·북 기독자들이 우리 땅에서 직접 만나고 교류하는 일을 성사시키는 것이 좋지 않을까 생각한다. 남·북의 총리와 각료들과 여러 대표들의 교류 방문이 이루어지는 이 시기에, 기독자들이 교류하고 함께 예배를 드리고 기도한다는 것은 큰 의미를 갖는다고 생각한다. 문제는 남·북 정부 당국으로부터 동시 승인을 받는 것인데, 여기에 오신 우리들이 함께 노력하면, 이것도 가능하게 되리라고 믿는다. 만약 8월 12일이 시일 상으로 너무 촉박하다면, 9월이나 10월로 미루더라도 가능한 빠른 시일 내에 이를 우선적으로 성사시켰으면 좋겠다. 남·북 기독자들의 만남과 교류는 물론 조국의 평화와 통일을 위한 기독자들의 선교적 과제를 협의하는 것을 우선적 목표로 해야 할 것이다. 그렇지 않으면 오늘의 경직된 남북 관계에서 기독자들만 우선 교류, 방문케 해달라는 요청은 타당성을 갖지 못할 것이다.

그러면 이제 남·북 기독자들이 함께 합의한 희년을 향한 교회의 과제와 실천 계획은 어떤 것이 되어야 하겠는가? 우선 1995년을 통일의 희년으로 선포한 데는 교회 안에서도 여러 가지 의문과 이견이 있는 줄 안다. 1995년이 분단 50년이 되는 해라고 해서, 꼭 통일이 되어야 한다는 법은 없고, 한국의 역사가 이스라엘 민족의 역사와 같아야 한다는 이유도 없다. 신학적으로 많은 문제가 있을 줄 안다. 그러나 저는 통일의 희년 선포는 한(조선)반도의 교회와 그리스도인들이 평화와 통일이라는 하느님의 뜻을 우리의 역사 속에서 실현하려고 하는 실천의지와 신앙의 표현이라고 생각한다. 50년이라는 희년의 연대는 상징적 의미를 가지며, 우리의 시대와 상황에 맞추어서 재해석되어야 한다고 믿는다. 만약 우리가 분단 후 10년이나 20년이 되는 때에 50년 뒤인 통일의 희년을 선포했다면, 한국교회는 아마 통일의 실천의지가 없는 분단 고정론자로서 역사의 반동이 되었을 것이다. 그러나 1995년에 희년을 선포한 때는 7년밖에 남지 않은 매우 급한 시기였다. 이것은 한국교회가 평화통일을 이루기 위한 운동과 실천의 목표로 설정한 해이며, 믿음을 가지고 목표의 달성을 위해 노력하려는 신앙적인 일정표이다.

그러나 벌써 2년이란 세월이 더 지나갔다. 이제 5년밖에 남지 않은 급박한 시기에, 우리는 어떠한 희년의 계획과 과제를 세우고, 무엇부터 우선적으로 해나가야 하겠는가? 이와 같은 것은 남·북의 교회가 이제부터 진지하게 협의해 가야겠지만, 우선 이런 제안을 해보고 싶다. 이미 한국 기독교교회협의회의 1988년 2월 선언문에는 평화통일을 위한 다섯 가지 원칙들과 정책들을 제안하였고, 이를 위한 교회의 과제들을 또한 다섯 가지 부문에서 설정해놓고 있다. 그동안이 정책 제안들이 남북 관계에서 받아들여졌는가를 보면, 선언적으로는 일부 받아들여졌으나, 실천적으로는 전혀 이루어진 것이 없다고 평가해 볼 수 있다. 교류도, 긴장 완화도, 이산가족 문제도, 통일운동의 자유화나 민주화도, 민족 자주의 원칙도 너무나 실현되기엔 요원한 상태에 있다. 이것이 이루어지지 않으면 평화통일은 기대해 볼 수 없다고 생각되기에, 우리는 이러한 원칙의 실현과 이를 위한 정책 방안을 더 개발해서 남·북의 당국에 촉구하는 일을 해야겠다. 교회의 과제들도 우리는 선언에서 설정해놓은 일들을 다하지 못했다. 평화교육도, 통일교육도, 교회의 교류와 민족교회의 형성도, 이산가족의 고통을 더는 일도, 희년의 구체적인 계획과 실천도 아직 너무나 미흡한 상태로, 과제들만 나열하고 있는 형편에 있다. 남·북교회들이 이제 이를 위해 어떠한 프로그램을 갖고, 어떤 조직과 기구를 갖추며, 실천해나갈지를 논의하고 구체화해가야겠다.

그러면 모처럼 다시 만나게 된 이번 도쿄 모임에서는, 이미 설정해 놓은 공동의 과제들을 다시 한 번 확인하고 구체화시켜서 정리하는 것으로 만족할 수 있겠는가? 남·북 교회의 교류방문과 희년의 계획표를 만드는 것으로 우리의 일을 다 했다고 할 수 있을까?

나는 한 가지 더 오늘의 상황에서 요청되는 시급한 과제가 있다고 생각한다. 우리는 지금 국제 정세의 변화와 함께 남북 관계를 크게 개선시킬 수 있는 역사적인 기회를 얻게 되었다고 할 수 있다. 이런 기회가 항상 있는 것은 아니다. 미·소 정상회담이 한(조선)반도의 평화에 깊은 관심을 보이기 시작했고, 남·북의 정부당국이 군축을 포함하는 평화 실현 방안에 관심을 갖기 시작했다. 이제 남·북의 총리회담과 고위 각료들의 회담이 열리게 되면, 곧 군사적 긴장 완화의 방안과 신뢰 구축 방안들이 논의되게 될 것이다. 나는 이러한 상황에서 평화의 사명을 가진 남·북의 기독교가 정부 당국과 주변 강대국들이 내놓는 한(조선)반도 평화 실현 방안들을 예리한 눈으로 살펴보아야 한다고 생각한다. 이미 분단체제의 안보보다 민족의 생존과 평화를 우선적 가치로 삼겠다는 원칙을 천명한 기독교는 남·북의 군축안이나 신뢰 구축안들이 일방적인 안보 논리와 군사적 우위 논리에 의해 좌절되고 마는 것을 경계해야 하리라고 생각한다. 무엇보다도 민족 우선, 평화 우선의 원칙과 입장에 서는 것이 중요하다고 생각한다. 그렇다면 남·북의 군사적 긴장 완화나 평화체제의 실현은 평화협정과 불가침협정을 체결하며, 핵무기를 철거, 비핵지대화하고, 외국 군대를 단계적으로 철수시키며, 남·북의 군비를 균형 있게 감축시키는 계획들을 포함시키지 않고서는 성취될 수가 없다. 남·북의 당국이 합의해야 할 평화 실현 방안에 이러한 계획이 포함되도록 기독자들이 촉구할 책임이 있다. 이것도 10년이나 20년 뒤로 막연히 미룰 것이 아니라 적어도 분단 반세기가 넘지 않도록 앞으로 5년 이내에 이를 실현시키는 계획이 수립되어야 한다고 믿는다.

이러한 포괄적인 평화 실현의 방안이 마련되기까지는 남·북 양측이 어떠한 군비의 증강도 막아야 하며, 군사훈련이나 기지 이전 계획도 자제해야 한다고 믿는다. 남한과 북조선 어느 쪽에서든지 핵무기의 개발을 막고, 새로운 무기와 장비의 도입도 양쪽이 중지해야 할 것이다. 군축의 문제는 유럽의 경우를 보더라도, 한쪽이 손해를 볼지도 모른다는 각오로 과감히 실천하지 않으면, 서로의 이기적인 계산 때문에 실현되기가 매우 어렵다. 군축과 평화체제의 문제를 안보에 우선적 관심을 갖는 양쪽의 정부에게만 맡겨둘 때 효과적으로 실현될 수 있을지 의문이 생긴다. 국민들의 관심과 참여가 필요하며, 무엇보다도 평화에 선교적 사명을 가진 교회와 기독자들이 적절한 발언과 비판을 하는 것이 요구된다.

지금 이때야말로 기독교가 평화의 복음과 예언자적 사명에 충실할 때이다. '칼을 쳐서 보습을 만들고, 창을 쳐서 낫을 만들어, 다시는 군사훈련을 하지 않으리라'는 미가서 4장 3절의 말씀과 같은 비전과 신앙을 갖지 않고서는, 가장 무기와 군대가 많이 밀집해 있고 적개심이 팽배해 있는 한(조선)반도에서 평화를 실현하고 통일을 이룩하기는 어렵다고 생각되기 때문이다. 이번 도쿄의 만남과 회의가 남·북의 기독교인들에게 이러한 신앙을 돈독히 하고, 조국의 평화와 통일을 향한 선교적 사명에 충실하는 역사적인 모임이 되기를 바란다.

2. 조국의 평화통일과 선교(조선기독교도련맹 고기준)[3]

사랑하는 이남과 해외의 교우형제 여러분!

저는 먼저 오랫동안 굳게 막혀있던 담을 허시고 조선(한)반도의 북녘에 살고있는 당신의 종들을 작년에 이어 두 번째로 이웃 나라 일본 땅에 무사히 당도하도록 그 크신 권능으로 극진히 가호해주시고 오매에도 그리던 여러 교우형제자매들과 만남을 허락해주신 하느님 아버지께 할렐루야 찬송과 무한 감사를 드립니다.

---

3 이 글은 1990년 7월 10~13일 재일대한기독교총회가 주최한 〈조국의 평화통일과 선교에 관한 기독교인 동경회의〉(도쿄 한국 YMCA)에서 조선기독교도련맹을 대표해 주제강연한 고기준 목사의 연설문임.

저는 또한 조선기독교도련맹 대표단을 친절히 초청해주시고 뜨겁게 환대해주시는 재일대한기독교회총회와 일본의 사랑하는 모든 교우 형제들에게 깊은 사의를 표하는 바입니다.

아울러 저는 우리나라의 평화와 통일을 위해 각별한 열정과 십자가 정신을 지니시고 본 회합에 기꺼이 동참하여주신 이남과 해외의 모든 성직자들과 교우들을 평화와 통일의 사도로서 높이 평가하며 우리 대표단의 이름으로 뜨거운 인사를 드립니다.

조선기독교도련맹 대표단은 재일대한기독교회총회가 샬롬과 일치에 관한 하느님의 소명에 충실되이 모든 노고를 마다하지 않고 마련한 이번의 역사적인 회합이 우리 조국의 평화와 통일을 위한 성스러운 노정에 또 하나의 빛나는 장을 수록하게 되리라는 기쁜 마음으로 〈조국의 평화통일과 선교에 관한 기독교인 동경회의〉를 열렬히 축하합니다.

돌이켜보면 우리나라의 평화와 통일을 위한 내외 기독교인들의 활약은 온갖 난관과 장애가 중첩되었음에도 불구하고 끊임없이 전개되어 왔으며 특히 1980년대에 들어서면서 그것은 더욱 확대되게 되었습니다.

1984년 일본에서 열린 도잔소회의와 1986년과 1988년에 스위스에서 열린 글리온회의, 1988년 2월에 서울에서 열린 한국기독교교회협의회 제37차 총회와 동년 4월 인천에서 열린 세계기독교한반도평화협의회, 작년에 열린 미국전국교회협의회 워싱턴회의와 세계교회협의회 모스크바 중앙위원회, 그리고 일본기독교교회협의회 동경회의는 이에 대한 뚜렷한 증거로 됩니다.

1988년 7월 5일 재일대한기독교회총회가 채택한 민족통일에 대한 선언과 작년 8월 총회 대표단의 이북 방문, 그리고 동년 9월 일본기독교교회협의회 초청으로 우리 대표단의 일본 방문시 베풀어준 환대는 귀 총회와 우리 련맹과의 형제적 유대를 강화하고 통일 세력을 확대하는 데서 중요한 계기로 되었습니다.

우리는 조국의 평화와 통일을 위한 재일대한기독교회총회의 의로운 활동에 크게 감동되고 있으며 충심으로부터의 찬사를 아끼지 않고 있습니다.

사랑하는 교우형제 여러분!

하느님은 평화의 왕이시고(사 9:6), 통일의 닛시(출 17:15)이십니다.

예수 그리스도께서는 "평화를 위하여 일하는 사람은 복이 있다. 하느님이 그들을 아들이라고 부르실 것이다"(마 5:9), "어느 나라든지 갈라져서 서로 싸우면 망하고 어느 동네나 가정도 갈라져서 서로 싸우면 지탱하지 못한다"(마 12:25)고 가르치셨습니다.

참으로 평화와 통일, 이것은 하느님의 명령이며 주님의 복음이고 우리 기독교인들이 받아안은 성스러운 대강령입니다.

우리들은 하느님의 자녀들이고 주님의 종들입니다.

그런데 우리들은 하느님의 어길 수 없는 소명을 아직까지도 다 실행하지 못하고 있음을 죄스러운 마음으로 솔직히 고백하지 않을 수가 없습니다.

지구상에는 지금도 반목과 질시, 분열과 대결, 침략과 전쟁 등 하느님께서 미워하시는 사태가 그치지 않고 일어나고 있으며, 그것은 특히 외세에 의하여 둘로 갈라진 우리나라에서 더욱더 격화되고 있습니다.

분열로 하여 우리 민족 모두가 겪고있는 불행과 고통에 대하여 어찌 필설로 다 표현할 수 있겠습니까.

반만년의 유구한 역사와 찬란한 문화 전통을 가지고 하나의 동포 형제자매로서 단란하게 살아오던 우리 민족이 근 반세기가 가까워 오도록 상봉은 고사하고 생사여부조차 모르고 있으며 서로 증오하다 못해 철천의 원수지간처럼 되어져가고 있습니다.

허물어져야 할 분열의 담은 날과 더불어 높아만가고 있으며 급기야 민족멸절의 핵참화까지 들쓰게 될 몸서리치는 위험이 시시각각으로 온 겨레를 무서운 공포 속에 몰아넣고 있습니다.

진정 오늘 우리 겨레에게 있어서 평화와 통일은 민족의 생사존망에 관한 문제로 되고 있으며 더는 미룰 수 없는 절박한 과제로 나서고 있습니다.

과연 이 엄혹하고 결단적인 상황에서 우리 온 민족을 구원할 자 누구이겠습니까.

그것은 오직 당사자이고 주체인 우리 온 겨레이며 하느님의 크신 능력에 의지하고 있는 평화와 통일의 사도들, 우리 그리스도인들입니다.

그리스도인의 선교적 사명은 복음의 전파에 있으며 그 목적은 하느님께서 자기 형상대로 지으신 사람들에게 복된 삶을 안겨주자는 데 있다고 우리는 믿고 있습니다.

강도의 습격을 받아 쓰러진 불쌍한 사람을 본체만체 지나간 제사장이나 레위사람처럼 분열로 하여 참을 수 없는 불행과 고통을 강요당하고 있는 동포 형제자매들을 외면하고서 어찌 하느님의 소명에 충실한 그리스도인이라 할 수 있겠습니까.

평화와 통일이야말로 전민족의 생사존망과 직결되는 정치 이전의 문제이며 현하 우리 기독교인들에게 부여된 가장 선차적인 선교적 과제는 나라의 평화와 통일이라는 것, 바로 이것이 우리들의 신앙고백입니다.

저는 이 모임에 자리를 같이하신 여러 성직자들과 교우들도 우리의 이러한 관점과 믿음에 공감하리라고 굳게 믿어 마지않습니다.

우리는 이미 여러 차례에 걸친 모임들과 공포한 선언문들에서 7·4남북공동성명이 천명한 자주, 평화통일, 민족대단결의 조국통일 3대원칙과 연방제 형식의 통일에 대하여 지지와 합의가 이루어지고 오늘에 와서 통일운동이 전민족적 범위에서 더욱 고조되고 있을 뿐만 아니라 국제적 추향으로 되고 있는 상황에서 이번의 회합을 통하여 그것을 한걸음 더 전진시킬 안들을 모색하고 정립할 필요가 있다고 생각하면서 다음과 같은 몇 가지 의견을 제시하는 바입니다.

온 민족의 절박한 념원에 맞게 하루빨리 조국통일 위업을 성취하기 위하여서는, 무엇보다 먼저 우리나라에서 긴장 사태를 완화하고 평화를 보장하며 분단의 장벽을 허물고 자유내왕과 전면개방을 실현하여야 하리라고 생각합니다.

현실은 평화가 정착되지 않고서는 겨레의 평강도 북과 남 사이의 호상 신뢰도 있을 수 없고 평화적 통일도 바랄 수 없으며, 자유 내왕과 전면 개방이 이루어지지 않고서는 북과 남 사이의 호상 이해와 단합도 기대할 수 없다는 것을 보여주고 있습니다.

평화와 자유 내왕, 전면 개방은 진정 통일 문제 해결의 선결조건이며 통일의 문턱을 넘어서자면 우선 이 문제부터 풀어야 할 것입니다.

이를 위하여서는 북과 남 사이에 불가침선언을 채택하고 조미 사이에 평화협정을 체결하며 북과 남의 무력을 10만 명 이하로 대폭 줄이고 남으로부터 핵무기와 외국 군대를 철수시키되 당장에 그것이 곤란하다면 단계별로 나누어서라도 철수시켜야 할 것입니다.

이와 함께 군사분계선 남측 지역에 쌓아놓은 물리적인 콩크리트 장벽과「국가보안법」을 비롯한 정치적 장벽을 제거하고 그 어떤 차별이나 제한도 없이 북과 남을 자유로이 오고 갈 수 있도록 문을 활짝 열어놓고 끊어졌던 민족의 혈맥을 하나로 이어놓아야 할 것입니다.

다음으로, 조국 통일을 위한 거족적인 연합체를 형성하여야 하리라고 생각합니다.

조국 통일은 누가 선사해 주는 것도 아니며 누구에게 청탁하여 이루어질 일도 아닙니다. 통일을 해야 할 주인도 우리 민족이고 통일된 조국 강토에서 살게 될 사람도 다름 아닌 우리 겨레입니다. 통일의 열쇠는 전민족의 대단결에 있습니다. 조국 통일의 기치 밑에 온 민족이 단결하기 위하여서는 어느 계급이나 계층도 자기의 이익을 민족적 이익 위에 올려 세우거나 사회계급적 이익을 위한 일을 조국 통일을 위한 거족적 성업에 대치시키지 말고 계급적 차이나 사상과 정견, 신앙의 차이를 초월하여 오직 민족 공동의 이익을 앞세우는 원칙에서 북과 남, 해외의 모든 정당, 단체, 교단, 각계 인사들이 서로 협력하고 연합을 실현하는 방향으로 나아가야 할 것입니다.

우리는 거족적인 연합체의 형성이 바야흐로 일정에 오른 성숙된 과제라고 인정하면서 그러한 조직체로서 민족통일준비위원회를 내올 필요가 있지 않는가고 생각합니다.

민족통일준비위원회는 해내외 모든 통일 애국 력량의 단합체로서 통일 문제를 민족의 의사와 이익에 맞게 협의하고 해결해나가는 모체로 되게 될 것입니다.

민족통일준비위원회가 결성되게 되면 민족의 통일 력량이 하나로 굳게 뭉치게 될 것이며 통일 운동이 더욱 조직화되고 강력해지게 되리라는 것은 의심할 바 없습니다.

다음으로, 통일 문제를 실질적으로 해결하기 위한 북과 남, 해외 동포 사이의 대화를 발전시켜 나가며 이와 함께 조국 통일을 위한 국제적 환경을 유리하게 조성하기 위한 활동도 적극 벌려나가야 하리라고 생각합니다.

서로의 불신과 오해를 풀고 나라의 통일을 성취하기 위하여서는 다방면적이고 포괄적인 대화를 발전시켜나가야 합니다.

여기에서 중요한 것은 이러한 대화들이 대화를 위한 대화나, 체면이나 유지하기 위한 대화로 될 것이 아니라 조국 통일 문제를 실질적으로 해결하기 위한 대화로 되어야 한다는 것입니다.

분열을 위한 대화, 말싸움과 공리공담을 위한 대화는 아무런 가치도 없습니다.

그러므로 대화에 임하는 모든 사람들은 누구든지 통일을 위한 입장과 자세를 바로 가져야 하며 합의점에 도달하기 위한 진지한 노력을 기울여야 할 것입니다.

통일을 위한 대화는 북과 남의 당국자들이나 특정한 계층의 의사만을 대변하는 대화로 될 것이 아니라 모든 정당, 단체, 각계각층의 의사를 민주주의적으로 반영하는 대화로 되어야 합니다.

나라의 영구분열을 막고 나라와 민족을 하나로 통일하기 위하여서는 국제적인 환경도 조국 통일에 유리하게 전화시킬 필요가 있다고 봅니다.

북과 남은 국제무대에서 민족의 존엄을 훼손하거나 외세에 어부지리를 주는 대결과 경쟁을 하지 말아야 하며 '교차승인'이나 유엔 '동시' 또는 '단독' 가입과 같은 국제적인 분단 합법화 시도를 결정적으로 배격하고 나라가 통일되기 전에 북과 남이 유엔에 들어가려고 하면 반드시 하나의 의석을 가지고 들어가야 한다고 주장해야 할 것입니다.

우리는 상술한 모든 문제들이 나라의 통일을 촉진시키기 위한 가장 공명정대하고 합리적이며 현실적인 방도라고 생각하면서 이러한 내용들을 이번의 회합에서 채택되게 될 선언문에 반영하고 그 관철을 위한 대책으로서 각종 선전활동을 적극 벌임과 함께 평화통일 예배와 기도회, 평화 대행진, 각 교파, 교단, 단체 및 모든 통일 애국 역량과의 공동 활동, 기독교 국제기구나 민족 단체들과의 연대운동 등 제반 활동을 각기 자기의 정황에 맞게 힘 있게 벌여나가자는 것을 정중히 제기하는 바입니다.

결의의 목적은 실천에 있으며 행함이 없는 믿음은 죽은 것입니다(약 2:17).

조선기독교도련맹은 이번 동경회의 선언 관철을 위한 모든 활동을 적극적으로 벌임과 함께, 에큐메니칼 공동체가 일치하게 선포한 1995년 통일의 희년을 앞당기기 위한 공동계획을 작성한 기초위에서 북과 남, 해외의 모든 교우형제들과 일심 단결하여 그 실현을 위해 자기의 십자가를 지고 나아갈 것입니다.

다 아시는 바와 같이 올해는 조국 광복의 해로부터 45돌이 되는 역사적인 해입니다.

이 해를 뜻깊게 맞이하기 위하여 작년 7월 평양에서 성대히 열렸던 해내외 동포들의 조국통일촉진대회는 1990년 8월 15일 판문점에서 북과 남, 해외 동포 대표들로 구성되는 조국 통일을 위한 범민족대회를 소집할 것을 발기하였으며 바야흐로 그 준비 사업을 공동으로 착착 진행 중에 있습니다.

이러한 상황에 당면하여 우리는 8·15 판문점 범민족대회의 성공을 위하여 열심히 기도하며 그 모임에 적극 참여하기를 기대하고 있습니다.

사랑하는 교우형제 여러분!

주님께서는 당신의 백성들과 영원히 깨어지지 않을 평화의 계약을 맺으셨으며(겔 37:26) 우리의 발걸음을 평화의 길로 이끌어주고 계십니다(눅 1:79).

또한 성서는 "성령께서 평화의 줄로 여러분을 묶어 하나로 되게 하여주신 것을 그대로 보존하도록 하라"(엡 4:13), "같은 생각을 가지고 같은 사랑을 나누며 마음을 합쳐서 하나가 되라"(빌 2:2)고 가르치고 있습니다.

우리 련맹 대표단은 주님 안에서 하나가 된 우리 모두가 본 회합을 통하여 조국의 평화와 통일을 위한 가장 훌륭한 씨앗을 마련하고 그것을 길바닥이나 돌짝밭, 가시덤불에 떨구지 말고 기름진 옥토에 뿌려 30배, 60배, 100배의 풍만한 열매를 거두게 되리라는 굳은 확신에 넘쳐 있습니다.

하느님께서는 당신께 충실한 자녀들과 항상 함께 하실 것이며 "선한 일을 하는 사람이면 누구나 영광과 명예와 평화를 누리게 될 것입니다"(롬 2:10). 감사합니다.

III. 민족통일의 신학과 민족주의
(1992 뉴욕 북미주기독학자대회)

1. 조국 통일과 민족의식(한국기독자교수협의회 이삼열)[4]

조국의 통일이 대한민국과 조선민주주의인민공화국이라는 두 개 국가의 통일일 뿐만 아니라, 수천 년간 함께 살아왔지만 지난 반세기 동안 남·북으로 갈라졌던 같은 민족의 통일이라는 점에서, 통일의 토대가 되는 공통분모를 민족의식에서 찾아야 한다는 것은 두말할 필요가 없는 자명한 사실이다.

현실적인 두 개 국가의 체제나 이념, 각기의 이익보다는 민족 전체의 운명과 이익, 발전을 보다 우선적으로 생각하는 민족 우선의 의식과 원칙[5]이 없이는 상당한 정도로 이질화되고 적대화된 남·북의 두 나라가 통일에 이르기 어렵다는 것은 누구나 잘 알고 있다. 그래서 7·4공동성명에서도 통일을 이룩하는 원칙으로 민족 자주의 원칙과 사상과 이념, 제도를 초월하는 민족 대단결의 원칙을 3대 원칙 가운데 두 가지로 삼았는데, 이것은 이러한 민족적 원칙들이 없이는

---

4 이 글은 북미주기독학자회(The Association of Korean Christian Scholars in North America)가 1992년 7월 9~11일 New York, Hempstead, Hofstra University에서 개최한 26차 연례대회(주제: 민족 통일을 위한 신학과 민족주의 정립)에서 한국기독자교수협의회 회장으로 참석한 본인이 북조선의 평양 사회과학원 원장 박승덕 박사와 함께 발표한 주제강연 원고임. 이 대회에는 조선기독교도련맹 강영섭 위원장과 박승덕 박사, 평양신학원의 김근영 전도사가, 한국에서 서광선, 이삼열, 노정선, 윤정옥, 김윤옥이, 미주에서 선우학원, 윤길상, 이승만, 이상현, 김동수, 장성환 등 100여 명이 참석했다.

5 한국기독교교회협의회(NCCK)의 통일선언의 5대 원칙.

사실상 통일이라는 것이 불가능하기 때문이다.

남·북 간의 화해와 협력 시대를 여는 데 결정적인 역할을 하게 되는 「남북화해와 불가침 및 교류 협력에 관한 합의서」에서도 이러한 민족의식과 민족적 원칙들은 중요한 토대를 이루고 있다. 합의서는 화해나 불가침, 교류 협력의 근거를 '온 겨레의 염원'이나 '민족 공동의 이익과 번영', '민족 전체의 복리 향상'과 같은 민족적 원칙에 두고 있다.

이처럼 통일을 위해서는 필수불가결의 토대가 되는 민족의식과 민족적 원칙들이 남·북 양측에 의해 선언적으로 주장되고, 통일의 규범으로서 긍정되어온 것은 다행한 일로 생각되지만, 과연 남·북의 동포들과 정부 당국자들이 통일을 이루기에 충분한 민족의식을 가지고 있으며, 민족 우선의 원칙들을 지켜 왔고 지킬 수 있느냐 하는 것은 별개의 문제가 아닐 수 없다. 왜냐하면 오늘까지의 분단 상황과 대결 체제가 민족의 염원이나 공동 이익 같은 민족의식과 민족적 원칙들을 존중하지 않았을 뿐만 아니라 크게 배반하여 왔으며, 남·북에 나뉘어 사는 우리 동포들은 분단체제와 대결체제의 유지에 직간접적으로 공헌하여 왔기 때문이다. 따라서 우리는 선언이나 규범으로서 내세우는 민족의식이나 민족적인 원칙들과, 분단체제하에서 현실적으로 가지고 있으며 내보이고 있는 민족의식이나 민족사상에는 현격한 차이가 있음을 인정하지 않을 수 없다.

또한 흔히 민족이나 민족주의와 같은 개념들을 즐겨 사용하면서도 어떤 민족의식과 민족주의를 갖고 있는가를 물어보면, 그 구체적인 내용에서는 상당한 차이들을 발견하는 경우가 많기 때문에 우리는 이제 막연하며 추상적인 민족의식의 차원을 넘어서서 구체적이며 현실적인 개념과 목표를 가진 민족의식을 개발하고 함양하는 것이 오늘의 단계에서 매우 중요한 일이라고 생각된다.

그러면 이제 분단시대의 왜곡된 민족주의나 일방적 민족의식이 아니라 통일을 지향하며 실천하는 바른 민족의식을 형성하자면 그 개념과 내용을 어디에서 찾을 수 있겠는가?

1) 분단을 극복하는 민족의식: 민족의 삶(Life of Nation)

먼저 우리는 일제 식민지 시대, 민족의 독립과 자주, 존엄과 번영을 구가했던 민족주의 정신을 1945년 해방된 조국에서 얼마만큼 계승하였으며 발전시켜 왔는가를 반성할 필요가 있다. 남한의 경우를 살펴볼 때, 미 군정하에서 민족주의 세력은 정당한 대접을 받지 못했을 뿐만 아니라 북한 공산주의자들과 투쟁과 대결이라는 명분으로 상당한 정도로 억압될 수밖에 없었음을 우리는 잘 알고 있다. 해방 이후 상당 기간 동안 민족주의라는 말 자체가 금기시되어 왔고, 민족주의는 곧 반미주의이며, 반미주의는 곧 용공주의라는 식으로 왜곡 선전되었던 것도 사실이다.[6] 말하자면 해방 이후 미소의 분단 정책으로 수립된 분단체제하에서는 민족 전체의 이익과 번영을 추구하는 진정한 민족주의나 민족의식은 탄압되었으며 따라서 민족의 통일과 외세의 배격을 외친 민족주의자들이 수난을 당하게 되었다. 자연히 민족의 사슬이 된 38선을 제거하고 해방된 조국의 통일을 이룩하는 것은 불가능한 일이 되고 말았다.

---

6 강만길, "송건호의 한국 민족주의론", 『송건호선생 화갑기념논문집』(두레, 1986).

1948년 김구는 이렇게 말했다. "위도로서의 38선은 영원히 존재할 것이지만 조국을 양단하는 외국 군대들의 경계선으로서의 38선은 일각이라도 존속시킬 수 없다. 38선 때문에 우리에게는 통일과 독립이 없고 자주와 민주도 없다. 어찌 그뿐이랴. 대중의 기아가 있고, 가정의 이산이 있고, 동족의 상잔까지 있게 되는 것이다."7 김구는 남북협상을 위해 38선을 넘으면서, "나는 통일된 조국을 건설하려다가 38선을 베고 쓰러질지언정 일신의 구차한 안일을 위하여 단독정부를 세우는 데 협력하지 않겠다"고 외쳤으나, 그는 결국 흉탄에 쓰러지고 말았다. 민족주의 세력의 수난은 친일 세력의 안존과 등장, 반민특위의 해체 등으로 연결되었으며, 분단 초기부터 민족주의적인 민족의식은 왜곡되고 굴절될 수밖에 없었다.

분단체제하에서 분단국가의 이념이나 목표에 영합하게 되는 민족주의나 민족의식은 자국민의 결속과 적대국에 대한 대결의식 고취에 이용하게 된다. "국내적으로 민족주의는 국민 대중을 결속하고 단결시키는 기능도 가지는 한편, 민중을 억압하고 인권과 언론의 자유를 봉쇄하고 독재체제를 굳히는 데도 악용되는 합리화의 명분으로서의 기능을 갖는다"고 송건호는 분단국가에서의 민족주의가 반민주적 방향으로 이용되었음을 지적했다.8 우리는 1960년대와 1970년대에 고조되었던 민족주의, 민족적 민주주의 등이 권위주의적 독재체제와 외국 자본에 영합하는 종속적인 경제 개발에 이용되었음을 잘 알고 있다. 여기서 우리는 민족주의에 대한 부정적 인상과 편견마저도 강하게 얻게 되었던 것이다.

---

7 백범사상연구회 편, 『백범어록』(사상사, 1973), 261.
8 송건호, "분단하의 한국 민족주의", 『민족통일을 위하여』(한길사, 1986).

이와 같은 분단시대의 역사를 살아온 우리 민족에게 이제 분단을 극복하면서 통일을 가져와야 하는 시대에 요구되는 진정한 민족의식은 무엇일까? 필자는 여러 가지 이유에서 이를 민족주의(nationalism)로 표현하는 것을 꺼리며, 민족주의보다는 '민족의 삶'(life of nation)이라고 표현하고자 한다. 그냥 민족주의라는 표현만으로는 공격적이며 배타적인 민족주의와 구별짓기도 어려울 뿐만 아니라, 우리의 역사에서 형성된 반민주적 분단체제적인 논리가 왜곡된 민족주의와 혼합되어 있어 자칫 역기능을 발휘할지 모르겠기 때문이다. 또한 우리가 민족에 대해서 가져야 할 바른 태도는 민족주의나 민족의 우월감이 아니라 "민족의 삶에 대한 긍정과 관심이어야 한다"[9]고 생각하기 때문이다. 누구나 다 민족주의자가 될 수 없지만, 민족의 삶에 대해서는 그 민족 성원이면 누구나 책임과 이해관심을 갖지 않을 수 없다.

우리가 그토록 분단시대를 종식시키고 화해와 협력, 통일의 시대를 맞으려 열망하는 것도, 이 분단체제를 그대로 두고서는 민족의 삶이 마비된 채 올바로 유지될 수 없기 때문이다. 민주정치와 경제발전이 왜곡되고 마비됨은 물론, 동족상잔과 민족 파멸의 위험이 상존하고, 자기의 안보를 위해 상대방을 파괴하거나 제거해야만 하는 반평화적 구조 속에서 민족의 삶은 불구의 운명을 벗어날 수 없기 때문이다. 따라서 통일을 위해 요구되는 민족의식은 곧 분단체제 속에서 왜곡되고 억압되며 불구가 된 민족의 삶을 회복시키며 온전하게 만들고 건강하게 발전시키는 방향에서 추구되어야 한다고 본다.

---

9 이삼열, "평화의 복음과 통일의 사명", 『평화의 철학과 통일의 실천』 (햇빛출판사, 1991), 341.

2) '민족의 삶'을 위한 민족의식의 전개

민족의식은 민족의 삶을 유지시키며 발전시키는 데 필요하며 필수적인 의식이라고 규정해볼 수 있다. 그렇다면 민족의식은 무엇보다도 민족이라는 것을 존립시키는 데 최소한으로 요구되는 다음과 같은 세 가지 요소를 가져야 한다고 생각한다.

(1) 민족의 정체성(Identity)

민족의 생명은 무엇보다 언어와 혈통, 문화와 예술 같은 동질적인 요소들을 보유하며 발전시켜나가는 민족의 정체성이 확립될 때 지켜질 수 있다. 우리가 한글의 사용과 전통의 존중, 민족문화나 예술을 유지시키려는 목적도 바로 민족의 동질성을 확보함으로써 정체성을 잃지 않고 지키려는 데 있다. 그러나 분단 반세기 동안 단절된 상황에서 남·북의 언어와 문화가 어느 정도 이질화되어온 것은 하루속히 교류와 공동체 회복을 통해 극복되면서 동질화를 이루어야 한다. 물론 민족의 정체성은 반드시 하나의 민족국가(nation state)를 이루지 않아도 유대인들이나 중국인들처럼 유지해갈 수도 있다. 그러나 남·북한처럼 적대적이며 이질적인 분단체제로 나뉘었을 때는 문화적인 동질성이나 민족의 정체성마저도 위협을 당한다는 현실을 직시하여, 민족의 공동체와 통일을 하루속히 실현하도록 노력해야 할 것이다. 현재의 분단 상황은 가족의 이산과 고향과 조상, 친척들로부터의 단절로 인해 민족의 정체는커녕 가족이나 가문의 정체성도 회복할 수 없는 악조건임을 통절히 느껴야 한다. 우리가 이산가족의 재회나 재결합, 학술, 예술, 언론, 문화의 교류를 촉진시키려는 이유는 바로 민족의 삶에 가장 기초적 조건이 되는 민족의 동질성과 정체성을 회복하며 확립시키려는 데 있다.

(2) 민족의 주체성(Subjectivity)

민족의 삶은 타 민족의 지배나 억압을 받으면서는 결코 바르게 유지될 수 없다. 따라서 민족은 그 민족의 주체성을 유지해야 하며, 이 주체성은 오늘과 같은 세계 현실 속에서는 반드시 민족국가로서의 독립성과 자주성을 확보할 때만이 발휘될 수 있다. 더구나 한글과 한국 문화를 가진 민족이 세계에 하나밖에 없는 상황 하에서는 필히 국가적 주권을 가져야 한다.

민족의 주체성은 정치적인 독립과 주권을 그 조건으로 할 뿐만 아니라 대외적인 자주성을 유지해야 하는 것이 필수적이다. 이것은 정치적인 자결권 이외에도 경제적인 자립성이나 군사적인 자주성을 아울러 의미한다. 우리가 한반도의 분단체제와 휴전협정체제를 하루속히 청산하고 평화체제를 수립하려는 이유도 이 길을 통해서만 남·북의 긴장 완화나 평화공존과 함께 민족의 자주성과 정치적, 군사적 자결권을 확보할 수 있기 때문이다.[10] 분단체제로서는 어느 쪽에서도 자주성과 주체성을 가질 수 없으며, 통일을 통해서 보다 완전하게 가질 수 있다는 실증을 우리는 독일과 예멘의 통일에서 구체적으로 경험하였다.

---

10 이삼열, "한반도의 평화체제와 군축의 방향", 『평화의 철학과 통일의 실천』.

(3) **민족의 공복성**(共福性, Common Welfare)

'민족의 삶'은 대내적인 정체성과 대외적인 주체성을 확립하는 것 외에도, 민족 구성원들 사이의 공동의 복지(common welfare)가 실현될 때에 보장되며, 그 꿈을 실현하는 생동적인 것이 될 수 있다. 아무리 정치적으로 독립되고 경제적인 발전을 이루었다 해도 민족 내부에 빈부의 차이가 심하고 소외와 차별로 인한 불균형과 갈등이 심각하다면, 혹은 민족 전체의 생계와 교육, 건강을 외채나 구걸이 없이 유지할 수 없다면, 민족의 삶이 제대로 유지되거나 보장된다고 할 수가 없다. 이 부분의 위협이야말로 민족의 안보나 주체성에 침식작용을 가져오는 원인이 된다는 것을 명심해야 한다. 따라서 남·북한 양쪽은 이제부터라도 경제적 협력과 합작을 촉진시켜 상부상조하고 균형 있는 발전을 도모하여, 민족 전체의 삶을 보장하는 민족경제의 확충과 발전을 모색해야 한다. 과감하게 남·북의 군수산업과 군비를 축소하여 민족의 인력과 자원을 사회복지와 민족 공동의 경제 발전 계획에 투입시켜야 할 것이다.

우리의 민족의식은 민족의 존립과 발전, 공동의 복지와 번영을 넘어서서 타 민족을 지배하거나 권익을 침해하는 것이 될 수 없다. 더구나 타 민족에 대한 침략이나 간섭은 있을 수 없고 우리 민족사에 있어 본 적도 없다. 우리의 민족의식은 항상 국제적인 평화와 이웃과의 친교와 우애에 기여하는 것이어야 한다. 그래서 우리의 민족의식은 철저하게 평화의식과 연결되어 있어야 한다. 민족의 동질성을 회복하고 주체성을 확립하며 공동의 복지를 건설하는 길이 평화적인 것이어야 하기 때문에 우리는 베트남식의 전쟁에 의한 통일도 아니요, 어느 한쪽을 굴복시키는 독일식 흡수통일도 아닌, 진정한 대

화와 협상을 통한 통일, 정의와 평화가 함께 실현되는 통일을 한반
도에서 창출해내고자 하는 것이다.

3) 민족 통일의 의식과 이데올로기 문제

민족의 삶을 보장하는 민족의식은 동질성과 주체성을 확보하고
공동의 복지를 실현하는 방향으로 전개되어야 하며, 이는 분단의 극
복과 통일의 성취를 통해 현실화되어야 한다.

그러나 우리는 아직 분단 시대의 양 국가와 체제가 가진 이데올로
기의 이질성과 적대성이 바로 분단을 극복하고 화해와 협력 통일을
이루는 데 큰 장애가 되는 현실을 안고 있다.

피는 물보다 진하다고 하지만, 과연 민족의 동질성이 이념의 이질
성을 극복하여 하나를 이룰 수 있을 것인가에 많은 사람들이 의문과
의구심을 갖고 있다.

사상과 제도의 차이를 초월하여 민족의 대단결을 이루자고 선언
했지만, 우리는 얼마만큼 우리의 이데올로기와 체제의 대결과 적대
의식을 극복할 수 있으며, 화해와 공존 통일을 실천할 수 있는가?

있는 그대로의 현실은 너무도 경직되고 적대적이어서 타협이나
협상이 불가능한 것처럼 보인다. 남·북의 지배 이데올로기도 쉽게
타협이나 수렴, 혹은 통합을 허용치 않고 있다. 자본주의 시장경제
는 결코 생산수단의 사회화를 허용치 않으며, 사회주의 통제경제는
결코 사유재산제나 기업이윤의 자유를 허락하지 않는다.

자유 민주주의적 기본질서는 결코 프롤레타리아 계급 혁명이나
독재를 용납할 수 없으며, 인민민주주의적 계급 독재 국가에서는 부

르주와 계급의 정치세력화나 복수정당제를 인정하지 않는다.[11]

북쪽의 주체사상은 외국 자본의 침투나 외국 군대의 주군을 허용치 않으며, 남쪽의 개방사회는 민주집중제나 수령중심제를 받아들일 수가 없다. 그뿐만 아니라, 양 체제는 아직도 국내법이나 정치현실에서 상대방의 체재를 인정치 않을 뿐 아니라, 자기 체재의 우월성을 과시하며, 흡수통합하려는 자세와 의지를 버리지 않고 있다.

이러한 자기 측 이데올로기와 체제를 우선으로 생각하는 발상과 의식은 민족의 단결과 통일을 우선으로 여기는 발상과 의식에로 전환되어야 한다. 그렇지 않고는 "남과 북은 서로 상대방의 체제를 인정하고 존중한다"는 남북합의서의 일장 일조도 실천할 수 가 없을 것이다.

이를 실천하기 위해서는 남·북이 각기 상대방의 체제를 부인하고 전복시키려는 법률적인, 정치적인 구조와 조건들을 과감히 시정해 가야 할 것이다.

7·4남북공동성명이나 이번의 「남북합의서」가 가진 가장 중대한 문제는 선언만 되고, 실천이 되지 않는다는 데 있다. 그 원인이야 여러 가지로 있겠지만, 아직도 우리는 민족의 전체 이익과 역사적 미래를 보다 우선적으로 생각하는 민족우선의 원칙과 의식이 철저하며, 충분치 못한 것이 원인이라 하겠다.

'민족의 삶'은 이데올로기나 체제의 수명보다 길며, 영구하다는 사실을 보다 철저히 의식할 필요가 있다. 사상과 이데올로기는 바로 그 시대적 상황과 현실의 반영이기 때문에 영원히 불변하는 것일 수

11『주체사상에 기초한 사회주의 정치이론』(평양 사회과학 출판사, 1975).

없고, 항상 시대와 함께 새롭게 변용될 수 있고, 양적인 변화는 질적인 변화를 도출할 수 있음이 역사적 진리임을 잊지 말아야 한다.

그리고 역사 속에서는 서로 반대되는 대립물들이 상황과 조건의 변화와 함께 무수히 변증법적인 통일과 종합을 이루어갔다고 일찍이 헤겔(Hegel)과 맑스(Marx)는 역사철학을 통해 갈파한 바 있다.

사실 남과 북의 이데올로기와 체제의 근간이 되고 있는 자유주의와 사회주의가 19세기 초 유럽에서 등장했을 때, 이들은 서로를 보완시키려 한 것이었지, 근본적으로 적대적인 가치관으로 나타난 것은 아니었다. 결코 자유주의는 자유 한쪽만을, 사회주의는 평등 한쪽만을 택한 것이 아니라 자유와 평등과 박애를 조화시키는 원칙과 방법이 계층적 이익에 따라 달랐기 때문에 차이와 대립이 생겼을 뿐이다.

이미 19세기 초반에 와서 자유주의적 자본주의는 사회주의의 비판과 제안들을 대폭 수용하여 사회민주주의나 사회적 자유주의로 발전했으며, 균등한 분배와 강력한 사회보장제도를 보완시켜 나아갔다.

다른 한편, 자유 민주주의나 시민 사회의 단결을 거치지 않고, 프롤레타리아 계급의 독재를 통한 공산주의 혁명을 일으킨 소련과 동구의 나라들은 강력한 국가 통제와 계급혁명을 통해 어느 정도 산업화와 평등사회를 이룩하였으나 시민들의 자유를 신장시키거나 의회 민주제를 확립할 수 있는 기회를 갖지는 못하였다.

오늘날 실패의 경험을 한 동구와 소련의 사회주의자들은 한결같이 공산주의가 일당독재와 관료적 사회주의로 나아간 것이 잘못된 일이었으며, 이것은 짜르 지배의 러시아가 가진 특수한 역사적 상황에서

레닌이 불가피하게 선택했던 길이었을 뿐이라고 술회하고 있다.

오늘날 유럽의 자유주의와 사회주의는 이러한 변혁과 수렴을 시도하면서 체제와 이데올로기의 수정과 종합을 모색하고 있다고 하겠다.

우리 남·북한의 이념적 모델이었던 유럽의 체재와 이데올로기가 이렇게 변화고 있는데, 한반도의 양 체재와 이념은 왜 대결과 적대 관계에서 벗어나 공존과 화해와 통합을 이룰 수 없다고 비관적으로 보아야 하는가?

남과 북은 오늘날 현실적인 체제의 문제들과 민중들의 삶의 요구에 대응키 위해서도 우리의 이념과 체재를 수정하며, 개혁하지 않으면 안 될 형편에 놓여 있다.

남한 사회는 모든 사람의 자유와 삶의 권리를 골고루 보장하기 위해서도 더 이상 토지나 부동산과 생산 수단, 금융 자산을 무제한 독점 소유케 하는 제도를 수정하지 않으면 안 되고, 북한 사회는 인민 대중의 생활 향상을 위해서도 생산력과 효율성을 높여야 하며, 이를 위해 사적 소유와 기업 활동의 자유를 확대하고, 시장경제의 조정기능을 활성화시키는 방향으로 개혁하지 않으면 안 된다고 본다.[12]

무엇보다도 우리는 민족의 삶과 공동의 복지와 평화를 위해서 양측의 체제와 이데올로기를 개혁하면서 각자의 특성과 장점을 살려 변증법적으로 통합해나가야 한다고 생각한다.

북쪽은 보다 더 민주적인 사회주의로, 남쪽은 보다 더 사회적인 민주주의로 개혁하고 발전시킬 때에 민족통일의 장벽이 되었던 이데올로기의 문제도 해결될 수 있는 길이 열릴 뿐 아니라 오히려 세

---

12 이삼열, "統一의 哲學과 哲學의 統一", 1991년 8월 한국철학회 발표논문.

계사에 없었던 이념적 통일과 수렴도 우리 민족의 통일과 함께 창조해낼 수 있으리라 믿는다.

2. 조국통일과 민족의 자주성(평양 민족문제연구회 박승덕)[13]

머리말

먼저 우리 대표단을 초청해주고 북과 남, 해외에 있는 동포 학자, 기독교인들의 만남을 실현해 준 북미 기독학회 윤길상 회장님과 임원 선생들에게 감사를 드린다. 그리고 민족의 통일과 기독교신학의 발전을 위한 정력적 탐구와 꾸준한 노력의 로정에서 스물여섯번째의 대회를 맞이한 북미기독학자회의 전체 학자 여러분에게 북부 조국에 있는 학자, 기독교인들의 따뜻한 인사를 전한다.

저는 동포애의 정이 넘치는 이 대회의 연단을 빌어 조국의 통일과 민족의 자주성을 옹호 실현하는 문제에 대하여 토론하려고 한다.

다 아는 바와 같이 지난 92년 2월 북과 남은 근 반세기에 걸친 불신과 대결의 비극적인 과거와 결별하고 「화해와 불가침 및 협력, 교류에 관한 합의서」를 채택 발효시켰다. 이것은 조선반도의 평화와 우리 민족의 통일에 밝은 전망을 열어놓은 전환적인 사변이다. 지금 조선의 온 강토와 해외 교포 사회에서는 통일 운동의 열기가 세차게 분출하고 있으며 통일조국을 일떠세우기 위한 민족사의 흐름은 도

---

13 이 글은 1992년 뉴욕에서 열린 북미주기독교학자회 26차 연차대회에서 북한의 박승덕 박사(평양 민족문제연구회 소속)가 발표한 강연문이다. 30여 쪽의 긴 논문이어서 필자가 중요한 부분만 발췌하여 게재한다.

도히 굽이치고 있다.

　오늘의 정세는 조국 통일 문제를 놓고 주체사상 신봉자들과 기독교인들 사이의 대화를 진지하게 해나가며 민족적 단합과 통일의 활로를 열어나가기 위한 방도를 공동으로 모색할 것을 절실히 요구하고 있다. 이러한 요구에 부응하려면 우리들이 무엇보다도 상대방의 민족관과 통일관을 정확히 이해하고 통일운동에서 협력하고 단결해나갈 공통적인 기초를 확인하는 것이 중요하다고 생각한다.

　주체사상은 새로운 민족관을 밝히고 있으며 그에 기초하여 조국통일에 대한 이해를 정립하고 민족통일의 근본 방도를 천명하고 있다. 민족관에서 주체사상과 맑스-레닌주의 사이에는 커다란 차이가 있다. 맑스주의 민족관의 역사적 제한성을 극복하고 등장한 것이 추체사상의 민족관이다.

　맑스주의는 사회와 역사에 대한 인식에서 경제를 중심으로 하였던만큼 경제 생활의 공통성을 첫째가는 징표로 하여 민족을 이해하였으며 민족의 발생도 자본주의 시장의 형성과 결부시켜 보았다. 지난 시기 맑스주의 유물사관에서는 모든 사회 현상의 기초에는 계급들의 경제적 이해관계가 놓여있고 인류 역사는 계급투쟁의 역사라는 관점으로부터 출발하여 사회적 집단으로서의 민족이 계급에 종속되었으며 민족 해방 문제가 계급 해방 문제에 귀속되었다.

　사회적 집단 가운데서 민족이 차지하는 특출한 지위와 역사 창조 활동에서 민족이 노는 커다란 역할을 응당하게 보지 못하고 민족해방 문제의 독자적 성격을 간과한 맑스주의적 견해는 이론적으로 미숙한 것이었으며 실천적으로 그 진리성을 입증하지 못하였다. 이러한 견해는 맑스주의를 지도이념으로 하였던 일련의 이전 사회주의 나라들에서 민족 정책의 실패를 가져온 하나의 원인으로 되었다.

　주체사상은 민족이 하나의 사회적 생명체이고 자주성이 민족의 생명을 이룬다는 것을 해명하였으며 민족통일은 민족적 자주성을 전면적으로 확립하는 사업이며 민족의 주체를 강화하고 주체의 역할을 높이는 데 조국통일의 근본 방도가 있다는 것을 밝혀 준다.

　1) 자주성은 민족의 생명

　민족은 오랜 역사적 과정에 형성되고 발전하여 온 사람들의 공고한 사회적 집단이며 사회생활의 기본단위이다. 계급국가의 발생과 더불어 사람들 사이의 정치적, 경제적 및 문화적 연계가 밀접해지는 과정에 독자적인 사회적 집단을 이루는 민족이 형성되었다. 민족은 장구한 기간에 걸쳐 각이한 사회제도의 교체가 이루어졌음에도 불구하고 그 동질성을 면면히 이어온 가장 공고한 사회적 집단이다. 봉건제도가 자본주의 제도로 바뀌면 영주와 농노계급은 없어지고 자본가계급과 프롤레타리아가 생겨나듯이 한 사회제도가 다른 사회제도로 교체되면 사회의 기본 계급은 변하지만 민족은 변함없이 자기의 존재를 유지한다. 앞으로 사회주의 사회의 발전과정에 노동계급과 농민의 계급적 차이가 없어지고 무계급사회가 이루어진 다음에도 민족은 없어지지 않고 계속 발전하게 된다. 이것은 민족이 계급에 비하여 훨씬 공고한 집단이며 그 존재가간이 가장 오랜 공동체라는 것을 말해준다.

　민족은 오랜 역사적 과정에 걸쳐 사람들의 사회생활이 이루어지는 기본단위로 존재하고 발전하여 왔다. 민족국가의 테두리를 이루고 살아가는 것은 사회제도의 변화와는 관계없이 사람들의 생활이 영위되는 기본방식으로 되고 있다. 서로 다른 계급들도 나라와 민족 안에서 살기 마련이며 민족 관계와 동떨어진 계급 관계란 있을 수 없다. 자연을 개좌하고 사회를 발전시키는 사람들의 활동이 나라와 민족을 단위로 하여 이어진다는 점으로 이루어볼 때 민족은 사회생활과 역사창조활동의 가장 주되면 기본적인 단위로 된다.

소련의 붕괴와 더불어 세계의 양극 체계가 몰락하고 다극화의 방향으로 세계가 나가고 있는 오늘의 현실은 민족적 유대와 민족의식이 얼마나 공고하며 역사적 운동에서 민족 공동체가 발휘하는 생활력이 얼마나 큰가를 뚜렷이 보여주고 있다. 매개 민족의 독자성이 더욱더 강화되고 민족들의 창조적 역할이 끊임없이 높아지는 것은 우리 시대의 중요한 추세로 되고 있다.

민족의 동질성은 핏줄과 언어, 영토의 공통성에 의하여 이루어진다. 핏줄과 언어, 영토의 공통성은 민족을 특징짓는 기본징표로 된다. 하나의 민족은 그에 고유한 피줄기의 공통성, 언어와 심리에서 표현되는 문화의 공통성, 영통의 공통성에 의하여 다른 민족과 구별된다. 핏줄, 언어 및 심리는 민족 집단에 체현된 공통성이며 영토는 민족의 삶이 이루어지는 환경의 공통성이다.

정치 제도와 경제 제도가 민족을 구분하는 징표로 된다고 보게 되면 일시적으로 분열되어 서로 다른 사회 제도에서 살고 있는 하나의 민족을 두 개의 민족으로 보게 되며 이러한 견해는 민족정체에서 커다란 후과를 빚어내게 된다. 이에 대해서는 지난 시기 동부 독일의 이론가들과 위정자들이 동독과 서독은 서로 다른 정치 제도와 경제

제도를 가지고 있기 때문에 독일 민족은 둘이라고 하면서 민족 분열 노선을 취다가 돌이킬 수 없는 실패를 당한 사실이 뚜렷한 예증이 되었다.

자주성은 민족의 사회적 생명이다. 민족의 사회적 생명은 독자적인 집단으로 살며 발전하려는 요구와 그것을 자신의 생활력으로 실현해 나가는 데서 나타나는 것만큼 그것은 온갖 예속과 구속을 반대하고 자기 운명의 주인으로 살며 발전하려는 성질인 자주성으로 표현된다. 민족의 자주성은 크게 두 가지 내용을 가진다. 그 하나는 다른 민족에게 예속되거나 동화되는 것을 반대하며 자기 운명의 주인으로서의 권리를 옹호하고 행사하는 것이다. 다른 하나는 다른 민족의 힘에 의존하는 것을 반대하며 자기 운명의 개척자로서의 책임과 역할을 다하는 것이다. 민족은 자주성을 생명으로 하기 때문에 자기 운명의 주인이 될 수 있으며 자신의 힘으로 자기 운명을 개척해나갈 수 있는 것이다. 자주성을 고수하여야 민족의 융서와 번영을 가져올 수 있으며 자주성을 잃어버리면 민족의 몰락과 멸망을 피할 수 없다는 것은 역사가 남긴 고귀한 진리이다.

개인들이 조국애와 애족의 감점을 가지고 나라의 번영을 위하여 투쟁하는 것은 민족의 집단적 생명의 요구인 동시에 개인적 생명의 요구이기도 하다. 그것은 민족의 집단적 생명이 개인적 생명의 모체이기 때문이다. 우리의 민족사가 보여주는 바와 같이 나라와 민족의 자주성이 실현되어야 개별적 사람들의 자주성도 실현될 수 있으며 나라와 민족이 남에게 예속되면 누구든지 식민지 노예의 처지를 면할 수 없다. 이 모든 것은 나라와 민족의 흥망성쇠가 자주성에 달려 있다는 것을 뚜렷이 보여준다. 민족적 자주성을 옹호하는 것이야말로 민족과 그 성원들의 생존과 발전을 위한 근본 요구로 된다.

2) 민족통일은 민족적 자주성을 전면적으로 확립하는 사업

제2차 세계대전이 끝난 다음 국제 관계를 주도하였던 대국들은 우리 인민의 자주적 요구와 의사에 어긋나게 조선 문제를 처리하였다. 그리하여 우리나라는 북과 남으로 갈라지게 되었으며 우리 인민은 근 반세기에 걸치는 오랜 기간 국토 양단과 민족 분열의 비극을 체험하고 있다. 원래 우리 인민이 제 2차 세계대전을 도발한 원흉의 하나인 일본 제국주의 패망을 위하여 오래 동안 투쟁해 온 것만큼 전후에 우리나라는 응당 통일적인 자주 독립 국가로 부흥되었어야 할 것이었다. 그러나 우리나라는 외세의 간섭에 의하여 인위적으로 분열되게 되었다.

우리 민족이 오늘처럼 둘로 갈라져야 할 내적 요인은 없다. 유구한 세월 하나의 강토위에서 한핏줄을 이어받으며 같은 언어를 가지고 찬란한 민족 문화를 꽃피워 온 우리 민족이 무엇 때문에 둘로 갈라져야 하는가?

민족 내부의 계급적 대립을 민족 분열의 원인으로 보는 것은 잘못이다. 모든 자본주의 나라들에 다 계급적 대립이 존재하지만 그것이 민족의 분열을 가져오는 요인으로는 되지 않고 있다. 오늘 북과 남에 서있는 서로 다른 두 사회제도는 민족 분열의 원인인 것이 아니라 민족분단의 후과인 것이다. 분열은 민족의 존립과 발전의 합법칙적 경향에 어긋나는 극히 비정상적인 현상이며 민족 전체의 커다란 불행이다. 민족을 분열시킨다는 것은 하나의 사회적 생명체인 민족의 허리를 잘라버린다는 것을 의미하며 민족의 집단적 생명의 전일성을 파괴한다는 것을 말한다. 민족의 분열은 나라의 통일적인 발전에 커다란 지장을 주며 전체 인민에게 고통과 불행을 들씌우고 있다. 민족의 분열을 끝장내고 나라의 통일을 이룩하는 것이 더는 미룰 수 없는 민족사적 과제로 되는 이유가 여기에 있다. 오늘 민족통일은 우리 세대의 지상의 과업으로 되고 있으며 민족 공동의 발전을 위한 필연적 요구로 나서고 있다.

민족통일은 무엇보다도 민족의 끊어진 혈맥을 다시 잇고 민족 생명의 전일성을 회복하기 위한 사업이다. 국토의 양단은 민족의 자주성을 옹호하고 실현하는 사업을 전국적 범위에서 통일적으로 벌여나가지 못하게 하고 있다. 이것을 유기체에 비유하면 혈관이 끊어지고 기관과 조직의 운동의 통일성이 손상되어 전반적으로 생명의 전일성이 파괴된 것과 같다. 민족의 생명인 자주성이 통일적으로 보장되지 않고서는 민족적 동질성이 유지되고 공고화되어 나갈 수 없다.

민족의 통일은 민족 공동의 생산력을 빨리 발전시키고 민족 경제의 자립적 위력을 높이게 한다. 민족의 발전된 생산력과 자립적 경제력은 인민들의 물질적 수요를 원만히 충족시키게 할 뿐만 아니라 자주적인 정치와 자위적인 국방의 물질적 기초가 된다.

나라의 분열은 오랜 역사에 걸쳐 형성된 민족경제의 전일적인 구조와 내적인 연계를 파괴하고 자원과 자금, 자재와 노력을 통일적으로 이용하지 못하게 하고 있다. 민족적 이념에 기초하여 나라의 통일이 실현되면 북과 남에 서로 다른 경제 제도가 있는 조건에서도 민족 경제의 분업과 협업을 발전시켜 민족 공동의 생산력을 급속히 발전시킬 수 있다. 그렇게 되면 인민들의 복리는 더욱 증진되고 우리 경제의 자립성과 국제 경쟁력은 보다 높아질 것이다.

민족통일은 민족 생명의 요구로부터 나서는 과제인 것만큼 민족 전체의 자주적 이익에 맞게 이루어져야 한다. 민족이 각이한 계급과 계층, 서로 다른 신앙을 가진 집단들로 이루어져 있지만 그들은 다 같이 민족의 집단적 생명에 의하여 결합되어 있는 것만큼 민족적 자주성을 옹호하고 실현하는 공동의 이해관계를 가지게 된다. 민족의 집단적 생명은 그 자체의 본성으로부터 민족 성원들의 대결이 아니라 화합을 필요로 하고 분열이 아니라 통일을 요구하며 배척이 아니라 협조를 원한다.

북과 남이 서로 대립되는 계급적 이익을 대변하는 사상과 사회제도를 가지고 있지만 민족적 자주성을 고수하고 발전시키는 데서는 같은 이해관계를 가지고 있다. 하나의 민족 안에서 계급적 이익이 대립된다고 하여 민족 공동의 요구와 지향을 가질 수 없다고 생각하는 것은 큰 잘못이다. 이렇게 생각하는 것은 결국 대립되는 계급은 하나의 민족으로 될 수 없고 민족적 동질성을 가질 수 없다고 하는 것이나 다름없다. 우리 민족을 비롯한 많은 민족들의 역사가 보여주는 바와 같이 계급적 대립으로 하여 서로 싸우던 세력들도 외적이 침략해오면 그들 사이의 투쟁을 중단하고 계급적 이해관계의 대립을 초월하여 민족적으로 단결하며 서로 협력하면서 침략자들을 반대하여 나섰다.

민족 내부에 계급적 사상과 사회 제도의 대립이 있어도 하나의 민족으로서 자주성에 기초하여 얼마든지 화합과 통일을 실현할 수 있으며 민족 공동의 융성 번영을 위하여 서로 지지하고 협조해나갈 수 있다. 외세의 강요로 인한 나라의 분열로 말미암아 일시적으로 형성된 제도상의 대립이나 사상과 이념의 차이보다는 반만년의 유구한 역사를 통하여 공고화된 민족적 공통성이 더 크다. 개별적인 계급, 계층의 이익보다는 같은 민족으로서 자주성에 기초하여 통일을 이룩하려는 민족 공동의 요구가 비할 바 없이 더 중요하다. 계급과 계층은 민족의 한 부분인 것만큼 민족 공동의 요구와 이익을 떠나서는 어떤 계급과 계층도 자기의 이익을 실현할 수 없다. 그러므로 북과 남에 서로 다른 계급적 사상과 사회제도가 있는 조건에서도 민족의 자주성과 동질성에 기초하여 통일을 실현하는 것은 완전히 현실적인 것이다.

북과 남에 서로 대립되는 사상과 제도가 현실적으로 있는 조건에서 민족적 동질성에 기초한 통일을 실현하는 가장 합리적인 방도는 연방제이다.

민족 내부에 서로 다른 사상과 제도가 있는 조건에서 어느 일방이 타방에 자기의 사상과 제도를 강요하는 방법으로서는 민족통일을 실현할 수 없다. 원래 사상과 제도에 대한 문제는 누구의 강요에 의해서가 아니라 사람들이 스스로 선택하여야 할 문제이다. 인간의 사상은 그의 자주성을 대표하는 것만큼 남에게 자기의 사상과 그것을 구현한 제도를 강요하는 것은 다른 사람의 자주성을 무시하는 것이며 그것은 결국 인간 자체를 무시하는 것이다. 따라서 다른 사람에게 자기의 사상과 제도를 강요하는 것은 사람들 사이에서 절대로 허용될 수 없는 것이다.

북과 남이 자기의 사상과 제도를 고수하려고 하는 현 실정에서 민족 내부의 사상과 제도의 차이를 강제적 방법으로 없애려고 하는 것은 매우 비현실적이며 위험한 것이다. 만일 우리나라의 현 조건에서 누가 누구를 먹는 방법으로 통일을 하려고 한다면 민족 내부의 적대 관계를 격화시키고 새로운 파국적인 민족적 재난을 가져올 수 있다.

우리 민족사 발전의 현 단계에서 가장 절박하게 나서는 과제는 이세의 간섭으로부터 완전히 벗어나 전국적 범위에서 자주성을 통일적으로 고수하는 것인만큼 민족적 공통성에 기초한 나라의 통일을 선차적으로 실현하여야 한다.

어떤 사람들은 조국 통일이 곧 북과 남의 서로 다른 사회 제도를 하나의 사회제도로 만드는 것이라고 이해하면서 민족적 통일과 제도상 통일을 구별하지 않고 있다. 그러나 민족적 통일은 민족적 공통성과 자주성에 기초한 조국 통일이며 제도상 통일은 하나의 사회정치제도에 의한 조국 통일이다. 민족적 통일에서는 북과 남에 있는 서로 다른 사회제도를 그대로 두고 민족적 동질성에 기초하여 연방제 방식의 조국통일이 이루어지며 제도상 통일에서는 전체 조선민족의 자유로운 선택에 의하여 하나의 사회 제도를 세우는 방식으로 조국 통일이 이루어지게 된다.

우리 인민의 이상은 조국의 민족적 통일뿐만 아니라 제도상의 통일까지 실현하는 것이다. 그것은 민족의 분열과 함께 민족 내부의 제도상 차이까지 극복되어야 단합과 통일을 지향하는 인민들의 요구가 보다 원만하게 실현될 수 있기 때문이다.

그러면 민족적 통일을 실현하고 일정한 역사적 기간이 지난 다음에 제도상 통일을 이룩하는 것이 올바른 길이라고 본다.

민족적 통일과 제도상 통일을 놓고 보면 전자는 민족적 모순을 해결하기 위한 사회적 운동이다. 이론적 견지에서 볼 때 외래 제국주의의 예속 밑에 있는 나라들에서 계급적 모순을 해결하는 것은 민족

적 모순을 해결하는 데 비하여 보다 높은 단계의 사회적 운동으로
된다. 실천적 경험으로 보아도 식민지 나라들에서는 먼저 민족 해방
을 실현하고 다음에 계급 해방을 이룩하였다. 이러한 사실은 먼저
민족적 통일을 이룩하고 다음에 제도상 통일을 실현하는 것이 사회
적 운동이 발전하는 역사적 단계에 맞는다는 것을 보여 준다.

민족적 통일을 먼저 실현하고 제도상 통일을 후에 이룩하는 것은
사회적 운동의 동력을 극대화하고 그 투쟁 대항을 극소화하는 전략
전술적 원칙으로 보아도 합리적이다.

사회적 운동에서 낮은 단계의 과업보다 높은 단계의 과업을 먼저
실현하려고 하게 되면 한편으로 낮은 단계에서 운동의 동력으로 되
는 세력을 투쟁 대상으로 만들어 동력을 약화시키며 다른 한편으로
낮은 단계에서 극복되게 되는 세력까지 투쟁 대상에 합쳐져 투쟁 대
상을 강화시키게 된다. 민족적 통일을 제도상 통일보다 앞세워야 민
족의 단합과 단결을 지향하는 광범한 통일 애국 세력을 동력으로 하
여 한줌도 못되는 분열 매국 세력을 타승하고 민족의 발전을 다그칠
수 있다.

이 모든 것은 전체 조선 인민인 민족적 통일을 현 단계의 주되는
과제로 내세우고 투쟁하며 제도상의 통일은 다음 세대에 넘기는 것
이 합리적이라는 것을 말해 준다. 민족적 통일을 이룩하기 전에 제
도상의 통일을 실현할 때 민족이 어떠한 불행과 비극을 겪게 되는가
하는 것은 오늘 통일 독일의 심각한 통일 후유증과 엄혹한 현실이
잘 보여주고 있다.

3) 민족적 자주성의 기치 밑에 주체를 강화하고 그 역할을 높이는
것은 통일 운동의 절박한 과제

사회적 운동은 본질에 있어서 주체의 운동이며 주체의 활동은 일
정한 이념에 의하여 지휘된다. 우리나라의 통일을 위한 투쟁은 민족
적 주체의 운동이며 이 주체의 주동적인 작용과 목적의식적 역할에
의해서만 통일 위업이 성취될 수 있다. 조국 통일을 위한 운동의 주
체는 전체 조선민족인 것만큼 이 운동을 향도하는 이념은 민족 공동
의 요구와 이해관계를 반영하여야 한다.

자주성이 민족의 사회적 생명을 이루기 때문에 민족 공동의 근본
요구는 자주성을 옹호하고 실현하는 것이다. 외세에 의한 나라의 분
열로 민족의 생명이 양단되어 있는 우리 조국의 경우에 이러한 근본
요구는 민족의 생사존망과 직결되어 있다.

그러므로 민족의 자주성을 옹호하고 실현하기 위한 이념은 일반
적으로 민족 운동을 향도하는 이념으로 되며 통일을 지향하는 분단
민족의 경우에는 더욱이나 그러하다. 민족의 자주성을 옹호하고 실
현하기 위한 이념을 본래적 의미에서의 민족주의라고 말할 수 있다.

역사적으로 볼 때 민족주의는 여러 가지 변천을 겪어 왔다.

원래 민족주의는 봉건주의를 반대하는 부르주아 민족 운동 시기
에 민족의 자주적 이익을 옹호하는 진보적인 사상으로서 발생하였
다. 특히 구라파에서는 자본가 계급이 민족주의의 기치를 들고 민족
시장과 민족국가의 형성에서 선봉적 역할을 하였다. 신흥 부르주아
지가 민족주의의 구호를 들고 민족 운동의 선두에 섰다고 하여 민족
주의가 처음부터 자본가 계급만의 이념이었다고 보는 것은 잘못이

다. 봉건주의를 반대하는 투쟁시기에는 인민대중의 이익과 부르주아지의 이익이 기본적으로 일치하였으며 민족주의는 민족 공동의 이해관계를 반영하였던 것이다.

자본주의가 발전하고 부르주아지는 반동화되면서 민족주의는 자본가 계급의 이익을 옹호하는 사상적 도구로 되었다. 부르주아지는 자기의 계급적 독재와 다른 민족에 대한 침략을 합리화하는 데 민족주의를 악용하였다. 역사가 보여주는 바와 같이 자본가 계급은 자신의 힘이 약할 때에는 자기 나라와 자기 지역에 대한 다른 민족의 간섭을 반대하는 데 민족주의를 이용하였으며 자신의 힘이 강할 때에는 다른 나라에 대한 침략과 약탈을 합리화하는 데 민족주의를 악용하였다. 전자는 몬로주의에서 표현되었으며 후자는 제2차 세계대전 시기 일본의 국수주의와 독일의 나치즘에서 나타났다.

한마디로 말하여 반동적 부르주아지의 민족주의는 민족 이기주의와 민족 배타주의로 변질되었다. 따라서 신흥 부르주아지의 민족주의와 반동화된 부르주아지의 민족주의를 구별하는 것이 필요하다.

우리는 근로인민대중의 민족주의를 주장한다.

근로인민대중은 계급적 특권을 가지고 있지 않기 때문에 민족적 이익과 자기의 계급적 이익을 대립시키지 않으며 민족 공동의 이익을 계급의 이익보다 우선시하며 더 귀중히 여긴다. 민족의 자주성이 유린되고 나라의 독립이 침해될 때 가장 큰 고통을 당하는 것은 근로인민 대중이다. 나라와 민족의 자주성을 옹호하지 않고서는 자기의 자주적인 생활도 지켜낼 수 없다는 것을 가장 심각히 느끼는 세력이 근로인민대중이다.

근로인민대중에게는 민족의 생명이 곧 자신의 생명으로 되며 민

족의 운명이 다 곧 자기의 운명으로 되기 때문에 그들은 민족의 자주
성을 지켜 언제나 헌신적으로 싸우게 된다. 우리의 민족사가 보여주
는 바와 같이 어느 시대, 어느 사회에서나 자기 민족과 자기 나라를
진심으로 사랑하고 그것을 지키기 위하여 피땀을 흘린 것은 근로인
민대중이었다. 반동통치계급들은 저들의 특권적 지위가 위태롭게
되면 외래 침략자들에게 나라와 민족의 이익을 팔아먹는 것도 서슴
치 않았지만 근로인민대중은 결코 나라와 민족을 배반하지 않았다.

민족 공동의 이익을 진정으로 대표하는 사회세력은 근로인민대
중이다. 착취계급은 자기의 계급적 특권을 옹호하는 이기주의적인
세력이기 때문에 전 민족의 이익을 대표할 수 없다.

근로인민대중의 민족주의야말로 민족의 독립과 발전, 나라의 융
성과 번영을 위한 참다운 민족주의라고 말할 수 있다. 나라와 민족
의 강화발전을 통하여 사회적 진보에 가장 적극적으로 작용한다는
점에서 역사의 주체인 근로인민대중의 민족주의는 가장 진보적인
민족주의로 된다.

본래적 의미에서의 민족주의는 근로인민대중의 민족주의에서 가
장 완성되고 전형적인 형태로 표현된다. 근로인민대중의 민족주의
는 본질에 있어서 민족 공동의 이익을 우선시하고 민족자주성을 옹
호하고 실현하려는 사상이다.

참다운 민족주의, 근로인민대중의 민족주의는 진정한 국제주의
와 통일되어 있다.

근로인민대중의 민족주의가 옹호하고 실현하는 자주성은 온갖
예속과 구속을 반대하고 자기 운명의 주인으로 살며 발전하려는 성
질인 것만큼 남에 대한 예속을 배격할 뿐 아니라 남을 지배하는 것

도 허용하지 않으며 자기 운명의 주인으로서의 권리를 옹호할 뿐만 아니라 남의 자결권을 침해하는 것도 반대한다. 따라서 자주성에 기초하여야 자기 민족의 자주적 이익을 고수할 수 있고 다른 민족과의 친선과 협조도 강화할 수 있다.

민족통일에 이바지하는 민족주의의 기능과 역할은 어디에 있을까?

그것은 두 가지로 요약할 수 있다고 본다. 그 하나는 민족 자주성에 기초하여 주체를 강화하는 것이며 다른 하나는 민족적 주체의 역할을 높이는 것이다.

조국 통일의 주체는 조선민족이며 나라의 통일을 위한 운동은 민족적 주체의 운동이다. 민족적 주체의 준비 정도와 역할에 따라 조국통일의 승패가 좌우되게 된다. 사회적 운동에서는 주체의 자주적 요구가 높고 그것을 실현할 수 있는 창조적 능력이 마련되면 주체의 자주적이며 창조적인 투쟁을 통하여 운동을 승리적으로 전진시킬 수 있다. 주체를 강화하고 그 역할을 높여야 사회적 운동에서 승리할 수 있다는 것은 사회변혁의 중요한 진리이다.

진보적 민족주의는 민족적 주체를 강화하고 그 역할을 높이는 사상 이론적 및 방법론적 기초로 된다. 다시 말하여 진보적 민족주의에 의거할 때 민족적 자주성에 기초하여 주체를 강화하는 문제도 그 역할을 높이는 문제도 성과적으로 해결할 수 있다.

민족적 주체를 강화하기 위해서는 두 가지 문제를 풀어야 한다.

그 하나는 민족의 주체를 형성하고 그 결합수준을 높이는 것이며 다른 하나는 민족적 주체의 의식수준을 높이는 것이다.

민족통일을 위한 투쟁은 사회주의냐 자본주의냐 하는 투쟁이아니라 외세의 간섭을 완전히 배제하고 민족적 자주권을 실현하기 위한 해방투쟁이며 민족내부의 불신과 대결을 청산하고 민족적 단합을 위한 애국투쟁이다. 따라서 민족통일의 주체를 형성하는 데서는 북의 사회주의와 남의 부르주아 민족주의자를 구분하는 것이 문제로 되는 것이 아니라 애국자와 매국자, 통일세력과 분열세력, 민족자주세력과 외세의존세력을 가르는 것이 문제로 된다.

3. 남·북 철학자의 통일 문제 대담[14]

참석자:	이삼열(숭실대 교수/사회철학)
	박승덕(북한 사회과학원 원장/주체철학)
때:	1992년 7월 11일 오전 11시
곳:	뉴욕 롱아일랜드 호프스트라 대학
	(북미주 기독학자 회의 개최 장소)
기록, 정리:	최긍열 중앙일보 기자

남·북한 유엔 가입으로 국제적인 관심을 모으고 있는 한반도 통일 문제가 지난 2월에 남·북한 간「화해와 불가침 및 협력, 교류에 관한 합의서」를 채택함으로써, 새로운 국면을 맞이하고 있다. 또 국내의 정세도 한반도의 통일 분위기 조성에 일조하고 있다. 이와 함께 북한의 대한 핵사찰 문제가 한반도 통일과 관련 중요한 이슈로 등장하고 있는 가운데 통일의 구체적인 시기도 논의되고 있다. 북미주 기독자회 26차 연례대회에 남·북한 대표단의 일원으로 참가한 이삼열 교수(숭실대, 사회철학)와 박승덕 교수(북한 사회과학원 원장, 주체철학)의 대담을 통해 한반도 통일과 관련한 문제들을 점검해본다. 〈편집자 주〉

---

14 이 글은 북미주기독학자회가 주최한 26차 대회(1992년 뉴욕)에 남·북의 기독자들이 참석하였을 때 미주판「중앙일보」가 대담을 기록 정리하여 7월 14일자 신문에 보도한 내용이다.

합의서, 통일의 큰 전기

이삼열 교수: 지난 2월 남·북한 당국은「화해와 불가침 및 협력, 교류에 관한 합의서」를 채택, 남·북이 평화롭게 공존하면서 화해와 통일을 모색할 수 있는 토대를 마련했습니다. 이에 관한 남쪽의 대체적인 분위기 '환영'이라고 보입니다. 합의서 채택에 관한 북한의 학자 또는 보통사람들의 시각은 무엇입니까?

박승덕 교수:「합의서」나「비핵화 공동선언」채택은 조국이 통일로 가는 과정에 있어서 전향적 의의가 있는 커다란 사건이라고 봅니다.

이 합의서를 통해 7·4공동성명의 3대 원칙을 재확인하고, 남·북 사이의 관계가 나라와 나라 사이의 관계가 아니라 통일을 향해 나아가는 도상에서 잠정적으로 이루어진 특수 관계라는 사실을 확인했다는 의미를 지닙니다.

여기에서 중요한 것은 남·북한 관계의 존재하는 장애들을 극복해나가며, 합의서 내용을 최대로 실천하는 일입니다. 따라서 북의 학자나 일반 인민 대중들은 합의서 채택을 크게 환영하며, 합의서의 귀중한 정식을 실천을 위해 열심히 노력해 나가겠다는 자세를 견지하고 있습니다.

이: 통일을 위해서는 정치·군사적인 문제를 잘 해결하는 한편, 인도적인 차원에서 문화·학술 교류가 균형 있게 진행되어야 한다고 생각합니다. 그런데 합의서에는 "당분간 휴전협정을 지속시킨다"는 내용을 포함하고 있습니다.

이 휴전협정은 남·북의 군사적 대치 또는 군비 경쟁을 중단시키는 데에는 한계를 갖고 있습니다. 따라서 남·북이 신뢰 관계로 나아가기 위해서는 휴전협정을 평화협정으로 대치시켜야 할 것으로 봅니다. 남쪽에서는 북한이 남침을 하지 않고, 핵무기를 포기하는 등 평화롭게 살 수 있는 자세를 보여야 하지 않느냐, 또 경제적·인도적 교류가 어느 정도 성사되어야 통일이 진전되지 않겠는가 하는 의견이 많습니다. 한 마디로, 남북합의서 실천의 핵심적인 문제는 정치·군사적 문제와 협력교류에 관한 문제라고 볼 때, 이러한 고리를 어디서부터 풀어가야 한다고 보시는지요.

총부터 겨루고 교류 힘들어

박: 정치군사적 문제와 협력 교류의 문제는 동시대 추진되어야 하는 사안입니다. 그런데 협력 교류를 하려고 해도 쌍방이 군사적으로 대치하고 있는 조건에서 긴장이 풀리지 않고서는 협력 교류가 잘 될 수 없다고 생각합니다. 따라서 정치·군사적 문제의 해결을 뒷전으로 밀면서 협력 교류만 주장한다면 합의서의 실천은 어렵다고 봅니다. 서로 총부리를 겨누면서 교류하자는 것은 모순입니다.

이: 합의서가 채택됨으로써, 양쪽의 통일 방안이나 통일에 대한 추진은 다소 뒤로 미루어진 느낌을 갖습니다. 북쪽의 '고려연방제방안'과 남쪽의 '한민족 공동체 통일방안'이 각각 합의서의 실천과 어떻게 연결되고 어떻게 통일로 나아가는지에 대해 궁금해 하는 사람들이 많습니다. 또 남·북 간 통일 방안의 차이점도 지적해주시지요.

박: 합의서의 실천을 통해서 화해하고 교류 협력을 강화해 나아가는 과
정이 곧 '1민족 1국가 2제도 2정부'에 기초한 통일실천 과정과 일치
한다고 봅니다. 따라서 먼저 합의서 단계가 있고, 다음에 연방국가를
창립하는 단계가 있다고 따로 구분할 것이 아니라 하나의 전체적인
과정으로 봐야 합니다. 남쪽의 '한민족 공동체 통일방안'은 흡수통일
의 도구를 실현하려는 것으로 생각 됩니다.

이: 그런 점에서 있어서 남과 북의 시각 차이가 있습니다. 남쪽에서는 오
히려 북쪽의 연방제가 1국가를 지향, 사회주의 흡수통일을 목표로 하
는 것이 아닌가 하는 의구심을 갖고 있습니다. 남한 정부 측의 주장에
따르면 체제연합을 목표로 하는 '한민족 공동체 통일 방안'은 2체제 2
정부 2국가를 인정, 자본주의와 사회주의를 공존시키면서 민족의 공
동이익을 보장하는 공동체 형성을 지향하는 것이라고 합니다.

박: 두 개의 국가로 된다면 그것은 남남이라고 봅니다. 서로 다른 국가
로 남아 국가 사이의 거래라면 그것은 본질적으로 민족 통일이 아니
라고 할 수 있습니다. 남쪽에서 북의 통일 자체를 의심하는 것은 이
론적으로 볼 때, 북이 계급우선 주의 입장에 있다고 보기 때문입니
다. 그러나 북은 민족의 이익을 계급적 이익보다 더 중요하게 생각하
고 있습니다.

이: 박 교수께서 이번 북미주기독자회에서 발표한 통일 방안은 민족 통
일 후 그 다음 단계로 제도적 통일을 하는 2 단계 통일 방안이라고 보
입니다. 그렇다면 시기적으로 봐서, 민족 통일 후의 제도적 통일은

언제로 예상하고 있습니까?

박: 연방제 통일이 실현되어서 각종 교류가 이루어지면 반세기에 걸쳐 조성된 남·북한의 이질성은 극복될 것입니다. 그런데 독일 통일의 경우를 비추어 볼 때, 제도적 통일이 이루어지는 역사적 시간을 짧게 잡는 것은 현실적으로 적당하지 않습니다. 연방제 통일에서 제도적 통일까지 걸리는 시간을 너무 짧게 보지 말고, 이 제도적 통일을 다음 세대에 넘기자는 것이 북의 입장이며, 이에 관해 김일성 주석의 천명이 있었습니다. 일단 연방제 통일을 이룬 후, 일정기간 두 제도의 장단점을 파악, 그 중 하나를 선택할 수 있는 기회를 제공하는 것이 합리적이라고 봅니다.

이: 남쪽에는 1천만 명에 달하는 기독교인이 있습니다. 남한의 기독교인들은 북쪽 방식으로 통일이 될 경우 기독교는 없어지는 것이 아닌가 하는 의심합니다. 이러한 점에 있어서, 주체사상이 과연 기독교와 공존가능한가 하는 것이 초미의 관심사로 등장합니다.

기독교와 주체사상 공통점

박: 무신론이냐 유신론이냐 하는 기준으로 다른 사상을 파악하는 것은 일면적입니다. 신 존재의 유무로 문제를 구별하면 접촉하고 대화할 수 있는 기초는 없어집니다. 보다 중요한 것은 어떠한 사상 조류든지 그것이 인간의 운명을 개척하는 데 있어서 어떤 의의가 있고, 어떤 역할을 하는가 하는 것입니다. 곧 어떤 사상의 평가에 있어서 중요한

것은 그 사상의 목적과 사명 그 사상이 내포하고 있는 이상에 대한 문제입니다.

기독교 사상의 근본 목적과 이상이 인간의 해방이라고 생각해볼 때, 주체사상의 기독교와 많은 공통점이 있습니다. 기독교와 주체사상이 근본 목적과 이상이 같은 조건에서는 얼마든지 공존할 수 있고, 대화할 수 있습니다. 또 기독교와 주체사상은 목적 이외에도 그 내용에서도 많은 공통점을 갖고 있습니다. 예를 들면 사랑과 평화, 사회정의와 평등, 영생, 애국 애족 등입니다.

이: 주체철학과 같이 인간의 이성을 중시하는 철학은 철학사 속에서 많이 발견됩니다. 서구의 '합리주의'를 그 한 예로 들 수 있습니다. 또 맑스주의 안에서도 그람시나 루카치처럼 인간의 의식이나 실천능력을 중요하게 여기는 흐름들이 있습니다. 주체 철학은 이러한 여타 사상과 비슷한 일면을 보이면서 때로는 인간 중심, 민족 중심, 민중 정신이라고 다양하게 주장하고 있어 어느 것을 기초로 하고 있는지 구분해 어려움이 있습니다. 철학사적 맥락에서 주체철학을 어떻게 자리매김 할 수 있을지 궁금합니다.

박: 지적하신대로 이성 중심의 철학사조는 과거에도 있었습니다. 대부분이 관념론인 이들, 이성중심의 철학들이 말하는 '주체'는 '주관', 곧 의식을 말합니다. 이들 관념론들은 주체와 주관을 동일시합니다. 그러나 주체철학에서 말하는 주체는 '가장 발전된 물질적 존재'로, 의식을 의미하는 '주관'과 구분된다는 점에서 있어서 주체철학은 유물론의 전통을 계승하고 있습니다. 주체철학은 존재와 사유의 관계가 아

닌 주체와 객체 관계 속에서 철학 체계를 전개합니다. 이남과 서방 세계에서는 주체사상을 단순히 민족주의로 오해하는 사람들이 있는 것 같습니다. 인간의 존재 형태는 크게 개인과 집단으로 나누어지며, 집단은 또 계급, 민족, 인류로 구분될 수 있습니다. 여기에서 지난 시기의 부르조아 철학은 개인의 의식을 중심으로 했으며, 맑스주의는 계급을 중시했습니다.

그러나 주체사상은 역사의 주체를 노동 계급 하나가 아니라, 노동 계급을 포함한 전체 인민대중으로 본다는 점에 있어서 부르주아 사상과 맑스주의와 구별되는 차이점이 있습니다. 또, 주체사상은 자주성과 창조성을 가진 주체가 모든 문제를 결정한다는 기본 입장 속에서 민족의 문제는 민족의 주체가, 인류의 문제는 인류의 주체가 결정한다고 보기 때문에 단순한 민족주의와는 구분됩니다.

민족의 이익이 계급에 앞서

이: 주체로서의 근로인민대중은 사회 구성체에 따라 다를 수 있습니다. 근로인민대중의 범위는 어떻게 규정하고 있습니까?

박: 자본주의 사회에서의 근로인민대중은 자본가에게 고용되어 있으면서 사회주의 사상을 지지하는 사람이라고 할 수 있습니다. 따라서 여기에는 지식인도 포함될 수 있습니다.

이: 통일을 위해서는 계급보다는 민족주의가 더 강조돼야 할 것입니다. 민족주체를 확립한다는 데는 남·북이 같이 할 수 있다고 봅니다. 그

런 점에서 민족 내부의 이질적 요소나 계급적 대립은 가급적 공존할 수 있는 방향으로 노력해야 할 것입니다. 그런데 좀 전에 인민대중이라고 할 수 없는 정주영 씨와 김우중 씨가 북한과 접촉한 적이 있습니다. 그렇다면 이것이 근로인민대중이 아닌 사람과도 북한이 협력할 수 있다는 것을 암시하는 것인지, 민족주체 확립을 위해서 '반공 인사'와도 대화할 수 있다는 의지의 표현인지, 이와 관련해서 민족 통합의 가능성을 어떻게 전망하십니까.

박: 민족주체 형성의 유일한 기준은 '민족을 사랑하고 또 나라를 사랑하는가' 하는 점입니다. 이런 견지에서 일말의 민족적 양심을 가진 사람이라면 민족 주체의 편으로 편입해야 합니다.

이: 남한의 운동권에서는 맑스주의에 입각한 운동 논리를 발전시켜 왔습니다. 또 근간의 학생운동권은 주체사상을 적극 수용하는 경향도 보이고 있습니다. 박 교수님의 발표 논문을 보면서 주체사상과 남한의 학생운동권의 논리 전개에는 다소 이견이 있음을 발견할 수 있습니다. 박 교수께서는 남한의 운동권을 어떻게 평가하고 있습니까?

운동권, 주체사상 오해

박: 주체사상과 맑스주의에 대한 남한 운동권의 수용 역사가 짧아 이에 따른 여러 가지 오해가 있는 것 같습니다. 맑스주의를 창조적으로, 비판적으로 볼 수 있는 능력이 부족하면 교조적으로 암송하는 오류를 범합니다. 남한에서는 맑스주의의 자로 주체사상을 재단하려는

경우가 있어 오해를 낳고 있습니다. 예를 들어 주체사상은 유물론적, 변증법적 철학인데 관념론과 형이상학으로 잘못 이해되고 있습니다. 또 주체사상은 단순히 존재론일 뿐만 아니라, 존재론과 과학적으로 이해된 가치론을 결합하고 있는데, 남한 운동권에서는 철학은 존재론으로만 대해야 하고, 가치론은 철학의 대상이 될 수 없다고 주장하고 있어 주체사상의 가치론을 관념론으로 오해하고 있습니다.

이: 북한에 대한 핵사찰 문제가 세계적인 관심사가 되고 있습니다. 북한의 평화통일 의지를 의심하고 있는 남한의 많은 보통 사람들을 위해서라도 북한의 핵에 대한 모든 것을 공개해야 된다고 생각합니다. 북한의 핵에 대한 입장은 어떤 것입니까?

핵개발 능력 없다

박: 북의 기본 입장은 '핵을 개발할 의사도 없고, 능력도 없다'는 것입니다. 더구나 같은 민족을 멸살시킬 수 있는 핵무기 개발은 상상도 할 수 없는 일입니다. 남한에서는 핵무기의 동수사찰을 제기하고 있는데 이는 정의의 원칙에 어긋납니다. 이남이 북의 몇 배 되는 핵시설과 핵무기를 갖추고 있으면서 똑같은 수의 핵무기 사찰을 하자는 것은 부당합니다. 따라서 북에서는 상호 전면 동시 핵사찰을 주장하는 것입니다.

IV. 희년맞이 남·북 교회의 대화(1995 WCC 교토협의회)

1. 남·북 교회 대표의 교토 논쟁[15]

이번 교토회의(3월 28~31일)는 WCC가 주최하였지만 사실상 이 회의는 희년을 맞는 남·북 기독교회의 만남이었다. 이번 8월에 남·북 그리스도인들의 만남과 예배가 과연 이루어질 것인가는 아직 미지수이지만, 판문점에서 예배가 이뤄진다 하더라도 이번 교토회의만큼 많은 시간을 가지고 토론할 수 있는 여유는 없으리라 생각한다. 나는 아마도 교토회의가 1995년 희년에 이루어진 남·북 기독교와 그리스도인들의 매우 중요한 만남으로 기록되어야 하지 않을까 생각되어, 이 회의를 보고 겪은 대로 인상적인 장면들을 낙수(落穗)로 적어볼까 한다.

교토회의는 회의를 주최한 세계교회협의회 측에서 본다면 1984년 도잔소회의 이후 10년에 걸친 '한반도의 평화와 통일을 위한' 세계교회의 노력과 수고의 한 결실이라는 성격을 띠고 있다. 1986년의 1차 글리온 회의, 1988년의 2차, 1990년의 3차 글리온 회의 이후에 5년 만에 열린 이번 교토회의는 사실상 앞서 열린 회의들의 전통과 축적 위에서 이루어진 열매였다. 물론 그 사이에 남·북의 기독교가 만날

---

15 희년맞이 남·북 교회의 만남과 대화를 위해 세계교회협의회(WCC) 국제문제위원회(CCIA)가 주최하여 1995년 3월 28~31일, 일본 교토 간사이 세미나하우스에서 "한반도 평화와 통일을 위한 제4차 기독교 국제협의회"가 열렸다. 이 글은 한국기독교교회협의회(NCCK)의 기관지에 실은 필자의 희년 칼럼으로, 교토 대회의 내용을 상세히 보고했다.

수 있는 길을 트기 위하여 미국·캐나다·일본·독일 교회들이 여러 차례 해외에서 주선한 만남과 화합들이 자양분이 되었던 것도 사실이다.

그래서 남·북 그리스도인들의 만남은 이제 어색하지 않았다. 몇 차례 서로 만난 적이 있는 대표들 사이에선 자연스럽게 포옹하는 것이 상례처럼 되었고, 거리낌 없이 조그만 선물과 책들을 주고받는 것이 이상하지 않았다. 1980년대 후반에 처음 만났을 때만 해도 남·북 기독자들 사이엔 호기심과 경계심이 적지 않았다. 마치 화성에서 나 온 사람을 보는 듯이 서로의 거동을 감격과 흥분을 감추지 못한 채 살피면서 말을 제대로 걸지 못했다. 어떤 목사님은 저들이 진짜 교인들인가를 살피기 위해, 기도할 때 눈을 살며시 뜨고 북쪽 사람들이 정말 눈을 감고 기도하는지를 살폈다고 한다.

그러나 이젠 함께 찬송을 부르며 기도하는 것이 너무나 자연스럽고 당연했다. 칠골교회 담임목사인 유병철 목사의 설교는 평범하면서도 은혜스러운 말씀이었다. 빌립보서 2장 1-5절을 읽고 "주님의 겸손한 마음으로"라는 제목으로 하신 말씀은, 나귀를 타고 입성하신 예수님의 겸허한 자세, 제자들의 발을 씻기신 겸손한 자세, 하나님의 자리에서 인간으로 내려와 종의 신세가 되신 주님의 겸손을 배워서 주님께서 기뻐하실 남·북 교회의 합의문을 만들어야 한다는 것이 요지였다.

마침 예배 시간이 세 번 있었는데 한 번은 체코의 신학자 온드라(Ondra) 교수가, 나머지 한 번은 남한 측에서 강신석 목사가 인도했다. 온드라 교수는 마태복음 14장 22-23절과 그 밖의 다섯 본문을 읽고, 주로 두려움을 극복하자는 말씀을 전했다. 물 위를 걷던 베드로도 바람이 불자 두려움 때문에 가라앉았다. 결국 두려움은 외부에 있는 것이 아니라 마음속 내부의 적이 문제라는 말씀은, 남·북의 적대 상황을 극복치 못하는 두려움을 지적한 말씀으로 모두에게 감명을 주었다. 강신석 목사는 창세기 33장 1-12절을 본문 말씀으로 하여 야곱과 에서의 만남을 비유로 남·북 교회의 만남과 만남 선물로 비전향 장기수들을 돌보아야 한다고 했는데 역시 은혜스러운 말씀이었다.

남·북의 기독교 대표들이 이렇게 함께 찬송을 우렁차게 부르고, 성경 공부를 하고 기도를 드리며 성찬을 나누는 것, 이것만으로도 희년의 만남은 중요한 의미를 갖는다고 생각한다. 이제까지 남·북 교회의 만남은 주로 이런 상징적 의미가 강했고 또한 거기에 만족한 것이 사실이다. 그러나 이번 교토회의는 실질적인 남북 관계의 현안 문제들을 거리낌 없이 솔직하게 토론했다는 점에서, 그리고 갈등과 긴장의 토론과 협상과정을 거치면서 합의문을 이끌어냈다는 점에서 진일보한 만남과 회의였다고 생각한다.

나는 우선 첫날 북조선 교회의 발제에서, 강영섭 위원장이 "통일 희년을 성취하기 위한 교회의 과제"라는 14페이지에 달하는 긴 유인물을 낭독하는 것을 듣고, 북조선 측에서 이번 회의에 상당한 관심과 준비를 해가지고 왔구나 하는 생각을 가졌다. 그 전 회의들에서 한 북쪽의 발제와는 성격이 달랐다. 의례적 찬사나 상징적 의미부여 수준을 넘어, "우리는 희년을 이렇게 이해하며, 희년을 성취하기 위해서는 이러이러한 일들이 이루어져야 한다"고 단도직입적으로 나왔다.

하나님께서 제정해주신 희년은 종말론적 계시가 아니라 모든 것이 본래의 모습으로 회복되는 데 그 참의미가 있습니다. 이런 의미에서 우리가 선포한 통일 희년은 인위적으로 갈라진 강토와 민족의 혈맥을 다시 잇고 반만 년의 유구한 력사와 찬란한 문화를 자랑하면서 단란하게 살아온 민족이 본래의 참모습을 되찾는 공고한 평화와 통일을 이룩하는 것입니다.

강 위원장은 이렇게 희년의 의미를 신학적으로 정치적으로 정의했다. 그러면서 그는, "통일 희년을 성취하려면 해놓은 일보다 해야 할 일이 더 많으며, 탄탄한 대로가 아니라 앞길을 막는 걸림돌을 뽑아내고 가시덤불을 헤치면서 나가야 할 어려운 길을 함께 가야 한다"고 강조했다.

그는 이런 전제 위에서 1995년 희년의 해에 특히 해야 할 과제로, '8·15 50돌 경축 민족대축전'에 북남 해외동포 기독교인들이 함께 참가하여 통일기원 공동예배를 드리자는 것과, 국가보안법 등의 반통일적 법을 폐지하자는 것, 비전향장기수―김인서, 함세환, 김영태―를 인도적 차원에서 가족에게 송환할 것, 정전협정을 평화협정으로 바꾸고 새로운 평화 보장체계를 수립할 것, 한반도를 비핵 평화지대로 만들어 핵문제를 근원적으로 해결할 것 등을 들었다.

여기에 대해 박종화 목사가 발표한 남한교회의 발제는, 항목에서는 대동소이했으나 '상호주의'를 적용시킨 것이 달랐다. 희년 공동예배, 남북합의서 실천, 한반도의 비핵지대화, 평화협정 체결 등은 북쪽의 주장과 별 차이가 없었다. 단지, 국가보안법 폐지 문제와 인도주의 문제에서는 상호주의적 요구를 첨가시켰다. 즉 남쪽의 국가보안법과 함께 북쪽에 현존하는 법적, 제도적 장애요인의 제거를 요구했고, 비전향 장기수의 송환과 함께 북에 있는 남한의 납북자 송환에도 함께 노력하자고 주장했다.

이제 문제는 분과토론과 전체토의에서 이들을 어떻게 조정하여 합의를 이끌어내어 성명서나 합의서를 만들어내느냐에 있었다. 먼저 구체적인 논의와 쟁점들을 찾기 위해서 두 개의 분과로 나누어 토의를 하고 그 결과를 전체회의에서 보고받고, 수정을 거친 뒤 다시 분과에서 합의를 만들도록 했다. 그러나 거듭되는 분과의 종합토의에서도 양측의 주장들은 팽팽히 맞섰으며 타협이 이루어지지를 못했다. 남·북 양측에서 이견과 대립이 표현된 입장들은 대체로 다음과 같은 것들이었다.

우선 이제까지 남·북 교회와 그리스도인들이 주장해온 여러 가지 내용들이 남북합의서에 포괄되어 있기 때문에, 합의서의 이행과 실천에 모아져야 한다는 데는 이견이 없었다. 그러나 남쪽 대표들은 이를 실천하기 위해 특히 현 단계에서 강조되어야 할 사항으로, 3조에 명시된 상호비방과 중상을 중지할 것, 5조의 현 정전협정 상태를 더욱 공고한 평화의 상태로 전환시키기 위해 당사자 간에 평화협정이 맺어져야 한다는 것과, 이 당사자에는 남한이 반드시 포함되어야 한다는 것, 그리고 18조에 명시된 인도주의적 원칙의 적용과 이산가족의 재회·재결합이 남·북 양측에서 이루어져야 한다는 것이었다.

여기에 대해 북쪽의 대표들은 우선 남북합의서가 남쪽에서 비준되지도 않았기 때문에 조항이나 문구를 들어 따지는 것은 못마땅하다는 태도였으며, 국가보안법 같은 대화와 교류, 통일을 억압하는 법률이 있는 한, 합의서는 실천될 수 없다는 주장이었다. 합의서가 채택된 뒤에도 남측에서는 대규모의 전쟁 연습과 외세 간섭이 있었다는 것, 남측 당국이 핵무기를 가진 자와는 악수할 수 없다고 하면 서 대화를 중단시켰다는 것, 그래서 합의서 이행 이전의 원점으로 돌아갔는데, 그나마 최고위급 회담으로 회복될 뻔하다가 김 주석의 서거로 실패했는데, 남측 정부가 서거 발표 후 30분도 못 되어 비상 경계령을 내리고 조문 탄압을 해서 지금 심각한 관계로 악화된 것이 문제라며, 황시천 국제부장이 속에 있는 말을 토해냈다. 결국 핵심 은 남북합의서의 실천에 걸림돌인 국가보안법과 안기부법을 폐지하 고, 이 법이 막고 있는 인도주의적 권리를 실현시켜, 수십 년간 감옥 살이를 한 비전향 장기수들을 가족에게 돌려줘야 한다는 것이었다. 그리고 날조된 간첩조작 사건들을 밝히고 이를 조작한 안기부를 해 체하라는 것이었다.

여기에 대해 남측 교회 대표들도 가만히 있지는 않았다. 국가보안 법도 문제지만 북한의 사회안전법이나 노동당 규약도 문제이니 함 께 개폐작업을 해야 한다는 것과, 억울하게 억류되어 있는 자들이 북 쪽에도 있다며 여러 가지 예를 들었다. 고기잡이하다 영해 침범으로 납북되어 아직도 남쪽으로 돌아오지 못하는 동진호의 선장과 선원 들, 유럽에서 납북된 것으로 알려진 교사 고상문 씨, 그리고 나중에 는 누군가 '엠네스티의 발표에 의하면 북에 정치범이 2만 명이나 있 다고 합디다'란 말까지 나왔다. 이렇게까지 되자 분위기는 무거워졌 고, 북쪽 대표들의 불편해진 심기가 노출되기 시작했다. 그건 다 남 조선의 조작이며, 동진호 이야기는 들어본 바도 없다고 부인했다.

이런 식으로 선문답이 오가고, 감정 섞인 말들이 오가자, 외국 사 람들이 개입해 들어왔다. 전체회의나 분과에서 계속 합의되지 못한 사항들을 주장만 되풀이하는 것은 능률적이지 못하니 남·북 양측에서 대표를 내어 합의문을 만들기로 하고 회의를 정회하기로 했다. 그러나 작은 방에 옮겨앉은 나를 포함한 협상 대표들은 논쟁을 계속해야 했다. 결국 해결이 나지 않아, 우리 측에선 인도주의 원칙과 희년의 정신으로 양측에 구속되고 억류된 자들을 석방하고 송환하는 데 양 교회가 함께 노력하자는 전제하에, 북쪽 형제들은 비전향 장기수들의 송환을 요구했고, 남쪽 형제들은 납북된 어부들의 송환을 요구했다고 사실 대로 쓰자고 했다. 그러나 북쪽의 황시천 국제부장은 비전향 장기수 3인은 북에서 요청할 뿐 아니라 남에서도 알고 인정하지만, 동진호 선원들은 남에서만 주장할 뿐 북에서는 전혀 인정할 수가 없다는 것이다.

이렇게 상반된 주장과 입씨름이 계속된 지 두어 시간 지났는데, 북측 대표 한 사람이 방금 평양으로부터 소식을 받았다며, 동진호 선원에 관한 소식을 들고 왔다. 자기들이 몰라서 평양에 문의했더니, 팩스로 답이 왔는데, 이들은 북조선의 영해를 침범한 자들로, 자기들의 잘못을 다 인정했고, 북쪽에 남고 싶다고 해서, 지금 북에서 살고 있으며, 새로 가정도 이루었기 때문에 남쪽으로 송환될 필요가 없게 되었다는 것이다. 협상을 하던 나는 여기서 머리를 한 대 얻어맞은 것 같이 아찔했다. 잠시 혼란스러웠으나 곧 마음속으로 결심이 섰다.

엄격히 여기서 '상호주의' 원칙을 적용한다면, "그러면 정말 동진호 선원들의 자의였는지 국제 조사단을 보내 확인하도록 합시다"라고 해야 했다. 그러나 우리는 여기서 한 발짝 양보하면서, 원칙적인 주장을 기록해 두는 것이 앞으로를 위해 더 좋겠다는 생각을 했다. 그래서 아래와 같은 문안을 만들어 제시했다.

참석자들은 한반도의 북과 남에서 인도주의 원칙을 철저히 구현할 것을 촉구하면서 비전향 장기수 김인서, 함세환, 김영태 노인들을 희년의 해에 가족이 있는 고향으로 돌려보내 주도록 당국에 요청하기로 하였다.

이 밖에도 희년의 정신은 모든 구속된 자의 석방을 의미하기 때문에 분단과 대결로 인해서 양측에 부당하게 억류되어 있는 모든 피해자들의 조속한 석방과 송환을 위해 공동으로 노력할 것을 합의했다.

이 문안으로 가까스로 합의에 도달했다. 정회한 지 세 시간이나 지나 분과회의로 다시 모였다. 협상안이 통과되는 듯싶었는데, 다른 대표가 나서서 "양측에 부당하게 억류되어 있는"이라는 표현을 받아들일 수 없다는 것이다. 문안 중 "양측"이란 말을 계속 고집하면 자기들은 짐 싸들고 돌아갈 수밖에 없다고 협박까지 했다. 그렇게 하룻밤이 또 지났다.

그러면서 협상 제안이 들어왔다. "양측에 부당하게 억류되어 있는" 대신에 "한반도에서 부당하게…"로 고치면 어떠냐 하는 것이다. '한반도'라면 남·북을 다 의미할 수 있지 않느냐는 것이다. 여기서 우리 측 대표들은 몹시 고민스러웠다. "양측에…있는"이라는 표현은 북쪽 대표들이 감당하기 어렵다는 표정이었다. 그러나 우리 측은 '상호주의' 원칙 때문만이 아니라, 우리가 남한에서 분단의 피해자로 구속된 자들을 석방하는 운동을 하려고 해도 "양측"이란 말을 넘어야 힘 있게 할 수 있다고 호소했다. 마지막 협상을 하기 직전에 NCCK 통일위원들이 다시 모였다. 여기서 회의를 깰 수는 없으니, 한 걸음 더 양보하면서 타협안을 만들어보기로 했다. 최종적으로 "한반도의 양쪽에 있다면"으로 완화시키는 방법과 "한반도의 어느 곳에서나 비인도적으로 억류된 모든 피해자들"이란 두 개의 협상안을 만들었다.

회의는 이미 31일 오전 마지막 시간인데 본회의를 정회하고 양쪽에서 3인씩 협상팀이 다시 마주앉았다. 북측에서는 황시천·유병철·김남혁이, 남측에서는 강문규·박종화·이삼열이 나왔다. 드디어 타협이 이루어졌다. "한반도의 양측에 있다면"을 북측 대표들이 받아들였다. 타협안을 받아주니 우리는 너무나 기뻤다. 그제서야 서로 환한 웃음을 지으며 손들을 잡았다. 유병철 목사는 협상안에 싸인을 하면서 "제가 수표했습니다"─북에서는 서명이란 말을 '수표'라고 한다─고 외쳤다. 이렇게 합의문의 몇 문장과 몇 마디 표현 때문에 오랜 시간을 보내게 되었고, 우리는 남·북의 벽이 얼마나 두터운가를 새삼스럽게 깨달을 수 있었다.

8·15에 판문점에서 남·북 교회가 희년 공동 예배를 드리기로 하고 이것을 합의문서에 담기로 했는데, 여기서도 양측의 입장과 감각의 차이가 노출되었으며, 상호 타협을 통해 합의문을 작성하게 되었다. 원래 우리 측 안은 '1995년 평화통일 희년 공동 예배에 관한 남·북 교회의 합의문'이었다. 그러나 북측 안은 "'995년 통일 희년 축전을 위한 공동 합의문'이었다. 내용에서도 우리 측은 희년 공동 예배에 초점을 맞추었는데, 북측은 범민족적인 통일축전의 일환으로 희년공동예배를 드리자는 것이었다.

예배의 날짜도 우리는 8·15 광복절 행사의 혼잡을 피하고, 또 주일에 보는 것이 좋겠기에 8월 13일 주일 오후 3시로 못을 박아 제안했으나, 북측은 '8·15 희년 공동 예배'라고만 하고 날짜는 추후에 결정하자고 했다. 우리는 범민족적인 통일 축제를 함께하면서 예배를 드리게 되면 더욱 좋겠지만, 통일 축제가 어려워지더라도, 남·북 교회가 합의한 희년공동예배는 어떤 일이 있어도 함께 드리도록 하자고 주장했다. 물론 이 모든 것은 양측 정부 당국의 허가 여부에 달린 것이지만, 우리 교회들로서는 미리 합의해놓고, 당국에 교섭을 벌이자고 했다. 이 점에서는 기도하면서 북조선의 대표들도 순순히 호응했다.

기자회견을 할 때, 어느 기자가 강영섭 위원장에게 혹시 장기수 송환이나 국가보안법 폐지 같은 조건이 충족되지 않으면 판문점 예배가 이루어지지 못하는 것 아니냐고 물었는데, 강 위원장은 "50년 만에 함께 예배를 본다는데 무슨 조건이 있겠느냐?"면서, 송환은 희년에 한 번 해보자는 것이고 예배는 이와 관계없이 추진하겠다고 했다. 준비회담도 5월 중에 하자고 했고, 북측에서 먼저 준비회담의 날짜와 장소를 제의해달라고 하니까, 그렇게 하겠다고 대답했다. 강 위원장의 적극적인 대답으로 보아 희년공동예배는 실현될 수 있지 않을까 생각된다. 남·북 양측에서 어려움이 없겠느냐고 물으니, 강 위원장은 "잘 해결되리라고 믿는다. 남쪽에서도 김영삼 대통령이 장로인데, 예배야 허락해주지 않겠느냐?"고 했다.

이번에 참석한 유병철 목사님을 통해서 그 분이 담임하고 있는 칠골교회에 대해 소식을 들은 것도 하나의 수확이었다. 칠골교회는 평양의 서쪽 광복거리에 있는 아파트 입주자 5만 세대를 대상으로 세워졌다. 물론 칠골교회는 오랜 전통을 지닌 '하리교회'가 허물어진 자리에 세워졌다고도 한다. 하리교회는 1899년에 창립된 교회로, 당시 주소는 "평안남도 대동군 용산면 하리 칠골"로 기록되어 있다고 한다. 김일성 주석의 어머니 강반석 씨의 생가에서 약 500미터 떨어진 곳에 있었는데, 강반석 씨가 다니던 교회였으며, 김 주석도 12세

때에 이 교회를 가본 적이 있다고 기록되어 있다고 한다. 전쟁 때 완전히 파괴되었지만, 붉은 벽돌로 지어진 교회였는데, 옛날에도 한 300명이 모이던 큰 교회였다고 한다. 김대희 목사, 임현달 목사 등이 교역자로 봉직했다고 한다. 현재는 교인이 약 90명 쯤 모이는데 대부분이 노인들이고, 40대 젊은이가 한 10퍼센트 정도 된다고 하니 아마 그 이하의 젊은이들은 없는 것 같다. 그래도 장로가 넷이고, 그 중 한 명은 여자 장로라고 한다. 현재 오경우 목사가 함께 목회를 하고 있다고 한다.

그러나 "지금은 마가의 다락방과 같은 작은 교회입니다"고 말하며 유병철 담임목사는 겸손한 표정을 지었다. 나는 북에서 인쇄된 성경전서 한 권을 유 목사님에게서 받았다. 혼자 보기는 너무 귀한 것이어서 내가 다니는 현대교회로 증정해달라고 부탁했다. 그는 "칠골교회 담임목사 유병철"이라고 수표해주었다. 우리 교회는 이를 강단에 놓고 통일될 때까지 북의 교회와 민족 통일을 위해 기도하기로 했다. 남한의 그리스도인들에게 처음 모습을 나타낸 칠골교회와 그 목사님, 이것도 희년맞이 교토회의가 가져다 준 적지 않은 귀중한 선물이었다.

2. 통일 희년을 성취하기 위한 교회의 과제
(조선그리스도교련맹 강영섭)[16]

나는 오늘 세계교회협의회와 여러 나라 민족 단체 대표들과 이처

---

[16] 이 글은 1995년 교토에서 열린 WCC 교토협의회에 참석한 조선그리스도교련맹 위원장 강영섭 목사의 연설문이다.

럼 자리를 같이하고 조선의 평화와 통일을 휘한 우리 민족과 시대의 중대사를 토의할 수 있게 된 것을 커다란 기쁨으로 생각하면서 이러한 기회를 허락해주신 하느님께 감사와 영광을 돌립니다.

나는 이 뜻깊은 자리에서 나라의 평화와 통일을 위한 우리 인민의 노력과 활동에 전적인 지지와 성원을 보내주고 있으며 이번에 네 번째로 조선의 평화와 통일에 관한 문제를 토의하는 모임을 주관하고 있는 세계교회협의회 임직원 여러분들과 이 회의에 참석해주신 대표 여러분들에게 조선기독교도련맹 중앙위원회와 공화국의 전체 기독교인들을 대표하여 심심한 사의를 표시합니다.

또한 어렵고 복잡한 환경 속에서도 조국통일을 성취하기 위하여 민족의 십자가를 지고 굴함없이 싸우고 있는 남녘의 여러 성직자들과 교우 형제분들에게 굳은 연대성과 뜨거운 동포애적 인사를 전하는 바입니다.

(중략)

존경하는 대표 여러분, 올해는 우리 모두가 조선 통일의 원년으로 되기를 그처럼 바라고 기다려온 '통일 희년'입니다.

우리 기독교인들이 선포한 '통일 희년'은 하느님께서 제정해주신 '희년법'에 준한 것입니다.

"오십 년이 되는 이 해를 너희는 거룩한 해로 정하고 너희 땅에 사는 모든 사람들에게 해방을 선포하여라. 이 해는 너희가 희년으로 지킬 해이다"(레 25:10).

하느님께서 제정해주신 희년은 종말론적 계시가 아니라 모든 것이 본래의 모습을 회복하는 데 그 참 의미가 있습니다. 이러한 의미에서 놓고 볼 때 우리가 선포한 '통일 희년'은 인위적으로 갈라진 강토와 민족의 혈맥을 다시 잇고 반만년의 유구한 역사와 찬란한 문화를 자랑하면서 단란하게 살아온 민족이 본래의 참 모습을 되찾는 공고한 평화와 통일을 이룩하는 것입니다.

우리는 이미 '통일 희년'에 대한 성서적 근거를 충분히 연구하고 그에 기초하여 '통일 희년' 성취를 위한 행동지침을 공동으로 마련하고 그 실현을 위하여 함께 걸어왔습니다.

돌이켜 보건대 세계교회협의회가 도잔소회의를 마련한 때로부터 어언 10여년이 흘러갔으며 조선반도의 평화와 통일을 위해서 많은 일을 해놓았습니다.

이 기간에 3차에 걸치는 글리온회의가 소집되었으며 특히 제2차 회의에서는 '글리온선언'을 채택하고 1995년을 '통일 희년'으로 선포하였습니다.

또한 제3차 글리온회의에서는 그 실현을 위한 '희년5개년공동사업계획'을 채택하였습니다.

글리온회의들에서는 조국 통일의 3대원칙을 재확인하고 조선의 북과 남의 두 체제를 인정하고 통일국가를 세울 데 대한 문제, 모든 외세를 배제하며 북남 사이에 불가침선언을 채택하고 군비를 축소하며 군사적 대결과 긴장 상태를 격화시키는 대규모의 군사훈련을 중지할 데 대한 문제, 통일을 위해 활동하다가 투옥된 인사들을 모두 석방할 데 대한 문제, 북과 남의 민간급 접촉과 상봉의 장애요인으로 되는 모든 법률과 제도를 폐지할 데 대한 문제를 비롯하여 조선의 평화와 통일을 위한 원칙적인 문제들을 천명하고 그 실현을 촉구해왔습니다.

이 기간에 미국 전국기독교교회협의회에서는 '조선의 평화와 통일에 대한 정책성명'을 발표한 데 이어 조선의 평화와 통일, 조미관계개선을 위하여 적극적인 활동을 많이 벌렸습니다.

재일대한기독교회총회에서는 조선의 평화와 통일에 관한 기독교인 도쿄회의를 4차에 걸쳐 진행하였으며 중요한 결의들을 채택하였습니다.

그리고 일본기독교협의회와 카나다련합교회 등 세계 여러 나라 교회들에서 나라의 평화와 통일을 위한 우리 인민의 노력에 아낌없는 지지와 성원을 표시하면서 적극적인 연대활동을 벌려왔습니다.

참으로 우리들은 1995년을 '통일 희년'으로 삼고 그 실현을 위하여 서로 협력하면서 멀고도 어려운 길을 함께 걸어왔습니다.

그러나 아직도 '통일 희년'을 성취하려면 해놓은 일보다 해야 할 일이 더 많으며 우리들이 걸어가야 할 길은 탄탄한 대로가 아니라 앞길을 가로막는 걸림돌을 뽑아내고 가시덤불을 헤치면서 나가야 할 어려운 길입니다.

우리는 이 길에서 유리한 조건은 옳게 이용하고 어려운 조건은 서로 힘을 합쳐 뚫고 나가야 합니다.

지금 비교적 조선의 평화와 통일에 유리한 국제적 환경이 조성되고 있다고 볼 수 있습니다.

국제적으로 냉전체계가 허물어지고 특히 지난해 10월 21일 제네바에서 조선민주주의인민공화국과 미국 사이에 역사적인 기본합의문이 채택 발효됨으로써 조선의 평화와 통일을 이룩해나가는 데 유리한 국면이 마련되고 있습니다.

그럼에도 불구하고 조선반도에는 비정상적인 분단 상황이 반세기가 되어오도록 지속되고 있을 뿐 아니라 북과 남 사이의 대결과 긴장상태는 더욱 격화되어가고 있습니다.

1940년대에 시작된 조선의 분열이 1990년대 중반기에 들어선 지금까지 지속되고 있는 것은 민족의 자주성의 견지에서 보나 세계의 평화와 안전의 견지에서 보나 '희년법'의 견지에서 보나 도저히 허용될 수 없는 역사의 비극입니다.

정의와 평화를 사랑하며 진리를 따르는 기독교인들이 조선민족의 불행의 화근이며 세계의 평화와 안전에 대한 잠재적 위협으로 되고 있는 조선반도의 비정상적인 분열을 끝장내고 참다운 평화와 통일이 이루어지도록 힘쓰는 것은 믿음, 사랑, 소망 속에서 사는 기독교인의 본분이며 우리 교회들의 중대한 과제로 됩니다.

나는 '95 통일 희년'을 허락하신 하느님의 역사 속에서 우리 교회들이 올해를 통일조국을 창조하는 데서 역사적인 해로 빛나게 장식하는 데 적극 이바지하게 되리라고 확신합니다.

지금 조선의 북과 남, 해외의 온 겨레가 올해에 조국통일의 새로운 국면을 열어놓으려는 일념을 안고 거족적인 투쟁에 과감히 떨쳐나서고 있습니다.

올해 1월 24일 공화국의 정당, 단체들은 연합회의를 열고 올해의 뜻깊은 8·15에 판문점에서 해내외의 동포들이 한자리에 모여 조국해방 50돌을 전민족적으로 성대히 결축할 것을 발기하고 3월에는 '조국해방 50돌 경축 북측준비위원회'도 결성하였습니다.

민족적 화해와 단합을 도모하고 통일의 돌파구를 열어나가는 데서 올해 8·15 판문점 대축전은 중대한 의의를 가집니다.

조국해방 50돌 통일대축전은 반세기의 분열 역사에서 처음으로 열리게 되는 민족적 화해와 단합, 통일의 대광장입니다.

8·15 50돌 민족대축전은 해내외의 온 겨레들이 전민족 대단결의 기치 밑에 한사람 같이 떨쳐일어나 민족분열의 역사에 종지부를 찍고 통일을 앞당겨오는 데서 역사적인 계기로 될 것입니다.

우리 연맹과 공화국의 전체 기독교인들은 뜻깊은 올해 8·15 50돌 경축 통일대축전에 적극 참가하여 축전을 빛나게 장식할 것입니다.

우리 북, 남, 해외 동포기독교인들이 판문점 축전에 함께 참가하게 되면 이 기회에 통일기원공동예배도 볼 수 있을 것입니다.

우리 동포기독교인들이 제 나라, 제 땅에서 만나게 되는 것은 글리온 3차 회의에서 합의한 '희년5개년공동사업계획'에도 부합되는 것입니다.

우리가 8월의 대축전장에 자리를 같이하며 판문점 8·15 통일기원 공동예배를 성과적으로 개최하려면 우리의 앞길에 놓여있는 걸림돌들을 제거하여야 합니다.

이것은 지나간 통일운동 역사의 심각한 교훈이며 오늘 현실이 잘 보여주고 있기 때문입니다.

지금 조선민족의 화해와 단합, 통일을 가로막고 있는 실질적인 장애물은 남조선의 '국가보안법'과 '안기부법'과 같은 법률적 차단물입니다.

국가보안법에 대하여 말한다면 한마디로 이 법은 반민주적이고 반민족적이며 반통일적인 성격을 노골적으로 드러내놓고 있는 것입니다.

이 법은 동족을 적으로 규정하고 북과 남 사이의 접촉과 대화를 차단하며 자유로운 통일 논의와 통일 운동을 범죄시하는 수단으로 되고 있습니다.

성서에는 자기 형제를 미워하는 자는 누구나 다 살인자라고 하였는바(요일 3:15) 국가보안법은 한 핏줄을 이은 동족을 미워하는 정도가 아니라 적으로 규정하고 처형하는 살인법입니다.

국가보안법은 초보적인 인류도덕 관계마저 완전히 유린 말살하는 법입니다.

한 가정 안에서 서로 다른 사상과 정견, 신앙을 가지고 산다고 하여 부모처자, 형제자매들 사이의 혈육관계를 단절하고 적으로 된다는 규례는 세상에 없습니다.

하물며 민족 안에 서로 다른 사랑을 신봉하며 각이한 정견과 신앙이 있게 되는 것은 극히 자연스러운 이치이며 인민들의 신성불가침의 권리입니다.

이것은 오늘의 현실이며 시대의 흐름입니다.

그런데 유독 남조선의 '국가보안법'만이 이 현실과 시대의 흐름을 역행하고 있습니다.

(중략)

미 국무성에서도 지난해 8월 특별성명을 발표하여 국가보안법의 개정 및 철폐를 요구하였으며 미국의 고위당국자들도 국가보안법을 철폐하는 것이 미국 정부의 공식입장이라고 거듭 확언하면서 그 폐지를 주장하고 있습니다.

이와 같이 국가보안법과 안기부는 우리 민족의 통일염원에 전적으로 배치되며 낡은 시대의 유물로서 응당 제거되어야 합니다.

오늘 조선반도에서 전쟁 위험을 막고 진정한 평화와 안전을 보장하기 위하여서는 조선민주주의인민공화국과 미국 사이에 정전협정을 평화협정으로 바꾸고 새로운 평화보장체계를 수립하여야 합니다.

이와 함께 조선의 북과 남 사이의 첨예한 군사적 대치상태를 해소하기 위하여 외세와 야합하여 벌리는 각종 명목의 군사연습과 군사적 도발을 중지하고 점차적으로 무력축감을 실현하여야 합니다.

조선반도의 항구적인 평화를 보장하기 위하여서는 이 지역에서 핵문제를 종국적으로 해결하고 비핵 평화 지대로 만드는 것이 필요합니다.

여기에서 중요한 문제는 조미기본합의문이 성실히 이행되도록 하여 이 지대의 핵문제를 근원적으로 해결하는 것입니다.

나는 세계교회협의회와 모든 회원, 교단 단체들이 앞으로도 조선의 평화와 통일에 유리하게 광범한 국제여론을 확산시키며 조선의 통일을 촉진하기 위한 여러 가지 지속적인 연대활동을 벌려줄 것을 바랍니다.

당면하여 세계교회협의회가 조선의 평화와 통일을 가로막는 장애요인들에 대한 실태를 현지에 와서 구체적으로 이해하고 사실 그대로 세계의 각국 교회와 언론계에 통보해줌으로써 그것을 제거하는 데 실질적인 기여를 하여줄 것을 희망합니다.

또한 조선의 통일 문제에 직접적인 책임이 있는 유관국가의 교회와 단체들은 당국의 대조선 정책을 변경시키고 조선의 자주적 평화통일 실현에 긍정적으로 나설 것을 촉구하는 여러 가지 연대활동을 벌려줄 것을 호소합니다.

세계교회협의회와 여러 나라의 교회와 단체들은 당면하여 조선통일의 실질적인 장애물인 국가보안법과 안기부를 철폐하며 비전향 장기수들인 김인서, 함세환, 김영태 노인들이 '희년'인 올해에 가족 친척들이 기다리는 고향에로의 송환을 정식 촉구하여 반드시 실현시켜줄 것을 바랍니다.

나는 끝으로 모든 대표들의 적극적인 참여로 이번 회의가 조선의 평화와 통일을 실하는 데서 중요한 결실을 가져올 역사적인 회의로 되리라고 확신합니다.

감사합니다.

V. 북한교회의 실상과 선교의 길
(1995 LA 희년선교대회)[17]

1. 공식 교회의 입지를 강화시켜야

북한 선교를 어떻게 할 것인가? 선교와 전도에 온갖 열정을 바쳐 온 한국교회는 북한 선교를 추진하기 위해 여러 가지 움직임을 벌이고 있다. 그러나 막상 북한선교라는 개념이 무엇이며, 어떤 방법을 통해 어떤 단계를 거쳐 북한 선교를 추진할 것인가라는 데 대한 체계적 논의나 전략의 구상은 보이지 않고, 막연한 열정과 의지만 굳게 갖고 있는 것이 현실인 것 같다. 어떻게 되든 우선 조직체부터 만들고 돈부터 모으자는 것이 많은 북한 선교 단체들의 생각과 행태가 아닌가 싶다. 어떤 단체에서는 이미 북한의 군단위 면단위까지 교회를 건립한다는 계획을 세워놓고 어느 지역은 누가 맡고 어느 지역은 어느 교단이 맡아 교회를 짓는다는 전략까지 수립했다고 들었다.

선교란 지금 불가능해도, 언젠가 하나님께서 하신다는 굳건한 믿음 위에서 이런 열정이 생긴 줄 알지만, 그러나 정말 북한에 하나님의 선교가 이루어지려면 이렇게 북한의 지도에 구획을 나누어 예배당 짓는 일부터 하는 것이 바른 선교 행위인가 하는 점은 좀 깊이 생각해볼 문제다. 이런 계획은 자칫 북한 정권을 자극해서 오히려 선교의 일을 여는 데 역기능으로 작용할 가능성도 있겠기 때문이다.

---

17 이 글은 1995년 6월 미국 로스앤젤리스에서 열린 한·미 교회연합 〈희년선교대회〉에 주제발표자로 참석해 대화를 나눈 평양 봉수교회 이성숙 전도사의 증언을 중심으로 북한교회의 모습과 선교 문제를 논한 글이며, 「북한선교」 1997년 10월호에 실렸음.

이런 선교전략은 현재의 북한 정권이나 체제를 완전히 무너뜨리고, 자유주의 체제를 확립한 뒤에나 가능하든가 아니면, 정권의 감시망을 뚫고 들어가 지하에서 007작전 하듯이 몰래하는 선교를 통해서나 가능한 일이다. 그러나 현실적으로 북한보다 몇 십 배 자유롭고 통제가 허술했던 중국이나 소련에서도 비밀히 성서나 전도지를 행상꾼을 가장하여 돌리고 다닌 밀수식 선교는 가능했지만, 허가 없이 교회당을 세우지는 못했고 지하교회를 지속시키지도 못했다. 북한 주민들의 철저한 사상적 무장과 감시체계로 볼 때 이런 밀입국 형태의 선교 행위는 가능하지도 않고 또 바람직하지도 않다고 생각한다.

더구나 예수 그리스도를 믿는 신앙행위가 법률적으로 철저히 금지된 핍박의 시대라면, 목숨을 걸고라도 성서를 안방에까지 투입시키는 게릴라식 선교전법이 의미가 있을지 모르지만, 오늘과 같이 경미한 정도나마 합법적인 공간이 마련된 상황에서는 이 테두리 안에서 가능한 여건을 최대한 활용하면서 선교행위를 펼쳐나가야 하며, 차츰 차츰 합법적인 공간을 넓혀가는 지혜로운 방법을 써야한다고 본다. 이것이 기독교가 오랜 역사 속에서 많은 국가와 체제들로부터 박해를 받으며 선교를 수행한 경험에서 얻은 교훈이었다.

그러면 현재 북한의 기독교는 어떤 형편에 있으며 북한의 교회와 선교를 돕기 위해서는 어떤 활동과 사업이 바람직한 것일까? 현실을 무시한 선교 계획이나 전략은 무모한 작전이 되기 쉽기 때문에 그 입지적 조건과 토양을 정확히 파악하고 이해하는 것이 필수적 과제이다. 북한선교에 앞서 북한의 정치적, 사회·문화적 틀이 어떻게 주어졌는지, 어떤 가능성이 우선 제도적 틀 안에서 주어졌는지, 그리고 현재의 북한교회와 그리스도인들은 어떤 정체성을 가지고 있는 사람들인지를 먼저 파악하고 분석하는 것이 선교 전략을 세우기에 앞서서 선행되어야 한다.

무엇보다도 우리에게 중요한 판단은, 현재 북한에 존재하는 기독교도련맹과 교회라는 조직체를 어떻게 인식하고 이해하는가이다. 북한의 기독교도련맹은 물론 김일성 정권이 분단 이후 공산주의 체제를 수립하면서 기독교 교회의 조직과 세력을 친미반동적인 세력으로 몰아 분쇄하고 난 뒤, 친사회주의적 기독교인들을 집결시켜 기독교 세력을 대체시키려 한, 친정부적 기독교 단체였다. 여기에 김일성의 외삼촌 강양욱 목사(어머니 강반석씨의 오빠)가 처음부터 주도적으로 참여하고 오래 위원장을 역임한 것을 보면 그 성격을 알 수 있다. 기독교 신앙을 사회주의 이념과 체제하에 종속시키며, 자본주의적이며 제국주의적인 요소를 척결하는 친위부대적 기독교 조직으로 재편한 것이었다. 북한에 있던 대부분의 기독교인들과 목사들은 여기에 반대하여 월남을 했거나 순교를 했으며, 사회주의를 이해하고 용납했던 몇몇 교회지도자와 추종자들만이 이 조직에 가담했다.

그래도 1950년 6·25전쟁까지는 많은 교회와 신도들이 북한에 남아있었는데, 6·25전쟁 이후에는 신앙을 지키려던 기독교인들이 많이 순교하고, 많은 분들이 월남하여 교회의 집회가 허용되지 않아 사실상 기독교도련맹만 있고 교회는 없는 무교회시대가 70년대 중반까지 20여 년간 흘러왔다. 그러다가 여러 가지 정세의 변화로 주일날 가정에서 예배드리는 가정교회들이 생겨나고, 가정예배를 인도할 교역자들의 양성을 위해 평양신학원이 생겨나고, 사회주의 체제에서 교육받고 자란 세대들이, 처음으로 종교교육과 신학 훈련을 받아 목사, 전도사가 된 것이 70년대 후반이다. 지금은 평양의 봉수

교회와 칠골교회가 공식으로 인정된 교회로 있고, 장충성당이 가톨릭교회로 존재하며, 그밖에는 500여 곳의 가정교회와 1만 여 명의 신도들이 있다는 것이 북한교회의 공식 통계이다.

북한의 기독교도련맹이 통제하는 교회들과 신학원, 가정교회들이 진짜 기독교인들일까 하는 의심을 남한에선 많이 하고 있다. 남·북 기독자들의 모임 때 남한의 어떤 목사님은 북한에서 오신 분들이 기도할 때 정말 눈을 감고 기도하는가를 손을 가리고 눈을 떠서 살펴보고 나서야 기독교인들 같다고 말한 적이 있다. 그러나 누가 진짜 그리스도인이며 아닌지를 판단할 사람이 어디에 있을까? 북의 그리스도인들과 만나고 대화해보면 분명 우리와는 다른 생각과 믿음에 관한 해석을 하고 있는 것은 사실이지만, 이를 가짜라고 단언할 근거와 자신은 발견할 수 없다. 앞으로 우리는 북한의 그리스도인 형제들과 교회들이 어떤 믿음의 체계를 가지고 어떤 희망과 관심을 가진 교인들이며 교회인지를 면밀히 파악하고 이해할 필요가 있다.

왜냐하면 이들 공식적인 교회와 교인들의 수가 작고 연약하지만, 이들 외에 지하에 우리가 생각하는 진짜 교인들이 다수 있을 것이라는 가정은 현실적으로 기대하기 어려우며, 또 설사 어느 부분 인정한다 하더라도 우리는 합법적 공간과 공인된 기독교 조직을 선교에 활용하며 토대로 삼는 것이 올바른 길이기 때문이다. 이것은 많은 논란을 할 필요가 없이, 러시아나 중국의 교회들이 그랬고 동구나 회교권의 교회들이 같은 경험을 보여주었기 때문이다. 물론 현재 공인된 교회들은 매우 연약하며, 어용성이 강하고 이데올로기적 편협함이 있는 교회들이다. 그러나 하나님께서는 역사 속에서 이런 연약하고 자율성이 적은 교회들을 통해서도 항상 선교의 역사를 보여주셨다. 그런 점에서 우리는 현재의 북한의 교회 조직과 인물들 형편을 존중하면서 그들의 입지를 강화시켜주고 그들과 협력하면서 선교 전략을 수립하는 것이 매우 중요한 원칙이 되어야 한다고 생각한다.

2. 봉수교회 리성숙 전도사의 간증

북한교회를 구성하고 있는 목회자들과 기독교도련맹의 간부들은 어떤 사람들일까, 어떤 경로를 통해 그렇게 억압적인 북한의 상황에서 예수를 믿는다고 나섰으며, 전도를 해보겠다고 애쓰고 있는가? 이들은 모두 정권의 비호를 받으며, 외국에다 기독교의 존재를 소개하고 과시하기 위해 동원된 위장 기독교인들은 아닌가? 철저하게 사회주의나 주체사상으로 무장되고 예수 믿는 시늉이나 내며 기독교 신자를 가장하는 정치꾼들이 아닌가? 봉수교회에 매 주일 300명쯤의 신도들이 모이는데, 이들은 외국에서 방문객이 올 때만 동원되는 위장 신도들이 아닌가? 이렇게 의심하는 분들도 있다.

그러나 필자의 경험과, 그동안 여러 차례 북한의 교회 대표들과 만나고 회의를 해본 체험으로는, 그들을 가짜로 위장된 기독교인이라는 라벨을 붙일 자신이 없다. 혹 개중에는 정부나 노동당이 교회를 감시하기 위해 교회나 교도련맹 쪽으로 파견한 사람들도 있는 것은 사실인 것 같다. 남·북 기독자회의에 지도원이라는 직함을 가지고 참석하는 분들 가운데는 좀 예수 믿는 사람들의 냄새가 나지 않는 분들이 있다. 이들은 곧잘 기도도 하고 진지하게 예배도 드리지만 우리나라 교인들 같은 분위기가 전혀 없다. 어떻게 예수를 믿게 되었느냐고 물으면, 계면쩍은지 "믿으려고 노력합니다", "예수님은 민족과 조국의 평화를 위해 노력한 분이니까 믿어야지요?" 정도로 얼버무리는 분들도 있다.

그러나 북한의 기독교인들을 모두 이런 사람들로 본다는 것은 큰 잘못이다. 가정교회에 모이는 신도들, 이 분들 중에 특혜를 받아 봉수교회나 칠골교회에 나오는 대부분의 신도들은 해방 전에 열심히 예수를 믿던 분들이나 그들의 가족, 자녀, 친척들인 경우가 많다. 이들이 70년대에 들어와 약간 자유 분위기가 생기자 고리짝 속에 몰래 감추어두었던, 일제시대 성경 찬송을 꺼내놓고 가정예배를 드리면서 시작된 것이 가정교회였다. 노동당이나 정부에서 위장 교회를 만들려면 이렇게 몰래 숨어서 예배드리는 지하교회부터 만들 필요가 없다. 지금 70세가 넘은 노인들은 이런 신도들인데, 해방 후 세대가 교인이 된 30대, 40대, 50대의 신도들은 어떻게 예수를 믿게 되었을까? 이 점이 늘 궁금하던 차에 나는 1995년에 로스앤젤레스에서 미주 한인 장로교총회가 주최한 〈평화통일 희년 선교대회〉에 강사로 갔다가, 북한교회 대표자들을 몇 분 만나게 되었는데, 그분들 중의 한 분의 간증을 듣고 깨달음을 얻었다.

북한 기독교도련맹의 대표들은 남북기독자회의가 있을 때마다 항상 위원장 강영섭 목사를 비롯해 서기장 고기준 목사(별세), 국제부장 황시천 목사, 봉수교회 담임 리성봉 목사, 칠골교회 담임 유병철 목사, 김운봉 목사, 그리고 평신도로 교도련맹의 간부인 엄영선 씨, 김남혁 씨, 리철 씨, 김형덕 씨, 김혜숙 씨(통역 겸), 주체사상 전문가로 민중신학에 관심을 가진 학자 박승덕 박사 등등의 인물들 중에서 번갈아가며 3~4명, 4~5명씩 나오곤 했다. 이 분들의 성향과 발언들은 몇 번 들어 대체로 어떤 신앙인들인가 알 것 같다. 가족들을 통해 믿게 되었거나, 가정교회에 우연히 나가게 되면서 호기심에서 믿게 된 분들이 대부분이다. 물론 정치적인 목적이 곁들여 믿고 교도연맹에서 일하게 된 분들도 있는 것 같다. 그러나 전혀 연고가 없이는 북한에서 기독교인이 된다는 것은 힘든 일이다. 기독교를 믿는다는 것 자체가 노동당원이 될 수 없고, 출세를 할 수 없다는 조건에서 선택해야 하는 일이기 때문이다.

그런데 95년 희년선교대회에 미국으로 온 북한교회 대표단에는 이색적인 여성대표 한 분이 있었고, 이 분이 감동적인 신앙간증을 했는데, 봉수교회에 여전도사로 있는 리성숙(당시 47세) 씨였다. 이 분은 아주 외형적으로 보기에도 예수 믿는 냄새가 물씬 나는 분으로, 딱딱한 교도련맹 대표들과는 분위기가 달랐다. 정치색이 전혀 나지 않는 순수한 크리스천의 인상을 강하게 풍겨주었다. 이 분의 간증을 들어보니 이유가 설명되었다.

1948년 7월 17일생인 리성숙 씨는 평안북도 농림군에서 출생해 두 살까지는 부모님과 함께 살았다고 한다. 두 살 때 아버지가 평양으로 의학공부를 하기 위해 어머니와 함께 이주하면서 두 살배기 성숙 씨는 할머니한테 맡겨져 시골에서 그대로 자라게 되었다. 그런데 이 할머니는 독실한 기독교 신자였다. 할머니는 성숙 씨를 업어 기르다가 어느 날 동네 목사님에게 가서 유아세례를 받게 했다. 그러고는 날마다 성숙 아기를 품에 안고 기도했다. 할머니의 남편은 광산 노동자였는데 일제 때 광산이 무너져 일찍 돌아가셨다고 들었다. 할머니는 손녀딸 성숙 씨에게 늘 말했다고 한다. "할머니 같은 불행한 운명을 당하지 않으려면 예수를 잘 믿어야 하고, 그러면 좋은데 시집가서 잘 살게 된다"는 말을 귀에 못이 박히도록 들었다. 그러면서 등에 업어 재울 때는 늘 찬송가를 불러주셨는데 아직도 기억에 남는 찬송은 "하나님 아버지 주신 책은 귀하고 귀하신 말씀일세"(241장)이었다.

그런데 6·25전쟁이 터졌다. 폭격이 날로 심해지고 많은 사람들이 죽고 부상을 당하는데, 할머니는 죽어도 예배당에 가서 죽겠다고 성숙 씨를 업고 예배당으로 들어갔다. 그러나 그만 예배당도 폭격이 되면서 무너지는 바람에 할머니는 허리가 부러지는 부상을 당했다. 할머니는 오래 누워서 앓다가 결국 돌아가시고 말았다. 할머니를 잃은 성숙 씨는 고모에게 맡겨져 다섯 살까지 살다가 공부를 마치고 의사가 된 아버지와 어머니가 계시는 평양으로 옮겨왔다. 평양으로 온 성숙 씨는 어린 시절 내내 다시는 교회에 갈 수가 없었고 할머니의 찬송 소리도 들을 수가 없었다. 교회에 가고 싶었지만 물어보면, 미국 놈들이 전쟁을 일으켜 많은 동포들을 폭격으로 죽이고, 예배당까지 불태워 없어졌다고 했다. 그동안 교육을 통해 기독교는 미제국주의자들이 가져온 종교이기 때문에 그에게도 차츰 혐오감이 생겼고, 교회는 전부 없어졌다니까 그런 줄 알았다.

그러나 어려서 귀에 박힌 할머니의 찬송과 기도소리는 잊히지 않고 쟁쟁하게 들려왔다. 1970년에 성숙 씨는 대학까지 졸업하고 평양의과대학을 나온 의사와 결혼해 행복하게 살게 되었다. 2년 동안이나 임신을 못해 고민했는데 어느 날 꿈에 할머니가 나타나 금붕어를 보여주며 이걸 끓여먹으면 아들을 낳는다고 했다. 그 후 두 달 만에 임신을 해서 정말 아들을 낳았다. 아들을 낳고 기르다보니 할머니 생각이 더 났다. "예수만 잘 믿으면 좋은 사람이 되고 행복하게 된다"는 할머니 말씀이 귀에 쟁쟁했다. 그러던 어느 날 리성숙 씨는 친구의 집에 놀러갔다가 옆방에서 이상한 소리를 들었다. 가느다랗게 찬송가 소리가 들리는데 어렸을 적에 할머니한테서 자장가로 듣던 찬송소리였다. 깜짝 놀라 친구에게 물으니, 얼마 전부터 가정예배를 주일마다 그 집에서 드린다는 것이다. 너무나 반가워 자기 할머니 얘기를 하며 예배에 참석하고 싶다는 말을 친구를 통해 했다. 그 가정예배를 보던 곳이 보통강구역에 있는 신원예배처소였고 예배를 인도하던 분은 친구의 큰아버지인 고기준 목사였다는 것이다.

이때부터 리성숙 씨는 한 번도 빠지지 않고 가정예배에 나가 성경을 읽고 말씀을 들었으며, 할머니가 그렇게 귀에 못이 박히도록 타이른 '예수를 믿는다는 것'이 무엇인지 어렴풋이 알게 되었다는 것이다. 88년부터는 평양에 봉수교회가 생겨 가정예배 대신 떳떳이 교회엘 다니니 말할 수 없이 기뻤다고 한다. 그러나 자기에게 이런 기쁨을 준 할머니의 기도와 뜻을 생각해서, 어떻게 하면 많은 북조선 사람들이 예수를 믿을 수 있을까를 걱정하기 시작했다. 마침내 리성숙 씨는 평양신학원에 가기로 결심했다. 3년간 공부하고 졸업한 뒤 전도사가 되었다. 북한에서 기독교 복음을 전하는 것이 대단히 어렵다고 한다. 자기는 이런 체험이 있지만 대부분의 사람들에겐 기독교가 좋다는 것을 설명하기 어렵다고 했다.

리성숙 전도사는 북한의 인민들이 매우 기독교적으로 살고 있다는 선전적 간증도 했다. 꽃다운 처녀들이 노동현장에서 사고를 당한 부상청년들, 눈이 먼 청년들에게 자원해서 찾아가 결혼을 한다는 것이다. 김일성 주석과 김정일 장군에 대한 찬사도 잊지 않았다. 그러나 리 전도사의 간증을 전체적으로 들으면 우리는 북한의 교회와 신도들의 형편을 많이 짐작할 수 있고, 북한에서의 선교가 어떻게 이루어질 수 있는가를 상상해볼 수가 있다.

3. 서독 교회의 동독 선교 방식

필자는 리성숙 전도사의 간증과 여러 북한 그리스도인들의 간증 내지는 설교와 기도를 들으면서, 북한의 교회와 신도의 수는 극히 미약하지만, 대부분 교회를 찾는 신도들은 기독교 신앙을 간절히 사모하는 진실한 교인들이요, 결코 정부나 당이 호의적이지 않는 제한된 상황에서 믿음을 지키려는 신앙의 용사들이라는 것을 느끼게 되었다. 그들은 교회에 다니는 사람들이 북한 사회에서 출세를 포기하고 기관의 눈총을 받으면서도 예수 그리스도의 복음에 희망을 걸기 때문에, 어렵지만 교회에 다닌다고 때로는 눈시울을 붉히며 말하기도 했다. 우리는 오히려 핍박과 수난기에 기독교 신앙이 단련되고 강인해지는 경우들을 역사에서 많이 보았다. 일부의 위장된 요원들이 북한교회 안에 있다 하더라도 이것만 보면 안 된다. 이런 감시와 통제 속에서도 신앙을 지키려고 눈물을 흘리며 기도하는 가정교회의 신도들을 생각하며 북한교회를 상상해야 한다.

북한교회의 이런 현실을 인정하면서 북한 선교를 어떻게 수행해야 할까를 생각해보면, 과거 동독이나 동유럽, 소련의 기독교를 서구의 교회들이 어떻게 도우며, 선교적 사업들을 해왔는지를 참고해볼 필요가 있다. 북한은 이제 겨우 동유럽의 공산국가들이 60년대 이후 평화공존시대에 허용했던 만큼의 신앙의 자유를 허용하기 시작했기 때문이다. 스탈린주의의 공산권에서는 기독교를 탄압하고 박멸시키려고까지 했지만, 흐루쇼프 시대 이후 평화공존 정책을 내걸고 나서는, 사회주의 체제 내에 적응하는 기독교를 허용하는 정도의 종교 정책을 썼다. 그래서 사회주의 내에서의 교회(Church in

Socialism)라는 패턴이 형성되기도 했다. 이제 80년대 이후에 달라진 북한의 종교 정책은, 교회를 말살하고 탄압하던 정책에서, 북한 사회주의 체제 내에서의 교회와 신앙의 자유를 허용하는 데로 전환된 데 불과하다. 이 시기의 동구권 선교 정책은 체제 내에서 적응하고 있는 공식 교회를 무조건 돕고 지원하여 그들의 역량과 입지를 강화시키는 것이었다. 어용적 측면이 있어도 그 안에서 기독교 신앙이 유지될 수 있고 언젠가 변모할 수 있는 싹이 자라기 때문이다.

필자는 특히 60년대 말에서 80년대 초까지 13년을 독일에서 유학하고, 독일교회 사회선교부에서 일한 경험을 통해 서독의 교회가 분단시기에 동독의 교회를 어떻게 도와왔는지를 관찰할 기회를 가졌다. 우리나라의 분단 상황과는 물론 많이 달랐지만 서독의 교회는 동독의 공식 교회의 유지와 존속을 위해 참으로 많은 일들을 했다. 결코 공산주의 체제 속에 영합하고 있는 동독의 교회를 비난하거나 헐뜯지 않았으며, "어용이다", "가짜 교회다"고 비웃지 않았다. 서독처럼 종교세금도 받지 못하고, 종교교육도 학교에서 시킬 수 없는 극도로 제한적으로 허용된 신앙의 자유와 교회의 활동공간 속에서 어렵게 유지되는 교회와 목회자들을 도우려고 노력했다.

동·서독 분단 이후 서독엔 기독교 신자 수가 가톨릭까지 합쳐 98%에 이르렀지만, 동독에선 점점 줄어 20~30% 정도에 머물렀다. 그러나 이들도 교회세가 아닌 자유헌금만 냈기 때문에 교회들은 빈약해서 목사의 월급을 최소한도의 노동자 봉급의 수준으로 감당하기도 어려웠다. 그래서 동독에서의 목사들은 프롤레타리아 중의 프롤레타리아란 별칭을 들어야 했다. 물론 동독교회는 예배당을 짓는 것은 물론이고 건물을 수리하거나 유지하는 것조차 불가능했다. 돈도 없었지만 건축자재를 구입할 때 당의 허가를 얻어야 하는데 교회당 건물에 자재배정을 해주질 않았다. 그래서 동독의 교회당들은 유리창이 깨지고, 난방을 못하고, 보수를 못했다. 더구나 교회들이 가지고 있었던 병원들과 양로원 등의 인건비를 댈 수 없어 문을 닫아야 할 경우들이 많았다.

그러나 분단 직후부터 교회를 가르지 않고 하나의 교회를 유지해 왔던 독일의 교회는 베를린 장벽이 막힌 후, 제도상 두 개의 동·서독 교회로 나뉘었으나, 정신적으로 신앙적으로 하나의 교회라는 의식을 굳게 유지했다. 여러 가지 행사와 선교대회를 같이 개최하기도 했지만, 무엇보다 동독교회의 물질적 고통을 나누어진다는 태도를 견지했다. 동독의 목사들의 월급을 도와줄 수는 없었지만, 목회활동비란 명목으로 자동차와 유류비를 부담했다. 그리고 많은 선교활동 프로그램에 재정지원을 했고, 동독의 교회당 건물을 수리하고 개조하는 비용을 부담했다. 그리고 교회 병원의 기자재라든가 간호원들의 훈련비용 등 동독의 교회가 하는 사회봉사활동(Diakonia)은 무엇이든지 국가가 허락하는 대로 도와왔다. 사실상 동독의 교회가 공산권 가운데서도 가장 착실하고 강한 교회로 유지될 수 있었던 것은 서독교회의 지원과 협력의 덕이었다고 할 수 있다.

그뿐만 아니라 서독의 개교회들은 거의 모든 교회가 동독의 개교회 하나씩과 자매결연을 맺었다. 편지와 격려문들을 교환하고, 종교서적을 보내고, 상호 방문이 이루어졌으며, 크리스마스와 부활절 때는 집집마다 동독 교우들을 위한 선물꾸러미를 만들어 모아서 보냈다. 이런 명절 때면 동독의 각 지역 교회로 가는 서독 교우들의 크리스마스 선물들이 여러 대의 기차로 운반되곤 했다. 이 속엔 옷과 음식, 과자들뿐 아니라, 소설이나 철학책들이 들어있기도 했다. 독일이 통일된 이후에 발견된 것으로는, 이렇게 들어간 서독의 책들이 동독인들이 바깥세상을 알고 의식을 깨우치는 데도 크게 기여했다는 것이다.

서독의 교회는 분단시기 내내 동독의 교회를 하나의 민족교회로 생각하며, 있는 그대로의 연약한 교회가 원하는 방식으로 도우며 선교의 동역자가 되기를 원했다. 결코 다른 지하교회를 구축하려고 시도하지 않았으며 비밀 전도단을 파견하지도 않았다. 그러나 이렇게 체제 속에 영합하는 것 같던 연약한 동독의 교회와 그리스도인들이 1989년에 라이프치히의 니콜라우스 교회당에서 모인 월요기도회에 수십만이 참가해 촛불시위를 벌여, 공산 독재체제를 무너뜨리고 민주혁명을 일으키는 진원지가 되었다. 만약 서독의 교회가 동독의 교회를 이단시하고 노선이 다르다고 돕지 않고 도외시했다면, 민주화와 통일에 기여하는 동독의 교회가 되지는 못했을 것이다.

북한교회의 역사와 현재 상황은 물론 동독의 교회와는 많이 다르다. 그러나 우리는 그 구조적 유사성에 주목하면서 북한선교와 북한의 교회를 어떻게 도울 것인가를 진지하게 검토하며 구상해야 할 것이다. 지금 굶주리는 북한 동포들을 위한 식량보내기도, 남한의 교회들을 적십자사가 아니라 북한의 형제 교회를 통해서 보냄으로써 북의 교회를 강화시키는 전략 목표를 달성해야 한다고 본다. 그래야 통일이 되는 과정에서 북한교회가 역사적 역할을 할 수 있게 된다.

무엇보다 한국교회는 북한교회의 현실에 주목하면서 그들의 요청과 바람이 무엇인가를 귀담아 듣고 여기에 절절한 대응을 해야 한다. 때로는 정치적으로 부담스럽고 무리한 요청이 오지만, 이를 들어주고 함께 고민하는 자세를 보여주어야, 우선 남·북한 교회의 공동체의식과 일체감이 생기며, 북한선교의 토대가 마련된다. 무엇보다 남·북한 교회가 우선적으로 함께 수행해야 할 선교적 과제는 평화선교이다. 한반도에 평화로운 체제가 수립되도록 함께 기도하고, 화해의 사명을 다하고 평화교육을 실시하는 일이 시급하다. 평화체제가 수립되어야 선교 활동의 가능성도 확대될 수 있기 때문이다.

VI. 도잔소 30주년기념 WCC 국제협의회(2014 제네바)
(조선그리스도교련맹 강명철)[18]

존경하는 WCC(세계교회협의회) 올라브 트웨이트(Plav Fykse Tveit) 총무님, 여러 나라 교회에서 오신 대표님들!

저는 먼저 조선그리스도교련맹을 대신하여 주님의 평화 명령에 따라 조선(한)반도의 통일이라는 숭고한 사명에 적극적으로 헌신한 에큐메니칼 동지들의 뜻을 기억하면서, 조선(한)반도의 정의와 평화, 화해를 위한 국제협의회를 개최하여 주신 WCC 총무님과 직원 여러분께 깊은 감사를 드립니다. 또한 저는 조선민주주의인민공화국의 모든 기독교인들을 대신하여 WCC의 동료들과 조선민족의 통일을 위해 오랫동안 적극적인 연대와 지원을 해오신 여러 나라 교회들의 동지들에게 따뜻한 인사를 충심으로 전하고자 합니다.

존경하는 대표님들과 기독교 동지 여러분,

주 하나님께서 창조하신 인간 세상의 기본적인 모습은 모든 사람이 하나님의 창조 질서에 따라 평화롭게 사는 정의로운 세계였습니다. 이 세상에 정의롭고 평화로운 세계를 건설하기 위해 주님께서 성육신으로 오셨다가 값비싼 십자가의 죽음을 당하신 지도 2천 년

---

18 이 글은 2014년 6월 17~19일 스위스 제네바(보세이)에서 세계교회협의회(WCC)가 주최하여 열린 〈한반도 정의·평화를 위한 국제협의회〉에 참석한 조선그리스도교련맹 위원장 강명철 목사가 발표한 강연 내용임. 우리말로 강연했지만 영어로 배포된 강연문 Speech from Delegation of Korean Christian Federation을 필자 이삼열이 번역한 것임을 밝힌다. 도잔소 국제협의회(WCC 주최) 30주년을 기념하는 이 회의에는 남·북 교회 대표와 세계 여러 나라 지도자 등 80여 명이 참석했다. 북한에서는 서거한 강영섭 위원장의 후임으로 조그련 새 위원장이 된 강명철 목사가 처음으로 국제무대에 등단하여 발표한 강연이다.

이 더 지났습니다. 그러나 하나님께서 같은 민족으로 만들어주신 우리 조선민족이 원치 않게도 외세에 의해 북과 남으로 갈라진 지 70년이나 되었고, 말할 수 없는 고통과 불행, 계속적인 전쟁의 위협에 시달리는 조선의 분단은 아직도 지속되고 있습니다.

원래 조선(한)민족은 같은 핏줄과 땅 위에서 오랫동안 조화롭게 함께 살아온 같은 민족입니다. 우리 민족은 평화를 사랑하는 민족이요, 다른 나라를 침략하거나 다른 민족의 이익을 침범한 적이 없습니다. 더욱이 조선민족은 세계대전에 참가하거나 정복한 적도 없습니다. 그러나 조선민족은 자기들의 이익만을 좇는 강대국들에 의해 갑자기 북과 남으로 분할되었고, 70년이나 분단으로 인한 고난을 겪었으며, 인류 역사상 유례가 없는 비극을 당하고 있습니다. 이것은 주님이 창조하신 세상의 기본과는 반대되는 모습이며, 주님의 뜻이나 섭리도 아닙니다.

그래서 남조선과 여러 나라의 에큐메니칼 동지들이 조선반도의 평화와 통일이 주님께서 창조하신 세상의 기본 모습을 회복하는 성스러운 사명으로 여기면서 1984년 10월 도잔소 국제협의회를 연 이래로 지난 30년 동안 올바른 연대활동을 전개해왔습니다.

그러나 조선반도의 평화와 통일을 위한 에큐메니칼 동지들의 지속적인 노력에도 불구하고, 6·15공동선언과 10·4선언 이래 열렬히 지속되던 화해와 협력의 분위기는 국내외의 반통일 세력의 무모한 작동으로 인해 군사적 대결의 악순환과 적대감정의 분위기로 바뀌게 되었습니다.

조선의 남과 북에 있는 모든 동포들은, 민족의 고통과 수치인 분단의 비극을 완전히 종식시키고, 체제 대결의 악순환을 끊어 평화적 통일이 성취되기를 한마음으로 희망하고 있습니다.

우리 민족의 소망이요 요청인 평화적 방법의 통일을 실현하기 위해서는, 북과 남은 현재의 사회체제(social system)를 그대로 둔 채 연방의 형태(confederal formula)로 통일을 이루어야 합니다. 이 길만이 나라를 통일할 수 있는 가능한 방법입니다.

북과 남에 서로 다른 이념과 사회 제도가 있기 때문에, 양측은 자기 이념과 제도를 포기할 수 없으며, 사회 제도를 통일하자는 주장은 대립과 대결을 조장하고 평화통일을 부정하는 행위입니다.

그런데 남측 정부는 드레스덴 선언에서 조선반도의 통일을 한쪽이 다른 쪽을 먹어삼킨 독일의 방식을 따라 실현하고자 주장했습니다. 이것은 체제의 통일을 흡수통일 방식으로 하자는 주장을 공표한 것입니다. 이렇게 되면 적대적 체제 사이의 대결이 불가피하게 일어나게 됩니다.

북의 동포들을 질식시키려는 체제의 통일이라는 비현실적이며 오도된 관념이 지금 조선반도에서 조선민주주의인민공화국(DPRK)을 극도로 자극하며 위협하는 위험한 상황으로 몰아가고 있습니다. 남조선 당국은 조선민주주의인민공화국(DPRK)의 거듭된 평화 제안과 북남관계를 개선하고 평화를 보장하려는 현실적이며 관대한 방안을 순수하게 받아들이지 않고, 의도적으로 공화국을 헐뜯고 있습니다. 또한 북을 겨냥한 미국과의 합동 전쟁 훈련을 끊임없이 계속 진행하고 있습니다.

더 나쁜 것은 거짓 종교인들(pseudo-religionists)을 공화국에 잠입시켜 공화국의 제도를 무너뜨리려는 음모와 비열한 적대 행위를 저지르고 있습니다. 이들의 불법적이며 악의적인 행위는 신성한 종교를 모독함으로써 하나님의 계명의 기본적인 윤리마저도 범하고 있으며, 공화국을 적대하는 행위를 지속적으로 찾아내어 비방과 협박과 음해를 가함으로써 공화국의 모든 인민들과 기독교도들마저 격분케 하고 있습니다.

남조선 당국의 무모한 체제대결 정책으로 인해 조선반도에는 지금 최악의 상황이 벌어지고 있는 바, 북남 관계는 교착상태에 빠졌고 극도로 악화되어, 언제라도 전쟁이 터질 수 있게까지 되었습니다. 조선반도의 위급한 현실이 증명하듯이, 사회체제를 통일한다는 것은 체제의 경쟁과 대결을 의미하고, 체제의 대결은 곧 전쟁을 가져올 수 있다는 사실을 여실히 보여주고 있습니다.

주님께서 가르치셨듯이, "어느 나라든지 갈라지면 망합니다"(마 12:25). 같은 조선민족이 외세의 강요로 70년이나 분단되어 고통을 당하는 것은 참으로 안타가운 일입니다. 더구나 통일된 땅에서 함께 살아야 할 같은 동포끼리 적대하여 분단의 고통을 가중시키고 전쟁의 위험마저 확대시킨다는 것은 참으로 유감스러운 비극이 아닐 수 없습니다.

미국은 조선의 분단을 가져온 책임이 있기 때문에, 조선반도의 통일의 실현과 평화의 보장을 도와야 할 피할 수 없는 의무를 지고 있습니다.

그러나 미국은 지금 공화국을 향해 적대적인 정책을 견지하고 있고, 조선반도에서 민족 내부의 관계가 발전되고 긴장완화의 국면이 열릴 때마다 공화국에 대한 대항로켓을 발사하든가 공화국을 겨냥한 합동 전쟁 훈련을 실시함으로써, 세계 지배 전략을 목표로 하여 상황을 악화시키고 있습니다.

조선반도는 아직 실제로는 전쟁 상태에 있기 때문에, 상대방에 대한 이런 적대 행위는 곧 엄청난 파멸을 가져오는 전면적인 군사적 충돌을 일으킬 수 있습니다. 주님께서 비판하셨듯이, 이웃에게 해를 입히고(잠 14:21) 불의를 행하는 자는 자기가 행한 불의의 대가를 받게 됩니다(골 3:25). 공화국에 대한 무모한 자극행위가 강화된다면 공화국은 자기방어를 위해 대항하는 조치를 취할 수밖에 없게 됩니다. 이제 조선민족에게 분단의 고통을 준 외세가 우리 민족을 향한 전쟁을 일으키려고 하는데, 전 민족이 피해자가 될 이 전쟁의 재난을 방관하거나 허용할 수는 없습니다.

조선반도의 오늘의 심각한 상황은 우리 그리스도인으로 하여금 불의에 맞서는 정의를 올바르게 이해할 것을 명하고 있으며, 또한 정의와 평화를 실현하는 주님의 평화의 사명을 증거하는 의로운 행동을 힘차게 추진하라고 명하십니다(딤후 2:22). 나는 이 자리에 오신 여러 나라의 그리스도인들과 동지들이 긴밀한 협력을 유지해서 정의와 평화, 화해를 위한 에큐메니칼 연대 운동을 전개하는 것이 그리스도인들의 기본 의무라는 것을 더욱 절실하게 깨닫게 되길 바랍니다.

통일을 향한 길에는 많은 장애물과 어려움이 놓여있습니다. 그러나 출애굽의 역사적인 행진이 주님께서 인도하신 불기둥과 구름기둥을 거쳐서 마침내 축복의 가나안 땅에 도착했듯이, 조선의 통일을 위한 숭고한 에큐메니칼 사업은 하나님의 섭리와 주님의 은혜로 반드시 성취될 것입니다.

조선그리스도교련맹은 조선반도의 통일과 평화를 향한 운동을 여러 나라의 에큐메니칼 교회들과 연대하여 힘차게 전개할 것이며,

따라서 분단된 민족교회에 적합한 선교적 사명을 감당하도록 적극적 노력을 기울일 것입니다.

조선반도의 평화와 통일을 위한 숭고한 에큐메니칼 연대는 우리 주님께서 평화의 길로 인도하시기 때문에(눅 1:19), 또한 주님의 평화의 명령을 행동으로 증거할 의지에 충실한 에큐메니칼 동지들이 여러 나라에 있으므로, 반드시 마땅한 열매를 거두게 될 것입니다.

VII. 전쟁의 위기와 평화협정체제
(2016 홍콩 WCC 국제회의)[19]

세계교회협의회 국제위원회(WCC-CCIA)가 주최한 "한반도 평화 조약 국제 에큐메니칼 회의"(International Ecumenical Conference on a peace treaty for the Korean Peninsula)가 11월 14~16일에 홍콩에서 열려 세계교회들이 한반도의 평화체제 실현을 위해 적극적인 연대와 지원활동을 실천할 것을 촉구하는 성명서를 발표했다.

이 회의엔 미국, 캐나다, 독일, 영국, 노르웨이와 아시아 여러 나라들을 포함해 11개 국가의 교회대표들과 함께 북한교회(조선그리스도교련맹)의 대표 4인, 한국기독교교회협의회(NCCK) 대표 20여인 등 모두 58명의 교회와 기독교 연합기관(WCC, CCA, YMCA, WSCF, WCRC)의 대표자들이 참석해 2박 3일간 열 띤 토론을 전개했다.

토론에 앞서 WCC-CCIA의 Peter Prove 국장과 조선그리스도교련맹의 위원장인 강명철 목사의 발제강연이 있었고, 한국 측에선 이미 작성된 교회협(NCCK)의 평화협정 캠페인 문서를 신승민 목사가 발표한 뒤, 전문가 몇 분의 논찬이 있었다.

모든 발표와 토론들의 공통점은 70년을 끌어온 한반도의 분단과 긴장, 대결, 전쟁위협을 극복하고 평화질서를 유지하기 위해선 1953년 7월에 체결된 정전협정을 평화조약으로 대체하여, 한반도의 준전쟁 상태를 종결시키고 남·북한의 교류와 협력 신뢰회복의 길을 열어야 한다는 것이었다.

---

19 이 글은 필자가 2016년 홍콩 국제회의를 참가한 뒤 「기독교사상」 2017년 1월호에 기고한 보고문이다.

물론 북한 대표들은 미국의 대북한 적대 정책과 선제공격 위협, 참수작전 등에 대해 강렬한 비판을 제기 하였으며, 남한 대표들도 박근혜 정부의 폐쇄적이며 적대적인 대북 정책과 대화와 협상의 거부에 대해 신랄한 비판을 가했다. 북한 측에선 미국의 대북한 괴멸정책에 맞서기 위해선 핵무기 개발이 불가피했으며 미국이 오히려 비핵국가였던 북조선 공화국을 핵보유의 길로 떠밀었다고 주장했다.

한반도의 핵전쟁 위기를 막기 위해선 "북과 남이 민족자주, 민족대단결의 기치를 높이 들고, 거족적인 통일운동을 힘차게 벌려 나가자"고 주장했다.

강명철 목사는 김정은 북조선 국무위원장의 제안들을 그대로 인용하면서, 남한의 기독교인들에게 미국과 남한 당국의 대북 적대 괴멸 정책을 거두게 하고, "북과 남이 서로 존중하며, 군사적 긴장을 완화하고, 모든 문제를 대화와 협상의 방법으로 해결하면서 북남관계를 근본적으로 개선해 가자"고 호소했다. 필자는 북한교회를 대표하는 강명철 위원장의 남한 기독교에 대한 호소는 모두 동의하는 바는 아니지만, 북한 측의 입장을 있는 그대로 듣고 이해하는 것이 필요하다고 생각해 여기 발제문의 몇 구절을 그대로 인용한다. 요즘은 종편 TV에서도 북한 측의 심한 말들을 그대로 방영할 만큼 자유로우니까, 이 정도의 인용도 허락되리라 믿는다.

그러나 남측 당국은 우리의 거듭되는 평화 애호적이며 아량 있는 통일 방안들과 조치들을 위장평화공세로 모독하며, 북남 사이 대결을 산생시키는 '체제 통일'을 '통일 정책'으로 공공연히 내세우고, 미국과 함께 대규모적인 북침 합동 핵전쟁 연습과 끊임없는 군사적 도발, '북 인권' 소동, 우리를 헐뜯는 삐라 살포 등 온갖 반공화국 대결행위로 우리를 극도로 자극하며 조선반도 정세를 고의적으로 악화시키고 있습니다.

남측 당국의 동족 대결행위는 이제는 한계를 벗어나 동족 압살을 위해서는 전쟁 괴물 단지로 지탄 받고 있는 '싸드'까지 신성한 종교 성지에 끌어들여 전쟁마당으로 전락시키는 행위도 자행되고 있습니다.

오늘의 조선반도의 험악한 사태는 "평화를 이룩하기 위해 모든 것을 다 하라"(시 34:14)는 주님의 계명을 받은 우리 그리스도 교인들이 정의인, 평화인으로서의 숭고한 선교 사업을 더욱 깊이 자각하고 조선반도의 평화와 통일의 기본 장애인 미국과 남측 당국의 반공화국 적대 행위를 반대하는 운동을 더욱 과감하게 벌려 나갈 것을 절실히 요구하고 있습니다.

조선통일의 앞길에는 아직도 많은 장애와 난관이 가로 놓여있지만, 주님께서 우리를 "평화의 길로 이끌어 주시고"(눅 1:79) 주님의 평화 소명의 뜻을 실천으로 증거해나갈 의지로 충만 된 각국의 의로운 교우들이 있음으로 하여 조선반도의 평화와 통일을 위한 그리스도교 국제 련대 성업은 반드시 알찬 결실을 맺게 될 것입니다.

북한교회 강명철 목사의 발제 방향은 물론 북한 정부 당국의 주장들을 반영하고 있다. 그러나 여러 가지 성서 구절들을 인용하며 민족 자주와 평화통일의 논리를 설명하려는 신학적 노력은 분단 극복을 염원하는 남한의 신학자들이 참고하며 연구해야 할 대상이라고 생각한다.

이런 발제를 들었지만 남한 측 참석자들은 북한교회의 위치와 입장을 알기 때문에 논쟁을 하거나, 하고 싶은 질문을 다 하지 않았다. 남·북의 대결과 긴장 상황으로 볼 때, 이렇게 남·북 교회 대표자들이 제3국에서지만 한자리에 앉아서 조국의 평화통일을 위해 함께 기도하며 토의할 수 있다는 것만으로도 큰 축복이라고 생각했으며, 상대방에게 부담이 될 질문을 하는 것이 적절하지 않다는 생각에서 자제할 수밖에 없었다.

오히려 남한 측 토론자들은 북측과 생각을 같이하는 점만을 강조해주면서 공동의 입장과 노력을 지속시키는 데 관심을 가졌다. 전용호 목사, 노정선 교수, 박경서 박사, 에리히 바인가르트너가 평화협정 체결의 필요성과 대북 적대정책의 시정을 강조했고, 사드 배치 반대와 북핵문제의 해결을 위한 대화와 타협의 길을 주장했다.

필자는 북한의 대륙간 탄도탄(ICBM) 개발이 미국의 선제공격을 유도할 위험성이 있다고 지적하면서, 만약 선제공격이 일어날 경우, 한반도는 불바다로 파멸될 수밖에 없으므로, 미국이든 북한이든 선제공격은 절대로 금지시켜야 한다고 호소했다.

이번 홍콩에서의 WCC 회의는 참으로 절묘한 시기에 이루어졌다. 미국의 대통령 선거가 이변을 일으켜, 트럼프가 당선되면서 미국의 대북핵 정책과 한반도 평화 정책이 어떻게 변화될 것인가가 초미의 관심사가 된 시기였다. 또한 한국에선 박근혜 정부 반대 촛불시위가 백만 시민들을 동원하며 민주, 평화정책의 변화를 촉구하는 국민운동이 세차게 일어나고 있었다. 위기인지 기회인지가 예측하기 어려운 혼미한 상태였다.

이미 남북 관계는 최악의 상태에 와 있다. 개성공단의 폐쇄, 북한 주민과 군인들에 대한 탈북 촉구 등으로 신뢰관계는 깡그리 무너졌고, 특히 북한의 거듭된 핵실험과 미사일 발사로 미국의 안보전략이 바뀌어, 북핵 시설을 외과적 수술로 파괴하는 선제폭격 작전과 참수작전이 연습되고, 실시될 수도 있는 위험 단계에까지 이르렀다. 가히 53년 휴전협정 이후 최악의 위기상황이라 하겠다.

남북대화는 끊어진 지 오래고, 인도적 대북 지원이나 민간인 교류마저 막혀버린 상황에서 남·북의 적대 관계는, 그 비난과 욕설의 정도에서 나타나듯이, 극한을 향해 달리고 있는 형국이었다. 남·북의 민간단체나 종교 문화 단체나 아무도 서로 만나는 것이 금지되어 있는데, WCC가 주선해 남·북 기독자들이 해외에서 만나 대화할 수 있던 것은 놀라운 사건이었다. 물론 남한 대표들은 정부가 허락지 않는 북한인과의 접촉 시에 200만 원 벌금을 내야한다는 것을 알면서도 비장한 각오를 하면서 참여했다.

WCC의 홍콩회의는 어려운 시기에 남·북 기독자들이 만나, 위기 극복을 함께 논의하고 평화체제를 촉구했다는 점에서 역사적 의의를 갖지만, 다른 한편 한반도 평화 문제 해결을 위해 세계교회와 그리스도인들이 함께 연대하고 노력하기로 결의했다는 점에서 보다 큰 의미를 갖는다.

이미 한반도의 갈등 문제는 남·북한 관계의 문제만이 아니며, 미국과 중국, 더 나아가 일본과 러시아의 동북아시아 패권문제와 연결된 국제적 분쟁의 문제가 되었다. 특히 최근에는 한·미·일 군사동맹의 강화와 남중국해에서의 미·중·일 영토분쟁이 격화되면서, 한반도는 강대국들의 각축장이 될 위험마저 높아지고 있다.

미국의 대북 강경책을 완화시켜, 평화협정을 추진하고, 북한의 핵무기와 미사일 개발을 동결시키며, 대미 관계를 개선하는 것이 한반도 평화정착에 필수적 과제로 간주되지만, 이 과제는 남·북한 정부와 국민들만의 노력으로 해결될 수는 없는 어려운 문제다.

미국이나 일본, 중국과 러시아 등 강대국의 대결정책을 화해 정책으로 전환시키는 데는 그 나라 국민들, 의회의 여론을 바꾸는 것이 필요한데, 이 일을 그 나라의 교회와 세계교회의 운동과 노력을 통해 달성토록 해보자는 것이 홍콩회의의 의미며 성과라고 할 수 있다.

한반도 평화를 위한 세계교회의 연대적 책임은 이미 2013년 부산에서 열린 WCC 10차 총회 결의문에서 강조된 바 있다. 그러나 이번 홍콩회의의 성명서는 "한반도 평화조약을 통한 평화체제 수립"이라는 구체적 실천 과제와 방법, 세계교회들의 참여과정까지, 로드맵에 준하는 플랜을 내놓았다는 점에서, 그리고 남과 북의 교회 대표들이 세계교회 대표들과 한자리에서 토론을 거치며 내놓았다는 점에서 역사적 의미를 갖는 문서가 된다고 생각한다.

홍콩회의 성명서(Communique)는 세계교회의 연대적 책임과 과제를 이렇게 표현했다. "우리는 한반도의 평화적 공존을 향한 수많은 위협과 도전에 직면하여 전쟁과 선제공격(preemptive attack)에 명백하고 단호한 반대를 선언한다. 앞으로의 에큐메니칼 운동은 한반도 문제와 관련해서 정전협정을 평화조약으로 대체하는 과정을 이끌어내는 지도력을 발휘하도록 형성되어야한다. 우리는 한국 기독교교회협(NCCK)의 평화조약 캠페인이 2017년에 유럽에서, 2018년에 아시아에서 잘 지속될 수 있도록 기도와 후원과 연대와 참여를 통한 에큐메니칼 협력이 강화되기를 요청한다."

성명문은 또한 '에큐메니칼 동반자 사업'(accompaniment)과 '정의와 평화의 순례길(pilgrimage) 프로젝트'를 한반도의 남·북한에서 실시하는 방안을 거론했다. 이것은 WCC가 매년 위기에 처한 한 나

라를 선정해, 온 세계교회들이 집중적으로 현장을 방문하여, 문제의
식을 공유하며 연대하고 지원하는 독특한 에큐메니칼 운동이다. 이
미 이스라엘, 팔레스틴, 콩고, 수단, 시리아 등이 대상국으로 선정되
어 실시되었는데 한반도를 2019년 삼일운동 백주년이 되는 해에 대
상지역으로 선정할 수 있다는 가능성이 논의되었다.

세계교회 교우들이 남·북한을 동시에 방문해 평화를 호소하며
기도하는 순례자 행렬에 동참하게 된다면, 국제 여론을 일으켜 한반
도에서 전쟁을 막고 평화체제를 수립하는 데 크게 공헌할 수 있을
것이다.

이번 홍콩회의에 북한에서는 련맹의 위원장 강명철 목사와 리종
로 부위원장, 오성철 목사와 박용철 씨 등 네 분이 참석했다. 남한 측
에서는 토론자 외에 교회협 회장 이동춘 목사와 김영주 총무, 장상,
배현주, 안재웅, 이삼열, 이홍정, 변창배, 조헌정, 정진우, 이재천, 임
종헌, 유시경, 남기평, 남부원, 노혜민, 이은선, 한미미, 김기리, 이한
빛 등과 재일 대한교회 김병오, 재미 한인교회 림춘식 등 20여 명이
참석했다.

홍콩교회 협의회가 주선해 시내 시티뷰(City View) 호텔에서 모인
2박 3일의 짧은 기간이었지만, 식사시간과 휴식시간을 통해서도 남·
북의 기독자들은 자유로운 대화와 사귐을 통해 유익한 정보들을 나
눌 수 있었고, 북한의 실정을 파악하는 데도 도움을 얻었다.

종교인 협의회 직원인 박용철 씨는 김일성대학에서 역사를 전공
했는데, 어렸을 때 할아버지한테 성경이야기를 들은 적이 있었고,
마침 문익환 목사가 북한에 왔을 때 강연을 듣고 기독교에 관심을
갖게 되었으며, 대학에서 기독교 강좌를 수강한 뒤 기독교도련맹에

서 일하게 되었다고 한다. 아직 목사는 못 되었지만, 앞으로 더 공부해 목사가 되겠다고 했다.

런맹 본부에서 조직부장을 맡고 있다는 오성철 목사는 어렸을 때 할머니한테서 기독교 이야기를 많이 듣고 영향을 받아, 그리스도교인이 되고, 신학원에서 교육을 받고 목사가 되었다고 한다. 런맹과 북조선 전체에 목사님이 얼마나 되느냐고 물었더니, 10여명에 불과하다고 했다. 본부에 몇 명 있고, 가정교회에 순회하며 돕는 목사님이 몇 분 있다고 했다.

오성철 목사는 위원장 강 목사님께서 조직을 확대하라고 조직부장을 맡겨 주셨는데, 솔직하게 전도가 힘들어 조직 확대가 쉽지 않아 고민이라고 말했다. 맥주 한잔을 마시면서 솔직한 고백도 했다. "조직부장이면서 내 자식도 교인을 못 만드니 체면이 서겠느냐?"며 한탄하시는 오 목사님의 겸손한 말씀을 들으면서, 참 목사님을 만나 본 것 같은 감동을 받았다.

할머니 할아버지의 영향을 받은 10여명의 목사님들이 이끄는 연약한 북한교회. 봉수교회, 칠곡교회 두 곳밖에 없는 예배당에 나오는 수백 명의 노인 교우들이 전부인 북한교회. 가정교회가 수백여 곳에 있다고 하지만, 감추어져 숨어 있는 기독교인들. 이 그루터기에서 언제인가 중국의 오늘처럼 교회의 성장 부흥이 일어날 수 있을까? 세계교회의 순례길이 열리면 가능하게 될까? 북한교회를 살리고 지원하는 일이, 한국교회와 세계교회의 시급한 선교 과제가 되어야 할 것 같다.

대북 통일 정책의 한계와 비판

1장
한반도의 평화체제와 군축의 방향*

1. 평화와 통일의 우선순위

한반도의 평화와 통일을 위해서는 평화가 먼저 이루어져야 하는
가, 아니면 평화보다는 통일을 우선적으로 달성할 목표로 설정해놓
고 이를 위한 평화의 프로그램을 만들어야 하는가는 1980년대 통일
논의와 오늘에 있어서도 중요한 문제로 제기되어 왔다. 평화와 통일
은 사실상 불가분리의 것임에도 불구하고 우리에겐 마치 선택적으
로 그 중의 하나를 우선적으로 골라잡아야 하는 것으로 생각하는 습

---

* 이 글은 6·25 40주년 기념 세미나 및 평화군축협의회(1990. 6. 15., 아카데미 하우스)
결성대회 주제 강연 원고로, 여기서 각계 302명의 평화군축선언문이 채택되었음,

관이 언제부터인가 생겨났다. 이것은 특히 남한의 통일 방안들이 통일보다는 평화 정착을 우선적인 목표로 설정해 놓고 교차 승인과 남·북한 유엔 동시 강비 그리고 상호 불가침조약을 통해서 평화적인 관계를 수립하는 데 주로 관심을 두었기 때문이다.

이러한 평화 정착 우선의 통일 방안은 남한 정부의 거듭된 변명에도 불구하고 두 개의 한국으로 안정되게 분단한다는 분단 고착화의 정책이라는 비판과 비난을 거듭 받게 되었다. 이렇게 두 개의 국가로 안정되게 분단되고 나면, 4대 강국과 유엔마저 축복하는 가운데 두 개의 체제와 국가가 한반도에서 탄탄하게 자리 잡게 되며, 이러고 나면 통일의 길은 상당히 오랫동안 불가능해진다는 것이 비판의 핵심이었다. 이것은 동·서독의 1972년도 기본조약을 모델로 한 1민족 2국가의 기능주의적 통합 방식이며 분단의 고정화 정책일 뿐 통일은 오랫동안 포기하는 방인이라고 비판되었다. 이것은 사실상 남한 측 통일 방안이 가진 결정적인 결함이었다. 북한 측의 고려민주연방공화국이라는 통일 방안은 어쨌든 연방제라는 방안을 통해 하나의 국가와 하나의 국호를 지향하고 있는데, 남한의 방안은 두 개의 국가와 두 개의 국호로 유엔 가입을 주장하고 있어 외견상 보기에도 북한의 것보다 통일 지향적이 못 된다는 비난을 면키 어렵게 되었다.

이런 약점을 보완키 위해 6공화국에 들어와서는 새로운 통일 방안이 만들어졌는데 이것이 '한민족 공동체 통일 방안'이다. 이 방안은 5공화국의 '민족화합 민주통일 방안'보다는 진전된 것이라 할 수 있다. 두 개의 국가로의 영구분단이라는 비난을 피하기 위해 통일민주공화국이라는 하나의 국가 수립을 최종의 목표로 설정하고 있다. 그러나 이 방안의 핵심은 2단계인 남북연합에 있다. 남·북의 두 나라가 상당한 기간 동안 복지공동체(commonwealth)와 비슷한 연합체를 이루게 된다는 것이다. 이 남·북의 연합이 체제연합인지 국가연합인지는 성격이 분명치 않다. 쉽게 이해하자면 두 개의 주권국가로 남·북이 있으면서 서로 특별한 교류와 협력의 관계 속에 복지적인 공동체를 형성해 가자는 정도의 방안이 아닌가 생각된다. 여기서 어떻게 3단계인 하나의 국가 형성으로 가게 되는지, 또 언제쯤 어떤 조건하에서 통일이 되는지에 관해서는 아무런 계획과 설명이 없다. 따라서 이 방안 역시 통일보다는 우선 평화 정착에 목표와 관심을 두는 방안이 아닌가라는 의구심을 떨치기 어렵게 되었다.

그래서 우리는 어느 사이에 '평화 정착' 하면 통일을 하지 말고 평화적인 관계만을 이룩하는 방안이라는 고정관념을 갖게 되었다. 즉 남·북이 서로 싸우거나 공격하지 말고 그 대신 교류와 협력을 증대하여 두 개의 국가로 사이좋게 살아가자는 방안이라는 인상이 굳어졌다. 여기에 따라 평화는 곧 반통일(反統一)이라는 등식이 만들어졌다. 한반도에서 평화를 추구한다는 것은 통일을 포기하는 것이라는 괴상한 논리가 나오게 된 것이다. 이것이 우리의 통일 논의에서 평화 우선이냐 통일 우선이냐는 논쟁이 생기게 되고, 평화와 통일을 모순의 관계 내지는 선택적 관계로 보게 된 원인과 배경이다.

평화와 통일의 관계를 이렇게 보게 된 다른 동기는 한반도 밖에서의 두 가지 모델을 경험한 데서 연유했다고 하겠다. 즉 2차 대전 이후의 분단국이었던 세 나라는 한국과 월남, 독일인데, 월남은 평화를 깨뜨리고 전쟁을 한 대신 통일을 이룩했고, 독일은 통일을 포기한 채 두 개의 국가로 있는 대신 평화를 이룩했다는 사실이 한국의 경우에도 평화를 택하든가 통일을 택하든가 할 수밖에 없는 것처럼 보이게 했다. 이렇게 형식적으로 규정된 통일이냐 평화냐의 양자택일적 물음에서 진보적 인사들은 둘 중의 하나를 택하라면 그건 통일이지 통일도 안 되는 어중간한 평화를 선택할 수는 없는 것으로 생각하게 되었다. 물론 통일을 기피하려는 많은 사람들, 현상 유지에 이해관계를 가진 보수적 인사들은 서슴지 않고 통일보다는 평화가 우선이라고, 역시 양자택일적인 주장을 하게 되었다. 독일의 모델을 놓고 한국의 경우는 절대로 동·서독의 관계처럼 해서는 안 된다고 주장하는 사람이나, 바로 동·서독처럼 해야 한다고 주장하는 사람들이 모두 독일은 평화를 선택한 대신 통일은 포기했었다고 믿고 있었다.

그러나 1990년대에 들어와서 상황은 달라지게 되었다. 독일식 방안은 분단의 영구화가 아니라, 평화적 관계를 통해 장벽이 무너지고 통일까지 실현될 수 있는 모델로 갑자기 변모하게 되었다. 평화 우선의 모델은 반드시 통일 목표와 모순되는 것이 아니며, 두 개의 국가로 평화적 관계를 수립하는 것이 반드시 분단의 고정화나 영구화는 아니라는 주장이 독일의 상황 변화를 통해서 가능하게 되었다. 이제는 아무도 독일식 방안은 평화 우선의 기능주의적 모델이기 때문에 반통일적인 방안이라고 이야기할 수는 없게 되었다.

그러면 이제 한반도에서 통일을 성취하고자 하는 사람들은 어떤 논리를 세워야 될 것인가? 여전히 독일식 방식은 분단 고정화이며 반통일이니 따를 수 없다고 해야 할지, 아니면 평화를 통해 통일을 가져오는 길이니 따르겠다고 해야 할지 고민스러운 문제가 아닐 수 없다. 아마도 독일의 모델을 모방하여 통일 방안을 만들었던 정부쪽에서는 대대적으로 독일식 방식을 선전하며 따르려 할 것이고, 운동권에서는 여전히 독일과는 상황이 다르니 참고할 필요가 없다는 논리를 펴기 쉬울 것 같다.

이러한 상황에서 우리가 깊이 생각해봐야 할 문제는 과연 평화란 것이 무엇이며, 평화를 실현한다는 것이 본질적으로 무엇을 의미하는가의 물음일 것이다. 여기서 평화의 개념이나 의미 규정을 하지는 못하겠지만, 평화의 포괄적이며 동적인 개념을 살펴본다면 평화는 단순히 싸움이나 전쟁을 하지 않고 현상을 고정시키는 것을 의미하는 것이 아님을 알 수 있다. 평화연구가들의 논의에 의하면 평화는 평정(平定, pacification)을 의미하지 않는다. 그런데 이제까지 한반도에서 평화 정착을 우선적으로 해야겠다는 사람들이나, 독일식 모델을 평화 정착 안으로만 보는 사람들은 평화의 개념을 평화 정착으로, 즉 평정을 동일시하는 오류를 범하고 있다고 생각된다.

사실 이제까지 정부가 내놓은 통일 방안은 평화 정착 안이지, 진정코 평화를 실현하는 방안이라고 할 수는 없다. 평화를 실현하는 방안은 한반도에서 평화의 체제를 구축하는 길이다. 평화의 체제란 것은 전쟁과 폭력의 원인이 되는 공격성과 증오심, 무력의 대결을 없애야 할 뿐 아니라, 갈등과 대립을 해소하고 평등하고 조화로운 관계를 수립해야 이뤄지는 것이다. 남·북이 불가침조약을 맺고, 상호 인정하며 유엔에 동시 가입을 하는 것은 현상을 안정화(stabilize)시키는 데는 도움이 된다. 이산가족이 오가고, 경제협력과 학술교류가 이뤄진다면 한반도에서는 평화 정착이 이루어졌다고 할 수 있을지 모른다. 그러나 이것이 진정한 평화는 아니며, 평화의 체제에서는 더욱이나 멀다.

남한에는 계속 미군이 주둔하고 핵무기가 배치되어 있고, 한미합동 군사훈련이 북한을 적으로 놓고 대대적으로 행해지며, 북한에선 조소(朝蘇) 합동작전과 대남작전이 입체적으로 진행되고 있는데, 남·북이 서로를 적으로 해서 국가 예산의 1/3 이상을 전쟁 준비에 쓰면서 어떻게 이런 상황을 평화라고 부르며, 아무리 남북 교류가 시행된다 해도 평화 정착이라고 하겠는가? 따라서 이제까지의 통일 방안은 평화 실현의 방안이 없는 반평화적인 분단과 대립의 항구화이며, 평화의 실현이 아닌 위장 평화의 정착이라고 할 수밖에 없는 것이다. 무력대결의 폐기와 군비의 감축이 없는 평화 정착은 평화가 아니라 전쟁상태나 냉전의 지속일 뿐이다. 말로는 평화통일이었지만 실제로는 반평화적 대결과 분단의 지속이었다.

그러므로 평화가 우선이냐, 통일이 우선이냐는 물음은 그 설정 자체가 잘못되었다고 본다. 분단과 대결 상태의 안정과 유지냐, 평화를 실현하는 통일이냐의 물음으로 정립되어야 한다. 진정한 평화의 실현, 평화체제의 수립이 통일에 반대된다거나 통일에 모순이 된다는 논리를 수긍할 수가 없다. 평화의 실현이 무력대결이나 적대감의 해소와 갈등의 극복을 의미한다면, 한반도에서의 평화 실현은 반드시 통일을 가져올 수밖에 없게 되어 있다. 평화를 통일과 모순되는 것이 아니라, 평화의 실현이 곧 통일의 실현이 된다고 보아야 한다.

그러면 독일의 경우는 어떻게 이해할 것인가? 독일은 1972년 동·서독 기본조약을 수립한 이래 동·서독 간의 평화적 관계의 수립과, 또 유럽의 평화 유지를 위해서 분단과 두 개의 국가를 감수했던 것이 사실이다. 그러나 그들은 통일이 아닌 이 상태를 완전한 평화의 상태라고 할 수는 없다. 장벽을 쌓아놓고 동족 간에 장벽을 넘는 형제를 기관총으로 쏘아 죽이는 상태가 평화의 실현일 수는 없는 것이다. 이제 장벽이 무너짐으로써 평화는 보다 완전하게 실현되었고, 따라서 통일의 길이 앞당겨 열리게 된 것이라고 보아야 할 것이다. 그래서 필자는 전에도 여러 번 독일의 모델에서는 그들의 불가피한 상황에서 오는 분단의 유지나 2국가론을 배울 것이 아니라, 평화의 실현 방법을 배워야 한다고 주장했다. 평화는 통일과 모순이 아니라, 평화의 진정한 실현이 곧 통일이 된다는 생각에서였다. 우리는 평화의 실현 없이, 평화의 체제를 수립함이 없이 통일이 있을 수 없다는 것을 다시 한 번 다짐할 필요가 있다.

2. 한반도의 평화와 군축의 의미

7·4공동성명은 남·북 간에 통일의 원칙으로 평화의 원칙을 천명하고 있고, 평화통일은 이제 북에서는 평화통일위원회(조평통)로, 남에서는 평화통일 자문위원회로 통일 기구의 명칭이 될 정도로 당연한 정책이 되고 있음에도 불구하고 아직 남·북한에서는 한반도에서의 평화가 무엇을 의미하며, 평화 실현의 방안이 무엇인지에 대한 포괄적인 정책과 대안이 나와 있지 못하다. 아직도 양측은 자기 쪽 안보전략에 입각해 상대방의 무력을 감축시키는 것을 우선으로 하는 평화안을 가지고 있을 뿐이다. 북쪽에서 주한미군 철수를 외치면 남쪽에선 땅굴을 파지 말라고 대응하고, 북에서 팀스피리트 훈련 중지를 요구하면, 남에서는 북쪽의 군부대 전진배치를 트집 잡고 나오는 것이 상습화된 평화 공세의 단면들이다.

말하자면 1972년 7·4공동성명이 있은 뒤에도 한반도에서는 평화 문제가 한 걸음도 진보하지 못했다고 할 수 있으며, 오히려 대결의식과 군비가 엄청나게 증강됨으로써 평화는 더 위협을 당하고, 반평화적인 구조만 심화되었다고 할 수 있다. 남한의 경제가 총량에서 크게 성장했다고는 하지만 최신예 무기와 최강의 전력을 유지하기 위해서 지불해야 하는 경제적 부담은 엄청나게 크다. 1960년대만 하더라도 F-5 프리덤 파이터나 F-4 팬텀기를 가지고 있으면 최신예 전투기를 보유했다고 했는데 그동안 몇 년에 한 번씩 새로운 신예기가 개발되고, F-16, F-111 신종을 거쳐 이제는 F-X 차세대 전투기를 새로 구입하지 않으면 전력이 약해져서 안 되겠다고 야단이다. 한 대에 수천만 불씩이나 하는 전투기를 몇 대만 갖추려 해도 수억 불이 소모된다. 그래서 1970년에는 3억 불이었던 연간 군사비가 80년에는 30억 불(2조 원)로 늘어나고 80년대 말에는 100억 불(7조 원)로 늘어나서,[1] 사실상 연간 수출액이 500억 불에 달한다지만 외화 가득률을 20% 정도로 볼 때에 우리는 100억 불이란 수출 이익을 몽땅 군사비에다 바치고 있는 실정에 있다. 우리보다 규모가 다섯 배나 작고, 수출이 형편없는 북한의 경제가 여기에 맞서느라 허리가 부러질 것은 보지 않아도 뻔하다.

이렇게 군사비를 늘리고 무기와 전투력을 엄청나게 증강하면서, 말로만 긴장 완화요, 평화 정착이요 하는 것은 공염불에 불과하다. 남북대화나 대통령 담화문에선 항상 평화를 추구하고 적대관계를 해소한다고 하면서, 최근에는 평화협정이나 군비 축소까지 내세우고 있으면서도 실질적으로는 북쪽에 비해 월등히 우세한 전력을 확보할 때까지 군비를 증강하겠다는 의지와 계획을 바꾸지 않고 있다.

---

[1] IISS의 국제전략연구소의 보고.

아직도 한국의 정치가들이나 군사 전략가들은 한반도의 평화를 위해서는 '힘의 우세를 통한 평화'(peace with superior forces)라는 원칙과 교리(敎理)를 그대로 견지하고 있다. 북의 도발과 전쟁 위협을 막기 위해 훨씬 우세한 전력과 무기를 갖춤으로써만 평화가 보장된다는 논리이다.

그러나 이러한 논리와 정책이 남한에 있는 한 북한에서도 무력을 증강하지 않으면 남한과 미국의 군사력에 밀려서 안보에 위협을 당하기 때문에 불안해서 견딜 수 없게 된다. 남쪽이 F-4기 대신에 보다 성능이 우세한 F-16기를 도입하면 북쪽도 할 수 없이 Mig-21기 가지고는 안 되고 Mig-23이나 그 이상의 요격기를 도입하지 않을 수 없게 된다. 무엇보다도 남한에 세계 최강의 군사력을 가진 미국의 군대와 전술 핵무기들이 있는 한 북한이 두려워하고 위협을 느낄 것은 당연한 일이다. 더구나 한미합동 군사훈련인 팀스피리트가 매년 남한에서 실시되고 있는데, 아무리 방어용 훈련이라고 변명하지만, 미군이 20만 명이나 본토에서 날아와야 되고, 오키나와나 괌도에서 뜨는 B-52 전폭기에는 핵무기를 장착하고 있으며, 포항에서의 상륙작전은 원산이나 청진의 상륙을 가상하여 실시되고 있다는 북한 측의 비난들을 어떻게 방어용이라고만 할 수 있는지 모른다. 북한 사람들의 말로는 팀스피리트 군사훈련은 마치 사람의 코앞까지 칼을 들이밀고는 장난이지 진짜가 아니라고 변명하는 것과 같다고 한다. 이 훈련으로 위협을 받는 북한 쪽은 불가피하게 군부대의 전진배치로 실전에 임하는 훈련을 할 수밖에 없을 것이다.

따라서 이제 말로만 긴장 완화나 평화 정착을 외치고 실제로는 군비의 강화와 전력의 우세를 도모하는 위장 평화의 전술은 폐기되어야 하며, 실제로 긴장 완화와 대결의 해소를 이룰 수 있는 평화 정착인 군비의 통제와 감축을 실천할 준비와 태세를 갖추어야 한다. 사실 이제까지의 남북대화와 평화통일 방안의 제안에 있어서 남한 측이 가졌던 커다란 약점이 군사적 대결을 해소할 수 있는 평화의 방안을 내놓지 못한 것과, 군비 감축에 북한보다 소극적이었다는 사실에 있다.[2] 남북대화에 그것이 적십자회담이든 국회회담이든 총리회담 예비회담에서든 남한 측은 항상 교류와 협력을 우선적으로 추진하고 거기서 신뢰가 형성되면 그 다음에 군축 문제를 거론하자는 입장이었고, 북한에서는 항상 군축 문제부터 먼저 해결하면 자연히 신뢰가 생기게 되고, 교류도 이산가족의 재회도 통일도 속히 이뤄질 수 있다는 입장이었다.

남·북한의 군축 제안은 그것이 선전적 차원에 불과했다는 비난이 있기는 하지만 북한이 수적으로도 월등히 많은 제안을 한 것이 사실이다. 정치학자들의 계산에 의하면 지난 30여 년 동안 북한 측은 약 236회에 걸쳐 군축 제안을 해왔다고 한다.[3] 그러나 남한 측은 1970년부터 1988년까지 29회에 걸쳐서 군사 문제에 관한 제안을 했다.[4] 북한의 제안 가운데 가장 핵심적인 것은 물론 주한 미군의 철수였다. 그 다음이 한반도의 비핵지대화와 남·북의 군사력을 각기 10만 명 선으로 감축하자는 것이었다. 1980년대 후반으로 오면서 3자회담을 제의했고, 1987년 1월에는 남·북의 고위급 정치군사회의를

---

2 尹正錫, "남·북한의 군축에 대한 기본 입장과 군축안 비교,"『한반도 군축론』(고대 평화연구소 논총 3집, 1989), 199.

3 이기택, "남·북한 군축문제,"『한반도의 정치와 군사: 이론과 실제』(1984), 523-532.

4 윤정석, 위의 글, 195.

제안했으며, 양측의 무력 감축, 군비경쟁 중지, 비무장지대의 평화지대화, 대규모 군사연습 중지 등을 제의했다.

특히 1987년 7월 23일에는 한반도의 군축 실현을 위한 다국적(multi-lateral) 군축협상을 제안했는데 그 내용은 ① 남·북한이 무력을 1988년부터 91년까지 3단계에 걸쳐 10만 명 선이 될 때까지 축소하고, ② 주한 미군을 이와 병행해서 단계적으로 철수하며 핵무기를 철거하는 것과 ③ 무력 축소의 내용을 상대방과 전 세계에 알리며, ④ 비무장지대를 평화지대화하는데, 이를 위해 남·북한과 미국이 중립국 감시위원단을 옵저버로 참관시킨 채 군축협상을 진행하자는 것이다. 북한은 이 제안을 하면서 1987년 말까지 병력 10만 명을 일방적으로(unilateral) 감축하여 실천의지를 보이겠다고 했다. 이제까지 주한 미군의 철수를 전제조건으로 내놓던 것을 남·북의 군축과 함께 병행시키는 것으로 바꾼 것이 큰 변화라 하겠다.

군축에 관한 북한 측의 가장 포괄적인 최근의 제안은 1988년 11월 7일 정무원과 최고인민회의 중앙인민위원회가 연합으로 결의한 '조국의 자주적 평화통일을 촉진하기 위한 포괄적 평화 실현 방안'이다.[5] 이 방안은 한반도에서의 평화 실현을 위한 4원칙을 주장하고 있는데 ① 통일 지향적 평화, ② 외국의 무력 철수, ③ 남·북의 군비 축소, ④ 남·북한과 미국 당사자 간의 협상을 원칙으로 내세웠다. 이 제안은 또 구체적 미군 철수와 군축의 단계적 방안을 제시하고 있는데, 핵무기의 1990년까지 2단계 철수, 미군의 1991년까지 3단계 철수, 그리고 북과 남의 병력을 1989년 말까지 40만으로, 1990년까지

---

5 「노동신문」, 1988년 11월 8일 보도.

25만, 1991년까지 10만으로 감축하고, 무력도 핵무기, 화학무기부터 폐기하고 단계적으로 감축해가야 한다고 주장하고 있다. 물론 이 제안은 군축뿐 아니라 상호 비방과 대결의 중지, 다방면의 합작과 교류, 평화협정과 불가침선언 등을 포괄하고 있다. 일방적으로 남한의 미군 철수나 감군뿐만 아니라, 북한 측의 군축도 함께 제안하고 있으니 의도야 어떻든 한 번 군축협상과 회담을 해보자고 호응해줄 법도 한 일이었다. 회담에 응한다고 당장에 군축이 실시되는 것도 아니고, 더구나 2~3년 안에 미군과 핵무기를 모두 철거하고 남·북한 군대를 10만으로 감축한다는 것은 누가 보아도 비현실적인 제안이므로 협상을 통해 얼마든지 다른 제안을 할 수 있었을 것이다.

그러나 유감스럽게도 아직까지 미국과 남한 측에서는 속는 셈 치고라도 한 번 평화와 통일을 위해서 북측의 군축회담 제의에 적극적으로 호응해본 적이 없다. 북한을 적으로서가 아닌 민족 공동체의 일원으로 생각하겠다는 1988년의 7·7선언에서마저도 남북 교류와 협력, 이산가족의 재회와 재결합을 주장하면서 긴장 완화나 군비 축소의 제안은 한 마디도 없었다. 남·북의 인적·물적 교류 협력뿐 아니라, 군사적 대결의 종식과 무력의 감축이 병행되어 추진되어야 한다는 여론이 남한의 개방된 통일 논의와 자유로워진 통일 운동에서 높아지게 되자,6 1988년 10월 18일 노태우 대통령의 유엔 연설에서는 군비 축소와 군사 문제도 남북정상회담에서 논의하자고 했고, 주변 4대국과 남·북한의 6자가 모여서 동북아평화협의회를 개최하자고 제의했다. 1988년 9월에 국회에 내놓은 '한민족 공동체 통일 방안'

---

6 1988년 8월 15일 한국기독교교회협의회(NCCK)의 8·15메시지 참조.

에서는 남북연합의 단계에서 군사적 신뢰 구축과 군비 통제를 협의해 실시하자고 제안되었다. 대체로 남한 측의 평화안과 군사 문제에 대한 입장은 교류와 협력 대화를 통해 신뢰 구축을 먼저 한 뒤에 군비 통제와 축소를 시도하고, 평화협정도 맺을 수 있다는 것으로 요약해 볼 수 있다.

남·북한의 군축에 대한 입장의 차이를 비교해 보면 북한 측이 더 군사적 긴장 완화와 군축에 성급하며 관심을 많이 가지고 있음을 알 수 있다. 이것을 남한에서는 항상 미군을 철수시키고 적화통일을 이룩하려는 북측의 전술이며 음모라고 규탄해왔고 거부해왔다. 그러나 만약 참으로 북한 측이 군사적 도발로 적화통일을 할 무력과 의지를 가지고 있는 것이라면, 남한 측에서 오히려 적극적으로 군비 축소에 관심을 가지고 먼저 군축을 주장했어야 할 것이다. 군축을 하는 것보다 더 확실한 긴장 완화와 평화의 방안이 어디에 있는가? 필자가 보기에 북측에서 그토록 군사적 대결 해소와 군축에 우선적 관심과 성급함을 보이는 것은, 자신들의 군사력이 남한이나 미국에 비해 열세에 있고, 뒤진 경제 발전으로 인해 앞으로 더 열세가 될 위기에 있기 때문에 속히 군사적 대결이나 경쟁에서 벗어나는 것이 안전하고 유리하다는 판단에서 그런 것이라 생각된다. 한·미·일의 삼각군사동맹이나 환태평양 군사훈련(RIMPAC) 같은 것이, 페레스트로이카와 일방적 군축을 감행하는 소련의 정책과 달리, 아시아 태평양권에서 군사적 우위와 제압을 이룩한다 할 때에 북한은 외교적 고립과 열세를 넘어서 군사적으로도 위기에 이르게 된다고 판단하고 있을지도 모른다. 이렇게 불안하고 위기를 느끼게 되면 북한이 핵무기나 미사일의 개발에 나설지도 모른다. 그렇게 되면 한반도의 평화와 통일은 한 세대 이상 요원한 것으로 밀려나게 될지도 모른다.

그러므로 필자의 생각으로는 이 단계에서 우리 측이 북측의 군축 제의에 적극적으로 호응해서 전쟁의 위협도 줄이고, 남북대화나 교류 협력도 촉진시키는 일거양득의 이점을 취해야 한다고 생각한다. 우리가 참으로 전쟁을 통해서 북과 대결하고 통일할 생각이 없다면, 군축회담을 연기하거나 미룰 하등의 이유가 없다. 미군의 철수나 핵무기를 철거하는 대신 우리는 북한 측에다 우리보다 우세한 공격용 무기들, 탱크나 전투기, 잠수함 등을 우리와 같은 수준으로 감축하라고 요구하면 될 것이다. 한반도의 평화와 안보를 위해서도 그렇고, 민족의 경제와 복지를 위해서도 그렇고, 남·북의 군사적 대결의 해소와 군축은 하루라도 빠를수록 좋은 것이며, 신회가 구축될 때까지, 교류가 이루어질 때까지 미뤄야 할 일이 아니다. 또 사실 무기를 감축하는 행위를 보이지 않으면 진정한 신뢰가 구축되지 않는다.

따라서 현재 남북대화와 협상에 걸림돌이 되고 있는 군축문제를 해결한다는 것은 오늘의 한반도 상황에서 커다란 의미를 갖는다. 적어도 다음과 같은 세 가지 의미를 갖는다고 본다.

① 군축은 한반도에서 평화체제를 만드는 데 필수적인 조건이다. ② 군축은 상호 불신하는 남·북한이 신뢰를 구축할 수 있는 첩경이 된다. ③ 군축은 전망이 별로 보이지 않는 남·북 간의 통일을 촉진시키고 앞당길 수 있는 확실한 방안이다.

3. 남·북한의 평화협정과 군축의 방향

한반도에서 평화의 체제를 위해 필수적인 것이 군축이라면, 이제 남·북한의 군사적 문제는 어떻게 해결되어야 할 것인가를 생각하고 논의해야 한다. 이제까지는 군축 자체에 대한 회의(懷疑)가 많았기 때문에 군축의 방안이나 개념에 관해서 정부든 학계에서든 준비해 놓은 것이 별로 없다. 혹간 군축에 관한 논문이나 학술회의들이 최근에 있긴 해도, 한반도에서 군축은 아직 이르다거나 비현실적이라거나 북의 남침 준비 때문에 안 된다든가의 이론이지 과감하게 군축을 시도해 보아야 한다는 주장이 별로 없다.[7] 군축론(軍縮論)이라기보다는 군축연기론(軍縮延期論)이라 하겠다. 그러니 남한 쪽에서 군축론이 제대로 만들어졌을 리가 없다.

최근 정부에서 유럽식 군축안을 마련하고 있다는 신문 보도가 나왔다(동아일보, 4월 19일자). 정부는 이제부터 남·북한 군축문제에 적극 대처하기로 기본 방침을 정하고 유럽식 군비 통제방식을 한반도에 적용하기로 했다는 것이다. 미 국방차관인 월포위츠(Paul D. Wolfowits)는 4월 19일 미 의회에 주한 미군의 병력 재조정 계획을 제출했는데 3단계에 걸쳐 감축해서 앞으로 10년 뒤인 2천 년에 가면 한국군이 한국 방위에 주도적 역할을 하게 될 것이라고 했다. 이 보고서는 1992년까지 주한 미군 7천 명이 감축되는 대신 한국군 2개 보병사단 신설, 포병 1개 여단 증설, 전자정보대대 창설, 30여 대의 F-4기 도입 등이 이뤄진다고 한다. 이 기사를 보면서 얼른 느끼는 것은 2천 년까지는 통일이 안 되겠구나 하는 생각이었다. 이 10년 동안에도 북한이 오판하지 않도록 한반도 전체의 군사 균형을 주시하면서 병력 재조정을 책임 있게 해나가겠으며, 90년대에도 한반도는 가장

---

7 이호재, 『한반도 군축론』(고대평화연구소 편, 1989).

위험한 지역의 하나로 계속 남을 것이라고 했다. 위험하다고 판단될 때는 다시 병력 주둔의 재강화도 할 수 있다는 말이다. 그리고 미 국방차관은 한반도에도 유럽식 신뢰 구축과 군축 협상 모델이 적용될 수 있는데, 그 내용은 상호간의 자료 교환과 군사훈련 참관단의 교환이라고 한다.

필자는 군사 문제의 전문가도 국제정치의 지식을 가진 것도 아니어서 전문적으로 여기에 논평하거나 군축의 대안을 내놓을 능력은 없다. 그러나 한반도의 평화통일에 관심을 가진 자로서 군축의 원칙적 문제들은 제기할 수 있다고 생각한다. 먼저 제기하고 싶은 문제는 언제까지 한반도의 평화와 안전, 군축의 문제를 미국의 국방부와 의회에다 맡기겠는가 하는 것이다. 왜 대한민국의 국방부와 의회는 포괄적인 한반도의 평화론과 군축론을 만들지 못하는가이다. 정부의 유럽식 군축안 적용이라는 것도 2000년대까지 미군이 주둔하는 것을 허용하며 보완하려는 제스처라는 인상밖에는 주는 것이 없다. 2000년대까지 핵무기는 어떻게 할 것이며, 비무장지대의 군사화는 그대로 둘 것인지, 평화협정이나 불가침조약은 맺지 않을 것인지 전혀 논의가 없다. 따라서 한반도의 평화와 군축에 관한 논의와 협상에 앞서서 전개되어야 할 조건은 한반도의 안보와 군사전략 문제를 한국 스스로가 주체적으로 결정할 수 있는 주권을 회복하는 일이라고 생각된다.

남·북한의 정치군사회담에 대한 한국 측의 대응 방안을 연구하기 위해서는 북한이 군사 문제 해결 때마다 줄곧 주장하는 대로 '평양-워싱턴'의 축을 '서울-평양'축으로 바꾸는 것이 선결되어야 할 고제라고 외교안보연구원의 최영(崔榮) 교수는 주장하고 있다.[8] 그는 군축회담에서 한국이 이니셔티브를 찾고 '서울-평양'축을 설정하기 위해서는 대미(對美) 3대 과제 해결이 전제되어야 한다고 주장했는데, 그것은 ① 주한 미지상군이 보유한 핵무기(SNF)의 철거, ② 작전통제권을 한국군에 반환, ③ 미국의 태평양 방위비를 한국이 분담하는 것의 회피 등이라고 했다. 이런 점으로 보아 한반도 군축 논의에서 전제되어야 할 조건이 국방문제에서 남한이 자주성을 회복하는 문제라는 것이 분명하다. 군축과 평화협정의 문제가 워싱턴의 문제가 아니라 서울의 대한민국 국회에서 논의되고 결정되지 않으면, 한국 국민의 의사와 희망이 반영될 수 없으며, 군축과 평화통일은 2천년대가 넘어설 때까지 무기한 연기될 수밖에 없다고 본다.

　다음으로 이제부터 한반도에 적용한다는 유럽식 군축안에 대해서는 이렇게 생각한다. 이 방안의 골자는 '선 신뢰 구축 후 군축 협상'으로 요약될 수 있다. 즉 신뢰 구축 방안을 먼저 실천하고 나서야 군축을 논의하겠다는 것이다. 스톡홀름 방식으로 알려진 유럽의 신뢰 구축 방안이란 13,000명 이상의 병력과 300대 이상의 전차가 참여하는 군사훈련을 42일 전에 통지한다는 것과 훈련 참관단을 서로 초청한다는 것 등이다. 유럽의 상황에서는 이러한 군사훈련의 사전 통보나 참관단 초청으로 신뢰 구축이 가능하다고 생각한다. 그러나 한반도에서는 이런 조치만으로 남·북한 사이에 신뢰 구축이 이루어질 수 없다고 생각한다. 유럽에서는 이 스톡홀름 협약이 1984년 1월 7일부터 86년 9월 22일까지 12회에 걸친 유럽군축회의를 통해, 체결되기 이전에 여러 가지 선행된 안보조약과 군축협약이 나토와 바르샤

---

8 최영, "한미 안보체제 조정과 남·북한 군축", 『한반도 군축론』(고대 평화연구소 편), 321.

바 조약 국가들 간에 이루어져 있다는 사실이 중요하다. 가장 중요한 것은 동서 유럽의 33개국과 미국, 캐나다가 함께 1973년부터 유럽 안보협력회의(Conference on Security and Cooperation in Suroge)를 통해 1975년 '헬싱키 최종합의서'(Helsinki Final Act)를 채택한 것이다. 현존하는 국경선을 존중하고 상호간에 불가침을 약속한 헬싱키 조약이 없이 군사훈련의 사전 통보와 참관단 초청만으로써 동서 유럽 간에 신뢰 구축이 이루어질 수는 없는 것이다. 이 밖에도 유럽에서는 미·소 간에 전략무기 제한협상(SALT)이 진행되어 1972년에 1차 협정이 체결되고, 1979년에 2차 협정이 체결되었다는 사실이 중요하다. 이러한 연장 위에서 중거리 핵무기 폐기조약(INF)이 1987년에 체결되었고, 미·소 주둔군을 감축하는 협상안들이 진행되고 있는 것이다.

그러나 한반도에서는 지금 신뢰 구축 방안이라고 하는 군사훈련 사전 통보와 상호 참관을 협의하고 결정할 토대조차 마련되어 있지 않다. 이를 위해서도 남·북한과 미국 등이 참여하는 군사정치회담이 열려야 하며, 최소한도 정전협정을 평화협정으로 바꾸고, 상호간의 불가침조약을 어떤 형태로든 실현시키며, 비무장지대를 비군사화시켜서 신뢰 구축과 평화군축안을 협상할 수 있는 토대를 만들어야 한다. 한반도와 유럽이 다른 것은 유럽은 2차 대전을 종결했고, 한반도에서는 아직 1950년의 한국전쟁이 종결되지 않고 전쟁의 위험이 그대로 있다는 사실이다. 전쟁 상태가 계속되고 있고, 국경선이나 안보선이 불분명한데, 군비 증강이나 신예무기 도입, 전쟁 준비는 마음대로 경쟁적으로 하면서, 군사훈련을 서로 참관한다는 것이 무슨 의미가 있으며, 신뢰 구축에 무슨 도움이 되겠는가? 군비를 더 이상 증대시키지 않겠다든가 도발하지 않겠다는 보장이나 약속이라도 있다면 모르겠지만 말이다.

따라서 한반도에서 평화를 실현시키기 위해서 우선적으로 추진되어야 할 것은 한반도의 전쟁 상태의 종식이며, 하루속히 휴전협정을 평화협정으로 대체하는 일이다. 그리고 이를 위해서 북한 측은 휴전협정 당사자라는 명분으로 미국 측과 협상하면서 남한을 배제시킬 것이 아니라, 남·북한과 미국이 함께 조인하는 평화협정을 맺어야 할 것이다. 남한 측을 평화군축 협상의 주체로 인정하지 않고서는 그 이후의 평화통일 방안을 협의할 근거가 없어진다. 따라서 남·북의 불가침 선언과 미·북한의 평화 협정을 이원화할 것이 아니라, 통합해서 하나의 협정으로 만들어야 할 것이다. 평화협정 따로, 불가침조약 따로 한다는 것은 우스운 일이다.

이렇게 한반도의 평화보장안이 마련되면 주한미군의 철수나 핵무기 철거, 남·북한 군비 감축을 협의하고 진행시키는 것은 큰 어려움이 없다고 생각한다. 그때는 남·북한의 공동 안보와 한반도의 평화 실현이라는 관점에서, 균형된 감축이나 단계적 철수 등이 실현될 수 있는 토대와 가능성이 있기 때문이다. 따라서 지금의 남·북 간의 긴장이나 전쟁 도발의 위험한 상태에서 너희가 전력이 우세하고 공격용 무기가 많으니 먼저 감축하라고 서로 상대방의 군축을 제안하는 싸움을 하는 것은 의미가 없다. 평화협정이 안 된 상태에서 누가 외군 철수나 핵무기 철거, 군비 감축을 먼저 하려고 하겠는가? 그러므로 남·북한 간에 정치군사회담을 속히 열어서 평화협정과 불가침조약의 체결이 먼저 이루어져야 하며, 이 조약이 체결될 때까지는 어떠한 군비 증강도 무기 추가 도입도 하지 않겠다는 현재의 남·북의 군비를 동결시키는 협약을 해야 할 것이다.

미군의 철수와 핵무기 철거를 포함하는 한반도의 군축은 평화협정이 마련되면 여기에 포함될 수도 있고, 평화협정 이후의 군축협상을 통해서 추진될 수도 있을 것이다. 이때에 남·북한의 병력과 무기를 어느 선까지 제한하느냐는 문제는 남·북한의 공동 안보와, 통일된 한국이 주변 강대국 사이에서 안보를 유지하기 위해 필요한 군사력을 계산하면서 조정되어야 할 것이다. 이 점에서 북한 측이 제안하는 남·북한 병력 10만으로의 감축은 현실성이 희박하다고 생각한다. 혹자는 40만선을 제안하기도 하나[9] 이것은 지금 고정시킬 수는 없고 단계적으로 상황을 보면서 결정해야 할 문제라고 생각한다.

무엇보다 중요한 것은 한반도에서 참으로 전쟁과 대결을 하지 않고 평화체제를 실현시키며 통일을 이룩하려는 의지가 남·북한과 강대국에게 있느냐 하는 문제이다. 이러한 의지가 있다면, 지금 당장 군축은 않더라도 안보의 위협을 구실로 군비를 증강하는 조치만은 양측이 하지 말아야 할 것이다. 우리에게 시급한 군축의 방안은 무엇보다 무기, 병력, 전술, 훈련에 있어서 군사력의 증강을 막는 것이라 생각된다.

---

9 최영, 위의 글, 326.

2장
남북정상회담의 문제와 한계

I. 남북고위급회담(1990~1991)과 신뢰 구축 문제[1]

　서울에서 열린 1차 남북고위급회담(1990년 9월 5~7일)에서 나타난 남·북 양측의 기본적 시각의 차이는 신뢰 구축 우선이냐 군사적 대결해소 우선이냐에 있다고 평가할 수 있다. 남한 측에서 가장 빈번히 강조해서 쓴 말은 신뢰 구축이라는 단어였다. 먼저 상호 체제를 인정하고 중상 비방 파괴공작을 중지한 뒤 교류와 협력 자유로운 왕래를 실현하고, 그렇게 해서 상호 신뢰가 구축되면 평화협정도 맺고 군비 감축과 평화적 관계의 구조를 실현하자는 것이 골자이다.

　여기에 대해 북한 측의 주장은 통일의 실현을 위해서는 무엇보다 정치적 군사적 대결해소가 급선무이며, 이 적대 관계가 청산된 뒤라

---

[1] 1990년 10월 12일, 기독교회관에서 2차 남북고위급회담에 즈음한 한반도 평화·군축공청회가 열렸을 때, 리영희, 이우정, 감낙중과 함께 발제 강연을 했으며, 이 글은 필자의 발제문이다.

야 서로 신뢰가 생겨 자유로운 왕래나 교류 경제적 협력과 합작도 가능하며 그 위에서라야 두개의 체제를 인정하며 공존시키는 연방제 통일이 가능하다는 것이다.

서로가 다 신뢰 형성이 중요하다고 말하기 때문에 얼핏보면 뭐가 다른지 파악하기가 어렵다. 정말 신뢰가 형성되려면 무엇부터 해야 하는지, 어느 쪽 주장이 더 타당한지 판별하기가 쉽지 않은 게 사실이다. 서로가 상호 불신이 평화와 통일에 가장 큰 장애라고 하면서, 신뢰 구축을 위해서 내놓는 제안들을 서로 신뢰하지 않고 있다. 남한은 북한의 무력 감축 주장이 적화통일을 목표로 한 통일전선 전술에 불과하다고 불신하고 있고, 북한은 교류 협력과 체제인정을 통한 남한측의 신뢰 구축 우선의 방안이, 무력을 감축하지 않은 채로 북한의 개방과 자유의 바람을 유도해 체제를 무너뜨리려는 저의가 있다고 불신하고 있다. 그 많은 만찬장에서의 미사여구와 미소를 짓는 기념 촬영이 정말 신뢰 구축에 도움이 되고 있는지 의심스럽기만 하다.

신뢰 형성이 가장 중요하다고 양측이 주장하면서도 신뢰 구축의 방안과 우선순위가 서로 다른 것은, 남·북이 아직 대화의 테이블에 앉아서도 서로를 불신하고 있기 때문이다. 이러한 불신이 남북 관계 개선과 평화통일을 주장하는 양측의 방안과 주장의 차이를 만들고 있으며, 신뢰 구축의 전제 조건과 우선순위에 대해 시각의 차이를 낳게 하고 있는 것이다.

이 시각과 입장의 차이가 정치적 문제에 있어서는 두개의 체제와 국가를 인정하는 교차승인과 유엔 동시가입이냐, 하나의 국가로 유엔에 단일의석 가입이냐의 차이를 만들어 놓았으며, 군사적 문제에서는 신뢰 구축 후 군비 감축이냐, 군비 감축과 팀스피릿 훈련 중지를 먼저 해야 신뢰 구축이 생긴다는 주장의 차이를 낳게 하였다.

평양에서 열릴 2차 남북고위급회담(1990년 10월 16~18일)이 어느 정도 성과를 거두려면 북한 측이 회담성사의 조건으로 내놓았던 세 가지 문제에 대해 어떤 합의와 해결책을 도출하지 않으면 안 된다. 그것은 정치적 군사적 대결 해소를 신뢰 구축의 전제 조건으로 내세우는 북한 측이 최소한 이 세 가지에 남한 측이 성의와 의지를 보여야 회담을 계속할 가치가 있다고 강조하고 있기 때문이다. 그 세 가지란 유엔 단독가입을 보류하라는 것과 문익환 목사 등 방북인사를 석방하라는 것, 그리고 팀스피릿 훈련을 중단해 달라는 것이다. 위의 두 가지는 정치적 대결 해소의 출발점으로 세 번째 것은 군사적 대결 해소의 출발점으로 요구한다는 것이다.

이중 방북인사 석방 건은 국가보안법 등 국내법 개정과 관계가 있는 문제기 때문에, 양쪽의 상호적대적인 법률, 제도적 장치의 제거와 연결시켜 미룰 수 있을지 모르나, 유엔 단독가입을 추진한다든가, 팀스피릿 한미합동 군사훈련을 계속하겠다고 주장한다면 남북고위급회담은 이번 평양회담을 마지막으로 교착상태에 빠져버릴 위험이 있다. 모처럼 열린 남·북의 정부 당국자간의 회담이 이번으로 끊어지거나 교착상태에 들어가기를 바랄 사람은 아무도 없다. 그래서 정부 당국에 간청하고 싶은 것은 이번 평양회담에 앞서 이 문제에 대한 정부의 입장과 태도를 분명하게 해달라는 것이다.

먼저 유엔 가입 문제부터 따져보자. 지난번 서울회담이 끝난 후 남한대표단의 홍 대변인이 기자회견에서 밝힌 바로는, 유엔가입방안을 따로 북한 측과 협의하기로 하고 단독가입안은 유보하겠다고 했다. 그런데 그 사이 실무대표들이 동시가입안과 단일의석가입안을 놓고 협상하던 중 합의를 못 이루게 되자 우리 측은 금방 단독가입안을 금년 유엔총회에 내놓겠다고 으름장을 놓고 있다. 여기에는 일본 자민당의 부총재 가네마루의 북한 방문과 조일수교 가능성으로 유엔 동시가입안이 국제적 명분을 얻게 되었다는 정부의 계산도 깔려 있다.

그러나 필자는 현 단계에서 우리 정부가 유엔 단독가입안을 제출해선 안 된다고 생각하며 더구나 금년에 해서는 남북 관계를 온통 망치고 만다고 생각한다. 이 말은 남·북의 유엔 동시가입 자체를 거부한다는 아니다. 필자는 교차승인과 유엔 동시가입이 분단을 영구화하며 통일을 불가능케 한다는 생각에는 동조하지 않는다. 동·서독의 경우가 보여주었듯이 일시적으로 유엔에 따로 가입했다가도 상황이 바뀌어 통일을 하게 되면, 유엔의 의석을 둘에서 하나로 바꿀 수 있다.

필자는 사실상 유엔 가입 문제에 있어서는 남한이 주장하는 동시가입이나 북한이 주장하는 단일의석 가입이 다 타당성을 가지며, 남·북이 합의만 한다면 양쪽 안이 다 실현 가능하다고 생각한다. 그러나 중요한 것은 양쪽이 합의하는 일이다. 합의를 하지 않고 한쪽이 먼저 가입 해버리는 것은 평화에도 통일에도 아무런 도움이 되지 않는다. 남한의 단독가입이 물론 외교적으로 경제적으로 실리를 가져다 줄 수는 있겠지만 북한을 고립시키면서 홀로 가입하는 것은 남북 관계를 악화시키어, 유엔의 정신인 세계평화에도 기여를 할 수가 없다. 40여 년 간 유엔에 가입하지 않고 기다렸다가 왜 하필 남북 관계에 서광이 보이는 90년에 와서 단독가입이란 말인가?

그리고 무엇보다 현 상태로 유엔 단독가입이나 동시가입이 안

되는 것은 남·북의 기본 관계가 확립되지 않았기 때문이다. 우리는 아직 휴전 상태며, 준 전쟁 상태에 있고 평화협정도 맺지 않아 남·북의 국경도 확정돼 있지 않다. 남한은 헌법상 백두산과 압록강까지를 우리 영토라고 주장하고 북한은 제주도와 한라산도 조선민주주의인민공화국의 영토라고 주장하는데 만약 유엔이 이런 상태로 남·북한을 동시가입시킨다면, 국제법상 큰 모순이 생긴다. 유엔의 회원국들에게 혼란과 모순을 일으킬 동시가입을 어떻게 할 수 있는가? 이 상태로 남한만 단독가입하면 한반도에는 대한민국의 주권과 영토만 있다는 것을 인정받아 북한의 존재는 국제법상 없어지게 되고 만다.

그러니까 유엔 가입은 동시가입이나 단독가입에 앞서서 남한의 영토는 휴전선 이남이라는 선언을 해야 하며 이에 따른 헌법 개정을 먼저 하지 않으면 될 수가 없다. 그러기 위해서는 남·북한이 평화협정과 기본조약을 맺어야만 한다. 동·서독은 유엔 동시가입을 했지만 그에 앞서 72년에 양독 간의 국경을 확정짓고 불가침을 약속한 기본조약을 맺었다는 것을 잊지 말아야 한다.

유엔 동시가입이냐 단일의석가입이냐의 문제는 남·북한의 통일 방안의 기본적 입장 차이와 연결된 문제다. 당분간 두개의 국가로 인정되게 갈라져 있으면서 교류 협력 평화를 유지하자는 것이 남한 측 방안이요, 하나의 국호와 국가로 연방제를 이루어서 영구분단을 막고 하나의 조국통일을 촉진시키자는 것이 북한의 방안이다. 어느 것이 바람직하고 현실적이냐는 것을 여기서 다 논할 수는 없다. 그러나 한 가지 분명한 것은 평화나 통일은 양측의 합의에 의해서만 가능하며, 이를 위해 양측은 방안의 확정에 앞서 자유로운 대화와 토론을 가져야 한다는 것이다. 아직 통일 방안이나 유엔 가입 문제를 확정짓기에는 남·북의 대화와 토론이 충분치 않으며, 여기에 대한 생각과 여론 형성은 이제 막 시작되었을 뿐인 것이다. 따라서 필자는 현 단계 상태에서는 유엔 가입 문제가 충분히 토론될 때가지 유보되어야 한다고 본다.

다음으로 군사적인 신뢰 구축의 문제에 있어서 남한 측은 군 인사들의 방문 교류 기동훈련 사전 통보, 참관 직통전화 설치 등을 통해 서로 신뢰를 형성하고 난 뒤, 군비 감축을 실시하고 평화체제를 만들자는 방안을 제시했고, 북한 측은 군사적 신뢰 구축의 방안으로 군사훈련과 연습을 제한하는 일부터 하자는 적극적인 방안을 제시했다. 우선 외국 군대와 합동 군사훈련을 금지하고 사단급 이상 규모의 기동훈련을 금지하고, 군사분계선에서의 연습을 금지하자는 제안이다. 물론 남한 측이 제시한, 직통전화, 군사연습 사전 통보, 비무장지대의 평화지대화 등의 방안도 포함시키고 있으나 중요한 것은 한미합동 군사훈련 문제다.

이러한 군사적 신뢰 조성과 동시에 북한 측은 북남의 무력 감축과 외국무력의 철수, 핵무기의 철거 등을 3~4년의 단계적으로 실시해가자고 주장하고 있다. 남·북한 무력은 각기 30만, 20만, 10만으로 줄여가고 여기에 상응해 장비와 민간 예비병력 등도 축소해가자고 한다. 특히 군사 장비에서는 더 이상 새로운 군사기술과 무장의 도입을 막고 핵무기는 생산하지도 구입하지도 배치하지도 말자는 적극적 군축론을 펴고 있다. 또한 북한 측은 비무장지대의 평화보장을 위해 중립국감시군을 배치할 수도 있다고 주장하며, 군비통제와 군사 분쟁의 문제해결을 위해 남북군사공동위원회 설치를 주장하고 있다. 이러한 군사적 대결 해소 조치들과 함께 불가침선언과 평화협정 체결을 추진해가자는 것이다.

이번 총리회담에서 나타난 남·북의 제안들을 비교해보면 교류협력 면에서는 북한 측이 빈약하고, 군사정치 문제에서는 남한 측이 빈약한 것은 쉽게 알 수 있다. 우선 북한은 군축과 긴장 완화에서 적극론을 펴며, 신뢰형성 기간을 기다리지 말고 당장 군비 통제와 감축, 훈련 중지들을 실천하자고 주장한다. 평화체제 구축에서도 무기병력 감축과 외국군대 철수 한반도 비핵지대화, 평화협정체결 등 포괄적인 방안을 내놓고 있다. 여기에 비해 남한 측 제안은 가급적 군사적 병력이나 무기 미군 핵무기 등을 그대로 유지하려고 하며, 기동훈련 사전 통보, 군사교류 정보개방 등이 조치로서 우선 신뢰회복을 한뒤 군축으로 들어가자고 소극적인 군축론을 제기하고 있다. 미군문제나 핵무기 평화협정 등은 아예 언급도 않아 타부시하는 듯한 인상을 주고 있다.

남한 측이 왜 이렇게 군축문제와 군사적 대결을 해소하는 문제에 있어서 소극적이며 경계적인지 알 수 없다. 기본적으로는 북한의 군축 주장을 신뢰하지 않기 때문인 것 같다. 이제까지 북한의 군축주장에 대하여 남한 측이 일관되게 해온 답변은, 미국을 철수시키고 무장해제를 한 뒤 적화통일하려는 계략이라는 것이다. 이것을 아는 북한 측 대표단은 이번에 판문점에서 내려오면서 도착성명이나, 만찬장에서나, 기조연설에서나, 또 기자회견에서나 거듭 거듭, "우리는 통일이 누구를 먹거나, 누구에게 먹히우는 것이 아니라고 믿는다"고 되풀이 강조했다. 아무리 서로 신뢰를 갖자고 외치면서도 남북고위회담의 대표들은 서로를 신뢰하지 않고 있는 것 같다. "결국은 네가 나를 먹으려는 것이다" 하고 속으로는 되뇌이면서 그런 말을 하고 있는 것이다. 남쪽의 교류 협력, 이산가족의 재회 문제에 대해서도 북한 측은 너무나 불신하고 있는 것 같다.

이번 2차 평양회담에 다시 만나는 남·북 대표들에게 정말 간곡히 부탁하고 싶은 국민의 요청은, 제발 서로를 좀 믿어달라는 것이다. 서로가 내놓은 신뢰 구축 방안을 신뢰하지 않고는 뭘 어떻게 해볼 도리가 없기 때문이다. 북한은 어떻게 나오든지 이번엔 남한에서 먼저 북한 측의 제안을 신뢰하는 자세를 보였으면 좋겠다. 북에서도 10만까지 감군하겠다는데 왜 못 믿는가? 그게 못 믿겠으면, 그럼 우선 몇 년도까지 남·북 양측이 30만까지 감축하자든가 40만까지 하자든가 하는 대안을 내어놓으라. 서로 공개하고 함께 통제하자고 하지 않는가? 그리고 남한 측은 이번에 막연한 군축을 말하지 말고 구체적으로 연도별 일정을 밝히는 실천적인 군축안을 제기해야 할 것이다. 그것도 2천년 대에 가서나 실현되는 미군 철수, 핵무기철거가 아니라, 가능한 앞으로 4~5년 안에 실현되는 방안을 제기해야 할 것이다.

신뢰 구축을 어디에서부터 시작할 것인가? 상대방의 말을 믿는 데서부터 해야 할 것이다. 그 말에 깔린 상대방의 강점과 약점을 동시에 인정하면서 믿어야 한다. 『내가 설땅은 어디냐』의 작가요 북의 허정숙 여사를 언니로 둔 남쪽의 허근욱 여사가 말해준 충고에 우리는 유념할 필요가 있다. "이러한 상황에서 남·북이 서로 합의를 이루려면 서로 상대방의 약점을 아파하는 상호 신뢰의 구축이 급선무라고 생각한다"(「한국일보」 1990년 9월 9일자).

우리가 먼저 북한의 약점을 아파하는 신뢰를 보일 때, 북에서도 우리의 약점을 배려하면서 회담에 응해올 수 있을 것이다.

II. 남북합의서(1992) 이후 교회의 실천 과제[2]

92년 2월 18일부터 평양에서 열리는 제6차 남북고위급회담에서 「남·북의 화해와 불가침 및 교류 협력에 관한 합의서」의 문본이 교환되고 나면 역사적인 이 문서가 효력을 발생하게 되고 남·북 관계는 그야말로 화해와 공존의 시대로 들어가게 된다고 할 수 있다. 실로 분단 47년 만에 단절과 대결, 적대 관계의 역사가 완전한 해소는 아니더라도 상당히 극복되는 전기가 마련되는 셈이다. 분단의 극복과 민족의 평화통일을 위해 그동안 선구적인 노력을 해온 한국의 기독교와 교회는 이제 합의서가 발효된 이후에 무엇을 해야 할 것인가?

한국기독교교회협의회(NCCK)는 88년 2월에 통일 운동의 물꼬를 튼 평화와 통일 선언문을 발표하면서 믿음으로 분단 50주년이 되는 1995년을 평화통일의 희년으로 선포하였다. 이때는 평화통일에 관한 국민적 논의도 남·북 간의 만남과 대화도 전혀 허락되지 않던 상황이었으나, 산앙적 결의와 역사적 사명감으로 7년 뒤인 1995년을 통일의 해로 목표를 세우고 평화통일 운동을 선교적 사명으로 실천해 갈 것을 선포했던 것이다. 4년이 지난 오늘 급진전된 남북대화는 마침내 고위급회담을 통해 합의서를 채택하기에 이르렀고, 이 합의서는 교회가 4년 전 남·북의 정부 당국에 건의했던 정책들을 거의 대부분 받아들였으며, 실천해야 할 과제로 천명하였다.

정부와 국민들은 이제 합의서가 천명한 남·북의 화해와 교류 협

력, 평화구조의 정착을 위해 온갖 노력을 기울여야겠지만 교회는 합의서의 실천이 진정한 민족의 통일과 평화를 이룩하는 데까지 나아가도록 더욱 열심히 노력하고 운동을 전개해가야 하리라고 믿는다. 더구나 1995년을 평화통일의 희년으로 선포한 한국교회는 3년밖에 남지 않은 기간에 통일 과업이 진전되고 가시화될 수 있기 위해서는 보다 구체적인 실천 목표를 세우고 이를 달성키 위해 박차를 가하지 않으면 안 될 것이다. 이번에 분단사상 처음으로 남한을 방문하게 될 북한 기독교인들과의 만남이 교회의 통일 운동을 한걸음 진전시킬 좋은 계기가 된다고 믿는다.

그러면 한국교회는 이제 어떤 과제들을 특히 합의서 발효 이후에 실천하도록 노력해야 할 것인가? 필자는 아래의 다섯 가지를 우선적인 과제의 영역으로 삼아야 한다고 생각한다.

첫째는 남·북의 민간 사이에 화해운동을 전개하는 것이다. 합의서에서 남·북의 화해를 선언하기는 했지만, 이것은 말처럼 쉬운 것은 아니며, 또 정부 당국자들 사이의 화해 선언만으로 40여년만의 상처 깊은 분단과 적대감이 쉽게 극복되는 것도 아니다. 화해의 사명을 가진 교회가 남·북민 간의 뿌리 깊은 불신과 오해, 증오심을 제거하고 참된 신뢰와 이해 사랑을 심는 화해 운동에 앞장서서 여러 가지 노력을 해야 하리라 본다. 북한을 바로 알게 하는 일, 과거의 오해나 편견, 원수상에 대한 회개와 죄책을 고백하는 운동이 하나의 방편이 될 수도 있을 것이다.

둘째로는 평화체제를 실현하는 운동이라고 하겠다. 평화는 특히 기독교가 실천해야 할 윤리적 사명일 뿐 아니라, 통일의 기본원칙이다. 그런데 남북합의서는 불가침선언과 군사적 신뢰 구축이라는 단계와 조치를 수용했음에도 불구하고 평화의 구조를 안착시키고 평화체제를 수립하는 데서는 아직도 너무 멀리 떨어져 있으며, 여러 가지 위기도 안고 있는 것이 사실이다. 그것은 무엇보다 휴전체제를 유지하며 상당한 기간 동안 연장시킬 것을 합의서가 함축하고 있기 때문이다. 교회는 88년 선언문의 정신과 정책 내용에 따라 조속히 휴전체제를 종식시키고 전쟁참여국들과 함께 평화협정을 체결하도록 계속 남·북의 정부와 미국 정부를 향해 촉구하며 분위기를 만들어가야 할 것이다. 남·북 정부의 비핵선언으로 핵무기 문제에 결정적 진보를 이룩한 것이 사실이지만, 핵무기의 제조와 배치, 거래와 사용가능성을 완전히 제거하는 한반도 비핵지대화를 실현하는 데까지 평화운동을 확산시켜야 하리라 믿는다. 이것은 정부의 정책이나 선언만으로는 안 되며 국민의 평화 의식화가 절대로 선행되어야 할 문제이다. 교회는 평화연구와 교육 그리고 대중적인 평화 운동을 통해 평화체제를 이룩할 수 있는 정신적 여건을 마련하도록 해야 한다.

셋째는 인도적 삶의 회복 운동이라 하겠다. 민족통일의 인도주의 원칙을 선언한 교회는 평화공존과 남북 교류의 시대에 무엇보다 분단과 대결로 인해 빚어진 인간적인 고통과 상처를 치유하고 일그러진 국민들의 삶을 인도적으로 회복시키는 일에 우선적인 노력을 기울여야한다. 이산가족의 만남과 재결합을 통해 상처와 고통을 줄이게 하는 데는 정부의 노력만으로는 부족할 것이다. 인도주의와 인권에 관심을 가진 교회가 주선하고 도와야 할 일들이 있으리라 믿는다. 이것은 앞으로 교류와 방문 사업이 구체화되면 현실적으로 들어날 문제들이며, 교회가 이에 대처할 준비를 갖추어야 하리라 생각된다. 고향과 친지를 방문하고 가족들이 만나서 재결합하는 것은 인간

의 자연법적인 권리며 인권이라는 것을 교회는 정치적 제약들에 맞
서서 강하게 주장해야 할 것이다. 체제와 사상의 대결로 희생되고
억압되었던 정치범들과 사상범의 문재들도 인도적 견지에서 삶을
회복시킨다는 차원에서 교회가 노력해야할 일이다.

　넷째는 남·북의 평화공존 기간을 잘 활용하여 통일된 민주사회
를 지향하는 사회개혁 운동을 과감히 전개시켜야 할 것이다. 우리의
통일은 분단의 성격으로 보나, 남·북한과 주변국들의 현실로 보나,
공존과 대화를 통해 평화적으로 이루어져야 하며, 한 편이 이기거나
한 편이 다른 편을 정복하는 통일이 되어서는 안 된다. 독일식의 흡
수통일은 현실적으로 가능하지도 않을 뿐 아니라, 또한 통독 후의
독일의 경우를 보아 바람직하지도 않다.

　그러나 남·북이 대화와 협상을 통해 평화적으로 통일한다는 것
도 현실적으로 쉬운 일은 아니며, 선언만으로 이룩될 수도 없다. 양
측이 통일의 방법과 미래상에 관해 이해와 양보를 통해 합의해야하
며, 이를 향해 자기 측 사회를 개혁해갈 의지와 실천을 강구할 때에
만 가능한 일이다. 특히 이것은 어느 정파나 특정 이데올로기에 매
어서는 안 되며, 모든 국민들의 참여와 소외되기 쉬운 민중들의 의
사를 반영하는 것이어야 하기 때문에 통일된 민주사회의 정체와 설
계를 그리는 데는 교회가 논의 구조와 토론의 장을 만들 필요가 있
다. 민주사회는 자유, 정의, 평화, 인권, 발전, 복지와 같은 윤리적인
원칙들이 실현되어야 하기 때문에도 그렇다. 이러한 미래상을 세워
놓고 통합 이전이라도 양측에서 민주사회를 향한 개혁운동을 전개
하는 일이 필요할 것이며 교회는 이 운동에도 적극 참여해야 한다.

　다섯째는 이 모든 일과 함께 남·북의 교회가 하나가 되는 민족 교

회 형성 운동을 전개해야 한다. 이를 위해 남·북의 교회가 만나고 신앙과 윤리의 문제를 토론하고 가진 것을 나누며 서로 돕는 일이 필요할 것이다. 교회는 통일시대를 맞이하며 에큐메니칼 정신에 따라 하나의 민족 교회를 세우는 일에 무엇보다도 진지하게 나서야 할 것이다.

III. 김영삼/김일성 회담(1994)과 평화체제의 실현3

1. 남북정상회담의 의미와 과제

1994년 7월 25~27일로 예정되었던 김영삼 대통령과 김일성 주석 간의 남북정상회담(최고위급회담)은 합의가 발표된 직후부터 전 국민의 호응과 관심을 넘어 높은 기대치와 흥분의 도가니에 몰아넣기에 충분했다. 그토록 정치인들과 언론, 국민들의 관심을 모았던 상무대비리조사가 맥없이 무산되고, 철도기관사들과 지하철 노조의 파업이 사회불안을 몰아오고, 북핵제재론의 강화로 전쟁 위기설까지 퍼지는 등 불안과 불신의 정국이 정상회담의 발표와 추진으로 한꺼번에 정국이 바뀌며 정부의 움직임에 기대를 모으게 하는 것을 보면, 분명히 남북정상회담은 역사적으로, 정치적으로 큰 의미를 가진 것이 분명하다고 볼 수 있다.

그러나 유감스럽게도 김 주석이 7월 8일 갑자기 사망함으로써, 기대와 흥분에 부풀었던 정상회담은 한여름 밤의 꿈처럼 허망한 것으로 사라져 버리게 되었고, 김정일 체제에 대한 불확실성과 김일성의 6·25전쟁 죄과론, 조문 주장론자의 규탄과 조문 행위자의 국가보안법에 의한 처벌론의 대두로, 양측의 비난 성명전으로 정상회담은 물 건너간 것이 아니냐는 실망과 함께, 남북 관계가 다시 극도로 악화

---

3 1994년 7월 19일 프레스센터에서 기독교사회문제연구원 주최로 "김정일체제의 출범과 남북정상회담의 과제와 전망"이라는 주제로 기사연 통일마당이 열렸다. 김남식, 박정수, 조순승, 강정구 등과 함께 토론한 필자의 발제강연문이다. 그리고 같은 내용을 1994년 10월 8일 여의도에서 열린 자주평화통일민족회의가 주최한 "한반도 평화체제 모색을 위한 국제토론회"에서도 발표했다.

될 것 같은 예감이 우리를 극도로 불안하게 만들고 있는 것이 오늘의 정세다.

이번 예정되었던 남북정상회담의 의미와 성과를 냉정하게 평가해보기 위해서 김 주석이 사망하지 않고 7월 25일 회담이 실시된다고 한 번 상상해보자. 그렇게 높은 기대와 의미 부여에 대해서 얼마만큼의 성과를 가져올 것이며, 국민들의 기대를 만족시킬 수 있을까?

역사에서는 우연적인 요소가 많기 때문에 가정이나 예측은 불가능하며, 더구나 정상회담 같은 것은 회담 분위기나 양자의 심리적 요소가 강하게 작용하기 때문에 객관적인 예측은 아무도 하기 어렵다. 무엇보다도 이번에는 의제를 정하지도 않고, 만나는 것이기 때문에 개연성의 요소가 너무나도 많다. 문제는 김영삼 대통령의 마음 속과 김일성 주석의 의도 속에 무엇이 들어 있는지를 정확히 알지 않고는 성과를 예측하기는 거의 불가능하다.

그러나 공표는 하지 않지만 양국 정상이 가슴에 풀고 있는 아젠다(Agenda)가 무엇이라는 것쯤은 충분히 짐작해 알 수 있다. 북측의 정상이 현 상황과 위기를 타개하기 위해 놓을 제안도 짐작키 어렵지 않으며, 남측의 정상이 내놓을 문제들도 간간히 발표되는 것들을 보면서 짐작할 수가 있다. 우선 북한의 핵개발 저지와, 합의서의 실천과 이행, 그리고 이산가족의 방문과 인도적 교류, 경제협력 등이 제기될 것이 예상된다.

물론 이번 회담이 분단 이후 49년 만에 이루어지는 최초의 만남이기 때문에, 회담의 아무런 성곽 없더라도 만남 자체에서 상징적인, 역사적인 의미가 매우 크다고 생각한다. 그러나 이 역사적 회담이 아무런 합의나 문제의 해결을 내놓지 못하고, 서로의 대립된 입장의 차이나, 대결적 자세만 확인하고 헤어지는 경우에, 만남 자체는 의미가 있으나, 역사적으로는 아무런 성과가 없는 오히려 걸림돌과 부담이 되는 무익한 정상회담으로 끝날 수도 있다. 이것은 보통나라들의 협력관계를 위한 정상회담이 아니다. 적대국가로의, 서로가 서로를 국제법적으로나 국내법적으로 인정하지도 않는 나라 사이의 정상회담이다. 그래서 가장 중요한 정상회담의 과제는 서로가 서로를 인정하는 일, 원수상을 풀고 화해하는 일, 그리고 전쟁을 막고 평화공존을 이룩하는 일이되어야 하며, 이것보다 더 중요한 과제는 없다.

아무리 이산가족의 재회 문제나 경제 협력 문제가 중요하지만, 남·북한 전체의 관점에서 볼 때, 화해와 평화공존의 체제를 마련하는 것보다 더 중대하고 시급한 현안은 아니다. 남·북의 화해와 불가침 교류 협력을 위한 합의서가 92년 3월에 서명되었지만, 화해와 불가침이 선포되었어도 이것은 남·북의 완전한 평화적 관계를 보장하기에는 불충분한 문서이다. 적대 관계를 풀고 화해하자고 했지만 양측에서 화해하고 공존할 수 있는 토대와 조건이 마련되어 있지 않다.

즉 양쪽의 체제를 서로 인정하고 존중하자고 규정한 합의문의 1장 1조를 서로 시행하지 않고 있다. 북쪽에서 이중성을 가지고 있는 것은 말할 것 없고, 우리 남쪽에서도 이번 핵사찰 논의와 정상회담을 전후한 정부 측 발표들이 대북한 관계는 적대 관계와 대화 관계의 이중성을 가진 구조라고 표명하고 있다. 김일성 주석을 "주석"이라고 호칭했다고 언론들이 그럴 수 있느냐고 호통을 치고 있다. 6·25의 전범, KAL기 폭파주범, 분단의 책임자로 규탄해야지, 그런 사람과 무슨 정상회담이냐고 야단이다. 심지어 청와대에 빨갱이들이 들어

앉아 있어서 그렇다는 비판을 들어본 적이 있다. 조문, 조의 표명을 언급했다 날벼락을, 그것도 야당 국회의원이 여당 의원들에게 맞는 것이 오늘의 현실이다. 북쪽에서 보기에도 어떻게 남쪽이 화해와 상호인정, 협력의 자세를 가졌다고 객관적으로 믿을 수 있겠는가?

1장 1조에는 "남과 북은 현 정전상태를 남·북 사이의 공고한 평화 상태로 전환시키기 위하여 공동으로 노력하며 이러한 평화 상태가 이룩될 때까지 현 군사정전협정을 준수한다"고 씌어있다. 그러나 남·북 양측이 공고한 평화 상태로 전환시키기 위한 노력은 별로 보이지 않는다. 아직 불신과 적대감, 대결 의식으로 꽉 차있다. 북쪽이 핵개발의지나 대남 비방선전을 중단치 않음으로써 공고한 평화 상태에로의 전환에 노력을 보이지 않는 것은 말할 필요가 없으나, 우리 쪽에서도 공고한 평화 상태에로의 전환에 우선관심을 갖지 않고 있음이 여러 곳에서 드러나고 있다. 가령 북쪽에서 그렇게 주장하는 평화협정 체결 문제는, 설사 그것이 선전용, 전술적 목적의 의도가 있다 하더라도 우리가 그것을 명분 있게 받아들이든가, 연기시키든가, 조건을 달아서 거부하든가 해야 할 것이다. 공고한 평화 상태에로의 전환에, 6·25전쟁을 종결시키는 평화협정보다 중요한 단계는 없다고 할 수 있다. 적어도 평화협정을 규범적으로 거부할 명분은 없다. 앞으로 전쟁과 대결을 계속하려고 하면 모르되, 평화의 상태를 이룩하려면 당연히 거쳐야 할 과정이다. 그러나 우리 측에서는 남북합의서를 논의하는 전 과정에 이를 거부했으며, 겨우 통과를 위해 5조의 타협안을 만들어 원칙적으로 수긍한 결과가 되었다.

지난 6월 10일 국방부가 발행하는 「국방소식」지 39호를 보면 이런 주장이 실려 있다. "북한의 평화협정체제 전환주장의 허구성"이라는 제목 하에 "군사적 신뢰 구축 없이 평화협정체제 운운한다는 것은 실질적 평화 보장을 기대하기 어려울 뿐 아니라 자칫 한미연합 방위체제를 약화시켜 한미연합 억지력에 결정적 손상을 초래케 할 위험성이 크기 때문이다. 이번에 북한이 유일한 마지막 핵카드를 이용, 미·북 평화협정을 체결하고자 하는 것도 대외적으로는 미국과 적대관계를 해소하며, 국제적으로 고립을 탈피하고, 체제를 보존하면서, 대내적으로는 대남 적화통일의 여건을 조성하기 위한 고도의 계산된 술책임이 분명하다. 따라서 우리는 이러한 흉계와 술책에 속지말아야 하며, 성급한 남북 평화체제 전환의 환상에 빠져서도 안 될 것이다."

우리 정부의 입장과 태도를 보면, 평화체제의 수립론은 가끔 거론하면서[4] 북한의 평화체제, 평화협정 거론은 대남 적화통일의 흉계와 술책으로 치부해버리고 만다. 물론 평화체제의 내용과 실현과정이 어떤 것이냐에 따라 전략 전술이 없을 수 없다. 그러나 우리는 우리 나름대로의 평화체제란 무엇이며, 어떤 과정과 방법을 통해 실현될수 있느냐의 개념을 정립해 발표하면서 북쪽과 토론을 벌여야 한다. 이제까지 우리는 대체로 북쪽의 평화체제론 주장에 대해 그건 술책이라고 소극적으로 피하고만 있지, 우리의 대안을 만들어 적극적으로 대응하지 못하고 있다. 우리가 대응하는 무기는 군사적 신뢰 구축(Confidence Building Measure)인데, 이것은 "군사적 직통전화 가설이나, 대규모 부대이동과 군사연습의 통보 및 통제", "군인사 교류 및 정보교환" 등을 의미하는데, 평화협정을 맺고, 군비를 축소하고,

---

4 예를 들어 노태우 대통령의 유엔총회 참석 연설에서 평화체제 실현에 노력하겠다고 선언했음.

팀스피리트 같은 대규모 군사훈련 자체를 없애자는 북쪽의 주장에 대해, 현 긴장 상태와 전쟁 준비 군사훈련을 지속시키면서, 부대 이동을 서로 알려서 신뢰 구축을 하자는 주장은 너무나 명분이 약하고 소극적 자세라는 것을 느끼지 않을 수 없다.

김영삼 대통령이 김일성 주석을 만나든, 김정일을 만나게 되든, 북쪽이 핵개발 문제와 맞물려 내놓을 안이 평화체제 문제일 것은 확실하다. "우리의 핵개발을 중단시키려면 우리가 안심해도 될 평화체제를 만들어 주시오. 우리가 경제적으로나 군사력 유지로나 매우 어렵고 국제적으로 고립되어 있는데, 무엇보다 미국이 선제공격을 하지 않겠다는 약속을 해주고, 금수조치를 풀고, 평화협정을 체결해서 안보에 위협이 없어야 핵개발을 완전히 동결시킬 수 있겠소." 이렇게 솔직하게 나올 때 김영삼 대통령은 어떤 대답을 하게 될 것인가?

2. 평화체제 실현의 길

그러면 분단된 한반도의 긴장과 대결의 상황에서 평화체제는 어떻게 수립될 수 있는가?

평화체제란 평화운동가며 사상가인 요한 갈퉁(Johan Galtung)이나 디터 젱하스(Dieter Sengaas) 등에 의해 쓰인 개념이다. 동서냉전체제가 핵무기 개발확대 등으로 서로 위협하는 대결하는 위협체제(Drohsystem)를 극복하는 바른 길이 평화체제의 수립에 있다고 보았으며, 평화체제는 전쟁의 중단이나 억제 같은 소극적 방법에 의해서가 아니라, 전쟁이 일어날 수 있는 소지와 원인을 아예 제거하는 적극적 방법에 의해서만 수립될 수 있다고 보았다. 한반도의 평화를 위해 정부에서 내놓았던 정책은 평화 정착이었다. 평화 정착은 현 휴전 상태를 유지하며 군비를 그대로 둔 채 전쟁이 나는 것만 방지하겠다는 소극적 정책이다. 이를 아예 전쟁과 위협의 소지를 제거하는 평화체제로 전환해야 한반도에는 평화가 실현되며 통일의 길이 열릴 수 있다.[5]

한반도의 현 상황에서 평화체제를 실현하는 길은 다음의 3단계의 과정을 통해서 열릴 수 있으며, 또 그렇게 되어야 한다고 믿는다.

1) 우선 현재의 휴전협정을 평화협정으로 바꾸어야 한다. 현재의 휴전선을 남·북한의 잠정적인 국경선으로 인정하고, 무력사용을 포기하며 평화적으로만 통일을 추구하겠다는 합의와 조약이 없이는, 남·북의 군비 축소나 군사훈련 중지를 도모할 길이 없으며 긴장과 대결국면을 없앨 수가 없다.

2) 평화협정만으로 평화체제가 이루어진다고 볼 수가 없다. 남·북한이 서로 상호 주권과 영토, 체제를 확실하게 인정하면서 대화와 협상을 통해 통일을 지향한다는 기본관계 조약을 맺어야 한다. 현재의 남북합의서와 같은 엉성한 성격의 문서로는 진정한 평화와 공동의 안보를 보장할 수가 없다. 아울러서 이를 근거로 남·북한이 동등하게 주변의 4대국(미국, 일본, 중국, 소련)과 함께 동북아의 평화와 공동안보를 보장하는 어떤 형태의 협약을 맺도록 해야 한다. 물론 이 이전에 북한과 일본, 미국의 수교가 이루어져야 한다.

3) 이러한 협정과 조약이 맺어지는 상황에서, 즉 평화의 구조가 국제법상으로 정착되는 차원에서 평화를 위협하는 요소들을 실질적

---

[5] 필자의 글, "한반도의 평화체제와 군축의 방향", 「씨알의 소리」 1990년 5월호 참조.

으로 제거하는 작업이 실시되어야 한다. 즉 휴전선 양편의 첨예한 군사적 대결을 해소하기 위해 온갖 공격적 무기와 군사 시설 및 주둔군을 감축내지는 후퇴시키고, 남·북의 군비를 합의 과정을 통해 축소하며, 이 단계에서는 주한미군도 철수시켜야 한다.

이것이 평화체제의 발전된 모습일 것이다. 물론 평화체제는 군사적 조치뿐 아니라 남·북 간의 공격적이며 배타적인 법률들(예를 들어 국가보안법, 사회안전법)을 수정, 폐기함으로써 진전될 수 있으며, 교류 협력의 증대나 신뢰 구축을 통해서도 더욱 공고히 발전될 수 있다.

평화체제의 수립에 평화협정의 체결이 필수적 조건임은 분명하며, 남·북한 정부에서도 어느 정도 공감하고 있으나, 단지 이를 언제 누구와 어떤 형식으로 체결하느냐에 이견과 문제를 갖고 있다. 북한은 이미 오래전부터 평화협정 체결을 촉구하였으나, 휴전협정 서명당사자의 명분으로 북한과 미국 간에 체결되어야 한다고 주장하였다. 여기에 대해 남한 당국은 상황의 근본적 변화를 가져올 평화협정 문제를 거론조차 꺼려하며 가급적 현 휴전협정 상태를 유지한 채 상호 교류와 신뢰 구축만을 고집하고 있다.

필자는 여기서 남·북 양쪽에 근본적인 발상의 전환이 있어야 한다고 믿는다. 평화협정이 한반도의 평화체제 수립에 근간이 되는 문서라면 남한을 제외해놓고서 무슨 의미가 있는가? 1953년 7월 27일 당시의 상황에서 유엔군에 편입된 한국군을 대신해서 국제연합군 총사령관 마크 W. 클라크 대장의 이름과 북한군 최고 사령관 김일성 원수와 중국 인민지원군 총사령원 팽덕회의 이름으로 체결되었지만, 유엔군도 해체되고, 중국군도 철수한 오늘의 상황에서 미국과 북한만이 평화협정의 당사자라는 것은 언어도단이다. 전쟁의 실제

당사국이었던 남·북한이 주축이 되고 참전했던 미국과 중국이 보증을 하는 방식으로 평화협정이 맺어져야 한다. 휴전협정 60조는 효력 발생 3개월 후에 쌍방의 군사령관이 관계국 정부에 외국 군대의 철수와 한국 문제의 평화적 해결을 위해 정치회담을 소집할 것을 건의하기로 하였다. 여기에 한국이 참여할 충분한 근거가 있으며, 남북 합의서가 조인된 마당에 이제는 평화협정을 논의하는 회담이 열려야 한다.

평화협정 체결이 지연되고, 평화체제의 수립이 요원해지는 데는 남한 정부의 책임도 있다. 이제까지 한국 정부의 통일 정책이나 남북대화 전략에는 어떤 이유에서인지 평화협정 체결이나 휴전협정체제를 보다 공고한 평화의 체제로 전환하는 내용이 들어있지 않거나 이를 우선적인 과제로 삼지 않고, 먼 훗날에나 가서 고려해볼 내용으로 기피하는 경향이 있다. 아마도 주한미군의 주둔 문제와 관련된 민감한 안보상의 문제 때문이 아닐까 짐작된다.

그러나 전후의 냉전체제가 해체되고 동구권이 민주화하고, 지역주의, 민족주의가 새로운 세계질서의 다극적 축을 이뤄나가는 마당에 한반도의 냉전적 대결 구조를 그대로 지속시키거나, 평화체제로의 전환을 지연시키려는 것은 시대적인 흐름이나 민족적 요구에도 맞지 않는 태도이다.

원래 한민족 공동체 통일방안은 '선 관계개선 기본합의, 후 휴전협정 대체'의 구도를 갖고 있었다. 그러나 지난 4, 5년 사이 남북 관계는 유엔 동시가입과 기본합의서를 채택함으로써 상당한 진전을 이루었다. 이제는 휴전협정의 대체를 모색해야 한다. 그러나 합의서 이후의 정책들을 보면 선 신뢰 구축, 후 평화체제 모색이라는 구도를 계속 유지해 관계가 개선된 뒤에도 신뢰가 구축된 뒤에나 고려해 볼 사항으로 미루고 있다. 사실상 평화협정 체결은 북한이 80년대부터 줄곧 주장해온 요청이었다. 그때는 우리 측이 유엔에 동시가입과 교차승인이 우선적 과제라고 했다. 북한이 우리와 유엔에 동시가입했지만, 교차승인은 우리 쪽에만 소련, 중국과의 수교가 이루어졌고, 북한 쪽에는 여전히 미국, 일본과의 수교가 이루어지지 않고 있다. 남북합의서가 채택되면 이루어질 줄 알았으나, 이번엔 핵사찰 문제를 걸어 핵개발 포기가 투명하게 보증된 뒤라야 북쪽이 요구하는 평화협정, 팀스피리트 군사훈련 중지, 미·일과의 수교가 거론될 수 있다는 자세다. 사실상 지난 5, 6년 동안 사회주의권의 해체와 국제적인 고립으로 북한은 정치적으로나, 경제적으로나, 군사적으로 아주 불리한 곤경에 처하게 되었으며, 남한과의 관계에서도 경쟁을 할 수 없을 정도로 열세를 면치 못하게 되었다. 이제 미국과의 3단계 고위급 회담을 통해 북한이 미국과 수교의 길을 트고, 자유세계와의 경제적 협력과 교류의 길을 연다는 것은 북쪽으로서는 생명과 같은 문제이다. 이런 사정을 이해한다면 왜 북한이 핵사찰을 담보로 북미 수교 문제를 트려고 그토록 몸부림을 치는가 하는 것을 이해할 수 있게 된다.

이제 만약 미·북한 회담이나 남북정상회담이 실패하여, 북한이 핵개발을 비밀리에 계속할 경우, 유엔 안보리를 통한 제재나, 한미일 삼국의 제재내지는 미국의 단독제재, 군사적 제재도 불사하는 강경노선으로 급격히 전환하게 될 것이 분명하며, 이것은 '햇볕이냐, 바람이냐'에서 바람을 택한 경우처럼 점점 더 북한으로 하여금 핵을 개발하고 결사적으로 버티며, 비이성적인 도발이나 돌출행위를 오히려 유도하는 결과가 되기 쉽다. 결국 핵확금조약에서 탈퇴하고 미국이 군사적 보복과 제재조처로 나올 경우, 마지막에 가서는 불가피하게 북한과 미국이 전쟁을 선택하게 될지도 모른다. 전쟁이 쉽게 북한을 멸망시키고 승공통일로 나가게 되리라는 일부의 낙관적 전망은 너무난 단순하며 위험한 사고이다. 동포가 수십만, 수백만 죽은 뒤에 어떤 방향으로 한반도의 문제가 해결될지는 아무도 예측할 수 없으며, 또 그런 통일이 무슨 이익과 행복을 민족에다 가져다줄는지 우리는 심각하게 생각해보아야 한다.

3. 김정일 체제와 남북정상회담의 전망

필자는 우리 국민 모두의 심정과 마찬가지로 그것이 김일성 주석이었든, 김정일 주석이 되든, 49년 만의 남북정상회담이 상징적 의미뿐 아니라, 역사적인 기록에 남을 수 있는 성공적인 회담이 되기를 희망한다. 그러면 어떤 회담이 되어야 역사적으로 남을 성공적인 정상회담이 될 수 있을 것인가?

모든 정상회담이 다 역사에 남고 의미 있는 정상회담은 아니다. 특별히 역사적인 회담은 역사적으로 어려운 과제를 해결하는 회담이어야 한다. 1960년대 초 동서 냉전의 해빙을 가져온 케네디 대통령과 흐루시초프 소련 공산당 제1서기의 회담, 1970년 3월과 5월의 빌리 브란트 서독 수상과 빌리 스토프 동독 수상의 동·서독 정상회담, 그리고 1993년 가을의 레빈 이스라엘 수상과 아라파트 PLO 의장의 화해의 회담 등이 참으로 역사적으로 남는 정상회담이 되었다.

우리는 특히 분단국의 첫 정상회담이라는 점에서 1970년 동·서독

정상회담을 모델로 삼으며, 정부가 남북정상회담을 준바하고 있는 것으로 알고 있다. 그 상징적 의미나 역사적 성격은 비슷하다고 할 수 있으나, 과연 우리 남북정상회담의 의미와 성과가 동·서독의 그것과 비견할 만큼 역사적인 것이 될 수 있는가? 필자는 그 내용과 성격에서 우선 여러 가지 차이를 볼 수 있다고 생각한다.

첫째로 그 회담의 내용과 성격이 독일 분단사에서 획기적이고 참신한 것이었다. 아직도 냉전체제와 할슈타인 독트린이 판을 치던 시절에 빌리 브란트 수상은 동독의 국제법적인 인정과 유엔에의 동시 가입, 서방세계와의 관계 개선, 경제 협력 등을 대가로 주면서, 동·서독 간의 인도적 교류와 확고한 평화와 공동안보의 체제, 소련과 동구 여러 나라들과의 관계 개선을 대가로 받아내는 과감하고 역사적인 회담을 성공시켰다.

둘째는 이 정상회담의 성과와 조건은 동·서독 사이에서만 이루어 진 것이 아니었다. 미국, 영국, 프랑스, 소련 4개국에 의해 분단되고, 관리되어 온 동·서독이 이들의 동의 없이 분단 상황의 틀을 전환시킨다는 것은 불가능한 일이었다. 따라서 사강외교를 동시에 추진해야 했으며, 미국의 동의를 받아냄과 동시에, 소련을 설득시켜 동독에 압력을 넣도록 외곽작전을 병행시켰다. 사실 1970년 3월 19일에 동독의 에르푸르트(Erfurt)에서 처음 만나고, 5월 21일 서독의 카셀(Kassel)에서 두 번째 만났을 때, 브란트의 동방정책의 오른팔이었던 에곤 바(Egon Bahr) 장관은 모스크바에서 그로미코 외상과 비밀회담을 하고 있었다. 다각적인 외교작전이 병행되지 않고서는 성사될 수가 없었다. 특히 브란트의 동방정책의 난제는 동독의 국가 주석인 울브리히트(Ulbricht)가 '한 민족 두 국가'라는 브란트

(Brandt)의 주장을 거부하고 두 민족 두국가라는 완전 영구분단을 강조했던 것이었다. 서독 안에서도 여론이 갈리어 합의하기 어려웠으나, 이를 국제정치적으로 묘하게 풀어가 강대국의 분위기가 서독의 브란트 안을 지지하도록 만들었다.

셋째로 1970년의 양독 정상회담은 두 번째 5월의 카셀 회의에서 브란트가 20개 조항을 한꺼번에 내놓고 합의함으로써 이후의 양독 관계의 개선에 기본 틀이 되는 포괄적 프로그램이 제시되는 회담이 되었다. 그 후로 맺은 4대강국과의 협약, 72년 동·서독 기본조약, 73년의 양독 유엔 동시가입, 그리고 교류 협력 프로그램이 다 이 프로그램에 들어 있었다. 그래서 이 정상회담은 부분적, 단기적인 문제의 해결이 아니라, 포괄적이며 장기적 차원의 역사적 문제 해결을 제시했다는 것이 중요하다.

그리고 넷째로 중요한 사실은 브란트 수상이 동독에 많은 양보를 해주고 폴란드와의 국경선을 동독의 국경으로 인정하면서 구 독일 제국 당시의 영토를 4분의 1가량 폴란드와 소련에게 넘겨주는 동방 정책을 구현했을 때, 서독 국민들로부터의 비판과 비난은 말할 수 없이 컸다. 특히 폴란드와 소련 지방에서 쫓겨 온 피난민들의 아우성 소리는 말할 것 없고, 보수정당인 기민당(CDU), 기사당(CSU)의 반대는 당시 매카시 선풍을 보는 것 같았다. 말하자면 이 역사적인 일을 위해 일부 국민들의 정서나 감정을 설득력 있게 통제하면서, 반발을 무릅쓰고 성사시켰다는 것이다. 위대한 역사적 정상회담이 항상 당시의 현실에 적응하는 국민적 정서에 영합하지 않고, 이를 역행하면서 역사적 과제가 실천되었다는 것은 우리에게도 중요한 교훈이다. 분명히 현재의 대결 상태를 평화적 공존체제로 전환시키는 데는 이런 국민적 반발과 비난이 없을 수 없다. 그러나 성공한 정상들은 이를 먼 역사로 내다보면서 과감히 결단할 때 어려워도 성공적인 회담을 만들어내는 것이다.

이제 김정일 체제의 북한과 정상회담을 어떻게 추진할 것이냐는 물음이 남아 있다. 김일성 주석과의 정상회담은 핵문제 해결의 시급성이라든가, 김 주석의 나이나 여건으로 보아 꽤 서둘러서 추진되었고, 그 절차나 방법에서 우리 쪽이 양보하면서 실현시킨 경우였다. 그러나 이제 김정일 체제와는 누가 주석이 되든지 서두를 필요는 없으며 상호주의 원칙도 지켜져야 한다고 본다. 그러나 김정일 체제가 확고하지 못하고 불안하다고 해서 회담을 연기하거나 주저해서는 안 된다고 본다. 누구와 회담을 하던지 남북 관계의 현안과 과제는 같기 때문이다. 김정일도 역시 잘 알지 못하는 어려운 상태이기는 하지만 어차피 한술 밥에 배부르지 못할 것이 남북 관계의 현실이기 때문에 누구와라도 빨리 회담을 가져 신뢰를 구축하고 조금이라도 긴장과 대결을 풀어가도록 노력해야 한다. 그리고 김정일의 성격이상이나, 불가예측성, 광포한 성격 등이 이야기되고 있으나, 북한의 체제가 아무리 유일 체제라 하더라도 수령이나 주석 일개인의 성격이나 기분대로 움직여가지는 않으며, 김일성 생시에도 보았듯이 전문 관료와 책임 비서들에 의해 논리적으로, 일관성 있게 움직여가는 면이 있기 때문에, 너무 개인의 성격을 중심으로 예측하고 상상해서는 안 된다고 본다. 특히 김정일의 참모들은 훨씬 젊은 세대이며, 전후에 동구와 소련에 유학한 합리적인 세대이기 때문에 전문적이고 논리적인 기술 관료들이 있는 한, 함부로 제멋대로 정상회담을 하지는 않으리라고 본다.

　끝으로 한 가지 제언하고 싶은 것은 이번에 추진될 정상회담에서는 실패하지 않도록 양쪽의 참모진들과 실무진들이 미리 만나서 중요한 것을 미리 합의하고 양 정상이 불필요하게 논쟁하거나 긴장하는 일이 없도록 사전조치를 할 필요가 있다. 그러기 위해 정상회담 준비 팀을 현 내각의 제한된 관료로만 할 것이 아니라 다양한 전문가들을 함께 참여시켜 준비 토론을 하는 과정이 중요하리라고 본다. 그리고 대표단의 선정도 100명 중에 공식, 비공식 수행원과 경호원 50명만으로 하는 것은 역사적 회담의 모양치고는 별로 좋아 보이지 않는다.

　필자는 여기에 야당과 재야, 종교, 학계, 통일운동계 등 정부와 좀 생각이 다른 사람들이라도 한 10여명 대동하고 가서 정말 전 민족적 과제의 해결에 도움을 받는다는 식으로 전시되었으면 좋겠다. 경호원이야 40명만 간다고 안 된다고 할 수도 없고, 100명이 가도 모자란다고 생각할 수 있지 않은가? 대화를 하러 간다면, 상대방이 신변안전을 책임져 준다고 믿어야지 서안사건 같은 것이 일어날 염려부터 한다면, 아예 만날 필요도 없을 것이라 생각된다.

IV. 김대중/김정일 정상회담(2000)의 성패와 과제[6]

감격과 흥분으로 휩싸였던 남북정상회담이 벌써 2주년을 맞게 되었다. 분단 45년 만에, 6·25 동족 간 전쟁을 치른 지 50년 만에, 서로 원수처럼 비방하고 적대시했던 남·북한의 두 정상이 평양 순안공항에서 얼싸안고, 환성을 지르는 군중들 앞으로 함께 사열하며 걸어가던 장면은 7천만 우리 민족의 눈시울을 뜨겁게 하던 감격스런 장면이었다. 평양 체재 3일 동안 북쪽의 한 장면이라도 놓칠세라, TV 중계방송에서 눈을 뗄 수 없었던 그 날의 기억, 마치 천연기념물을 보듯이 뜻밖에 클로즈업된 김정일 국방위원장의 모습과 제스처 하나하나를 외계인을 보듯이 주목하던 그 날의 흥분이 꽤 오래 가라앉지 않았다. 초등학생들까지 김정일 위원장의 말투와 걸음걸이를 흉내내고 신발과 안경마저 모방을 했으니, 남한의 국민들이 얼마나 흥분과 호기심에 가득 차 있었는지는 미루어 짐작할 수 있다.

그러나 이렇게 7천만 동포를 열광시킨 남북정상회담이 2년이 흐른 오늘에 남북 관계의 현주소는 어디에 있으며, 두 정상이 약속하고 발표한 6·15공동선언의 이행은 어떻게 되었는가? 왜 김정일 국방위원장은 서울에 오기로 약속해 놓고 아직 오지 않고 있으며, 경의선을 복구한다고 야단이더니 겨우 휴전선 남쪽 도라산역에서 멈춰서고 말았는가? 비록 얼마 전 금강산에서 이산가족 300여 명이 50여 년 만에 재회하여 다시 울음바다를 만들어놓고, 그나마 서로 죽기 전에 얼굴이라도 볼 수 있었던 것을 고마워해야 했지만, 이젠 일천

---

[6] 2002년 김대중 정부 말기에 남북정상회담 2주년을 반성하며 남북 관계 개선을 모색하는 평화세미나에서 발표한 글임.

만 이산가족 중 제비로 뽑힌 수백 명이 겨우 쇼케이스(show case)로 TV 카메라 앞에서 부둥켜안고 우는 모습도 더 감질나서 볼 수가 없다.

그러면 남북정상회담은 결국 실패로 돌아가고 정상들이 서명한 공동서명과 합의문들은 휴지장이 되었단 말인가? 금년은 정상회담 후 2년일 뿐 아니라 남·북의 기본합의서(92년)를 채택 선포한 지 10년이 되는 해이다. 수년간 총리급 회담을 거쳐 다듬어진 남북기본합의서도 그때로선 매우 충격적인 것이었고 남·북한 동포들이 흥분할 만큼 감격적인 것이었다. 적어도 동·서독 관계만큼 평화 공존적으로, 화해 협력적으로 나아갈 수 있는 디딤돌로 보였다. 그러나 그 후 2년이 못 가서 '서울불바다론'이 터지고 영변 핵시설 폭격론이 나오고, 국민들은 비상식량을 사재는 난리가 벌어졌다. 왜 이렇게 남북관계는 총리나 정상들이 만나 악수하고, 공동성명을 발표할 때는, 마치 다 풀린 것 같이 보이다가, 정치적 쇼가 끝난 뒤에는 합의한 것이 이행되거나 실천되지 않으며 오히려 후퇴하고 역행하는 모습을 보이는가? 이것은 72년의 남북공동성명 발표 때도 그랬고 80년대의 적십자 수재구호물자를 주고받았을 때도 그렇다. 몇 걸음 진보하는가 싶으면, 다시 몇 걸음 후퇴하는 포물곡선을 몇 차례 되풀이하며 반세기를 지나왔다.

남·북의 최고 책임자들인 두 정상이 회동하여 공동성명을 발표한 뒤엔, 이제는 후퇴 없는 전진만이 있을 것이란 기대감에 차 있었다. 그러나 지금까지의 결과는 '역시나'였다. 그 근본 원인은 어디에 있을까? 여러 가지 이유를 살펴볼 수 있겠지만, 기본적으로 남북대화나 협상, 공동합의문은 항상 이중적인 잣대를 가지고 있었다. 서로 만나서 합의할 때와 돌아가서 당면하는 국재법적, 국내정치적 현실은 서로 상반되는 모순이 글대로 있었기 때문이다. 만나서 이야기 할 때는 통일을 논하고 민족공동체를 주장하지만, 남·북의 내부 현 실은 분단체제를 조금도 탈피할 수 없는 적대적이며 냉전적인 것이 기 때문이다. 이것은 남·북 양측이 마찬가지라고 본다. 민족 화합도 좋고 통일도 좋지만, 남·북 양측이 체제 유지에 손해를 보는 일은 결코 할 수 없다는 논리이다. 휴전체제를 평화협정체제로 전환시켜 야 한다고 누누이 주장하고 합의했지만, 이것이 분단선 양측의 주권 과 체제를 인정하는 평화체제이거나 외국 군대가 철수해야 하는 평 화협정일 때, 양측은 전혀 수용할 생각이 없다. 이산가족 재회도 좋 고 경제협력도 좋지만, 이것이 양측의 체제 안정을 흔들거나 안보에 위협이 된다고 생각하면 가차 없이 막는다는 것이 적대적 분단국가 의 생리이다.

그러나 필자는 김정일 위원장의 서울 답방이 이뤄지지 않고, 채택 된 공동합의문이 당장 실천되지 않는다고 해서 정상회담이 실패했 다거나 의미가 적다고 보지 않는다. 그것은 적어도 햇볕정책의 공과 를 논하기에 앞서, 얼어붙은 고질적 적대관계를 풀어가기 위해서, 정상회담과 공동성명은 올바른 원칙과 방향에서 이루어졌기 때문이 다. 6·15공동성명은 무슨 새로운 원칙을 천명한 것이 아니고 남북 대화가 지속적으로 추구해 온 화해 협력과 평화체제를 실현시키자 는 것이었고 이를 위해 필요하면 서로 다른 통일 방안일지라도(연방 제와 남북연합), 공통점을 찾아 대화를 계속 해보자는 것이다. 이것을 가지고 일부의 보수 야당이 주장하는 것처럼 북의 체제에 흡수당하 는 패배주의적 발상이라고 비난하는 것은 어불성설이다. 이것은 대 호와 협상의 전략일 뿐이다. 상대방의 체면과 자존심도 어느 정도 세워주면서 한 단계 발전적인 협상을 끌어내려는 전략일 뿐이다.

분단체제 50년 만에 이렇게 좋은 기회가 왔는데 남·북 정상이나 당국은 왜 이를 결정적인 관계 개선의 단계로 옮겨놓지 못했는가? 이것을 우리는 김대중 대통령과 김정일 국방위원장 두 정상에게만 책임을 지울 수 있겠는가?

앞서도 말했지만 남·북의 응고된 적대 관계와 대결체제는 지난 반세기 동안 악화되고 심화된 것이며 정치지도자 한 두 사람이 손목을 잡고 풀 수 있는 대목이 아니다. 북쪽에는 강성대국을 외치며 미제국주의와 타협하지 않으려는 군부 강경파 지도자들이 수두룩하게 있고 남쪽에는 흡수통일 이외의 방식은 없다고 외치는 사상적, 군사적 강경파들이 아직도 버티고 있다. 여기서 남·북의 두 정상은 훌륭한 화해와 공존의 원칙을 천명했지만 한 걸음도 자기편에서 먼저 양보하면서 협상을 이끌어낼 방안은 만들어내지 못하고 있다. 물론 북쪽에서 장관급 회담에도 응하지 않고, 사소한 발언을 핑계 삼아, 남·북의 대화 자체를 거부하고 연기시키는 전략은 이해하기 어렵다. 그러나 나름대로는 회담 연기의 전략과 봉쇄에는 그 내부적인 사정과 계산이 있는 것 같다.

2년 전의 남북정상회담 후 이산가족이 방문하는 등 몇 가지 가시적 성과가 있었지만, 결정적인 진전을 이루지 못하는 이유를 필자는 다음의 네 가지에서 찾고자 한다.

첫째로, 2000년 4월 총선 이후 여소야대의 정국이 된 정치권에서, 야당이 상호주의 원칙을 가지고 여당의 발목을 잡고 있는 것이 사실이다. 대북 쌀지원은 북쪽에 퍼주기로, 식량이나 담요 지원도 안보의 위협으로 보는 친북노선으로의 매도가 여당의 과감한 현실타개책을 저지시키고 있다.

둘째는 미국의 부시 행정부가 들고 나오는 대북 강경책이 북한으로 하여금 남북대화나 화해 협력을 후퇴시키는 충분한 구실을 주고 있다. 안 그래도 북한의 핵시설 폭격론이 미국의 대외정책에서 심심치 않게 나타나는 마당에, 2002년 부시대통령의 연두교서에는 북한을 이란, 이라크와 함께 3대 "악의 축"(axis of evil)으로 선포했고, 금년을 전쟁의 해로 선포한 마당에 북한이 바보가 아니라면, 서둘러 화해와 양보의 제스처를 쓸 리가 만무하다. 미국은 오히려 미일 군사동맹을 강화하고, 대만해협까지 수호하겠다는 의지를 천명함으로써 장차 중국과의 갈등과 대결 양상을 부추기고 있다. 이러한 미국의 동아시아 전략에서 북한이 차지하는 위상과 이해관계가 무엇인지를 냉철하게 분석해 보며 대비책을 마련해야 한다.

셋째로는 이런 살얼음판 같은 남북 관계의 전환을 모색하며, 여당은 야당을 동반자로 끌어안는 정치력을 발휘하지 못했다. 특히 대북정책이나 4강과의 외교문제에서는 여야가 한 목소리를 내는 것이 중요하다. 미국이나 중국과 협상하러 갈 때는 야당의 전문가를 대동하고 가서 외교전을 벌이는 것이 국익에도 도움이 된다. 북한과의 협상 시에도 야당에게 정보를 주면서 공동의 보조를 맞추는 게 중요하다. 한미 공조는 강조하면서 왜 여야의 공조를 등한시하는지 모르겠다. 야당도 정보를 주면서 참여시킬 때 발목만 잡고 늘어질 수가 없을 것이다.

넷째로는 정상회담 이후 우리 정부가 오히려 대북 포용정책을 과감하게 추진하지 못한 면이 있다. 정상회담을 이끌어내기 위해서는 오히려 대북 전력지원이라든가, 금강산 관광사업, 대북경제원조 등 여러 가지 약속을 하였다 특히 대북 전력지원은 김대중 대통령이 정상회담 전인 2000년 2월 베를린 연설에서 제안한 내용이다. 북한 측은 대북 전력지원이 실현되는 것을 남한 측에 대한 신뢰의 척도로 삼고 있다. 북한 측이 에너지 부족으로 당하고 있는 곤경은 말할 수 없이 심각하다. 전력부족으로 병원에서 응급수술을 할 수 없을 정도라니 짐작할 만하다. 또한 핵사찰 문제와 연관된 경수로 건설이 지연되고 있는 상황에서, 전력 50만kw를 북한에 보낼 경우 여러 가지 문제를 해결할 수 있는 관건이 된다. 그러나 대북 전력지원이 북한의 핵사찰에 장애가 되며 북미 기본합의를 깰 수도 있다는 일부의 우려가 이 약속을 이행치 못하게 하고 있다. 아마도 김대중 정부가 과감하게 대북 전력지원을 결행했더라면 김정일 위원장 서울 방문이나, 남·북의 협력 사업들이 훨씬 더 진척되었을 것 같다. 적어도 경의선 복구 사업은 달성하지 않았을까 생각된다.

정상회담 이후 모든 것이 순조롭게 추진되었다면 지금쯤 남북 관계는 확실하게 평화공존과 화해 협력의 단계에서 크게 발전하였을 것이다. 아마도 경제 협력 사업이나, 이산가족의 더 많은 재회, 정기적 면회 같은 것이 이루어졌을지 모르겠다. 북한의 경제난과 외교적 고립이 해소되면 그만큼 북한은 개방되고 남북 관계 개선을 위해 적극적이게 된다.

그러나 유감스럽게도 이 모든 기대와 희망을 좌절시킨 복병이 나타났으니, 그것이 2001년 9월 11일 테러 참사 사건과 그 후 노골적으로 돌변한 미국의 대북한 강경책이다. 이제는 오히려 한반도에서 전쟁이 날 것을 우려해야 하게 되었다. 부시 행정부는 이전의 클린턴 정부와는 대조가 될 만큼 달리 북한의 핵에 대해 특별사찰을 주장하고 나섰다. 핵연료건, 미사일이건 검증(verification)을 하겠다는 것이고, 이것도 현장 검증을 하겠다는 것이다. 그러면서 다른 편으로는 북한을 믿을 수 없는 나라, 불량국가(rogue state)로 명명하고, 재래식 군사 무기까지 문제 삼고 나서고 있다. 미국은 지금 한편으로는 협상을 하자고 제안하면서 다른 편에서는 협상테이블에 나올 수 없도록 모욕적인 언사를 거듭해 굴욕감 때문에라도 순순히 협상에 나설 수 없도록 만드는 전략을 사용하고 있다. 그래서 북한이 혹시라도 자극을 받아 군사적 위협을 가한다면, 미국은 기회가 왔다고 판단해 가차 없이 북한을 폭격하고 군사적으로 응징을 가할 태세이다. 이렇게 되었을 때 피해나 전사자는 북한에만 있게 되지 않는다. 북한 측은 휴전선에 배치한 무력으로 남한을 공격할 것이고, 적어도 서울을 불바다로 만들 것은 명약관화한 일이다.

미국의 갑작스런 대북 강경노선이 북미 관계를 냉각시켰고, 한미 관계마저 곤경에 빠트리고 있다. 이 난국을 타개해보기 위해 지난달 임동원 특사가 북한을 방문한 것은 매우 잘한 일이었다. 가시적 성과는 금강산에서 이산가족 수백 명이 추가로 만난 것에 불과하지만, 정상회담의 신뢰를 지속시키기 위한 노력으로 평가되어야 한다. 이것을 마치 미국의 대북 강경노선과 압력이 주효한 것으로 본 외무장관의 기자회견은 너무나 센스 없고 적절치 못한 발언이었다.

김대중 대통령은 남북정상회담의 과감한 실천으로 노벨평화상을 받는 명예까지 누리게 되었는데, 이제 임기가 얼마 남지 않은 마당에 남북 관계를 어떻게 풀어놓고 임기를 마칠 것인가를 고민해야 한다. 국내정치 상황도 복잡하고, 선거의 해이기도 하지만, 김 대통령은 역시 남북 관계를 개선시킨 햇볕정책으로 역사에 기록될 것이기 때문이다.

남북정상회담과 6·15공동선언의 성과와 의미는 여러 가지겠지만, 가장 중요한 것은 한반도 문제를 남·북의 당사자들과 정권의 최고책임자가 책임을 지고 풀어나가겠다는 의지와 결단력의 표현이었다고 생각한다. 이제까지 주변 강대국의 눈치만 보던 데서 한 걸음 나아가 남·북 당사자 원칙을 천명한 것이었다. 강대국들이 혹시 제동을 걸더라도 남·북 양측이 잘 협의하고 협력한다면, 민족 주체성을 침해하지는 못할 것이다.

김 대통령은 과감하게 대북 인도적 지원을 추진하고 약속한 50만 kw 전력을 북한에 보내어야 한다. 금강산 관광사업도 정부가 보조하게 되었으니, 이런 구실로라도 북한의 경제를 살리는 데 크게 공헌해야 한다. 그래서 북한이 4자회담에 나와 평화협정체결에 나서게 만들고, 한반도의 평화체제 수립에 혼신을 바쳐야 한다. 물론 미국과 중국, 일본, 러시아 등 주변 강대국들의 지지와 이해를 이끌어 내면서 해야 하므로, 동북아시아의 평화 협력 체제를 함께 모색해야 한다.

3장
남북대화와 통일 정책의 비판적 성찰

I. 남북대화의 무능과 통일 방안의 문제[1]

1. 머리말

남·북의 분단과 대결은 과연 대화로 극복될 수 있을 것인가? 이
것은 우리 민족의 장래와 역사를 결정하는 운명적인 문제이다. 만일
대화로 해결이 불가능하다면 남·북의 갈등과 모순은 힘으로 극복하
는 길밖에는 없다. 한민족의 분단과 통일은 힘과 무력에 의해 결정
될 수밖에 없는 경우도 있으나, 오늘날 한반도와 같은 현실 속에서
힘에 의한 분단 극복이나 통일을 모색한다면 이는 필시 민족 전체의
파멸이나 세계적인 대전을 각오하지 않고 시도될 수는 없다. 따라서
우리는 민족이 살아남는 분단 극복과 통일을 이룩하려면, 가능하든

---

[1] 이 글은 국토통일원 발간, 「통일문제연구」(1990년) 273-305쪽에 실린 필자의 글, "남북
대화의 문제와 평화통일의 길"의 일부이다.

불가능하든 대화를 통한 길을 모색하지 않을 수 없다.

그러나 현재 진행되고 있는 남북대화의 성과와 양상을 본다면, 남·북 간의 갈등과 대결을 대화로 극복하거나 풀 수 있을 것 같지는 않다. 남북대화의 역사는 이미 1970년대 초에 적십자회담을 시작으로 해서 보아도 20년이나 되었지만, 남·북의 분단 극복이나 화해를 위해 이루어진 것은 대표단들이 가끔 오가고 입씨름을 한 것밖에는 별로 없다. 단지 1985년 9월 20~23일에 151명의 고향방문단과 예술단이 교환 방문한 것과 1984년에 북한이 수재민을 위한 구호물자를 보내왔던 것이 실질적으로 나타난 남북대화의 성과 전부였다. 이것도 남북대화의 결과라면 결과라 할 수 있겠지만 지속성이 없이 1회에 그친 고향방문과 예술단 교환은 쇼케이스에 불과했으며, 양쪽이 전략과 승산을 검증하기 위한 실험물에 지나지 않았다는 인상이 짙다. 수재물자의 경우도 진실과 우정이 깃든 선물이었다기보다는 선전효과와 우월감을 노린 연출된 공세였기 때문에, 대화의 결실로 보기보다는 심리전의 일환으로 보는 것이 오히려 타당할 것 같다. 아직 우리는 남북 관계에서 대화를 통해 얻은 것이 무엇인가를 찾으려 해도 별로 치부할 것이 보이지 않는다.

남·북의 갈등과 모순은 반드시 대화를 통해서만 풀 수 있는 것임에도 불구하고 오늘의 현실 속에서 추진되고 있는 남북대화로써는 아무런 성과를 얻어내지 못하는 데 남북대화의 심각한 문제가 있다. 과연 남북대화가 분단 극복과 갈등 해소 그리고 민족의 화해와 통일이라는 과제를 해결할 수 있으려면 어떠한 구조와 방법을 가져야 할 것인가? 지금까지의 대화는 무엇이 잘못되었고 어떻게 개선되어야 하는가를 반성해보는 것이 이 소론이 노리는 목표이다.

2. 남북대화의 당위적 기능과 현실적 무능

1945년 8월 15일 일제에서 해방되던 날로부터 1990년 오늘에 이르기까지 우리 민족의 역사와 운명을 좌우한 가장 근원적인 요소가 있었다면 남·북의 분단이었다고 할 수 있을 것이다. 그것은 1910년에서 1945년까지의 민족사에 있어서 일제의 합방과 식민지지배가 우리의 운명과 역사를 좌우했던 것과 버금가는 것이라 할 수 있다. 따라서 우리는 해방 후의 시대를 분단시대라 부르며, 분단시대의 최대의 목표와 과제를 분단의 극복과 통일에 두는 데 이의가 없다.

지나간 분단시대 45년은 분단을 극복하기 위한 노력의 역사였다고 해도 과언이 아니다. 분단 극복의 노력은 전쟁을 통해서 혹은 대화를 통해서든 둘 중의 한 가지 방법으로 추진되었다고 볼 수 있다.

남·북의 양 체제는 지난 45년 동안 항상 통일의 목표와 정책을 가지고 있었는데 그것은 무력통일과 평화통일의 양축을 시계추처럼 왔다갔다 하는 것이었으며, 무력과 전쟁에 의한 통일이 아닌 평화통일 정책 시기에는 언제나 대화와 협상을 통한 방법이 논의되거나 추진되어 왔다. 남북대화는 분단 초기에서부터 오늘날까지 전쟁을 통하지 않고서 분단을 극복하려는 유일한 수단으로 간주되어 왔다고 해도 과언이 아니다.

이 점에서 우리는 남북대화의 개념과 범위를 넓은 의미와 좁은 의미로 나누어 보아야 한다고 생각하며, 판문점에서 양쪽 정부 대표들이 만나서 협상을 벌이는 남북대화를 협의의 대화라고 할 수 있다면, 여러 가지 차원과 다양한 경로를 거쳐 추진되는 남·북 간의 의사 교환을 광의의 남북대화라고 규정할 수 있을 것이다. 우리는 남·

북 간의 합의된 절차와 방식에 따라 양측 대표들이 만나서 협상을 벌이는 공식대화 말고도 여러 가지 형태로 대화가 오가는 것을 알고 있다. 우선 정부 간에도 비공식 대화의 채널이 있고, 밀사들을 통해 협상이 오가는 비공식 대화들이 있다. 대화는 때로는 밀사가 아닌 외국의 제삼자를 통해서 간접적으로 진행되기도 한다. 양측이 신뢰하는 외국의 정치인이나 학자를 보내서 의중을 떠보고 협상과 중재를 부탁하는 경우도 간접 대화에 해당되는 것이다.

때로는 직접 만나지 않고도 통신수단을 통해 의사가 교환되는 것은 통신에 의한 대화이며, 때로는 방송을 통해서 이뤄지기도 한다. 편지의 대응을 신속히 공개적으로 전달해야 할 필요가 있을 때는 방송에서 보도나 성명서를 통해 이쪽의 의사를 저쪽에 전하기도 한다. 방송에 의한 의사전달이나 교환으로 남북대화의 기능을 한 예를 1984년도의 수재물자의 전달 과정에서 볼 수 있다. 수재물자를 제공하겠다는 제안은 판문점에다 대표단을 보내서 한 것이 아니며, 방송을 통해 먼저 했다. 이쪽에서도 받겠다는 의사를 방송으로 전했을 때 실무회담이 판문점에서 열리게 된 것이며 따라서 남북대화는 방송으로 시작되었다 할 수 있다. 방송으로 한 거짓대화도 있다. 언젠가 김일성이 별세했다고 대남방송이 장난을 한 적이 있다. 신문의 호외가 이를 보도했고, 남한의 각계에선 흥분과 감격에 싸여 여러 가지 반응이 나왔다. 기뻐 뛰는 사람, 통일이 된다고 소리를 지르는 사람, 안보태세를 경계해야 된다고 하는 사람… 어쨌든 방송에 의한 남·북 간의 간접대화가 민감한 반응을 일으키는 경우들을 단적으로 보여준 예였다.

이처럼 남북대화는 공식적이며 직접적인 정부대표단에 의해 행해지는 대화뿐만 아니라 비공식적이며 간접적이고 대표성이 없는 사람들 간에 행해지는 여러 형태의 대화들도 그 범주에 포함시켜야 한다.[2] 그래야 남북대화의 의미와 기능을 포괄적으로 이해할 수 있을 것이다.

이러한 개념 하에서 남북대화의 역사와 성격을 살펴본다면 1970년대에 와서 남북적십자사에 의한 공식적 접촉과 대화를 남북대화의 출발점으로 잡을 수 없고 분단 직후의 여러 제안들과 협상들로 거슬러 올라가 보아야 한다. 남·북 간의 대화는 광의에서 볼 때 1950년에서 1953년 사이의 전쟁 시기를 제외하고 세 가지 시기로 나누어 볼 수 있다.

1) 해방 직후부터 분단이 고착되어 분단체제가 수립되는 시기(1945~1950)

2) 정전협정 체결 후 군사정전위원회를 통해서만 의사 교환이 되는 시기(1953~1970)

3) 남북대화가 공식으로 열려서 교류 협력, 평화통일이 거론되는 시기(1971~현재)

이러한 세 가지 시기에서 남북대화의 기능을 볼 수 있는 시기는 공식적 접촉과 대화가 이루어지는 세 번째 시기라고 할 수 있으나 정전회담을 통한 남·북 간의 제안이나 의사 교환도 남북대화와 분단의 극복 문제를 연구하는 데는 참고가 되어야 하며, 더구나 남북대화의 성사 가능성과 의미가 컸던 첫 번째 시기에서의 남·북 간에

---

[2] 예를 든다면, 북한의 학자들을 미국에다 초청해서 하는 대화가 있다. Carnegie Endowment for International Peace, *Dialogue with North Korea*, Report of a Seminar on "Tension Reduction in Korea", May 30-31, 1989.

일어난 대화와 협상들은 그 실패요인과 함께 중요하게 다루어져야 할 것이다.

특히 남북대화에 있어서 남·북의 영구분단을 저지하기 위하여 감행된, 1948년 4월 평양에서 김구, 김규식과 김일성 간에 이루어진 남북 협상은 적지 않은 역사적 의미를 가진다. 물론 이것은 실패한 회담이었다. 그래서 그 후에 남북대화의 실패와 불가능성을 이야기 할 때는 항상 이 남북 협상을 예로 든다. 그러나 이 실패한 1948년의 남북 협상은 바로 그 실패의 원인과 조건을 알게 하는 데 중요한 의미를 가진다. 힘과 조직의 밑받침을 가진 김일성과 많은 남한국민들의 존경과 지지를 받았지만 정치적 힘과 조직이 밑받침되지 않은 김구, 김규식 사이의 대화가 평등하고 공공한 대화가 될 수 없었던 것은 당연한 이치였다. 대화는 선전과 일방적 과시로만 이용되었으며, 갈등을 해소하고 합의에 도달하기 위한 수단으로서 인정되지를 않았다. 이러한 직접 대화 말고도 분단 초기 남·북 간에는 군정을 종식하고 통일을 하기 위한 수많은 제안과 협상의 제의가 있었다. 그러나 남·북 양측은 서로를 인정하는 가운데 대화로 갈등을 풀고 분단을 극복하려는 의지가 전혀 없었고, 대화나 협상은 선전과 명분을 세우기 위한 구실로서만 이용되었기 때문에 아무런 기능을 발휘하지 못했다.

한국동란 이후의 50년대와 60년대는 전쟁을 재발시키지 않기 위해 휴전회담이 계속된 시기였으나 진정한 의미의 대화가 있었다고 할 수는 없다. 아직도 양측은 대화로 남·북의 갈등을 해소할 의사는 전혀 없었으며 그 가능성조차 믿지 않았다. 1960년 4·19학생혁명과 민주당정권 시절 약간 남북대화의 가능성이 보였으나 남한의 군사작전권과 정전회담 대표권을 쥐고 있는 미국의 태도와 의사에 변화가 없는 한, 남북대화나 협상은 불가능했다. 서로 간첩을 보내고 파괴 공작과 전투력 강화에만 혈안이 된 남·북이 대화로 문제를 해결하려고 했을 리가 없다.

공식적으로 남북대화의 가능성이 열린 것은 1960년대 말 베트남 전쟁이 끝나고 미국과 중공이 대화를 통해 화해를 시도하며, 국교관계가 수립되는 70년대 초에 와서 였다. 남북대화를 해도 좋다는 사인이 미국과 주변정세로부터 온 것이다. 남북대화는 1972년 남·북 정부 대표 간에 7·4공동성명이 조인되고, 남북조절위원회가 구성되면서 희망과 기대가 절정에 도달했다. 대화를 통해서 갈등의 해소뿐만 아니라, 자주적 평화적으로 이념과 체제의 대립을 넘어서 한 민족으로 통일할 수 있는 가능성까지 보이게 된 것이다. 통일은 당장 안 되더라도 이제 남·북의 형제자매들이 얼싸안고 춤을 출 날이 목전에 도달할 듯했다. 1971년과 1972년에 남·북의 적십자 대표단이 평양과 서울을 여러 번 오가며 남·북에 흩어진 이산가족의 재회와 재결합을 추진하는 다섯 가지 의제에 합의하였다. ① 이산가족의 주소와 생사를 확인하는 일, ② 상호 방문하여 상봉케 하는 일, ③ 이산가족이 서로 편지를 교환케 하는 일, ④ 이산가족이 영구히 재결합하는 문제, ⑤ 기타 인도적인 문제들을 해결하는 일.

적십자회담의 사업과 남북대화는 그야말로 감격적이며 신성하기까지 했다. 곧 헤어진 가족들을 만나게 될 것만 같았고, 적십자 회비를 아무리 많이 내도 아깝지 않을 것 같았다.

그러나 20년이 지난 오늘까지 남북적십자회담은, 예비회담과 본회담이 가끔 진행이 되고 있지만 이산가족의 주소와 생사를 확인하는 작업이 시작됐다는 이야기를 우리는 아직도 듣지 못하고 있다. 이미 지난 20년 동안에 이산가족은 수십만 명이, 아니 수백만 명이 죽었을 것이다. 아마도 나머지 수백만의 이산가족들이 거의 다 죽게 된 다음에야 남북적십자회담은 "이제 남·북의 이산가족들의 생사를 확인하는 사업을 추진하기 위한 본회담을 시작 하겠습니다"라고 사회봉을 두드리는 웃지 못 할 일을 벌일지도 모른다. 그토록 민족의 사무친 한을 풀어주고, 평화와 통일의 유일한 희망으로 등장한 남북대화가 분단의 극복이나 갈등 해소, 민족 화합이나 이산가족의 방문교환 같은 당위적인 기능과 역할을 전혀 해내지 못하고, 이토록 무능한 대화로 전락하게 된 원인은 정말 무엇인가?

3. 대화를 무능케 하는 요인

남북대화는 지금까지 진행된 것으로 본다면 정말 무능한 대화이다. 인도적인 문제라서 이해관계의 갈등이 가장 적을 것으로 보이는 적십자회담마저 본회담의 의제를 합의한 데 수 년이 걸리는 대화였다. 다섯 가지 의제를 처음부터 순서대로 토의할 것이냐, 서로 연결된 문제이나 일괄적으로 토론할 것이냐의 문제를 협의하기 위해, 평양과 서울을 몇 차례나 오고 갔던가?

토론할 의제에 대해 겨우 합의가 되면 다른 문제가 튀어나와 회담의 진행을 막고 만다.

1989년에 국민들의 관심을 모았던 제2차 고향방문단과 예술단의 교환 문제도 그렇다. 1989년 9월 27일 1차 실무대표회담에서는 남한측이 고향방문단을 300명, 예술공연단을 50명으로 하자고 제안했고,

북한 측에선 고향방문단 300명, 예술단 300명으로 하자고 주장했다. 고향방문단이 중심이냐, 예술단이 중심이냐는 논쟁으로 여러 번 회담을 하고 나서 11월 21일에 모인 제6차 실무대표 접촉회의에서는 마침내 남한에서는 고향방문단 350명, 예술공연단 150명으로, 북한에서는 고향방문단 300명, 예술공연단 200명으로 하기로 합의가 되었다. 방문단 교환 시기는 이미 12월 8일~11일에 하기로 합의가 된 상태다. TV 방송과 라디오 생중계도 논란이 많다가 합의가 되었다. 그러나 마지막 복병은 예술공연의 회수와 시간 문제에 있었다. 남한 측은 공연횟수를 2회 2시간으로 주장한 데 대해 북한 측은 4회 각 3시간으로 주장했다. 그러면서 공연 시간이 3시간인 것은 혁명가극 '피바다'와 '꽃 파는 처녀'를 공연하기 위해 필요하다고 덧붙였다.[3] 모든 걸 다 합의해 놓고, 북측에서는 공연 시간과 횟수 문제 때문에, 남한 측에서는 혁명가극 공연은 예술공연으로 보아줄 수 없다는 거부 때문에, 고향방문단과 예술단 교환계획은 실시 예정 두 주일을 앞두고 완전 무산되고 말았다. 회담이 결렬되고 나서는 양측이 모두 책임을 상대방에다 미뤘다. 고향방문단이나 예술단 교환을 할 의지가 상대방에는 아예 없었다는 것이다.

남북적십자회담 이외에 그래도 대화를 통한 합의에 이를 것을 기대했던 남북대화는 남북체육회담이었다. 역시 다른 회담과 달리 비정치적이라는 것과, 1990년 북경에서 개최되는 아시아경기대회에 남·북한이 단일팀을 만들어 출전하는 문제는 양측이 진지한 관심을 보였고, 스포츠니까 양보의 정신을 발휘해 합의에 도달할 수 있을 것으로

---

3 국토통일원 남북대화사무국, 「남북대화」 49호(1990), 48.

내다봤다. 더구나 1988년 서울올림픽에 남·북한 공동참가를 실현시키지 못한 허전한 국민감정도 있고, 개최지가 중국이라는 점과, 6공화국의 북방정책과 7·7선언 등으로 대북한 정책과 자세가 크게 개선된 것으로 인식되었기 때문에, 이번에는 뭔가 보여주기 위해서도, 아시아경기에 남북단일팀을 실현시킬 것이라는 기대를 가지게 했다.

북한 측에서도 이번에는 내외정세에 맞추어 뭔가 보여주겠다는 듯이 아시아경기 단일팀문제를 일찌감치 서둘러 내놓았다. 북경대회를 일 년 9개월이나 남겨놓은 1988년 12월 21일에 북한올림픽위원회 김유순 위원장은 김종하 대한올림픽위원장에게 서한을 보내 1990년 9월에 북경에서 열리는 11회 아시아경기대회에 남·북한 단일팀을 구성해 출전하자는 제의를 해왔다. 양측의 올림픽위원회 부위원장을 수석대표로 하는 5명의 대표단이 1차 회담을 판문점에서 가진 것은 1989년 3월 9일이었다. 아홉 차례의 회담을 진행시켰으며, 그 사이에 여섯 차례나 실무대표의 접촉을 가졌다. 진지한 회담을 통해서 실로 어려운 문제들이 해결되었다. 여러 가지 이견이 있었으나 마침내 선수단의 호칭은 'Korea'로 표기하고, 단기는 흰색 바탕에 하늘색으로 우리나라 지도를 그려 넣기로 하고, 단가는 1920년대의 '아리랑'으로 하고, 선수선발과 관리, 공동위원회의 구성과 운영에 관해서도 합의를 보았다. 양측은 기본합의서의 초안과 ① 공동위원회의 구성·운영에 관한 합의서 및 ② 용어해석에 관한 합의서, ③ 북경대회 조직위원회와 ④ 아시아올림픽 평의회에 전달할 서한의 초안 등 4개 부속문서에 대한 초안심의가 거의 끝났다.

그러나 문제의 복병은 1990년 1월 10일 열린 제4차 실무대표회담에서 나타났다. 남한 측에서는 기본합의서에다 부칙을 달 것을 제의

했는데, 이것은 1989년 12월 22일의 6차 본회담에서 "합의사항을 성실히 이행할 것을 보장해야 한다"는 합의 내용에 따른 것이라고 설명했다. 그러면서 부칙에 명시할 내용으로 남한 측은 "단일팀 구성 참가와 관련하여 상대측의 내정이나 법률제도, 군사훈련 등 체육외적 문제를 제기해서는 안 되며, 사업추진의 일정을 준수하고 제반 합의사항이 이행되지 않을 경우엔 일체의 합의를 무효화한다"는 것을 제의했다.[4] 그러나 북한 측은 이 '합의사항 이행보장 방안'이라는 부칙이 필요 없는 것이며, "의제 밖의 문제"이고 "인위적인 난관을 조성하려는 불순한 저의에서 나온 것"이라고 비난했다.[5] 그 다음부터 열린 5, 6차 실무대표회담과 7차, 8차, 9차 본회담 내내 남한 측에서는 '합의사항 이행보장 방안'이라는 것을 부칙에 포함시켜야 한다는 주장과 북한 측에서는 이런 부칙이 필요 없다는 주장을 되풀이하다가 1990년 2월 8일 대한체육회 김종열 회장이 회담결렬 선언을 성명으로 발표함으로써 2년에 가까운 남북체육회담은 성과 없이 끝나고 말았다.

이번에도 남한 측은 회담결렬의 책임이 체육교류를 회피하고, 체육회담을 정치선전 차원에서 이용하려 한 북한 측에 전적으로 있다고 하면서 북한 측이 진정으로 단일팀을 성사시킬 의지가 있다면 우리 측 제안을 받아들이지 못할 이유가 없다고 선언했다. 여기에 대해 북한 측 체육회담 대표단장 김형진은 2월 12일자로 대남전통문을 보내 회담결렬의 책임이 전적으로 남한 측에 있다고 비난하면서[6] 남

---

4 같은 책, 88.
5 같은 책, 90.
6 같은 책, 126.

한 측이 북경대회를 개별팀으로 참가할 계략을 가지고 처음부터 남북체육회담을 파탄상태로 이끌어갔다고 주장했다. 단일팀을 선발해서 훈련하여 9월의 북경대회에 참가시키려면 늦어도 1월말까지는 단일팀구성을 위한 남북체육회담이 결말을 맺어야 한다. '합의사항 이행보장'이라는 부칙을 제안한 것이 복병인지, 받아들이지 않은 북한 측 태도가 복병인지는 모르겠으나 여하튼 일 년 반 동안의 남북체육회담을 무산시킨 이 마지막 복병은 묘하게도 1990년 1월초에 나타났다. 남북대화는 항상 이렇게 대화를 무능케 하고, 대화에의 기대와 노력들을 무산시키는 복병들에 의해서 결렬되고 마는 것이 관례가 되었다.

남북고향방문단과 예술단의 교환 문제도 예외는 아니어서 1989년 12월 8일에 교환방문일자를 잡아 놓고, 11월말까지만 합의가 되어 명단을 교환해도 실시해 볼 수 있겠다고 했는데, 혁명가극 '피바다'와 '꽃 파는 처녀'를 예술공연으로 볼 수 있느냐, 없느냐는 문제의 복병이 11월 21일 6차 실무대표회담에서 나타났다. 결국 남북대화는 회담외적인, 정치적인 이유와 고려 때문에 결렬이 되고 무산이 되는 것이라고 볼 수밖에 없다. 어느 쪽에서인가 대화로 교류를 촉진하고 민족 화해와 공동체를 이루려는 노력을 저지하려는 세력과 의지가 있는 것이 확실하다. 결국 분단의 극복과 민족 화해를 위한 남북대화는 분단체제 자체와 이를 유지하려는 세력에 의해서 저지당하고 무력화되고 있다고 할 수 있다. 그래서 남·북의 양측이 분단체제의 한쪽인 자기 측의 이해관계와 이데올로기에 매달려 민족 전체의 이익과 분단의 극복을 뒷전에 밀어 놓는 한, 아무리 대화를 벌여도 합의와 화합에 도달할 수가 없는 것이다.

적십자회담이나 체육회담 같은 비정치적인 대화가 이토록 분단체제의 정치적 이해에 따라 장애를 받고 무력화될진대, 정치성이 강한 남북국회회담이나, 최고당국자회담, 경제회담 등이 아무런 성과를 가져오지 못하고 있는 것은 너무나 당연한 일로 볼 수 있다. 1989년의 두 가지 남북대화, 적십자회담과 체육회담에서 드러난 것처럼 남·북의 양측은 대화를 화해와 합의의 수단으로 보기보다는 대결과 승리의 수단으로 쓰고 있는 경향이 짙다. 양보하면 진다는 생각 때문에 어떻게 해서든지 하나라도 이기는 대화를 하려고 애쓴다. 그러다 어느 한쪽이라도 월등히 이길 자신이 없다 싶으면 대화를 중단시키거나 결렬시켜 버리고 만다. 이것은 엄격히 말해서 대화가 아니라 대결이요, 싸움이다. 남북대화는 사실상 총을 들지 않은 전쟁이라는 인상을 가끔 갖게 한다.

지난 20년 동안 남·북의 정부 차원에서 진행된 공식적 대화는 분단체제의 이해관계와 한계를 벗어나지 못했다는 점에서 대동소이하다. 그것은 애초부터 결렬이 되는 것을 목표로 해서 시작된 대화였다. 상대방의 입장이나 상황은 고려치 않고 자기 쪽의 이데올로기나 이해관심에서 제안을 남발한다. 그러나 이것은 상대방에게 감동도 주지 못하고 반향도 일으키지 못한다. 상대방은 또 자기 쪽의 입장에서만 딴 제안을 한다. 이것은 보이지 않는 화살만 오가는, 메아리 없는 대화였을 뿐이었다. 그래서 이쪽에서 남북 교류를 제안하면 저쪽에서 미군철수를 주장하고, 저쪽에서 3자회담을 주장하면 이쪽에서 2자회담을 주장하고, 저쪽에서 연방제를 주장하면 이쪽에서 교차승인과 UN동시가입을 주장하며, 이쪽에서 땅굴을 파지 말라고 하면 저쪽에서 콘크리트장벽을 철거하라고 하고, 이렇게 상대방의 약점과 패배를 노린 고사포만 뻥뻥 쏘아대는 것이 남북 관계요, 남북대화였다.

4. 효과 있는 남북대화의 조건과 방법

이는 분단 극복이나 남북 관계의 개선에 무슨 효용을 가진 대화가
아니다. 남북대화가 남과 북의 대립과 갈등을 해소하고 민족 분단을
극복해서 통일에까지 이르는 기능과 효용을 가지려면, 이런 식의 공
식대화나, 정부대표간의 대화에만 국한되어서는 안 된다고 생각한
다. 이러한 공식적인 남북대화는 너무나 긴장되고, 제한되고, 통제
를 받는 대화이다. 처음 만나서 인사할 때부터 무슨 말을 해야 할지
지시를 받고 통제를 당하는 대화는 참된 대화라고 할 수가 없다. 국
가 간의 이해관계가 달린 협상은 물론 대표가 자기 마음대로 대화를
끌어갈 수도 없겠지만, 대표가 협상테이블에서 자기 의견이나 비판
을 말하지 못하고, 옆에 앉은 대화의 통제자가 그때그때 가방에서
꺼내주는 서류를 읽는 데 그친다면, 그것도 저쪽이 이렇게 나올 땐 A
라는 대답을 하고, 저렇게 나올 땐 B라고 대답을 하도록 준비된 각본
에 의해 진행시키는 대화라면, 결코 대화의 철학과 의미를 살릴 수
있는 남북대화는 될 수 없다.

남·북 간에 지난 40여 년 동안의 단절과 오해와 갈등을 풀어내는
대화는 이런 식의 공식 대화로는 이루어질 수가 없다. 이제는 남북
대화가 여러 가지 차원과 레벨(수준)에서 다양하게 전개되어야 한다
고 본다. 공식 대화뿐 아니라, 비공식 대화도 병행되어야 하며, 정부
대표간의 대화뿐 아니라 각계각층의 민간 대표들 간에도 대화가 있
어야 한다. 민간 대표들 간의 대화는 정부 대표 간의 대화를 보완해

주며, 발전시키고, 성숙하게 만들 것이다. 이것은 동·서독의 예를 보아도 그렇고, 흑인과 백인 사이의 대화를 보아도 그렇고, 미국과 중국의 대화와 화해 과정을 보아도 그렇다. 우리 정부가 남북대화나 교류의 창구 단일화를 고집하는 것은 대화의 의미를 살릴 수 없는 남북대화에만 매달리겠다는 것을 의미한다.

남·북의 대화는 빨리 다양화시키고 자유롭게 하는 것이 좋다. 이제 우리 국민들이 감언이설과 선전에 넘어갈 어리석은 국민이 아니다. 대화의 자유화와 다양화를 막으려는 자들은 국민과 대중을 두려워하는 자들이다. 자유로운 대화는 이해에 이르지 오해에 머물지 않으며, 사실을 밝히지 사실을 호도하지 않으며, 계몽과 성숙을 가져오지 편견과 아집에 머물지 않게 한다. 따라서 이러한 자유로운 대화를 두려워하거나 막으려는 자들은 사실과 진실을 두려워하는 자이며, 계몽과 성숙을 막으려는 자들이다. 남·북의 대화는 다양한 계층과 국민 대중들 사이에 객관적 사실의 전달과 자유로운 의사의 교환에서부터 시작되어야 한다. 이것은 상호 방송의 자유로운 청취나 신문의 구독, 서신 교환, 서적 판매에서부터 실현될 수 있다.

사실상 남·북의 화해나 민족통일은 국민적인 합의를 바탕으로 해서 되어야지, 정부의 통제된 이데올로기와 협착한 분단 논리에 의해서도 되기가 어렵고, 바람직하지도 않다. 따라서 정부 간의 남북대화는 민간 측의 다양한 남북대화와 병행시키며, 민간 측의 대화와 합의 내용들을 정책적으로 체계화하고 구현시키는 방향으로 전환되어야 하리라고 본다. 무엇보다 중요한 것은 남북대화의 내용을 국민들에게 소상히 알리는 것이다. 남북대화에 대한 신문의 보도는 왕왕히 일방적이며 왜곡되고 있는 것을 본다. 우리 측 대표의 주장은 소상히 보도하면서 북한 측의 주장은 적당하게 요약되어 실리며, 빠지는 내용도 많다. 북한 측의 보도도 마찬가지라고 짐작된다. 우리 측 국토통일원에서 발행하는 「남북대화」에도 남한 쪽 제안과 연설문만 싣고 있지 북한 측의 제안이나 연설문을 그대로 싣지 않고 있다. 무엇을 두려워하는 것인가? 결국 남북대화는 분단체제와 분단 의식에 의해 마비되고 반편이 되고 있다고 보아야 한다. 같이 한 대화인데 한쪽만 실으면 어떻게 하자는 것인가?

이제 우리는 남북대화가 대화로서의 의미를 살리고 기능과 구실을 하기 위해서는 반쪽의 대화를 온전하게 만들어야 하며 통제되고 억압된 대화를 자유롭고 자발적(spontaneous)인 대화로 바꾸어야 하고 억지와 독단적인 대화를 합리적이고 성숙한 대화로 전환시켜야 한다.

대화의 철학자인 위르겐 하버마스(Jürgen Habermas)는 억압과 지배가 없는 대화야 말로 인간과 사회를 성숙(Mündigkeit)에로 이끈다고 주장했다.7 그는 인간의 생리적 발달과, 사회의 진보, 역사의 발전과 변혁을 대화와 의사소통(Kommunikation)이 합리적으로 성숙하게 진행될 때 생기는 산물이요, 성과라고 했다. 합리적이고 성숙한 이상적 대화(Ideale Rede)를 실현시키려면 대화의 타당성(Geltung)을 검증하는 논의(discourse)를 거쳐야 하는데, 하버마스는 합리적 대화가 거쳐야할 검증적 논의를 다음의 네 가지 면에서 보고 있다.

1) 대화의 내용이 바르게 이해되었는가?(Verstandlichkeit)

---

7 Jürgen Habermas, *Erkenntnis und Interesse* (Suhrkamp, 1965).

2) 대화의 내용이 사실과 부합하는가?(Wahrheit)

3) 대화를 할 때 말하는 자가 진실 되게 말하고 있는가?(Wahrhaftigkeit)

4) 대화에서 주장된 내용은 정당성을 갖는가?(Richtigkeit, Berechtig-
  ung)[8]

적어도 이 네 가지 조건이 갖추어져야 대화로서의 자격을 가질 수 있으며, 이러한 자격을 갖춘 대화만이 이성적인 대화가 될 수 있고, 이성적인 대화를 통해서만 성숙되고 발전된 사회를 만들 수 있겠다는 것이 그의 대화 철학이다.

우리는 하버마스에게서 억압과 지배가 없는 대화, 이성적이고 성숙한 대화가 갖추어야 할 조건들을 암시받을 수 있다. 아무리 말을 많이 하고 대화를 자주 한다 해도 이해가 되지 않고, 사실에 부합하지 않으며, 진실 되지 않고, 정당치 못한 주장을 할 때는 이를 합리적 대화라고 할 수 없는 것이다. 그래서 그는 대화가 이해될 수 있는 조건으로 공주체성(Inter-Subjektivität)을 요구한다. 서로의 공감대나, 나와 너를 함께 있게 하는 공동의 주체를 설정하지 않고서, 이해가 될 수 있고 설득이 될 수 있는 대화는 불가능한 것이다. 대화는 반드시 상대방(partner)이 있어야 성립하며, 상대방을 나와 함께 이야기하고, 함께 생각하며, 서로 비판도 충고도 할 수 있고 들을 수 있는 공동의 주체로서 인정할 때만 진행될 수가 있다.

남북대화에 있어서 가장 기본적인 문제는 상대방을 인정하지 않으려는 데 있다고 하겠다. 우선 양측은 서로의 이름과 공식명칭을 부르기를 꺼린다. 북쪽에서는 남쪽을 대한민국이라고 불러주지 않

---

8 J. Habermas, *Vorbereitende Bemerkungen zu einer Theorie der Kommunikation Kompentenz*
  (Suhrkamp, 1971).

고, 남쪽에서는 북쪽을 조선민주주의인민공화국이라 불러주지 않는다. 인정을 해주기가 싫은 것이다. 언젠가는 네 이름은 없어지고 내 이름만 있을 것이라는 속셈과 자세로 대화를 하려니 대화가 되질 않고 이해에 이를 수가 없다. 또한 대화는 남의 이야기를 들으면서 하는 것인데 남북대화의 경우를 보면 상대방의 이야기는 듣지 않고 자기 이야기만 쏟아버리는 때가 많다. 네 이야기는 들을 필요가 없다는 것이다. 그 저의를 다 알기 때문에 들으나 마나라는 태도다. 이것은 모두 상대방을 대화의 상대자로서 인정하지 않는 자세다. 여기서 상호이해를 가져오는 합리적 대화가 생길 수는 없다.

남북대화가 사실을 말하며, 진실된 태도로 말하고, 주장하는 내용들이 타당성을 갖느냐 하는 문제도 좀 따져보아야 할 것 같다. 남·북한은 우선 자기 측의 군대와 무기의 수, 핵무기의 배치 여부에 대해 사실을 말하지 않고 있다. 올림픽을 같이 한 팀을 만들어 하자고 했을 때도 정말 진실 되게 공동올림픽을 개최하려고 했는지 의심스럽다. 팀스피리트가 순전히 방어용 훈련이라든지, 금강산댐이 서울을 수장시켜 버리려는 수공작전을 위해 만들어지고 있다든지, 북쪽에선 땅굴이 없다든가, 병력을 한 해에 10만 명이나 감축했다는 말들이 사실과 부합하는지, 진실을 말하고 있는지가 검토되고 검증되지 않으면 헛된 입씨름만 계속 하는 게 된다. 미군이 철수하면 곧 북한군대가 남침을 할 것이라는 주장은 과연 정당한 주장인가? 남북교류 방문을 하려고 해도 휴전선이 콘크리트 장벽으로 막혀 이를 헐어버리기 전엔 할 수 없다는 주장은 정당한 주장인가? 이런 것들이 검증적으로 논의되고 타당성이 검토될 때에만, 이성적이고 성숙한 남북대화가 이루어질 수 있을 것이다.

하버마스는 이성적이고 자유로운 대화가 성숙에 이르게 하여 사회의 병리를 치유(Therapie)할 수 있다고 주장했다. 이는 마치 정신과 의사가 환자와의 진지한 대화를 통해 정신병을 고치는 경우와 같다는 것이다. 의사가 환자에게 왜곡되고 억압되었던 과거를 기억하게 하고, 반성하도록 하는 노력을 약을 가지고가 아니라 말을 가지고 한다. 물론 이때의 말은 사실을 밝혀내고 진실을 고백케 하는 말이다. 대화를 하는 도중에 환자는 자기의 과거 속에서 무엇이 억압적인 요소였고 어떻게 그것이 자기의 심리와 사고를 비뚤어지게 만들었는지를 깨닫는다. 이런 사실의 회복과 억압에 대한 반성이 치료를 가져온다.

우리는 남북대화가 남·북의 대립과 갈등을 해소하는 일뿐만 아니라, 남·북 사회의 병리를 치료해줄 수 있는 기능과 효용을 가지게 될 것을 기대해 본다. 40여 년 동안 언로가 자유롭지 못하고 억압되었던 데서 남·북한 사회에는 여러 가지 노이로제와 피해망상증과, 지나친 의심증과 광기들이 만연해 있다. 이것은 정말 대화로써 밖에는 고칠 수 없는 병이다. 시로가 억압하고 서로를 위협하며, 불신하고 공포에 떨게 했던 남·북이 이제 진솔하고 정감 있는 대화를 통해서 사실을 밝혀내고, 허위의 탈을 벗기면서 함께 지나간 오류와 위선을 반성하게 될 때에만 치유함을 받을 수 있을 것이다.

오늘의 부자연스럽고 통제된 남북대화는 민족의 분단을 극복하고 갈등과 대립을 호소하며 남·북 사회의 병리를 치유할 수 있는 대화가 되기에는 너무나 거리가 멀며, 폐쇄된 일부분의 대화라고 하겠다. 그러나 우리는 이나마의 대화도 대화가 없는 것이나 중단된 것보다는 낫다고 생각하며, 이 무능한 대화나마 계속하며 확대시키고 발전시킴으로써만, 대화의 기능을 회복시키고 남·북의 여러 과제들을 해결해 갈 수 있다고 믿는다.

II. 남북교류협력법안의 비판적 소견[9]

오늘 남북 관계는 남한의 민주화와 북방의 페레스트로이카 물결로, 그 단절과 대결을 극복할 수 있는 호기를 얻었으며, 1988년에 와서 노대통령의 7·7선언과 남북국회회담, 정치군사 문제에 관한 총리회담의 예비회담 등이 크게 진전되고, 1989년 초에 정주영(鄭周永) 현대그룹 회장의 방북 등 경제 협력의 길이 열리게 되어 실로 분단 44년 만에 관계 개선을 위한 최대의 가능성을 얻은 것 같이 보이게 되었다.

그러나 남·북한 양측이 모두 분단의 극복과 민족통일이라는 역사적 과제를 분단된 자국의 전략과 실리(實利)에 매달려 우선적인 목표로 추구하지 못하고 있는 현실은 안타까우며, 기본적인 입장과 정책의 차이로 제자리걸음을 하고 있는 것은 크게 유감스럽다. 문제의 핵심은 평화 우선의 원칙에 입각해서 군사적 긴장 완화와 군축의 우선적 해결을 주장하는 북한 측과 신뢰 회복과 교류 우선의 원칙에 입각해서 인적·물적 교류와 경제 협력을 우선적으로 추진하려는 우리 측의 입장과 차이와 갈등으로 인해 대화와 협상이 진척되지 못하고 있는 데 있다고 하겠다.

이러한 상황에서 먼저 제안된 것과 같은 '남북교류협력에 관한 특별법'을 제정하는 것이 어떤 의미를 갖겠는가를 생각해 보게 되며, 더구나 국회가 통일문제에 관해 추진해야 할 첫 사업이 과연 이 법안의 통과인가에 대해서도 커다란 의문을 갖게 된다.

---

9 이 글은 국회 외무통일위원회에서 개최한 「남북교류협력특별법안」에 대한 공청회(1989년 5월 18일)에서 필자가 진술한 내용임.

남북 교류 협력은 적대 관계와 단절 속에 있는 남·북의 관계를 개선시키는 여러 가지 과제 중 하나이며, 이것도 개선되는 남북 관계의 새로운 틀 안에서 짜야 하는 것이다. 그런데 전체의 틀은 만들지 않고, 교류 협력의 법부터 만든다는 것은 마치 아파트를 설계하는데 전체의 크기와 평수는 정하지 않고 부엌이나 거실을 몇 평으로 할 것인지를 먼저 정하는 것과 같은 일로 생각된다.

더구나 남북 교류 협력은 남·북이 함께 협의하고 협력해야 할 일들인데, 이를 일방적으로만 규정한다는 것은 실효성이 없으며 오히려 교류 협력의 새 틀을 만드는 데 장애가 될 수도 있다는 것을 염두에 두어야 할 것이다.

이런 점에서 남북 교류와 협력이 실효성을 거둘 수 있고 민족의 화해와 통일에 긍정적으로 작용할 수 있기 위해서는 이 특별법의 제정에 앞서서 해결되고 착수되어야 할 과제가 몇 가지 있다고 생각되며, 여기에 관해 먼저 언급하고자 한다.

(1) 모든 법안이 마찬가지겠지만, 남북 관계의 개선을 위한 교류 협력에서도 법안을 만들기 전에 정책이 있어야겠고, 정책을 만들기 전에 다각적인 논의와 연구가 있어야 한다고 보는데, 국회 차원에서 얼마만큼 통일 문제나 남북 교류에 관해 연구하고 논의했는지를 묻고 싶으며, 아무리 성급해도 마차를 말 앞에 세울 수는 없다고 생각한다.

통일 정책은 국민적 합의에 기초하여 종합적으로 수행하는 것이 정부의 인식이라고 강조하면서도 국민적인 통일 논의를 전개하고 합의를 도출할 수 있는 기구와 조직이 부재하며, 또한 통일 논의를 자유롭게 활성화할 수 있는 법칙 제한의 철폐나 제도적 틀의 마련이 이루어지지 못하고 있는 것이 현실이다. 국민적인 통일 논의 기구는 민주평통자문회의 같은 형식적이며 타율적인 기구가 아니라, 각계 각층과 정당·사회단체들의 의사를 표출시키며 수렴할 수 있는 가칭 민족통일국민회의 같은 국민적 기구여야 한다. 여기서 통일 문제를 논의하고 협의해서 정부나 국회에 제안하고 정책을 자문하며 또한 민간 차원에서 할 수 있는 교류나 협력 상의 법도 추진케 하는 것이 바람직하다고 본다. 앞으로 초당적이며 민족적인 남북 회의를 한다고 할 경우에도 내놓을 수 있으며, 정부와 협의를 할 수 있는 국민적 기구가 있는 것이 바람직하다고 본다. 동시에 이러한 국민적 기구에 든가 국회에 통일문제를 전담해서 연구하며 자료를 집결하는 연구소 하나쯤은 설치되어야 하리라고 생각된다.

(2) 남북 교류 협력의 법 제정에 앞서서 이 법의 시행과 모순이 되는 법률들을 개정하고 정비하는 작업이 시급하다. 현행 국가보안법을 그대로 두고서는 반국가단체인 북한과 협력하고 교류하는 모든 행위는 이적행위가 되며, 정부가 승인하는 접촉이나 교류는 범법행위가 아니라는 특별법을 만들더라도 실정법의 위반이라는 모순을 해결할 수는 없다. 어떤 법에서는 북괴라고 하고 다른 법에서는 북한이라고 하며, 북한도 지역적 의미만 인정하고 정권이나 국가로서의 인정은 하지 않는 법체계를 가지고는 남·북의 교류와 협력은 공염불이 되고 말 것이다.

(3) 남북 교류 협력의 법 제정에 앞서서 선행되어야 할 과제는 남·북의 통신의 자유와 가능성을 실현하는 것이다. 모든 교류와 방문,

그리고 이산가족의 생사와 주소 확인도 남·북 간의 통신이 자유롭게 이루어지지 않고서는 불가능한 일이다. 초청장과 문의 편지도 주고받을 수 없고, 허가 없는 통신 연락이 죄가 되는 상황에서 무슨 교류와 협력이 가능한가?

동·서독 관계에서도 기본 조약이나 교류 협력의 법안이 만들어지기 전에도 통신이 두절되거나 불법화된 적은 없었다. 이것은 북한에서 응하지 않더라도 헌법과 유엔헌장에서 명기한 통신의 자유를 근거로 해서 정부가 일방적으로 선언하여, 남북우편교환사무소를 판문점에 설치해서 북의 호응을 유도해야 할 것이며, 국민들에게 부담 없이 우편통신을 할 수 있도록 허용해야 한다.

(4) 다음으로 남북 교류 협상을 추진하기 위해서는 북한 측에서 항상 선제 공세로 주장하는 긴장 완화와 평화 정착을 위한 제안들에 대해서도 능동적으로 대처하며, 적어도 이를 남북 교류나 이산가족 재회와 병행시킬 자세와 방안을 갖추어야 한다고 본다. 북한 측의 평화 공세를 적화통일의 야욕이라고만 일축하는 것은 오늘의 국제 정세나 남북 여건에서는 설득력이 없다. 우리는 과연 어떤 조건하에서 군사적 대결을 줄이고 무기를 감축하여 평화협정을 맺고 외국 군대를 철수시킬 것인가에 대한 군사적 긴장 완화와 평화 정착의 포괄적인 방안을 제시해야 할 것이다. 이것이 국회나 정부 차원에서 마련되지 않고는 남북국회회담이나 총리회담도 아무런 성과를 얻을 수 없을 것이다. 또 이런 방안이 없이 교류와 협력부터 하자고 하면 자칫 분단을 영구화하고 통일을 포기하는 것이 아닌가 하는 의구심을 일으킨다는 것도 유의해야 할 것이다.

(5) 물론 이와 같은 포괄적인 평화정책은 한국 정부가 단독으로 결정할 수 없고 분단 시기부터 오늘까지 공동의 유대관계 속에 있는 미국 정부와 협의해서 추진해야 한다. 독일의 동방정책이 미·영·불·소의 4대 강국과 밀접한 협상을 통해서 이루어졌듯이 우리의 북방정책이나 통일정책도 미국·소련·중국 등의 관련 당사국들과 공식적인 대화와 협의를 통해서만 실질적인 해결책을 얻을 수 있는 것은 명약관화한 사실이다. 그러나 국회와 정부는 이 문제를 놓고 얼마만큼 미국이나 주변국들과 진지하게 협의하고 있는지 의심스럽다. 밀실외교나 막후정치도 공식적 외교적 논의를 하면서 병행시키는 것이지, 공식 채널을 통한 협의가 없이 진행되는 것은 정도(正道)가 아니며 실효성도 없다.

남북 교류와 협력의 추진을 위해 이러한 선결조건들이 이루어져야 하겠지만, 완벽한 교류 협력의 틀이 마련되지 못한 상황에서나마 부분적인 교류와 협력이라도 가능케 하는 것은 의미가 있다고 보며, 이를 위해 '남북교류협력추진법'이 필요하고 도움이 된다면 만들어야 할 것이다, 그러나 제안된 이 특별 법안을 보면 다음과 같은 문제점이 있으며, 이를 개선하고 보완해야 남북 교류 협력의 의미를 살릴 수 있다고 생각한다.

(1) 제1조의 목적에서는 단순히 "남북 지역 간의 교류와 협력을 촉진하기 위하여"라고만 되어 있는데, 이 교류 협력의 목적과 개념과 성격이 무엇인지 보다 구체적으로 밝혀져야 할 것이다. 남북 교류와 협력은 민족의 분단과 대립을 극복하고 신뢰를 형성하여 하나의 민족 공동체를 형성하며, 통일을 이룩하기 위해서 그 과정으로서 필요

하다는 목적 설정을 분명하게 해야 할 것이다. 그리고 남북 교류와 협력의 종류와 범위를 규정해야 하며, 정부 차원에서의 교류 협력, 민간 차원에서의 교류 협력, 이산가족의 방문이나 여행 등으로 종류와 분야를 나누어서 설정해야 한다.

(2) 이 법안의 핵심 내용은 모든 인적 교류와 물적 교역 및 남·북 간의 협력 사업을 남북교류협력추진협의회라는 하나의 정부 기관으로 창구를 일원화하겠다는 것인데, 통일원 장관을 위원장으로 하는 15인의 위원회 하나로 수많은 학술, 예술, 종교, 체육단체들의 협력 사업이나 행사, 수천수만의 물자와 상품교역 그리고 수천수만의 이산가족의 왕래를 모두 총괄 조정할 수 있겠는지 의심스럽다. 어차피 경제교류, 문화·예술·체육교류, 학생교류, 일반 여행자들의 방문 통해 등의 관장을 위해서는 해당 부처별로 담당 부서가 있어야 하는 만큼, 기본 정책과 방침은 국무회의에서 정하더라도 이를 추진하고 실천하는 집행기구는 분야별로 분화되어야 하지 않을까 생각된다. 이 법안의 규모나 기구들이 인적 교류보다는 물적 교역을 중심으로 구상된 것 같고, 금강산 개발이나 합작사업 같은 1989년도의 당면 문제들만을 해결하기 위한 임시 조치에 불과한 것 같은데, 이런 것은 현행 시행령만 가지고도 해나갈 수 있지 않을까 생각된다.

(3) 남·북 간의 긴장을 완화하고 신뢰를 형성하기 위해서는 물적 교류보다는 인적 교류가, 정부 간의 교류보다는 민간 차원의 교류가 보다 중요한데, 이 법안은 민간 교류를 위한 구체적 방안을 제시하지 않고 있으며, 민간 기구들의 참여의 길을 열어놓지 않고 있다. 가

령 어떤 민간단체나 조직들이 북한의 어떤 단체와 만나고 교류해야 할 때에 직접 초청장을 받을 수 있고 보낼 수 있는지, 이것도 정부의 허락을 받고서 보내야 하는지, 혹은 어떤 개인이 가족과 만나고 방문할 때에도 통일원 장관에게 여행증명서 발급을 신청하기 전에 어떻게 해야 하는지의 방법이 전혀 언급되지 않고 있다.

(4) 남·북한을 왕래하는 데 있어서 국내 거주 국민들은 정부의 허가를 받아야 하고, 해외 거주 국민은 신고만 하면 된다는 차별 규정은 법의 형평성에도 어긋나며 여러 가지 혼란을 야기하게 된다. 특히 같은 해외에 거주하면서도 영주권을 받은 교포는 마음대로 북한을 왕래해도 되고, 아직 거주기간이 짧아 체류 허가만 받은 교포는 북한을 방문하고 귀국했을 때 체포가 된다면 이는 교포사회에도 인식의 차이와 모순을 일으키는 원인이 될 수 있다. 그리고 국내의 국민과 재외 국민 간의 의식과 규범에서의 차이를 확대시키게 되며 불필요한 혼란과 분열을 조장하게 된다.

(5) 이 법이 통과되면 남북 교류 협력의 모든 절차와 구체적 사항들을 대통령령으로 규정하게 되어 있어 남북 관계의 주요 문제들에 관해 국회나 정당들마저 참여할 길이 배제되고 있다. 행정부의 독주와 독점을 막고, 자유민주적 질서 위에서 남북 관계의 개선이나 통일정책이 이루어지기 위해서도 국회와 정당 및 각 경제, 사회단체들이 참여하는 남북 교류 협력에 관한 정책 심의 내지는 자문기구가 있어야 할 텐데 이 법안에는 빠져 있다.

III. 한민족 공동체 통일 방안의 한 비판[10]

1972년의 7·4공동성명은 어쨌든 남과 북이 대화를 통해서 합의한 통일정책이었다는 점에서 큰 역사적 의의를 갖는다. 물론 7·4공동성명은 구체적인 통일 방안까지 포함하는 것은 아니지만, 통일의 방향과 토대가 될 수 있는 세 가지 원칙을 담고 있다는 점에서 통일 방안을 위한 주춧돌을 놓았다고 해도 과언이 아니다.

제3공화국의 박정희 대통령 정부와 북한의 김일성 정부 사이에 어떤 대화와 협상을 통해 7·4공동성명이 이루어졌는지 우리는 완전히 알 수가 없다. 당시의 밀사들도 대화의 과정과 배경을 소상히 공개하지는 않고 있기 때문이다. 그러나 지난 40여 년간 남·북한이 분단 극복과 평화통일을 위해 대화와 협상을 통해서 합의한 것이라곤 7·4공동성명 하나밖엔 없다. 이 점에서 7·4공동성명은 역사적 중요성을 가지며, 앞으로도 통일 논의와 과정에 중대한 초석이 되리라 믿는다.

그러나 남·북한은 7·4공동성명 이후에 7·4공동성명이 천명한 통일의 3대 원칙을 실현할 수 있는 통일 방안을 마련하거나 합의하는 데 실패했다. 또 남·북 정부가 그 후에 제안했던 여러 가지 통일 방안들은 7·4공동성명의 3대 원칙과 정신을 충분히 반영시켰다고 할 수도 없다. 7·4공동성명의 세 가지 원칙은 흔히 자주, 평화, 민족 대단결의 원칙이라고 알려져 있는 바, 통일은 외세에 의존하지 않고 민족이 자주적으로 하자는 것이며, 전쟁이나 무력을 통하지 않고 평

---

[10] 이 글은 국토통일원에서 주최한 「한민족 공동체 통일 방안」에 관한 세미나(1989년 12월 1일, 제주도)에서 필자가 발표한 내용을 정리한 것임.

화적인 방법으로, 평화의 체제를 실현하면서 하자는 것이고, 사상과 이념, 제도와 체제의 차이를 인정하면서도, 민족이 하나가 된다는 정신에서 큰마음으로 대단합과 통일을 이루자는 것으로 풀이될 수 있다. 그리고 이 원칙을 지키며 남북대화와 통일을 실현시키는 남·북 정부의 기구로 '남북조절위원회'라는 기구까지 합의하고 마련했다.

그럼에도 불구하고, 지난 18년간 남북대화가 항상 분단체제의 절벽과 복병에 부딪쳐 실패하고 말았던 것처럼, 남·북의 통일 방안이나 긴장 완화, 분단 극복의 여러 제안들이 전혀 합의나 협상의 목표에 도달할 수 없었던 것은 분단체제 자체를 극복하려는 의지와 관심이 남·북 양쪽에 부족했기 때문이었다. 다시 말하면, 분단체제를 극복하고 민족통일을 이룰 수 있는 원칙을 설정해 놓고도 이 원칙들을 충실히 반영하거나 지키지 않은 데 있다고 하겠다.

7·4공동성명이 나온 이듬해인 1973년 6월 23일에 박정희 대통령은 소위 6·23선언이라는 것을 했다. 그러나 이 6·23선언의 내용은 7·4공동성명의 원칙과 합의 사항을 지키지 않으려는 의사의 표시였다고 할 수 있다. 6·23선언과 박 대통령의 통일 정책은 이때부터 '선평화 정책 후통일 추진'으로 요약될 수 있다. 즉 남·북이 두 개의 국가로서 조약을 맺고 국제법적 승인을 받은 뒤 평화적인 관계를 정착해가자는 것이다. 우선 평화 정착을 하고나면 그 다음에 통일을 강구할 수 있을 것이 아니냐는 것이다. 3공화국과 유신체제의 통일 방안은 이렇게 7·4공동성명 후에도 평화 정착을 우선으로 하고 통일은 나중으로 미루는 정책이었다고 할 수 있다. 제5공화국에 와서도 전두환 대통령이 '민족화합 민주 통일 방안'이라는 것을 만들어 5공의 통일 정책으로 내놓았지만, 동·서독의 기본조약과 교차 승인, 유엔

동시 가입 등을 모델로 하여 만들어진 소위 기능주의적인 통일 방안은 그 근본 골격에 있어서 '선 평화 정착 후 통일 추진'이라는 3공화국의 틀을 그대로 유지하고 있다.

이러한 평화 정착 우선의 통일 방안은 정부의 거듭된 변명에도 불구하고 두 개의 한국으로 안정되게 분단한다는 분단 고착화의 정책이라는 비판과 비난을 거듭 받게 되었다. 이렇게 두 개의 국가로 안정되게 분단되고 나면, 4대 강국과 유엔마저 축복하는 가운데 두 개의 체제와 국가가 한반도에 탄탄하게 자리 잡게 되며, 이러고 나면 통일의 길을 상당히 오랫동안 불가능해진다는 것이 비판의 핵심 내용이었다.

이것은 사실상 남한 측 통일 방안이 가진 결정적인 결함이었다. 북한 측이 1980년 10월 노동당 6차 대회에서 제안한 '고려민주연방공화국'이라는 통일 방안은 연방제 속에서 남·북의 두 상이한 체제를 어떻게 수용하며 융화시키느냐의 어려운 문제를 담고 있고, 현실적으로 남한의 현 정부와 체제를 인정하고 있느냐는 어려움이 있지만, 일단 통일 방안으로서는 하나의 국가와 하나의 국호를 지향하고 있다는 장점을 가지고 있다. 이것은 적어도 남한의 방안이 두 개의 국가와 두 개의 국호로 유엔 가입을 주장하고 있다는 것과 비교한다면, 외견상 보기에는 북한의 것이 더 통일 지향적이라는 인상을 주게 된다. 물론 남한 정부와 체제를 인정하지 않고 북한과 같은 사회주의 체제에로 혁명을 해서 통일하려는 '남조선 혁명 통일론'이라고 한다면, 이것은 7·4성명의 원칙 중 통일의 목표나 자주의 원칙은 지킨 것으로 볼 수 있지만, 평화의 원칙이나 사상, 이념, 제도를 초월하는 민족대단결의 원칙을 지켰다고 할 수는 없다. 그럼에도 불구하

고, 이 방안이 근본적으로는 1민족 1국가 2체제의 연방제 통일을 표
방하고 있기 때문에 두 체제가 공존할 수 있는 연방제의 가능성과
두 체제가 평화적으로 교류 협력해가고 점차적으로 융합 통일해 가
는 길만 보장된다면, 수정·보완을 통해서라도 하나의 방안으로서
내놓을 수 있다고 생각되기도 했다. 여기에 비해 남한의 통일 방안
들은 평화 정착을 우선으로 하되 두 개의 국가로 안정화시키는 방안
이기 때문에 통일의 목표를 배제한 분단의 안정적 유지책이란 비난
을 면하기 어려웠다.

이런 약점을 보완키 위해 6공화국에 들어와서는 새로운 통일 방
안이 만들어졌는데, 이것이 '한민족 공동체 통일 방안'이라는 것이
다. 이 방안은 5공화국의 '민족 화합 민주 통일' 방안보다는 진전된
것이라 할 수 있다. 두 개의 국가로의 영구분단이라는 비난을 피하
기 위해 통일 민주 공화국이라는 하나의 국가 수립을 최종의 목표로
설정하고 있다.

이 방안은 소위 3단계의 통일 방안이라고 할 수 있겠는데, 1단계는
남·북이 교류, 회담, 공동체를 모색하는 지금과 같은 '남북대화의 단
계'이다. 2단계는 '남북연합의 단계'로 남·북의 두 나라가 상당한 기
간 동안 복지공동체(commonwealth) 같은 연합체를 이룬다는 것이
다. 이를 위해 '남북정상회의', '남북각료회의' 그리고 남·북의 국회
의원들로 구성되는 '남북평의회'를 남·북의 연합기구로 둘 것을 제
안하고 있다. 이 남북연합기구들에서 남·북의 문화, 경제 교류를 추
진 확대하고, 마침내는 정치·군사적으로도 통합을 이룩해서 제3단
계인 '남북통일의 단계'로 나아가 '통일 민주 국가'라는 단일국가를
형성한다는 것이다. 그리고 통일 조국의 국회는 지역 대표성에 입각

한 상원과 국민 대표성에 입각한 하원으로 구성되는 양원제로 하자고 했다.

이 방안에서 문제의 핵심은 제2단계인 남북연합의 성격과 내용에 있다고 본다. 이 남북연합의 체제연합인지 국가연합, 혹은 공화국연방인지 분명치 않다. 그러나 복지공동체 혹은 국가연합(confederation)에 비슷한 이 연합의 단계는 과도적 단계로서 1민족 2국가 2체제의 모델을 담고 있는 것이 거의 확실한 것 같다. 문제는 이 2단계에서 어떻게 1민족 1국가인 통일 민주 공화국으로 가게 되느냐 하는 것이다. 혹 국가연합단계가 반(半)영구적으로 되는 것은 아닌가라는 의구심도 있다. 또 통일 민주국가의 이념이 자주·평화·민주이며, 이 국가의 목표는 자유·인권·행복이 보장되며 실현되는 국가라고 했는데, 이런 국가가 두 체제의 연합에서부터 어떤 과정과 방법에 의해 태어날 수 있는지의 설명을 찾아볼 수 없다.

또 한 가지 이 방안의 주요한 결함은 현재와 같은 남북대화의 1단계에서 2단계인 남북연합으로 들어갈 때, 교류, 회담, 공동체 모색이라고 막연히 과정을 설명했는데, 현재의 남·북의 군사적 대결이나 긴장관계의 문제를 어떻게 처리하고 공동체를 모색하겠다는 것인지에 대해서는 일언반구의 설명도 하지 않고 있다.

다시 말하면, 현재의 휴전체제와 대결구조를 평화체제나 화해의 구조로 만들면서 복지공동체로 들어가겠다는 것인지, 아니면 오랫동안 휴전체제를 그대로 두고 군사적 대치 상황도 그대로 두고 남북연합체로 들어가겠다는 것인지가 분명치 않다. 이 평화체제에로의 전환 문제는 2단계에서 3단계로 넘어가는 과정에서도 분명치가 않다. 한민족 공동체 통일 방안이 역시 5공 때와 같이 기능주의적 통일

방안이라는 주장과 비판을 받고 있는데, 문제는 이것이 기능주의냐 아니냐는 것이 아니라 무엇을 위한 기능이냐이다. 어떤 절차와 과정을 거치든지 통일을 이루는데 기능적이냐, 아니면 현재의 상태를 고정시키고 두 개의 국가를 안정되게 평화 정착시키는 데 기능적이냐 하는 데 있다. 따라서 이 방안 역시 결과적으로는 통일의 목표보다는 우선 평화 정착에 목표를 둔 방안이 아닌가라는 의구심을 떨치기에 어렵게 되었다.

우리는 어느 사이에 평화 정착 하면 통일은 하지 말고 평화적인 관계만을 이룩하는 방안이라는 고정관념을 갖게 되었다. 즉 남·북이 서로 싸우거나 공격하지 말고 그 대신 교류와 협력을 증대하여 두 개의 국가로 사이좋게 살아가자는 방안이라는 인상이 굳어지게 되었다. 여기에 따라 평화와 곧 반통일(反統一)이라는 잘못된 등식이 만들어진 것이다. 한반도에서 평화를 추구하는 것은 마치 통일을 포기하는 것이라는 괴상한 논리가 나왔다. 이것이 우리의 통일 논의에서 평화 우선이냐 통일 우선이냐의 논쟁이 생기게 되고, 평화와 통일을 모순의 관계 내지는 선택의 관계로 보게 된 배경이다.

한민족 공동체 통일 방안과 기존의 남한 측 통일 방안의 핵심적 문제는 바로 여기에 있다. 평화 정착이 참으로 평화의 체제를 만들고, 평화의 체제가 통일의 길을 여는 과정 자체가 되도록 우리의 통일 방안은 수정되어야 한다고 본다.

IV. 햇볕정책이 성공하려면[11]

이번 주 네덜란드 헤이그에서는 1999년에 세계역사상 처음으로 정부대표들이 참가해 열렸던 만국평화회의 100주년을 기념하는 축제와 행사들이 개최된다. 1907년 2차 만국평화외의는 고종의 밀사로 이준 열사가 참가하기 위해 헤이그로 달려갔으나 일본의 반대로 회의장에도 들어가지 못해 항의 데모를 하다가 객지에서 분사하고만 약소민족의 한이 서렸던 만국평화회의였다. 이번에 헤이그로 떠난 우리나라 평화 운동 시민단체의 대표들은 한반도의 평화체제와 동북아시아의 평화 질서를 촉구하는 집회와 시위들을 전개하게 되리라고 한다.

백 년 전 민족의 자주독립을 부르짖던 헤이그 회의가 백 년 뒤 민족의 평화통일을 외치는 곳이 된 느낌이지만, 예나 지금이나 한반도 우리 민족이 식민지로 전쟁으로 분단과 냉전체제로 백 년 동안을 평화 없이 살아왔다는 걸 생각하면 강대국에 둘러싸인 기구한 한반도의 운명이 새삼 안타깝게 여겨진다.

민족의 운명이 노일전쟁, 청일전쟁 등 주변 열강들의 각축에 따라 비극적으로 결정되었던 한 세기 전이나, 민족의 분단과 전쟁의 극복을 위해 4자회담이나 6자회담에 기대어 눈치를 보며 남·북의 대결을 해소해보려는 오늘의 상황은 너무나 구조가 같다. 게다가 요즘의 한반도 주변정세는 뭔가 심상치 않게 돌아가는 느낌이며, 또 우리가 모르는 사이 한반도의 운명이 이상하게 되고 마는 것이 아닌가 하는

---

11 「국민일보」 1999년 5월 15일자 기독세평 란에 실린 필자의 글.

불안감이 가시지 않는다.

한반도의 주변 정세가 다시금 복잡하게 얽히는 것 같다. 미·일 안보조약의 새로운 지침이 만들어지면서 일본의 아시아 지역에서의 군사적 책임과 역할이 강조되자 일본이 군사 대국으로 나아가는 데 대한 불안과 염려가 중국을 비롯한 이웃 나라에서 증폭되고 있다. 때를 맞추었는지 공교롭게도 나토의 공습이 유고에 있는 중국 대사관을 폭파하여 중국인들의 분노가 하늘 끝까지 오르는 듯하고 미국과 중국의 관계가 냉각의 도를 넘고 있다. 미국의 패권주의를 항상 비난해온 중국이 나토의 유고 폭격을 격렬하게 규탄하면서 코소보 전쟁은 새로운 갈등을 야기할 위험을 안게 되었다.

4자회담은 미국과 중국이 이해를 같이하면서 북한을 잘 달래어 한반도와 동북아에서 평화 구조를 정착시키는 데 목표가 있건만, 중미 관계가 악화하게 되면 회담 자체가 교착상태에 빠질 뿐 아니라 한반도의 주변 강대국들의 긴장과 대결상황이 격화되어 냉전체제가 더욱 경직될 가능성이 없지 않다. 게다가 러시아마저 유고를 옹호하며 나토를 비난함으로써 동서의 갈등구도가 다시금 부활하는 것이 아닌가는 우려마저 있다. 미국과 중국의 긴장이 격화되고, 일본의 군사 대국화로 일·중간의 갈등마저 날카로워지면 자연히 남북 관계에도 먹구름과 찬 서리가 내릴 수 있는 위험성이 없지 않다. 모처럼 정부의 햇볕정책으로 남북 관계의 획기적 개선과 한반도의 평화체제 구축을 기대했으나, 주변 정세가 따라주지 않으면 본질적인 변화나 개선은 다시 요원한 것이 되고 만다.

우리는 김대중 정부가 들어서면서 대북 정책을 햇볕정책으로 과감하게 개혁하고, 정경분리, 교류 협력 정책으로 남북 관계를 평화

공존 관계로 개선하기 위해 음양으로 많은 노력을 한 것을 알고 있다. 그러나 북한 측은 오히려 햇볕정책이 더 음흉한 흡수통일 정책이라고 역공을 펴고 있고, 미국의 의회는 금창리 핵시설 의혹과 대포동 미사일을 들어 계속 대북 강경책을 촉구하고 있으며, 일본마저 미·일 안보조약의 새 지침을 마련하여 군사 대국화를 추진하고 있다. 엎친 데 덮친 격으로 코소보 전쟁 사태가 공교롭게 중국 대사관을 오폭하는 바람에 미·중 관계가 악화일로를 걷고 있어, 4자 회담이 난항을 겪으며 교착상태에 빠질 위험이 커지고 있다. 중국 측은 벌써 미·일 안보조약의 새 지침과 일본의 군사 대국화를 노골적으로 비난하며 대들고 있어, 4자회담이든 6자회담이든 한반도의 주변 강대국들은 평화체제 수립을 위해 협상테이블로 끌어들이기가 점점 용이할 것 같지 않다.

북한에서 무엇이라고 비난하든지, 김대중 정부가 햇볕정책으로 혹은 포용 정책으로 대북 정책을 전환한 것은 옳은 방향이었다고 생각한다. 북에서는 우리가 그늘진 곳이란 말이냐고 섭섭해 하지만, 아직도 북한의 군사 시설을 폭격하는 외과적 수술을 단행해야 한다고 주장하는 미국 의회 보수파들의 찬바람 정책이 쌩쌩 불고, 남한의 보수파들이 대북 식량지원을 군량미 제공이라고 저지시키려는 대결상황에서는, 햇볕정책은 냉전체제를 극복하려는 목표를 가진 정책이 아닐 수 없다.

단지 올바른 목표를 가진 햇볕정책이 성공하려면 적합한 수단이 강구되어야 하며, 얼음장 같은 남북 관계와 냉전의 구도를 녹일 수 있는 효력을 발휘할 수 있어야 한다. 북한 사람들이 참으로 따스함을 느낄 수 있는 효력을 가진 햇볕정책이 무엇이겠는지를 깊이 있게 생각해보아야 한다. 4자회담이나 정상회담을 서둘고, 금강산 개발이나 경제 협력을 추진한다고 햇볕정책의 효과가 나타날 것 같지는 않다. 북한이 당하고 있는 외교적 고립과 경제적 봉쇄, 식량난과 생존의 위협을 어느 정도 해소시켜주는 햇볕정책이 아니면 핵개발이나 미사일 개발을 포기할 정도의 따사로움을 느끼기는 힘들 것 같이 보인다.

지난 4월 20일 크리스챤 아카데미가 주최한 "동북아 국제평화회의"에서 독일의 바이츠제커 전 대통령과 레이니 전 주한미국대사는 햇볕정책을 성사시키는 효력을 가진 중요한 정책들을 시사해주었다. 냉전의 교착상태를 타파하기 위해서는 우선 상대방의 생존권을 인정해야 한다는 것이다. 레이니 전 대사는 특히 한·미 양국 정부에게 다음과 같은 정책을 강력히 주문했다. "미국은 우선 북한의 정당성을 인정하고 외교적 승인을 포함한 국교 정상화를 실시해야 한다. 북한에 대한 무역 제재 및 미국 내 북한 자산 동결의 해제가 필요하다. 북한의 경제 개발을 위한 대규모 장기차관이 제공되고, 일본이 전후 보상금을 북한에도 지불하면 북한은 경제난을 조속히 회복하고, 경제 상황이 호전되면 북한은 더 이상 대량 살상무기 개발이나 미사일 발사 실험을 할 필요가 없을 것이다." 햇볕정책이 성공하려면 이런 정도의 수단과 대책이 마련되어야 할 것 같다.

북한이 무엇이라 비난하든지 김대중 정부가 대북정책을 햇볕정책으로, 포용 정책으로 전환한 것은 옳은 방향이었다고 생각한다. 북에서는 우리가 어디 그늘진 곳이란 말이냐, 햇볕으로 우리 체제를 녹여 없애겠다는 흡수통일 정책이 아니냐고 비난을 하고 있지만, 우리는 그것을 무엇이라 부르던, 찬바람 정책에서 따뜻한 햇볕정책으

로 방향을 전환했다면, 냉전적 분단과 대결체제를 해소하기 위해서
는 다른 방도가 있을 수 없다고 본다. 더구나 미국의회의 보수파들
은 아직도 북한의 핵시설을 폭격하는 외과적 수술을 단행해야 한다
고 찬바람이 쌩쌩 부는 소리들을 하고 있고, 중국의 프로파간다는
다시금 일본과 미국의 제국주의적 패권을 타도해야 한다고 냉전시
대의 구호들을 되풀이 외고 있다.

햇볕정책은 분명히 이러한 냉전적 구도와 대결을 따뜻한 바람을
불어 녹이자는 정책이며, 북한과의 평화공존을 확고하게 만들자는
의도를 가진 정책이라고 본다. 단지 이렇게 올바른 목표를 가진 정
책이더라도 이것이 성공을 거두려면 여기에 적합한 수단이 강구되
어야하며, 얼음장 같은 남북 관계와 냉전체제를 녹일 수 있는 효력
을 발휘할 수 있어야 한다. 북한 사람들이 참으로 따스함을 느낄 수
있는 효력을 가진 정책이어야 한다. 우리는 이런 목표를 달성할 수
있는 방안이 무엇인가를 심도 있게 모색해야 한다. 금강산 개발이나
경제협력을 강화한다고 북한 사람들이 따뜻함을 느낄 수 있고, 4자
회담이나 정상회담을 서둔다고 햇볕정책의 효과가 날 것 같지는 않
다. 북한이 당하고 있는 외교적 고립과 경제적 봉쇄, 식량난과 생존
의 위협을 해소시켜주는 햇볕정책이 아니면 핵개발이나 미사일 개
발 같은 벼랑 끝 전술을 포기할 정도의 따사로움을 느끼기는 힘들
것 같이 보인다.

미국의 대북한 정책을 포괄적으로 재정립하는 페리보고서가 곧
만들어진다고 한다. 레이니 대사가 제안하는 이런 정도의 포용 정책
이 햇볕정책에 포함된다면, 이 정책은 성공을 거둘 수 있고, 한반도
에 평화체제를 구축할 토대를 마련할 수 있으리라 기대해 본다.

V. 북핵 위기와 미국의 대북 정책 문제[12]

1. 위기의 상황과 책임

냉전체제의 유산으로 유일하게 남은 한반도의 위기와 갈등은 과연 평화적으로 해결될 수 있을 것인가? 1972년 7·4공동성명에서부터, 1992년 남북기본합의서, 2000년 6·15남북정상 공동성명에 이르기까지 평화적 해결의 원칙은 수 없이 반복되어 선언되었지만, 군사적 긴장과 대결의 위험은 사라지지 않았고, 일촉즉발 전쟁이 터질 뻔한 것도 한두 번이 아니었다.

현재 벌어지고 있는 한반도의 위기 상황은 작년 10월 3일 제임스 켈리 미 국무차관보가 북한을 방문한 직후, 북한이 비밀리에 우라늄 농축과 핵무기 개발을 추진하고 있다고 폭로하면서 시작되었다. 미국은 94년 제네바 합의(agreed framework)가 사문화되었다고 간주하면서 중유 지원 중단을 선언했고, 북한은 여기에 맞서 핵동결 해제를 선언하고 국제 감시단을 추방하였으며, 핵발전소의 재가동 계획을 내비쳤다.

미국과 IAEA는 북한의 핵개발 저지를 위해 전면 검증과 사찰을 받을 것을 촉구하고 나섰다. 2003년 1월 6일자로 IAEA가 북한의 조치들을 범죄적(criminal)이라 규탄하고, 유엔 안보리를 통한 제재의 뜻을 비치자, 북한은 1월 10일자로 NPT 탈퇴가 효력을 발생한다고 선

---

12 이 글은 한국천주교주교회의 정의평화위원회가 2003년 4월 12일 명동 가톨릭회관 에서 주최한 정의평화 세미나 "남·북한 평화는 가능한가"에서 김수환 추기경의 기조강연과 함께 발표한 주제 강연 원고임.

언했다.[13] 북한은 IAEA가 미국의 대북 적대 정책에 이용되고 있다고 비난하면서, 미국의 봉쇄정책과 군사적 징벌 위협에 맞서고 주권과 안보를 지키기 위해 NPT에서 탈퇴한다고 밝혔다. 그 다음날 1월 11일 평양 시민 100만 명이 나와 이를 지지하는 대대적인 군중대회를 열었다.

그 사이 미국과 북한 사이에는 점차 험한 말들이 오갔다. "대화는 하되 협상은 없다", "제재와 봉쇄정책은 전쟁으로 간주하겠다", "이라크와 북한에서 동시에 두 개 전쟁도 할 수 있다", "제국주의자들의 거점을 불바다로 만들고 무자비한 보복을 하겠다." 북한은 어차피 부시 대통령에게 "악의 축"으로, "깡패 국가"로 몰려, 이라크전쟁 다음으로 미국의 공격 목표가 될 터이므로, 아예 초강수 '벼랑 끝 전술'로 맞서려는 각오를 한 것 같다.

북한의 핵개발과 미국의 제재와 봉쇄 정책은 자칫하면 한반도를 불바다로 만들 수 있기 때문에, 직접 큰 피해를 당할 한국으로서는, 어떻게 해서라도 문제의 평화적 해결을 촉구할 수밖에 없다. 김대중 대통령과 노무현 당선자가 미국에게 대화와 협상을 촉구하고, 북한에게 핵개발 포기를 요구한 것은 지극히 당연하고 필요한 조치였다. 그러나 미국의 일부 강경파(매파) 인사들은 한국 정부의 중간자적 입장, 매개자(mediator)연 하는 자세를 못마땅하게 생각하고 북한의 핵개발 위기를 과소평가한다고 나무라고 있다.

그러나 북한의 핵개발 위협 속에서도 남한의 시민들이 SOFA개정을 요구하는 촛불시위를 계속하고, 미국과 평등한 관계에서 외교를

---

[13] 93년 NPT탈퇴 선언 후 94년 보류를 발표했다가, 이제 다시금 효력을 발생한다고.

하겠다는 노무현 씨가 대통령에 당선되자, 미국 안에서도 남한의 여론을 들으며 대화와 협상에 나서라는 압력이 거세게 나왔다.

이 때문인지 최근에 와서는 미국이 유화적 접근책으로 돌아선 것같이 보인다. 북한이 협상의 전제조건으로 요구하는 체제 안정의 보장을 서면으로 하겠다는 것과, 핵문제만 해결되면 에너지와 식량지원 등 여러 가지 보장이 있다는 말도 서슴지 않고 한다. 중국, 러시아, 일본 등 주변국들도 평화적 해결을 위한 대화와 협상의 중재에 나서겠다고 했다.

그런데 과연 이런 유화적인 제스처나 대화 제의가 성이 날대로 난 북한을 협상테이블로 오게 할 수 있을까? 이번에는 북한이 미국의 서면보장을 믿지 못하겠다고 하며, 말이 자꾸 바뀌니까 법률적인 보장을 해주지 않으면 협상할 수 없다는 입장을 내세웠다. 적어도 불가침조약을 맺던가, 현재의 적대관계를 근본적으로 청산하고 평화공존의 관계로 전환시킬 법적 구속력을 갖는 조치를 해야 한다는 것이다.

한반도 위기의 책임을 미국은 북한이 제네바합의를 깨고 비밀리에 핵무기를 개발한 데 있다고 주장하고, 북한은 미국이 적대적인 정책을 강화하고 북한의 주권과 안보를 위협한 데 있다고 주장한다. 북한이 정말 비밀로 핵무기 개발을 했기 때문에 미국이 공격적인 정책으로 돌아선 것인지, 미국이 대북한 정책을 적대적으로 강화하고 봉쇄정책을 썼기 때문에 북한이 생존과 협상의 수단으로 핵개발이라도 하겠다는 것인지, 위기의 근본적 책임이 어느 쪽에 더 있는 것인지 지금으로서는 명백히 알기가 힘들다.

2. 미국의 두 가지 대북 정책

그러나 분명한 것은 미국의 대북 정책이 온건한 것과 강경한 것 두 가지 서로 다른 정책이 있었으며, 최근의 부시 행정부의 정책이 온건한 데서 강경한 것으로 전환되었다는 사실이다. 어느 것이 더 유효하고 타당한 대북 정책이냐 하는 것은 현재 미국의 정치가나 전략가들 사이에도 입장과 견해의 차이로 논쟁거리가 되고 있다.

대체로 클린턴 대통령 시절의 대북한 정책은 온건한 것이었다. 사실은 클린턴 행정부 시절에도 북한의 핵 위기 소동은 두 번이나 있었다. 먼저 북한이 93년에 영변 핵개발과 NPT탈퇴를 선포했을 때, 미국은 경수로 건설과 중유제공을 약속하는 94년의 제네바 합의로 해결했다. 당시에 '서울불바다론'과 영변 핵시설의 '외과적 수술 폭격론'이 있었지만, 카터의 방북, 김일성과의 회담으로 전격적으로 위기를 수습했다.

다음은 98년에 북한이 갑자기 장거리 로켓을 발사, 노동 1·2호 미사일 연습을 하면서 또 한 번 위기가 발생했다. 사정거리가 일본을 넘어서, 알래스카까지 미칠 수 있다고 보았을 때, 북한이 핵무기를 탑재할 장거리 미사일을 개발하는 것이 아닌가 하는 의심이 들었다. 이때도 제네바 협약을 폐기하고 KEDO경수로 건설을 중단하라는 압력이 있었지만, 클린턴은 페리를 북한에 보내 대화를 추진하고, 매우 포괄적인 협상안을 만들었다. 북한이 장거리 미사일 개발을 중단하는 조건으로 경제제재 완화와 단계적인 관계정상화를 약속했다. 결국 지하 비밀 핵개발 장소로 의심되던 금창리를 두 번 사찰해서 핵발전 시설이 없었음을 확인했고, 1999년 이후로 미사일 발사 실험은 중단되었다. 2000년에는 북한의 최고위 장성 조명록 차수가 군복을 입은 채로 워싱턴을 방문했고, 올브라이트 국무장관이 평양을 방문하고, 적대의사가 없음을 천명했으며, 북한과 미국의 관계 개선을 협상하기 시작했다. 이러한 호전된 분위기 속에서 김대중 대통령은 평양에 가 김정일 위원장과 정상회담을 할 수 있었고, 클린턴 대통령의 방북마저 계획 추진되었다.

클린턴 대통령의 안보 보좌관과 대북한 정책 조정관을 지낸 셔먼(Wendy Sherman)은 2001년 3월, 부시 대통령이 페리보고서에 포함된 포괄적 평화 조치들을 계속 추진해야 한다고 주장하면서, 단계적인 대북 유화 정책을 과감하게 실천할 경우 부시 대통령은 냉전의 마지막 보루인 한반도의 위기를 평화적으로 종식시키는 영예를 얻게 될 것이라고 주장했다(US Institute of Peace). 미국과 북한의 관계는 바야흐로 정상화될 수 있는 길에 들어섰고, 북한의 핵개발이나 미사일 개발 수출은 완전 통제될 수 있다고 보았다. 북한의 체제는 쉽게 붕괴되지 않을 것이며, 또 갑작스런 붕괴는 남한과 미국의 경제와 안보정책에도 커다란 위험이 될 수 있다고 본, 클린턴 행정부는 온건한 대북 정책의 줄거리를 지속적으로 추진했다.

그러나 2001년부터, 백악관에 들어선 부시 대통령은 지난 2년 동안 전혀 다른 대북 강경 정책을 선택했다. 먹여주던 당근을 잡아떼고, 채찍을 들기 시작했다. 전 세계적인 미사일 방어 체계를 강화하고, 냉전체제가 해소되었는데도 불구하고, 미국의 이해관계를 중심으로 "악의 축"이란 적대국을 설정하고, 악의 세력을 제거하기 위해서는 선제공격도 가능하다는 전략을 내세웠다. 특히 9·11테러사건과 아프가니스탄 전쟁을 보면서 악의 축에 포함된 이라크, 이란, 북

한이 자국의 안보와 생존을 위해서 어떤 생각을 했을지는 짐작해볼
수 있다.

현재의 한반도 위기는, 북한이 실제로 비밀 핵무기 개발에 착수했
다면 원인 제공자로서의 책임을 면할 수 없겠지만, 상당한 부분 미국
의 대북 정책이 강경 노선으로 전환된 데서 기인한다고 볼 수 있다.

3. 평화적 해결의 방향

한반도 위기의 원인과 책임이 어디에 있든지 간에, 이 위기는 군
사적으로나 전쟁으로 해결할 수는 절대 없으며, 파국과 공멸밖에 가
져올 게 없는 전쟁을 막기 위해서는 다시금 대화와 협상의 테이블에
앉는 길밖에 없다. 북미 양자 간 회담이든지, 남·북한과 미국의 3자
회담이든지, 혹은 4+2회담이든지 5+5회담이든지, 이 위기를 평화적
으로 해결하는 데 도움이 되는 길이라면, 대화와 협상을 하는 순서
나 형식에 가릴 것이 없다고 생각한다. 합의가 되는 대로 조속히 회
담을 시작해야 한다.

그러나 대화와 협상의 목표는 분명해야 한다. 북한이 처한 곤경과
위협을 이해하면서 생존과 안보와 경제 협력을 약속하고, 핵무기나
미사일 개발의 포기를 투명하게 보장받는 것이어야 한다. 가급적이면
관련 당사국들이 함부로 위반할 수 없는 조약 형태의 합의문을 만들
어야 한다. 협상의 시간이 오래 걸리더라도 이번에는 한반도의 위기
와 갈등의 요인을 근원적으로 제거할 수 있는 처방과 해결책이 모색
되어야 한다. 이를 위해 몇 가지 대화와 협상의 방향을 제시해본다.

1) 대화와 협상이 시작되면서, 북한은 영변 핵시설의 재동결을 선언하고, NPT(핵확산금지조약) 탈퇴를 취소해야 한다.

2) 북한이 NPT 체제로 복귀함과 동시에, 미국은 중유공급을 재개하고, 경수로(KEDO) 사업 완성에 박차를 가해야 한다.

3) 미국은 페리 보고서를 통해 이미 북한과 적대관계를 해소하고, 국교 정상화에로 단계적으로 나아갈 의도를 밝혔으므로, 여기에 걸림돌이 되는 문제를 북한 측에 솔직히 제시하고, 이 문제가 해결될 경우, 불가침조약이든 평화협정이든, 평화공존체제로 나아갈 수 있는 확실한 방안을 제시해야 한다.

4) 한국과 미국, 일본 3국은 대북한 협상에서 철저하고 신뢰 있는 공조 체제를 유지해야 하며, 북한의 핵개발과 장거리 미사일 개발 포기라는 양보를 얻어내는 대신, 대북 인도적 지원과 경제 협력의 인센티브를 제공해야 한다. 가능하면 북한과 일본의 국교 정상화와 배상 청구권이 조속히 이루어져 북한의 경제 재건에 기여토록 해야 한다.

5) 남·북한은 신뢰 구축과 화해 협력을 위한 여러 가지 약속과 조치들을(철도 연결, 육로 관광, 가족 면회소 등) 중단 없이 추진해야 하며, 휴전협정이 장애물이 되지 않도록 미국과 협의하여 비무장지대의 관리 규정을 개선해나가야 한다.

6) 궁극적으로는 휴전협정 체제를 평화협정 체제로 전환해야 한반도의 공고한 평화가 실현될 수 있다. 이를 위해서는 현실적으로 북한이 남한을 미국과 함께 협정 상대방으로 인정해야 하고, 동북아의 평화와 협력체제가 구축될 때까지 주한미군의 철수 주장을 보류해야 한다.

7) 한반도의 평화체제는 남·북한과 중국, 일본, 러시아, 미국이 포
   함되는 동북아시아의 공동 안보와 협력 체제의 수립과 밀접한
   관계가 있기 때문에, 관련 당사국들은 한반도 논의와 병행하여
   동북아의 평화체제를 위한 논의를 시작해야 한다.

위기는 기회라는 말이 있듯이, 한반도가 처한 현재의 위기는 보다 공고한 평화에로 나아갈 수 있는 역사적인 기회가 될 수도 있다. 이렇게 된다면 부시의 강경책도 북한의 초강경 전술도 위기를 기회로 전환시키는 긍정적 계기가 될 수도 있다.

그러나 위기는 언제나 폭발할 수 있는 위험을 안고 있기 때문에, 이에 대처하는 당사자들이 냉정한 이성을 갖고 신중하게 처리해나가는 것이 중요하다. 특히 북한의 오판이나 미국의 과잉 대응을 막기 위해서는 중간자의 입장에 있는 한국인의 지혜로운 자세가 필요하다. 북한 핵문제에 대한 규탄 대회나 과민 반응, 미국에 대한 모욕적 언사나 미군철수 주장 같은 반미 운동은 문제 해결에 전혀 도움이 되지 않고, 역작용을 일으킬 수 있다고 본다.

최근 미국의 우파 인사들이 주한미군을 철수시키고, 북한의 악을 선제공격으로 제거하자는 주장들을 노골적으로 하는 것은 지극히 위험한 발상이며, 미국인의 여론을 오도하는 염려스러운 일이다. 이 점에서 한국의 정부와 시민사회는 북한과 미국 양측에 위기를 평화적으로 해결하는 올바른 방법과, 확고한 의지를 전해줄 필요가 있다고 본다.

4장
평화체제의 실현은 가능한가

I. 한반도의 전쟁 위기와 평화체제의 길[14]

예수께서 예루살렘 가까이에 오셔서 그 도성을 보고 우시었다. 그리고 이렇게 말씀하셨다. "오늘 네가 평화에 이르는 길을 알았더라면 얼마나 좋았겠느냐? 그러나 지금 너에게 그 일이 가리어져 있구나. 그날이 너에게 닥치리니 너의 원수들이 토성을 쌓고 너를 에워싸고 너를 사면에서 죄어들어서 너와 네 안에 있는 네 자녀들을 짓밟고, 네 안에 돌 한 개도 다른 돌 위에 얹혀있지 못하게 할 것이다. 이것은 하나님께서 너를 구원하러 찾아오신 때를 네가 알지 못했기 때문이다"(눅 19: 41-44).

---

[14] 이 글은 전쟁 위기가 고조되었던 시기인 2017년 10월 23일에 명성교회에서 열린 통일을 위한 월요기도회(3천 명 참석)에서 행한 강연 원고임.

1. 현실화되고 있는 한반도 전쟁의 위기

지금 우리가 사는 한반도엔 원치 않는 전쟁의 위기가 엄습해오고 있다. 단순한 전쟁도 아니고, 핵전쟁이라는 무시무시한 공포의 전쟁의 그림자가 한반도뿐 아니라, 일본과 괌도 태평양에까지 드리우고 있다. 반기문 전 UN사무총장도 한반도에 6·25전쟁 이후 최대의 전쟁 위기가 지금 와있다고 우려를 표명했고, 미국의 군사 전문가나 외교안보 전문가들도, 한반도에서의 엄청난 무력 충돌과 피투성이의 전쟁 가능성이 현실화되고 있다고 경고하고 있다.

최근에 미국이나 유럽을 다녀온 사람들의 말을 들으면, 매일같이 그곳의 TV, 신문 보도에는 '한국에 전쟁이 난다'는 소식이 요란하고 그래서 한국 방문을 하지 말라고 야단들이라고 한다. 그러나 막상 한국 땅에 돌아오면 너무나 조용하고 걱정하는 사람도 없고 물건을 사재기 하거나 피난 준비를 하는 사람이 없는 게 이상하다고 한다.

우리는 분단 70년 동안 너무나 오랫동안, 남북 대결과 긴장, 전쟁 위협 속에 살아 왔기 때문에, 감각이 마비되어 무슨 "남침 위험이다", "서울불바다"다, "핵전쟁이다" 해도 또 무슨 협박이나 공포 조성이겠지 하고 믿지 않으려 한다. 또 우리에겐 "설마"병이 있다. "북한이 도발했다간 저들이 다 멸망할 텐데, 설마 침략하겠어?" "미국이 한국(남한)에 자기들 군인과 국민이 25만 명이 있는데, 그들을 희생시킬 큰 전쟁을 하겠어?" "지금 전쟁하면 북한도 미국도 막대한 피해를 보는데, 설마 대량 폭격이나 미사일을 발사하겠어? 결국 타협하겠지!"

그런데 설마가 사람 잡는다고, 양치기 소년이 "호랑이 온다"고 늘 말해 믿지 않다가 진짜 나와서 당한 것처럼, 설마설마하다가 정말 전쟁이 터지는 일이 일어나지 않을까 전전긍긍할 수밖에 없는 것이 오늘의 현실이다.

우리는 한때 '북한이 핵개발한다고 했지만, 미국의 수천수만 개의 핵무기 앞에 어린애 장난감 같은 폭탄 몇 개 가지고 상대나 되겠어? 괜히 공갈 협박이지'라며 안심했다. 우리는 미국의 엄청난 핵무기와 핵전략 자산의 보호를 믿으며 안심해왔고, 한미동맹만 공고히 하면 된다고 하면서 북핵 문제를 별로 걱정하지 않았다.

그러나 북한의 핵무기 위협은 금년(2017)에 와서 사정이 크게 달라졌다. 과거(90년대, 2000년대) 1,000Km를 날아가는 노동미사일, 대포동 미사일을 쏘았을 때만 해도, 한미 군사력과는 상대도 되지 않으니까 걱정을 하지 않았다. 2006년부터 핵폭탄 실험을 여러 번 했지만, 북한이 위세를 떨치기 위한 술책으로 여기고, 막상 핵무기 제작이나 운반 수단까지는 개발하지 못한다고 안심해왔다.

그런데 2016년 작년 1월과 9월에 터뜨린 제4차, 5차 핵실험은 폭발력이 10킬로톤, 25킬로톤으로 히로시마 원폭에 버금가는 폭탄을 만들어 실험했고, 금년 9월 2일 제6차 핵실험은 풍계리 지하 핵실험 중 가장 폭발력이 커 150킬로톤으로 측정되는데, 이는 히로시마 원폭의 6배나 큰 폭발력을 실증해보였다.

정말 큰 걱정은 핵폭탄의 크기보다 이를 운반해 쓸 수 있는 미사일 능력인데, 이제까지 기껏 1,000~2,000Km의 미사일을 쏘더니, 금년 7월 4일 미국 독립기념일 날 아침, 화성 14호로 쏜 미사일은 ICBM(대륙간 탄도탄)으로서 10,000Km까지 날아갈 수 있고, 최근에 쏘아올린 화성 15호는 수직으로 4,700km, 직선거리로 13,000km를 날아가는 미사일이어서 미 대륙에 닿을 수 있는 미사일임을 실증해보였다는 데 있다. 부시 대통령과 오바마 대통령 시절까지의 미국의 대북한 전략은 전략적 인내(Strategic Patience)로서 북한의 핵무기전략을 지켜보면서도, 경제 제재(Sanction)만 하면서 묵인하는 전략이었다. 그러나 그것은 북한의 핵무기가 일본이나 오키나와, 괌도의 미군 기지를 겨냥한 정도 3,000km 사정거리일 때까지였고, 이제 하와이나 샌프란시스코까지 미 대륙을 겨냥해, 10,000Km 이상을 쏠 수 있는 대륙간 탄도탄(ICBM)을 개발한 이상, 이제는 미국의 본토와 자국민 보호를 위해 가만있을 수 없고, 대항조치를 해야 한다는 것이 미국 조야의 여론이 되었고, 마침 등단한 도널드 트럼프 대통령의 최우선 과제가 북핵 위기 제거와 한반도 전략이 되었다.

북한의 핵무기 개발 능력과 전략은 전 세계가 놀랄 정도로 빠르고 무섭게 발전하고 있다. 특히 기술적 능력이 놀랄 정도인데, 소련이 20년 걸려서 개발한 SLBM(잠수함 발사 미사일)을 2~3년 안에 개발했다는 것이고, 미사일 발사 능력(액체, 고체연료와 턴넬 등 이동발사 능력)은 소련의 스커드 미사일을 이집트에서 사다가 분해해서 역으로 조합하는 역공학(Reverse-engineering) 방식을 써서 개발했다는 것이다. 우리 조선 사람들의 머리와 DNA가 무섭게 좋다는 것이 증명되었다.

트럼프 대통령이 처음엔 김정은과 햄버거 먹으면서라도 대화해보겠다고 했다가, 대화와 제제를 병행하겠다고 했다가, 요즘은 완전히 분노와 불바다(Fury and Fire)로 북한을 완전하게 파멸시키겠다(Total destruction)는 폭언까지 하게 되었다. 국무장관 틸러슨이나, 국방장관 제임스 마티스도 끝까지 대화나 타협으로 설득해보겠지만, 안되면 군사적 옵션을 택할 수밖에 없다고 여러 차례 경고했다.

군사적 옵션이 테이블에 있다는 말이 매일 미국과 전 세계 신문에 오르내리며, 한반도 전쟁 가능성이 점점 현실화되고 있다. 미국이 북한의 ICBM 개발을 막기 위해 군사적인 선제공격을 하게 되면, 영변 신포의 핵시설이나 동창리 풍계리 핵실험장이 파괴되겠지만, 북한은 동시에 휴전선에 배치된 장사정포(Cannon) 3,000여 기를 동시에 발사해, 서울과 수도권 주변의 2,500만 남한 시민들을 폭파시키겠다고 수백 번 공언했고, 실전 준비를 끝낸 상태이다. 미국의 군사 전문가들은 선제공격이 시작되는 경우, 하루 동안에 남한 인구 100만 명 이상이 죽을 수 있다고 예단했다. 문재인 대통령이 한국의 동의 없이 미국이 선제공격이나 전쟁 행위를 해선 안 된다고 사정하고 있지만, 미국의 예측 못할 트럼프 대통령이 과연 그렇게 할지, 미국민의 안전을 위해 한반도를 희생시키는 모험을 할지 아무도 장담할 수 없는 위기가 오늘날 우리의 현실이다. 미국의 안보를 위해 한국을 포기하자는 이야기(키신저)도 나오고 있다.

북한은 핵무기와 미사일 개발을 절대 포기할 수 없다고 하고, 미국은 이를 절대 용납할 수 없고 무력을 써서라도 막겠다고 하는데, 대화나 타협의 길은 보이지 않고, 선제공격할 토마호크 크루즈 미사일을 장착한 항공모함을 한반도 근해에 옮겨 놓고, B1-B 폭격기가 NLL을 넘어가서 폭탄을 던지고 오는데, 트럼프와 김정은이 함께 방아쇠를 당길 태세를 완전히 갖추고 있는데, 우리는 너무나 안심하고 있다.

동서 냉전체제와 강대국들의 틈바구니 속에서 분단된 남·북한은 애초부터 평화의 길을 외면하고, 북진통일과 적화통일을 외치며 대결과 전쟁의 길을 걸었고, 수백만 동포를 죽인 6·25전쟁을 겪고서도 휴전 상태를 유지한 채, 평화협정도 거부하고, 계속 무력 강화와 군비 경쟁, 전쟁 준비에만 매달려 평화체제와 상생공존의 길을 피해왔다.

도끼만행사건, 푸에블로 격추사건, 수많은 간첩사건과 청와대 습격 사건 등이 연속으로 일어나 적대 관계는 심화되었고, 천안함과 연평도 포격사건, 핵무기 개발과 참수사건, 레짐 체인지를 겨냥한 한미 군사작전 연습으로, 상대방의 괴멸을 통한 흡수통일 작전에만 전력을 기울여왔다.

남한도 북한도 미국도 중국도 모두 평화를 외치고 떠들며 평화 정책을 선전하지만, 실지로는 자국의 안보와 승리를 지향할 뿐 공존과 상생을 가져오는 평화 정책은 배척해왔다.

한반도의 진정한 평화의 길은 하루속히 정전협정을 평화협정으로 대체하고, 교류 협력을 강화해서, 사상과 체제가 다르더라도, 상호존중하며 불가침을 약속해, 다시는 전쟁과 폭력이 생길 수 없는 두 개의 국가지만, 하나의 민족 공동체인 평화체제를 만들어야 하는데 이 길에 방해 요소가 많이 있다.

2. 평화에 이르는 길을 알았더라면

이제 우리는 이 위기의 현실을 보면서 어떻게 해야 할까 ?

예수님께서는 이런 예루살렘 도성을 보시면서 눈물을 흘리며 우셨다고 했다. 몇 십 년 뒤에 일어났지만 돌 하나도 돌 위에 겹 놓이지 않을 정도로 파괴될 예루살렘의 장래를 한탄하시면서 "네가 평화에 이르는 길을 알았더라면 좋았겠는데 지금 그 길을 보지 못하는구나,

그 일이 너에게 가리어져 있구나." 그런 파멸을 면하려면 '평화에 이르는 길'을 알고 찾아야 한다고 가르치셨다. 오늘 예수님께서 한반도에 오셔서 서울과 평양을 가보신다면 아마도 눈물을 흘리시면서 "왜 너희들이 평화에 이르는 길을 알지 못하고 전쟁과 파멸의 길로 가고 있느냐"고 한탄하시며 꾸짖으시리라 생각되지 않을까?

그런데 한반도의 남·북한엔 눈물을 흘리며 탄식하는 사람도 보이지 않는다. 왜 우리는 예수님처럼 울기라도 하지 않는가 ? 너무나 오랫동안 평화에 이르는 길이 우리에게 가리어져 있었기 때문에 전쟁과 파멸의 길이 눈앞에 닥쳐왔는데도 우리는 너무나 무감각하고 무관심과 체념에 빠진 것은 아닐까? 한미동맹과 미국의 군사력만 믿고 설마 전쟁이 나랴 방심하고 있는 것은 아닌가?

예수 그리스도의 평화의 길은 이런 구호만 있는 세상의 평화가 아니다. "막힌 담을 헐고, 원수된 관계를 폐하고, 둘로 하나가 되게 하는 참된 평화"요, 유대인이나 이방인이나 가난한 자나 부요한자를 차별하지 않고, 선한 자와 악한 자에게도 하나님께서 햇볕과 비를 내리신다는 정의와 사랑과 포용의 참 평화를 가르치셨는데, 이런 평화의 길이 남·북한에 가리어져 있기 때문에, 갈등과 폭력, 전쟁과 파멸의 길로 달려간다는 것이다. 북한이 핵무기를 개발하고, 대륙간 탄도탄 ICBM을 쏘아대는 것이 평화의 길이 아니듯이, 우리가 다시금 전술핵무기를 들여오거나, 핵무기 개발에 나서는 것, 미국의 군사력을 빌려 선제공격이나 참수작전을 하는 것도 평화의 길이 아님을 알아야겠다.

우리는 같은 분단과 냉정체제 속에서도 이런 평화 공존, 화해협력의 길을 찾은 동·서독의 경험에서 많은 것을 배워야 하겠다.

독일에서도 분단초기 50년대, 60년대 아데나워(Adenauer) 수상시절에서는 서독이 동독을 국가로도 인정하지 않았고, 할슈타인(Halstein) 원칙에 따라 동독과 국교를 맺은 나라와는 상대도 하지 않았다. 69년에 집권한 사민당이 빌리 브란트(Willy Brandt) 수상의 동방화해정책이 실시되면서 동독을 형제국가로 인정하는 1민족 2국가 정책을 실시했고, 유엔에 가입하고, 교류, 협력, 거족 친지 방문을 강화해가다가 89년에 베를린 장벽이 무너지면서 기대하지도 않았던 통일을 이룩한 기적을 만들어냈다.

여기에 비해 볼 때 우리 남·북한은 아직 독일이 72년에 동·서독 간에 체결한 기본조약 단계에도 도달하지 못했다. 남·북한은 아직 서로를 국가로 인정하지 않고, 북한, 남조선이라고만 불러 앞으로 흡수 통일할 대상으로만 보고 있다. 한때는 북괴, 남괴라고 하며 서로 괴뢰라고 했었다.

남·북한이 평화협정이나 기본조약을 맺지 않고, 계속 경쟁하고 대결하며 서로 흡수통일할 계략만 세우다간, 결국 강대국들의 대결에 휘말려 또다시 전쟁과 파멸의 길에 빠질 수밖에 없는데, 분단 70년이 지나도 아직 대결체제를 벗어나지 못하고 있다. 남·북한 양측 모두에 평화의 길이 가리어져 있기 때문이다.

3. 구원의 때를 알아야 한다

예루살렘 성을 보고 우시면서, 평화의 길을 알지 못한다고 한탄하시면서 무서운 경고의 말씀을 하셨다. 43절에 "그 날이 너에게 닥쳐올 텐데, 네 원수들이 너를 에워 쌓고, 너를 사면에서 죄어들어, 너와 네 자녀들을 짓밟고, 돌 하나도 돌 위에 얹혀 있지 못하게 파멸될 것이다." 왜 그렇게 되는지, 그 이유를 이렇게 설명해주셨다. 44절에 "하나님께서 너를 찾아오신 때를 네가 알지 못했기 때문이다"라고 하셨다.

평화에 이르는 길이 아주 영원히 가리어져 있는 법은 없다. '이렇게 하면 평화가 올 수 있겠구나'라고 인식할 때도 있었다. 그때가 바로 하나님께서 너를 구원하기 위해 찾아오신 때인데, 그때를 네가 알지 못하고, 평화의 길을 찾아가지 않으면 파멸의 길을 막을 수가 없다는 말씀이었다.

남·북한이 대결을 해소하고 평화의 길을 개척할 수 있는 기회와 때가 여러 번 있었다. 72년 7·4 남북공동성명의 때도 있었고, 91년 남북불가침, 화해와 교류 협력 합의문을 만든 때도 있었고, 2000년 6·15 남·북 정상들의 공동선언도 있었고, 2007년 10·4 정상 합의문도 있었다. 이때를 놓치지 않고 합의문과 공동성명을 잘 이행했더라면 오늘과 같은 전쟁 위기는 오지 않았을 것이다.

카터 대통령 때, 클린턴 대통령 때, 미국과 북한이 화해할 수 있는 기회가 있었다. 미국과 북한이 국교를 맺고 평화협정을 체결하고 한반도에 평화체제를 수립할 수 있는 기회가 있었다. 유감스럽게도 정권과 정책이 바뀌면서 때를 놓쳐버렸다.

북한의 핵실험이 발각되어, 미국이 외과적 수술로 선제타격을 해서 아예 무력화 시키려 했는데, 그때 서울이 불바다가 될 뻔했는데 카터 대통령이 방북해 김일성과 회담해 전쟁을 막았고, 또한 94년 10월 20일 제네바합의(agreed framework)가 이루어져서 영변 핵발전소 폐기와 경수로 원전 설치가 동시에 추구되도록 협상이 성사되었다. 정말 구원의 때가 온 것이다. 그런데 이 약속을 서로 지키지 않아 때를 놓치게 된 것이다.

북한 핵실험 중지와 평화협정 타결을 합의한 2005년 9월 19일의 제네바합의만 지켜졌어도 오늘의 위기는 오지 않고, 한반도의 평화체제가 달성될 수도 있었다.

정말 하나님께서 구원하기 위해 찾아오신 때였는데, 미국도 북한도 우리도 그때를 알지 못하고, 약속을 파기하고 기회를 놓쳤다. 마카오의 은행(Banko Delta Asien)에서 북한이 돈 세탁을 했다고 해서, 미국이 9·19합의문을 일방적으로 폐기해버리는 결정을 했다. 악마는 디테일에 있다고 하듯이, 이런 사소한 문제를 끄집어내서 일을 망치게 만들었다.

전쟁의 위기와 파멸의 위협이 닥쳐왔을 때, 우리는 예루살렘 성을 보시고 우시면서 하신 예수님의 탄식과 질책을 기억할 필요가 있다. 평화의 길이 가리어져서 우리가 보지 못하고 있기 때문이 아닌지, 평화의 길이 보이는 때와 기회가 있었는데, 우리가 그 때를 놓쳐 심각한 위기에 빠진 것은 아닌지, 반성하고 기도하면서 주님께서 보여주시는 참된 평화의 길을 찾아 나서야 되겠다.

II. 평화체제가 오고 있다[15]

2018 평창 동계 올림픽이 북한의 참가로 남북대화의 계기를 만들면서 한반도 평화에 획기적인 변화와 발전을 가져온 평화 올림픽이 되었다.

분단 70여 년 동안 남·북 사이에는 평화를 위한 회합과 논의가 수없이 있었지만 이번처럼 정상 간의 신뢰 분위기 속에서 기적적인 합의와 진전을 가져온 적은 없었으며, 평화는 이제 모든 사람의 입에 오르내리며 우리 민족의 한결같은 꿈과 희망이 되었다.

평화는 누구나 바라고 누리고자 하는 가치며 목표이지만, 평화를 달성하는 길은 쉽지 않으며, 그 방법이나 과정도 간단치 않다. 전쟁과 폭력, 갈등과 지배가 난무해온 세계 역사 속에서는 평화를 그리며, 꿈꾸는 일조차 소설이나 종교적 기원에서나 가능한 유토피아적인 것이었다.[16]

그러나 오늘날처럼 핵무기와 대량 살상무기가 산재하는 과학 기술 시대에는, 독일의 사상가 칼 프리드리히 폰 바이츠제커(Karl Friedrich von Weizsäcker)의 말처럼 "평화는 인류의 생존 조건"이 될 수밖에 없다. 평화가 깨어지면 인류의 생존이 불가능하기 때문이다.[17]

이제 핵무기까지 등장한 한반도에서 평화는 우리 민족의 생존 조

---

15 이 글은 2018년 8월 18일 양재동 서초문화예술회관에서 열린 인문학 석학강좌에서 발표한 강연문이다.

16 이삼열, 『평화의 철학과 통일의 실천』(햇빛출판사, 1991), 23-29.

17 C.F.v. Weizsäcker, *Die Verantwortung der Wissenschaft im Atomzeitalter* (Vandenhoeck & Ruprecht, 1957).

건이 되는데, 어떻게 평화를 만들고 유지해갈 것인가에 대한 연구나 성찰은 너무나 빈약하고 무지하다. 학자들의 논의도 대부분 미국에 의존하는 한미동맹 강화에만 매달려 있으니, 근본적이며 자주적인 평화 연구, 논의는 무시되거나 소외되어 왔다.

한반도에서 평화가 지속적이며 항구적인 것이 되려면, 평화 사상가 요한 갈퉁(Johan Galtung)의 주장처럼, 단순히 물리적 전쟁이나 폭력이 없는 소극적 평화(negative peace)뿐 아니라, 갈등과 모순, 억압과 차별 같은 구조적 폭력(structual violence)까지 없애는 적극적 평화(positive peace)가 구축되어야 하는데,[18] 이 작업과 과정은 엄청난 개혁을 수반하는 어렵고 힘든 일이 아닐 수 없다.

어쨌든 이제, 남북정상회담과 북미정상회담이 선포한 평화체제의 길을 헤쳐 나가려면, 평화의 개념과 방법에 대한 철학적 논의와 함께, 평화를 저해해온 반평화적 현실과 구조에 대한 역사적 반성 등, 심도 깊은 인문학적 성찰이 요구된다.

1. 문재인/김정은 정상회담(2018)과 판문점선언

역사적인 4·27 남북정상회담과 판문점선언은 70여 년 얼어붙었던 한반도의 적대적 분단과 대결 체제를 극복하고, 화해와 상생, 공동의 번영과 발전을 기약하는 평화의 길로 나아갈 수 있는 천우신조의 기회를 만들어냈다.

더구나 그 한 달 반 뒤 싱가포르에서 열린 6·12 미북 정상회담과

---

18 Johan Galtung, "Gewalt, Frieden und Friedensforschung", Dieter Senghaas(Hrsg.), *Kritische Friedensforschung* (Suhrkamp, 1981).

싱가포르선언은 6·25전쟁 이후 지금까지 정전 상태의 적대 관계를 유지했던 미국과 북한의 관계를 새로운 협력 관계로 전환시키며, 남·북한의 평화체제를 보장하겠다는 약속과 희망을 심어주기도 했다.

작년 말까지도 미국과 북한은 서로 핵단추를 자랑하며 선제공격과 보복 타격으로 전쟁도 불사하겠다는 으름장을 놓으며 말싸움을 계속해, 4월 위기설이니, 9월 위기설이니 하면서 한반도 전쟁 분위기를 조장해 왔다.

북한은 6차 핵실험과 화성 16호 발사의 성공으로 핵무기를 실은 대륙간 탄도탄(ICBM)을 미국 본토에까지 날려보낼 수 있다는 실력을 과시해 보였으므로, 미국은 이제 자국의 안보를 위해 '군사적 해법(military option)이냐, 평화적 협상(negotiation)이냐'는 선택의 기로에 놓이게 되었다.

미국은 북한의 핵시설 요지인 풍계리나 동창리 등 몇 곳을 선제공격을 통해 폭파하는 군사적 해법을 여러 가지로 검토했으나, 북한의 대응 전략이 만만치 않고, 한반도의 남·북한 주민을 수십만 내지 수백만 명을 희생시킬 수 있다는 위험 부담 때문에 트럼프 행정부는 군사적 해법은 협박용으로만 언급했을 뿐, 실제 적용은 할 수 없었다.

미국의 국가 이익을 최우선 정책으로 삼은 트럼프 대통령은 부시, 오바마 전 대통령이 유지해온 '전략적 인내'(strategic patience) 정책을 지속할 수 없었으며, 핵전쟁의 위기까지 초래한, 제재(sanction)만 강화하며 북핵 개발을 관망하는 이 정책을 포기하고, 비용이 덜 드는 해결책을 선택하는 결단을 내리게 되었다.

엄청난 비용과 희생이 따르는 군사적 해법을 저울질하면서도, 평화적 타협안을 선택한 트럼프 대통령의 실용주의적 결단은 한반도 평화와 세계 평화에 커다란 공헌이었으며, 그대로 실천된다면 노벨상을 몇 번 주어도 아깝지 않을 만큼 위대한 업적이었다고 평가할 수 있다.

문제는 과연 이 위대한 역사적 선언인 판문점선언과 싱가포르선언이 선언문 그대로 실현될 수 있을 것인가에 있다.

4·27판문점선언과 6·12싱가포르선언의 핵심적 내용은 놀랍게도 동일한 구조와 과제를 담고 있다.

첫째는 남북 관계와 북미 관계를 획기적으로 개선, 발전시켜 화해와 공존, 공영의 새로운 협력 관계를 만들자는 것,

둘째는 군사적 대결을 종식시키고, 긴장을 완화함으로 전쟁 위험을 없애고,

셋째는 종전선언과 평화협정을 맺음으로 단계적 군축과 비핵화를 실현하고 항구적인 평화체제를 수립하자는 것이다.

한마디로 하자면 적대관계의 해소와 개선을 통해 긴장을 완화하고 평화체제를 구축하자는 것이다. 비핵화는 평화체제를 만드는 프로세스에 포함시켰다.

싱가포르선언이 미군 전사자 유골송환이라는 제4항을 따로 두었지만, 제3항까지의 내용은 판문점선언을 그대로 옮겨놓은 것 같은 내용과 문장으로 되어있다. 양측 정상회담에 참여한 김정은 북한 국무위원장의 고집스런 의지와 주장이 그렇게 만들었다고 볼 수 있다.

사실 싱가포르선언에서는 미국의 주장과 원칙대로 '완전한 비핵화'(complete denuclearization) 정도가 아니라, '완전하며 검증가능하고 불가역적인 핵 폐기'(complete, verifiable, irreversible dismantlement)가 선언문에 표현될 것으로 기대되었다. 그런데 결과는 판문점선언과 똑같은 '완전한 비핵화'에 머물고 있다.

여기에 많은 추측과 비판이 오가고 있지만, 이 사실 하나를 놓고, 싱가포르 북미정상회담이 김정은의 일방적 승리였다느니, 트럼프의 완패 혹은 트럼프가 김정은의 술수에 속아 넘어갔다는 등의 비난으로 평가하는 것은 옳지 않다고 생각한다.

한반도에서 핵전쟁의 가능성을 없애고 평화체제를 실현시킬 수 있는 대전환의 토대와 틀을 만들었는데, 비핵화의 과정과 방법을 놓고 시비를 걸며 성패를 논하는 것은 마치 나무를 보고 숲을 보지 않으려는 편견과 독단이라고 할 수밖에 없다.

4 · 27 판문점 남북정상회담은 김대중, 노무현 대통령 시절의 두 번 정상회담을 잇는 세 번째 남북정상회담이었다. 2000년 6 · 15선언과 2007년 10 · 4선언에서도 한반도 평화를 향한 중대한 합의가 있었고, 1991년 남북고위급회담에서 채택한 「남 · 북의 불가침과 화해협력을 위한 합의서」에서도 적대관계를 극복하고 평화적 공존과 협력관계로 전환시킬 수 있는 길이 열려 있었다.

그러나 이때는 남 · 북 양측의 신뢰와 실천 의지가 부족했고, 정권이 바뀌면서 국회 비준이 안 된 합의서나 공동선언은 휴지장이 되고 말았다.

이번 판문점선언이 이제까지 고위급 회담이나 정상회담이 합의한 선언보다 한걸음 더 나아간 결정적 차이점과 비약적 발전은 제3항, 즉 정전협정을 평화협정으로 전환하여 항구적이며 공고한 평화체제를 구축하자는 데 있다.

남북 관계 개선이나 긴장 완화, 불가침선언, 교류 협력은 이미 이

전에 여러 번 반복해 언급했지만 평화협정을 통한 평화체제 수립까지 선언문에 담지는 못했다. 공고한 평화 상태를 만들자는 주장까지 하면서(91년 합의서) 미국의 동의를 얻지 못해, 북한이 주장한 평화협정을 맺자는 주장을 못했다.[19]

2000년 6·15선언은 평화체제 문제를 다루지 않고 남북연합, 연방제 등 통일 방법에 치중한 선언문이었으며, 2007년 10·4선언에는 "정전 상태를 종식시키고, 항구적인 평화체제를 구축하자는 데 인식을 같이 한다"고는 했지만 종전선언만 언급하고 평화협정을 거론하지 못했다. 미국의 눈치를 보았기 때문이다.

2018년 판문점선언이 중요한 도약을 이룬 것은 북한이 "완전한 비핵화"를 약속하면서 미국이 "평화협정을 통한 평화체제"를 허락하는 대가적 협상을 통해 이루어진 성과가 아닐까 생각된다.

필자는 80년대 중반부터 평화협정을 맺어야 평화체제의 구축이 시작되고 평화적 통일이 가능해진다고 주장해왔고, 평화협정 체결 후 안보와 신뢰가 확인되면 미군철수와 작전권 반환도 시행할 것을 한국기독교교회협의회(NCCK)의 「88년 통일과 평화 선언」에 반영시켰다.[20] 그 후 시민사회, 종교계의 평화 운동은 군축과 평화협정 서명을 전개했고, 촛불시위에서는 한 목소리로 "사드(THAAD) 반대, 평화협정 체결"을 외쳤다. 그러나 시민사회의 외침은 정부 정책에 반영되지 못했는데, 6·25전쟁 이후 정전협정 65년 만에 남북정상이 처음 공식적으로 평화협정을 함께 주장한 것은 일대 전환이었다. 평

---

19 「남·북의 화해와 불가침, 교류 협력을 위한 합의서」, 1991.

20 한국기독교교회협의회는 1988년 2월 29일 총회에서 「한반도의 통일과 평화를 위한 선언문」을 결의하고 발표했다.

화체제를 수립하기 위한 과제와 프로세스를 정상들이 밝힌 것도 역사적인 일이었다.

이제 문제는 정상회담이 합의했다는 평화체제의 개념과 정의가 무엇이며 이를 어떤 과정을 통해 어떻게 실현시킬 것인가를 밝히는 데 있다. 선언문의 영문 번역이 peace regime, 혹은 peace structure로 번역되고 있는데, 필자의 견해는 평화체제의 원 뜻에 따라 peace system으로 하는 것이 맞다고 본다.[21]

평화체제는 단순히 전쟁이 없는 평화 상태나 지배구조가 아니라, 전쟁이 일어날 수 있는 조건과 원인을 아예 없애고, 증오와 갈등, 차별과 억압 같은 구조적 폭력을 제거함으로써 화해와 상생을 가능케 하는 사회 구조와 평화의 문화가 정착되는 어려운 과정을 통해 구축될 수 있는 체제이기 때문이다.

2. 왜 평화체제인가?

평화체제란 말은 아직 평화학이나 평화 연구자들 사이에도 학술적으로나 이론적으로 개념이 명확히 규정된 용어는 아니다. 평화가 확실하게 보장되며 완전하게 실현될 수 있는 체제라는 뜻이지만, 어떤 조건이 얼마만큼 충족되어야 평화체제 인가라는 데는 일치된 견해나 판단기준이 없다.

그러나 필자는 80년대 중반부터 강연이나 글을 통해 이 말을 운동 개념으로 썼으며, 무엇보다 한반도의 적대적 분단체제를 극복하기

---

[21] 판문점선언의 평화체제가 한국, 미국에서는 peace regime으로, 북한에서는 peace structure로 번역되고 있음이 확인되었다.

위한 대안적 운동 목표로 평화체제를 내세웠다.[22] 80년대 5공화국의 통일 방안인 '민족화합 민주 통일 방안'이나 6공화국의 '한민족 공동체 통일 방안'에서 주장하는 평화 정책은 평화 정착이었다. 학자들의 논의도 평화정착론에 집중했다. 정부에서 평화 정착 대신에 평화체제라는 용어를 처음 쓴 것은 92년 말 유엔 가입 후 노태우 대통령의 유엔 총회 연설에서 처음 언급한 것으로 기억된다. 어떤 개념과 경로로 용어를 바꾸었는지는 알 수 없다.

필자는 그 당시 근본적인 구조개혁이 없는 평화정착론을 비판하며 진정한 평화 실현을 위해서는 평화체제가 수립되어야 한다고 이론을 폈다. 「씨알의 소리」 1990년에 실린 "한반도의 평화체제와 군축의 방향"[23]이라는 글에서 평화 정착과 평화체제의 차이를 이렇게 설명했다.

정부가 내놓은 평화정착안은 진정코 평화를 실현하는 방안이라고 할 수 없다. 평화를 실현하는 방안은 한반도에서 평화체제를 구축하는 길이다.

평화의 체제란 것은 전쟁과 폭력의 원인이 되는 공격성과 증오심, 무력의 대결을 없애야 할 뿐 아니라, 갈등과 대립을 해소하고, 평등하고 조화로운 관계를 수립해야 이뤄지는 것이다.

남·북이 불가침조약을 맺고 상호 인정하며 유엔에 동시 가입을 하는 것은 현상을 안정화(stabilize)시키는 데는 도움이 된다. 이산가족이 오가고, 경제협력과 학술교류가 이뤄진다면 한반도에서는 평화정착이 이뤄졌다고 할 수

---

22 이삼열의 평화군축협의회(1990.6.15. 아카데미 하우스) 주제발표문, "평화체제와 군축의 방향."
23 이 글은 같은 해 국토통일원 발간 「통일 연구」지에 기고해 재수록 되었다.

있을지 모른다. 그러나 이것이 진정한 평화는 아니며, 평화의 체제에서는 더욱이 멀다. 남한에서는 계속 미군이 주둔하고 핵무기가 배치되어 있고, 한미합동 군사훈련이 북한을 적으로 놓고 대대적으로 행해지며, 북한에선 조소합동작전과 대남작전이 입체적으로 진행되는 현실은 반평화적 분단과 대립의 지속이며, 평화의 실현이 아닌 위장 평화의 정착일 뿐이다. 무력대결의 폐기와 군비의 감축이 없는 평화정착은 전쟁상태나 냉전의 지속일 뿐이기 때문이다.[24]

독일의 평화학자 디터 젱하스(Dieter Senghaas)는 전쟁 준비와 핵무기 경쟁을 계속하고 있는 유럽의 동서 냉전체제를 70년대 당시에 위협체제(Drohsystem)라고 불렀고,[25] 평화체제라는 용어는 쓰지 않았지만, 필자는 이 개념을 한반도에 적용하여 위협 체제의 대안으로 평화체제(Friedenssystem)라는 용어를 써보았다.

1991년 고위급 회담을 통해 성사된 「남·북의 화해와 불가침 교류 협력 합의서」는 어느 정도 평화 정착을 이루는 데는 기여했다. 상호 인정과 교류 협력이 제한적으로나마 시행되었고, 비핵화 선언과 남·북한이 UN에 동시 가입해서 전쟁 위험이 줄어들었으므로 평화 정착의 길은 열었다고 볼 수 있다.

그러나 전쟁 상태를 종식시키는 군축이나 평화체제를 합의하지 못하고 적대적 군사훈련과 무기 경쟁을 지속시키는 정전체제로는 평화가 실현될 수 없었으며, 전쟁 위협과 공포, 안보의 불안과 긴장의 격화 속에서 살아야 했다.

---

[24] 「씨알의 소리」, 1990년 5월호, 36-37.

[25] Dieter Senghaas, *Abschreckung und Frieden* (Europäische Verlagsanstalt, 1969).

92년 유엔 동시 가입 후에도 남한은 중국, 소련과 국교를 맺었으나, 북한은 미국, 일본과의 국교 승인을 거부당했고, 소련 공산권의 붕괴와 해체로 경제 원조와 시장을 잃은 북한이 극도의 경제적 고통을 당하게 되자, 체제의 몰락을 막기 위해 북한은 고난의 행군을 무릅쓰며, 핵개발에 나서게 되었다. 평화체제의 보장이 없었기 때문이다.

93년에 북한은 핵확산 금지조약(NPT)에서 탈퇴하며, 경제적으로나 군사적으로, 국제적으로도 남한과 도저히 경쟁할 수 없다고 판단한 북한은 핵무기를 갖는 것만이 유일한 체제 보장의 길이라고 믿고 전력투구하게 된다.

핵시설을 폭격하는 외과적 수술론과 '서울불바다론'으로 다시 전쟁 위기에 치닫게 되자, 94년에 지미 카터 전 대통령이 급히 방북해서 김영삼, 김일성 양 정상의 회담을 주선하지만, 김일성 주석의 급작스런 사망으로 무산되고, 후계자 김정일 국방위원장은 선군정치를 실시하며 핵무기와 미사일 실험을 강화하게 된다.

평화체제의 보장 없이 북한은 남한의 흡수통일이 두려워 핵무기와 더 멀리 가는 미사일 개발에 매달리고, 남한은 북한의 남침과 공산화 통일을 막으려 한미 군사훈련과 전략 무력의 강화에 박차를 가하게 된다.

북한의 핵개발을 저지하려는 94년의 제네바 회담이 경수로 제공을 조건으로 합의(agreed framework)를 만들어내지만, 작업은 부진했고 부시 정권의 압박(악의 축)으로 북한이 2002년에 고농축 우라늄(HEU)을 재개하자 실패하고 말았다. 다시금 6자회담을 통해 2005년 9·19성명으로 포괄적, 단계적 해결이 되는 듯했는데, 마카오은행

(Banko delta Asien)에서 북한이 달러를 불법 유출했다는 이유로 미국이 대북 금융제재를 실시함으로 파기되고 말았으며, 드디어 북한은 2006년 10월에 첫 핵폭탄 실험을 강행하게 된다.

핵개발과 장거리 로켓발사를 막기 위해 미국 부시 정부와 북한의 협상은 계속되었고, 한때(2008년 6월) 북한이 5Mw 원자로 냉각탑을 폭파하는 등 비핵화의 시늉을 보였으나, 합의는 깨어지고 약속은 파기되어 경제 제재를 수 없이 당하게 되었다. 그러면서도 북한은 핵무기와 대륙간탄도미사일(ICBM)을 만들어내고 말았다.

북한으로서는 평화협정 제안이 거부당하고, 평화체제의 보장이 없는 상태에서, 2001년 부시 대통령이 북한을 악의 축(axis of evil)으로 몰아치고, 북한 붕괴론과 참수작전 등 군사적 대결이 강화되는 상황에서 핵무기를 완성해 갖지 못하면 파멸의 길밖에 없다고 생각한 것 같다.

정전상태를 계속하며 군비경쟁을 강화하는 반 평화적 대결과 적대적 분단체제 속에서는 결코 안정된 평화가 올 수 없으며, 평화협정으로 전쟁을 종식시키고, 적대 관계를 공존과 협력 관계로 전환해 증오와 갈등이 없는 평화체제를 구축해야만 참 평화가 올 수 있고 통일의 길도 열릴 수 있다는 것이 분명해졌다.

3. 동·서독의 화해와 유럽의 평화체제

우리와 같은 시기에 분단되어 동서 냉전과 분단체제의 모순과 고통을 안고 살았던 동·서독은 일찌감치 70년대에 화해와 평화체제를 실현했고, 교류와 협력을 강화해 오다 89년에 베를린 장벽을 허물며,

1990년에 통일을 성취했다.

역사적 조건과 국제정치적 환경은 서로 다르지만, 강대국에 의해 분단된 뒤 우리처럼 전쟁을 하지 않았고, 평화적 분단을 유지해오다 동서 냉전과 대결 체제를 무너뜨리고 민족 통일을 성취한 독일을 우리는 몹시 부러워했다.

이제 남·북한이 적대적 분단을 극복하고, 화해와 평화체제를 이룩하려는 마당에서는 더욱이 동·서독의 경험과 과정에서 여러 가지 지혜와 교훈을 배울 필요가 있다.

빌리 브란트(Willy Brandt) 서독 사민당 수상이 1969년 10월에 집권하면서 시행된 동방정책(Ostpolitik)은 우선 이제까지 적대 관계였던 동독(DDR)과 그 정권을 인정하고 화해와 공존의 정책을 펴는 일이었다.

집권 5개월 후인 1970년 3월 19일에, 이제까지 적대국이었던 동독의 수상 빌리 스토프(Willi Stoph)를 국경을 넘어 동독 땅 에르푸르트에서 만났고, 화해와 교류 협력의 제안을 했다. 그 후 두 달 뒤 5월 21일엔 동독 수상 스토프가 서독 땅 카셀로 찾아와 브란트를 만났고, 브란트는 여기서 양독 관계 개선을 위한 20개 항을 제안하고 협상을 시작했다.[26]

그러나 적대 관계를 해소하고 평화적 공존관계를 수립하는 데는 많은 어려움과 장애를 넘어서야 했다. 법률적, 정치·외교적 제도부터 바꿔야 하는데 우선은 전 수상 아데나워(Adenauer) 정권 시절 채

---

[26] Guido Knopp & Ekkehard Kuhn, *Die Deutsche Einheit* (Straube, 1991), 195-202

택했던 외교 원칙인 할슈타인 원칙을 폐기하는 조치를 취하는 것이었다. 즉 적대국 동독과 국교를 맺고 있는 나라들과는 외교관계를 맺지 않는다는 할슈타인 원칙을 폐기해 소련 공산권의 나라들과도 국교관계를 수립하는 일이었다.

다음은 2차 대전 후 미국, 영국, 프랑스, 소련 등 4대 강국의 점령국이 된 독일이 서독과 동독으로 분단되었는데, 점령국들과의 평화협정을 맺는 일과 함께, 동·서독이 '한 민족 두 국가'(Eine Nation, Zwei Staaten)라는 원칙으로 서로 인정하고 국호와 영토 주권을 승인해주는 기본조약을 체결하는 일이었다.

서독은 아데나워 정권 시절 미국, 영국, 프랑스 등 서방 국가들과는 이미 화해 협력의 관계를 수립했기 때문에 문제가 없지만, 동독의 점령권을 가진 소련, 그리고 동독과 국경이 맞닿은 폴란드와 화해 협력 내지는 평화협정을 맺는 일은 보통 어려운 일이 아니었다.

바르(Egon Bahr) 수상보좌관, 쉘(Scheel) 외무장관 등이 쉴 새 없이 모스크바와 워싱턴을 왕래하며 그로미코 외상이나 키신저 보좌관과 배후에서 협상하고, 브란트 수상은 70년 10월 7일 폴란드 수상을 찾아가 바르샤바 유대인 학살 기념비 앞에서 무릎을 꿇고 사죄하는 모습을 보이며 화해를 이루었다.

그런데 동·서독의 관계는 전쟁을 했거나 정전협정을 맺은 상태가 아니었기 때문에 평화협정을 맺을 필요는 없었고, 평등한 이웃 나라로서 서로 인정하고 존중하며 협력하는 기본 관계의 조약을 체결하는 일이 필요했다.

여기서의 어려움은 독일이라는 한민족으로서 언젠가는 한 나라로 통일되어야 한다는 비전과 현실적인 두 개의 국가를 어떻게 조화시키느냐의 문제와 현재의 영토와 분단선을 국경으로 인정할 경우 2차 대전 전의 독일 영토를 폴란드와 소련에 영구히 양보해야 하는 난제였다.

72년 12월에 체결된 「양 독일의 기본 관계 조약」(Vertrag über die Grundlagen der Beziehungen zwischen BRD und DDR)은 "평등한 권리를 갖는 좋은 이웃 관계의 두 국가라는 것과 언어와 역사를 공유하는 같은 민족의 부분(Teil)들이다"고 1조에 규정했다. "두 나라의 정치는 유럽의 평화를 지향하며 독일 민족이 자유로운 자기 결정에 의해 통일을 다시 회복하도록 노력 한다"고 영구분단이 아님을 명시했다. 73년 12월 18일 독일연방공화국(BRD)과 독일민주공화국(DDR) 두 나라는 유엔에 동시 가입하여, 두 개의 주권 국가가 된다.

독일 안에 두 개의 국가가 있음을 인정하면서 민족의 하나됨(통일)을 강조하기 위해, 우리나라의 통일원에 해당되는 '전체 독일 문제성'(Ministerium für gesamtdeutsche Fragen)의 명칭을 '내부 독일 관계성'(Ministerium für innerdeutsche Beziehungen)으로 고치기도 했다. 베를린과 본 양측 수도에 파송된 대사들은 대사(Botschafter)라는 명칭 대신 상주대표(Ständige Vertreter)로 부르기로 했다.

그러나 두 개의 국가라는 영구분단에 대한 야당(기민당/기사성)의 반발은 만만치 않았다. 구 영토의 포기도 민족의 이익에 반한다며 동의하지 않아서 결국 73년 5월 11일 국회의 비준 동의 투표에서 야당은 반대표를 던졌고, 여당인 사민당에서도 몇 사람 탈당까지 하며 반대했다.[27]

---

[27] Guido Knopp, 위의 책, 202.

다수 여당의 동의로 기본조약은 통과되었지만, 야당은 헌법의 통일 조항에 위배된다면서 헌법재판소에 위헌 소송을 제기했다. 재판소는 통일 조항과 위배되지 않는다고 판결했지만, 정치적 논란은 계속되었다.

동독의 국경을 폴란드와 접경한 오데르 나이세(Oder Neisse) 강변으로 인정한 것도 독일교회와 시민사회의 강한 지지로 야당이 더 이상 문제 삼을 수 없었지만, 고향을 잃고 쫓겨 온 독일인들에겐 간단한 문제가 아니었다.

2차 대전이 끝나면서 독일은 옛 프로이센 왕국이 차지했던 엄청난 영토를 러시아와 폴란드에 넘겨주어야 했다. 그곳에서 살던 수백만의 독일인들이 쫓겨나, 동·서독으로 이주해 살고 있었지만, 이들은 언제라도 자기들이 태어난 고향땅으로 가고 싶어 했다. 그러나 빌리 브란트의 동방 공산국가들과의 화해 정책은 동독과 폴란드의 국경을 오데르 나이세 강으로 인정해 줌으로써 옛 독일 영토의 4분의 1에 해당하는 넓은 땅을 소련과 폴란드에게 넘겨주는 원통한 일이었다. 보수적 민족주의자들이 여기에 불만을 품고 반발하는 것은 이해할만 했다.

이러한 반발과 민족주의 감정을 무마하면서 동방과의 화해 정책을 밀어준 것이 독일교회였고, 여기에 큰 역할을 한 문서가 1965년 독일개신교회연합회(EKD)가 선포한 「추방민(이주민)의 상황과 독일 민족의 동방 이웃과의 관계」(Die Lage der Vertriebenen und das Verhältnis der deutschen Volkes zu seinen östlichen Nachbarn)라는 동방각서(Ostdenkschrift)를 통해 두 번이나 전쟁으로 피해를 입힌 독일이 동방과의 화해를 위해서는 옛 영토를 포기해야 한다는 주장이

었다.[28]

　이처럼 동·서독의 화해와 평화체제 구축은 4대 강국을 포함해 동서 유럽의 이웃나라들과의 화해와 평화적 관계를 만드는 작업을 병행함으로써 이루어졌다. 동독과의 화해와 관계 정상화는 소련과 폴란드 등 동쪽 공산국가들과의 화해와 정상화를 하지 않고서는 불가능했다.

　결국 동·서독의 화해와 평화공존의 체제를 만드는 작업은 동서 유럽의 평화체제를 만드는 데 결정적인 공헌을 하게 되며, 이렇게 형성된 유럽의 평화체제가 동·서독의 통일을 가능케 하는 조건과 동력을 제공하게 된다.

　동·서독의 유엔 가입과 관계 정상화를 통해 동서 유럽의 국가들이 자유민주주의와 사회주의, 공산주의의 벽을 넘어서 만나고 대화할 수 있는 가능성이 열리게 되었다. 핀란드 정부가 소집한 동서 유럽 33개 국의 "유럽안보협력회의"(Conference of Security and Coopera- tion in Europe)가 결성되어 회의를 거듭한 끝에 75년 공동 선언문을 만들어낸다.

　헬싱키 프로세스로 알려진 유럽안보협력회의(CSCE)는 영토 불가침과 갈등의 평화적 해결을 공동 선언문에 담으며, 정치, 경제, 군사적 차원의 협력뿐 아니라 인도적 문제들까지 협의하는 포럼으로 발전시킨다. 결국 유럽의 평화체제를 형성하는 원동력이 되고, 냉전체제가 해체되면서 유럽의 통합에까지 큰 영향을 미치게 된다.

---

28 이삼열, "독일교회와 통일문제", 한국기독교사회문제연구원 편, 『분단현실과 통일운동』(민중사, 1984).

4. 평화협정과 남북기본조약이 필수 조건

이제 남·북이 관계를 개선하고 평화체제를 이루려 한다면 준전쟁 상태를 종결하기 위해 평화협정을 체결하는 것이 우선적이며 필수적인 과제가 된다.

평화협정은 당연히 정전협정의 당사국인 남과 북, 그리고 미국과 중국, 4자가 협의해 체결해야 하고, 핵무기를 포함한 남·북 양측과 관련국들의 공격성 무력을 폐기하거나 감축하는 문제까지 해결해야 하는 힘든 일이다.

주한 미군의 주둔 문제와 안보 위협이 걸림돌이 되어, 지난 세월 오랫동안 평화협정이 타부(금기)시되었지만, 판문점선언을 통해 종전선언과 평화협정이 실행 과제로 합의되었기 때문에 미국이 조건으로 내세운 비핵화 문제만 타결되면 곧 추진될 수 있을 것으로 보인다.

그러나 북한의 비핵화가 일괄타결이냐, 단계적 해결이냐, 대가로 요구하는 체제 보장과 안전이 어떤 수준에서 타협이 이루어지느냐는 문제에 따라 어려운 고비와 난관이 있을 수 있기 때문에 평화협정이 단 순간에 쉽게 처리되기는 힘들 것 같다. 살라미 전술과 일대일 이행 방식이 논의되는 이유다.

북한이 주한 미군의 주둔을 어느 정도 허용한다 하더라도, 북의 안보를 위협하는 전략 무기의 배치나 반입을 막으려 할 것이기 때문에, 또한 미국의 대 중국, 소련과의 군사적 대치 상태가 있기 때문에 타협은 쉽지 않을 것 같다.

이 점에서 본다면 한반도의 평화체제는 단순히 남·북한만의 문제가 아니며, 미국과 중국, 소련과 일본까지 포함하는 동북아시아의 평화체제를 함께 해결해야 하는 문제이다. 한·미·일 동맹과 북·중, 북·러 동맹의 대결 체제를 해소해야 하는 문제가 있기 때문이다. 동·서독의 평화체제가 유럽의 평화체제를 만들어가는 과정과 병행해서 구축되었다는 사실과 경험을 주목할 필요가 있다.

이렇게 평화협정이 맺어진다 하더라도 아직 평화체제가 실현된 것은 아니다. 평화협정으로 미국과 북한의 화해와 관계 정상화가 이루어질 수 있지만, 일본과 북한의 국교 정상화도 이루어져야 하고, 무엇보다 남·북한 사이의 적대적 대결이 청산되고 화해와 정상적인 국교 관계가 정치적으로, 법률적으로 제도화해야만 확고한 평화체제가 성립되기 때문이다.

동·서독이 72년에 체결한 기본조약처럼 남·북 양측이 상대방을 좋은 이웃나라로 인정하고, 정상적인 교류 협력을 상시화, 제도화하기 위한 '남북관계기본조약'을 만들어야 한다. 지금까지 있어온 선언들과 합의서는 법률적 효력이 없기 때문에 남·북 양측의 입법 기관이 비준하는 조약 수준의 협정이 타결되어야 지속가능한 평화체제가 보장될 수 있다.

그런데 여기에는 휴전선 이북의 대한민국 영토를 조선민주주의인민공화국이 강점한 것이 아니라, 합법적으로 소유하고 관리하고 있다는 것을 인정해야 하는 어려운 문제가 있다. 우리 헌법의 규정과 현실 사이의 모순을 시정하기 위해 헌법과 국가보안법 등 법률체계를 개편해야 하는데, 북조선 측에서도 같은 모순이 시정되어야 하는 것은 마찬가지일 것이다.

이러한 과정을 거치는 데 우리는 상당한 진통과 남남갈등을 겪게 될 수 있다. 인민공화국 소리만 해도 기겁하는 국민들이 많이 있고, 북한을 인정치 않으려는 반공 사상, 반북 의식이 심각할 정도로 팽배해 있는 게 현실이기 때문이다.

동·서독과는 달리 남·북한은 6·25전쟁을 치렀고, 수백만의 인명을 살상했으며, 이데올로기 싸움이 격렬했기 때문에 원한과 증오심을 가진 사람들이 너무나 많아서, '과거를 묻지 말고 같은 민족끼리 용서하고 화합해야 한다'는 말은 좋으나 당한 사람들은 쉽게 받아들이려 하지 않는다.

특히 종교를 아편으로 매도하고 신앙의 자유를 억압하며, 기독교인들을 탄압하고 숙청한, 분단 초기 북한에서의 체험이 수백만 월남 피난 종교인들에게 거부 반응을 일으키고 있다. 북한의 체제와 사상을 동족의 것으로 인정해주고, '조선민주주의인민공화국'이라는 나라를 형제의 나라로 포용하는 데는 적지 않은 노력과 시간이 필요할 것이다.

분단 초기에 단독정부 수립을 반대하며, 신탁 통치라도 받아들여 분단을 막고 통일을 견지하려는 세력과 운동이 있었고, 남북 협상의 시도도 있었지만, 단독정부를 반대하고 영구분단을 막으려던 지도자 김구, 여운형, 북한의 조만식 등은 테러와 암살을 당하고 말았다.

자유민주주의냐 인민민주주의냐, 사회주의냐의 이념적 대립뿐만 아니라, 단독정부냐 남북 협상이냐의 갈등 때문에 민족 내부의 분열과 투쟁은 심각한 경지에 이르렀고, 잔인한 학살과 만행이 일어난 제주 4·3사태, 여수 순천 사태, 신의주 학생 사태 등이 발생하게 되었다. 6·25전쟁을 전후한 빨치산 공비나 보도연맹 사건 등에서도 죄 없이 억울하게 살해된 희생자들이 너무나 많이 양산되었다.

유족들의 한이나 상처를 치유하기는 쉽지 않다. 더구나 가해자와 피해자들이 오랫동안 질시와 혐오 속에 살았기 때문에 화해나 대화마저도 어렵다. 그러나 분단 70여 년 동안 쌓인 온갖 비리와 상처들을 극복하고, 남·북이 화해하고 평화공존하려면 남한 내부의 좌우 대립과 보수, 진보의 갈등을 해소하기 위한 운동과 노력이 시민사회와 종교계 등에서 일어나야 한다고 생각한다.

이를 위해서도 정치권에서는 하루속히 평화협정과 남북기본조약을 체결하여 평화체제를 실현할 수 있는 토대와 법적 제도를 만들어내야 한다.

5. 평화가 우선이다

1945년 2차 대전 직후, 동서 냉전체제로 인해 분단되었던 나라가 베트남, 독일, 한국 세 나라였다. 그런데 베트남은 전쟁을 통해 통일을 성취했고, 독일은 평화적인 분단체제를 유지하다가 통일을 이루었고, 한국은 전쟁을 치렀으나 통일도 평화도 성취하지 못했다.

이제 전쟁을 통한 통일은 가능하지도 않고 바람직하지도 않다. 최첨단 무기와 핵무기까지 무장한 남·북한이 전쟁을 시도하는 경우, 며칠 안에 남·북한 가릴 것 없이 파멸하고 말 것은 명약관화하기 때문이다. 북한이 붕괴하게 되면, 흡수통일하겠다고 기대하는 사람들이 없지 않지만, 설사 북한 정권이 무너진다 하더라도 남한이 쉽게 자본주의 체제로 흡수통일할 수 있다는 생각은 주관적 희망일 뿐, 환상에 불과하다.

이제 히로시마 원폭의 수십 배에 달하는 핵무기를 개발하고, 1만

킬로 이상을 날아갈 수 있는 대륙간탄도탄(ICBM)을 실험해 보인 북한의 엄청난 위협에 대처하는 길은 선제공격이나 사드(THAAD) 배치에 있지 않고, 스스로 무기를 감축하고 핵무기를 폐기할 수 있도록 한반도의 평화체제를 수립하는 길밖에 없다고 생각한다.

작년 말까지 분노와 파멸의 설전이 오갔는데, 평창올림픽을 계기로 남북정상회담, 북미정상회담이 열리게 되고, 평화체제를 향한 길이 열리게 된 것은 천만다행의 행운이며 하늘이 도운 축복이었다.

이 천우신조의 기회를 놓치지 않고, 한반도와 동북아에서 평화체제를 실현하려면 모든 것에 앞서서 평화를 우선에 두는 정책과 노력이 정부나 정치권에서 뿐 아니라 학계, 종교계, 문화 예술계와 특히 언론계 등 시민사회 각계에서 일어나야 하겠다.

북한에 대한 왜곡된 보도나 편파적이고 일방적인 해설도 시정되어야 하겠고, 잘못된 반공교육과 적대적 반북교육에 물든 젊은 세대의 편견과 무관심을 바르게 깨우치는 교육과 운동도 필요할 것 같다. 마찬가지로 북한의 대남 적대 교육과 보도가 시정되어야 하는 것은 물론이다.

적대적 분단체제가 지속된 오랜 세월 동안, 남·북 양측에 쌓인 오해와 편견, 강요된 증오심과 적개심, 조작된 정보와 비난들을 다 열거하며 시정하기는 불가능하다. 이런 문제는 우리보다 훨씬 자유롭고 합리적이었던 독일, 편지도 방문도 가능했던 동·서독에도 심각한 정도로 있었다.[29] 남·북한 교류와 방문을 서두르기 전에 북한 바로 알기 운동도 일어나야 할 것이다.

---

[29] 이삼열, "분단시대 동·서독인의 삶 이야기 ─동서포럼 전기대화─", FES Information Series 2013-06, Friedrich Ebert Stiftung.

평화체제의 실현 없이는 통일이 불가능하며, 바람직하지도 않기 때문에 이제는 무리한 통일 논의보다는 평화를 우선에 두는 정책이 남·북 양측에 실시되어야 하겠다.

제3부

동·서독의 평화체제와 통일의 교훈

1장
통일 이전의 화해와 이질화의 극복

I. 동·서독 교류와 민족 동질성 회복[1]

1. 관계 개선 15년의 변화

우리 남·북한의 분단 극복과 평화통일을 위해서 동·서독의 모델은 어떤 의미와 교훈을 주는 것인가는 물음이 서독의 동방정책(Ostpolitik)이 실시된 이래로 늘상 제기되었지만 분명하고 일치된 해답을 얻기는 아직 어려운 것 같다. 그것은 동방정책이 실시된 지(1969년) 이미 18년이나 되고, 동·서독의 관계 개선을 위한 기본 조약이 체결된 지(1972년) 15년이나 되었지만 과연 동·서독의 모델이라는 것이 무엇이냐 하는 것은 당사국 사람들에게도 분명히 드러나지 않고 있고, 더구나 그것이 분단 한국에 주는 의미에 대한 평가에

---

[1] 이 글은 1986년 12월 조선일보사 통일문제연구소에서 주최한 심포지엄에서 필자가 발표한 논문임.

서는 긍정적이며 부정적인 시각이 동시에 공존하고 있기 때문이다.

무엇보다 동·서독 모델이 평화 공존이며 분단 극복임에는 틀림없지만, 이것이 독일의 통일과 영구적 평화를 위해 어떤 기능을 하고 있느냐는 데 대해서는 해석과 평가가 간단치 않으며 매우 상반되는 논의들이 있는 것을 알 수 있다. 이 점에서 동·서독의 관계 개선 모델을 여러 가지 측면에서 입체적으로 고찰해보는 것이 객관적인 평가를 위해 중요하다고 여겨지며, 이 글에서는 주로 동·서독 간의 분단과 장벽을 극복함으로써 민족의 단일성(單一性, Einheit)과 동질성(同質性)을 회복하는 데 얼마만큼 기여했는가를 살펴보고자 한다. 목표나 구호로는 단일성이나 동질성이라고 하지만, 사실은 여기에 이르기는 아직 거리가 멀며, 양면성(兩面性)과 이질성(異質性)을 조금씩 극복해가는 정도라고 해야 하지 않을까 생각된다. 자료의 부족과, 더욱이 공산권 내의 사정에 대한 평가의 어려움으로 포괄적이며 체계적인 서술이 되지 못하겠으나, 잡지기사나 여행 보고 등을 통한 단편적인 묘사들이라도 감을 잡는 데는 도움이 되리라 싶어 정리해본다.

하나의 독일 민족(eine Nation)이면서 두 개의 국가(zwei Staaten)에 나뉘어 산다고 하는 동·서독 관계의 공식이 양편에 항상 같은 의미로 해석되지는 않는 것 같다. 서독 측은 하나의 민족이면서 현재는 유럽과 세계가 분열되어 있는 상황에서 불가피하게 두 개의 국가로 나뉘어 있으나 언젠가는 하나의 국가로 재통일(再統一, Wieder-vereinigung)되어야 한다는 입장이고, 동독 측은 하나의 민족이라는 것이 같은 혈통과 문화, 생활 양식의 공동체라 하더라도 반드시 하나의 국가로 있을 필요는 없으며, 현실적으로 두 개의 이질적인 이

넘과 체제, 그리고 세력권(Machtblocke)에 지배되어 있어, 통일은 현실적으로 불가능하므로, 두 개의 주권국가임을 명백히 하자는 것이 그 정책기조인 것 같다.

이 점에서 동·서독이 1972년에 기본 조약을 맺고 관계 개선을 이룩해왔지만 서독 측은 동독(DDR)을 하나의 국가로 인정하면서도 외국은 아니라는 입장을 강조하며 양쪽의 관계를 항상 내독관계(內獨關係, innerdeutsche Beziehung)라고 표시하고, 동독 측에서는 가급적 서독을 외국처럼 보고 확실한 국경선과 주권을 인정받으려는 의도에서 양쪽의 관계를 양독 관계(兩獨關係, zweideutsche Staatliche Beziehung)라고 애써 표현하려고 한다. 그것이 내독 관계든 양독 관계든 이들이 독일의 분단 문제를 해결하는 독일 정책은 평화공존과 인권 신장, 교류 증대, 그리고 갈라진 민족 사이의 유대와 협력의 공고화를 목표로 하고 있다는 데는 별 차이가 없다.

서독의 내독관계상 빈델렌(Heinrich Winedelen)이 서독의 독일 정책의 기본 목표와 과제를 설명한 것을 보면(1986년 8월), 독일 정책의 기본 목표는 "독일문제인 분단 상태를 인간에게 견딜 만하게 하고(erträglicher), 평화가 위협되지 않게 하고, 모든 독일 사람들의 자결권을 유럽의 분단을 극복하는 선 안에서 평화롭게 실현해가는 것이며, 여기서 분단의 문제를 가볍게 완화시키는 과제들이 주어진다"고 하였다. 그러면서 그는 독일 정책의 기본 과제를 첫째로 독일의 자유로운 부분을 자유민주적 질서 안에서 안정과 안보 속에 보존하며 경제적 복지와 사회 정의를 강화하여 자유세계와의 유대를 공고히 하는 정책, 둘째로 분단문제를 해결키 위한 전제들을 만들어나가는 일로서 민족의 단합(Zusammerhalt der Nation)을 유지해가는 일,

즉 분단과 장벽을 넘어서도 한 민족의 동질성을 보전하기 위해 공통의 언어·역사·문화를 지키며 유지해 가는 일, 셋째로 두 개의 독일국가가 좋은 이웃의 관계를 유지하기 위해 되도록 많은 분야에서 상호 유용한 협력과 인간적 편의를 도모하는 것에 있다고 설명했다.

여기서 동·서독 관계 개선의 근간은 분단을 그대로 유지하면서 분단이 가져온 위협인 전쟁을 막고 상호 평화 공존케 하면서, 인간적인 고통을 가급적 줄이고, 민족의 단합과 동질성을 유지해 가며 선린관계를 유지해가자는 것으로 요약할 수 있다. 브란트(Billy Brandt) 서독 수상이 1969년 동방정책을 실시하며 밝힌 바와 같이, "이 정책의 핵심은 민족의 단일성(Einheit der Nation)을 위해 독일의 나누어진 부분들을 현재의 경직된 대결관계에서 풀어내고 더 이상의 민족의 결렬(Auseinanderleben)을 방지하며, 함께 공존(Nebeneinander)하면서 협력관계(Miteinander)로 나아가는 데 있다. 두 개의 독일국가는 서로를 위해 있으며(für einander) 결코 외국이 아니다."

이런 정책과 목표에서 이루어진 동·서독 관계의 개선과 긴장 완화, 그리고 가족과 친지 방문을 포함한 여행과 교류의 증대 면에서 본다면 그 변화와 실적은 대단한 것이며, 같은 분단국인 한국인들에겐 놀랍고 부러울 정도로 관계가 개선되었다고 말할 수 있다.

무엇보다 중요한 변화는 국민들의 상호방문과 여행이 자유화된 것이다. 아직 완전 자유화라고 할 수 없지만, 서독인들의 동독 여행이나 친지 방문은 거의 완전히 자유로워졌다고 해도 과언이 아니며 (의무적으로 동독의 화폐를 교환해야 하는 액수가 문제지만), 동독인들의 서독 방문은 우선 은퇴자(Rentner)에게만 허용되며, 그 밖에는 가사 문제가 있을 때 특별 허가를 받아 방문할 수 있고 가족관계가 없는 동독의 청소년들이 집단적으로 교류를 위해 서독에 방문하는 케이스도 있다. 방문자는 매년 증가해 은퇴자의 서독 방문이 1982년에 155만 명이었으며, 1985년엔 161만 명이더니 호네커(Erich Honecker)가 방문하는 1987년에는 대폭 늘어 벌써 300만 명을 넘어서고 있다.

청소년들의 상호 방문을 위한 협정을 양쪽이 1982년에 맺었는데, 서독에서 동독에 간 청소년들은 첫해에 11,000명에 달했고(1982년에서 85년까지 68,000명), 동독의 청소년들의 서독 방문은 1985년에 1,000명에 이르고 있다. 은퇴자가 아닌 동독인의 서독 방문수자도 가사 관계를 포함해 1982년에 45,000명, 83년에 64,000명, 86년에는 10만을 훨씬 넘어섰다. 보다 자유로운 서독인들의 동독 방문은 매년 200만을 넘어 85년에는 260만을 기록했는데, 국경선 근처에서 잠시 건너갔다 오는 일일 방문자들 30여 만을 합치면 300만 명의 서독인이 동독 땅을 다녀오게 되어서 매년 동·서독인의 교류방문 규모는 현재 600만 내지 700만에 이른다고 볼 수 있다.

이들 방문 교류를 밑받침하는 동·서독 간의 교통 및 도로시설의 개선, 우편·전화·통신시설의 확대와 현대화, 그리고 여기에 따르는 상품과 물질의 교환 등이 갈라진 분단선을 넘어 독일인들을 결속시키고 단합시키며 민족의 동질성을 회복케 하는 데 크게 기여하고 있다는 것은 더 말할 나위가 없다. 우선 방문해보고 만나보게 되면 사람은 피가 다르고 낯선 사람들끼리도 친숙해지고 동류의식을 느끼게 되는데, 하물며 같은 동족이요 같은 문화, 역사를 가진 독일인들끼리, 친척과 고향을 찾아 방문하게 되면 얼른 같은 민족의식을 갖게 되며 분단 40년간 소원해지고 적대적이 된 서로의 감정을 크게 극복하게 되는 것은 당연한 귀결이다.

그런데 무엇보다 80년대에 들어와서 보게 되는 교류와 방문에서의 발전은, 그 수적인 증대뿐 아니라 이질성 극복을 위한 프로그램적 성격을 갖게 되었다는 데 있다. 1980년에 발효하기 시작한 동물에 관한 협정(Veterinär Abkommen), 1982년의 청소년 교환협정, 1986년의 문화협정 등에서 보듯이 동·서독의 교류 관계는 이산가족의 방문이나 재결합과 같은 인도적 차원에서의 만남에서 민족의 단합과 동질성을 유지하기 위한 프로그램적 성격의 교류에로 발전해가고 있는 것이 드러난다. 특히 1987년 9월 동독의 국가회의 의장 호네커의 서독 방문에서 체결된 환경보호협정, 방사선에 관한 협정, 정보교환 및 과학기술 공동개발협정 등과 같이, 비교적 비정치적인 분야인 자연문제, 과학기술문제, 문화·예술 분야에서 동·서독의 학자, 전문가, 문화인들의 교류와 협력, 공동 사업의 가능성이 확대된 것은 대단히 중요한 성과라고 평가된다.

그중에서도 1986년 5월 6일에 체결된 동·서독 문화협정은 양측이 문화, 예술, 교육, 학술 전반에 걸쳐서 상호협력과 교류, 공동사업을 위해 전문가를 교환하고 공동회의를 소집하며 자료와 문헌들을 교류할 수 있는 프로그램을 만들어놓았다. 협정문대로 실시된다면, 앞으로 학자들이나 전문연구원, 학생들이 교류될 것은 물론, 음악·미술·연극 등의 교환 공연 전시가 대대적으로 이루어지고, 출판물(서적 등), 도서관, 축제, 라디오와 텔레비전 방송, 스포츠 등에서 다양하고 포괄적인 교류와 협력이 진행될 수 있을 것으로 기대된다.

이러한 계획이나 협정이 사문화되지 않을 것은 지난 4~5년간의 여러 문화, 예술, 종교 분야에서의 공동행사나 협력들을 보아서 믿을 수 있을 것 같다. 이미 1983년부터 라이프치히 합창단, 함부르크

오페라, 드레스덴 필하모니, 뮌헨 필하모니, 동베를린 막심고리키 연극단 등의 교환 공연이 있었고, 동베를린과 라이프치히에서 한 디자인 전시회("인간을 위한 선구적 생각")에는 20만 명 이상의 서독인들이 관람하는 기록을 세웠다. 1986년의 드레스덴에서 열린 바로크 전시회에도 두 달 동안에 10만 이상의 서독인이 가서 관람했으며, 이 밖에도 미술전시회, 스포츠 경기 등에 수많은 인파가 내왕하고 있다. 이제 독일인들은 적어도 학술, 문화, 예술 분야에선, 이데올로기적으로 본질적인 차이가 있음에도 불구하고 어느 한편에만 치우치지 않고 포괄적인 하나의 것을 만들어갈 수 있는 가능성을 얻게 되었다고 할 수 있다. 이미 진행되고 있는 독일어 사전의 공동 편찬이나 독일 역사의 공동연구 등과 함께 하나의 독일 언어, 하나의 독일 역사, 그리고 하나의 독일적인 문화예술을 찾고 만들어 가려는 민족적 노력은 커다란 발걸음을 내딛었다고 해도 과언이 아니다.

2. 동독의 변화와 이질성 극복의 문제

그러나 과연 이러한 교류와 접촉, 방문의 증대가 동·서독의 이질화된 사회와 문화 속에다 얼마만큼의 동질성을 회복시켜줄 것인가? 이질적인 체제와 정치 구조 속에서는 이질적인 문화가 탄생하기 마련인데 교류를 통해 어느 정도 영향은 주고받을 수 있다 하더라도 동질성을 얻는다고까지 말할 수 있을 것인가? 이 문제는 아직까지 교류나 공동의 노력이 충분히 이루어지지 않은 상황에서 단정적으로 말할 수 없으며 주장들이 엇갈리게 되는 것 같다.

지금까지 나타난 결과들만 가지고는 이질성의 극복이나 동질성의 회복이라고까지 말하기는 어려운 것 같으며, 분단으로 인한 교류의 단절이나 정보의 폐쇄성을 극복해가는 정도가 아닌가 생각된다. 아직까지도 동·서독의 경계선을 넘은 독일인들의 만남에는 많은 어색함과 부자연스러움이 있다는 것이 취재기자들의 고백이다. "서독인들은 오히려 소련이나 폴란드에 갔을 때 동독에 가는 것보다 덜 편견을 가지고 가며, 동독인들은 프랑스나 외국인을 대할 때, 서독인을 만나는 것보다 더 차분하고 자연스럽게 만난다"고 한다.[2] 외국이 아니라고 하면서도 외국보다 더 멀고 이질화된 것이 분단 40년의 지울 수 없는 현실이다.

아마도, 동독 측이 서방과의 교류를 점차로 개방하고 분단의 장벽을 낮추는 것은, 이제 폐쇄적이었던 정책을 풀어도 국민들이 사회주의적 체제 속에 그동안 익숙해지고 안정되어서 별 위험이나 불안을 느끼지 않기 때문에 가능해진 것인지도 모른다. 말하자면 정치체제와 사회구조의 이질화는 이미 될 만큼 되어서 서방의 문물(文物)과 자유화 물결이 들어와도 흔들림 없이 감당해낼 만하기 때문이라고도 볼 수 있다. 1964년에 동독을 방문하고 다시 1986년 22년 만에 기자단을 인솔하고 동독을 방문한 서독의 *Zeit*지 좀머(Theo Sommer)는 방문기에서 "그동안의 변화는 대단한 것이며, 누구에게나 눈에 띌 만큼 많은 것이 나아졌다. 무엇보다도 서방측이나 자기 국민들에 대한 관계에서까지도 자신 있고 사실대로 대하지 못하게 했던 열등감이 없어졌다"고 인상을 요약했다. 베를린 장벽을 막 친 60년대에는 서방측의 문물을 경계하고 막는 정책을 썼는데, 오늘날엔 그런 변모

---

[2] Marlier Menge, *DDR Report in Zeit*, Nr., 33. 1986. 8. 8.

가 많이 사라졌다는 것이다. 그때는 집권당(SED)의 당원이 되려면 서독의 TV 프로그램을 보지 않겠다는 서약을 해야만 했다. 오늘날 은 동독인 92%의 가정에서 텔레비전을 놓고 자유롭게 서독의 프로 그램을 보고 있다.

이념과 체제 때문에 경직되었던 사회분위기가 훨씬 부드러워졌 고, 특히 서방측의 문화나 종교, 가치관들을 대하는 데 주목할 만큼 유연성이 생겨났다. 이러한 것은 특히 최근에 와서 독일의 역사에 대한 동독 측의 인식의 변화나 종교와의 협력관계에서 두드러지게 나타난다. 이제까지 동독의 역사관에 따르면, 독일 역사 가운데 좋 은 전통은 모두 동독의 사회주의에 갖다 붙였고, 나쁜 전통은 서독 의 파시즘이나 제국주의에 갖다 붙였다. 이제까지 반동적인 역사로 보아왔던 인물들에 대해 보다 객관적인 평가를 하는 것만 해도 커다 란 변화이다. 이 점에서 1983년의 루터(Martin Luther) 탄생 500주년 기념축제는 커다란 전기를 마련했다. 수많은 기독교의 목사들과 신 자들이 서독에서 떼를 지어 몰려와 종교개혁자 루터의 축제를 공산 국가 안에서 국가적으로 거대하게 거행했다는 점도 놀랍지만, 더 중 요한 것은 역사나 종교에 대한 그들의 인식 변화에서 찾을 수 있다.

과거 동독의 역사 교과서에서 루터는 '군주의 노예'라든가 '독일의 자유를 묻어버린 무덤지기'(Totengräber der deutschen Freiheit)라고 비난받았는데 이번 행사 때는 '독일민족의 가장 위대한 아들' 중의 하나라고 높이 평가되었다. 이렇게 독일 역사 인물들을 과거에 이데 올로기적으로 찌들은 해석에서 벗기어 보다 사실적(事實的)이고 객 관적으로 평가하려는 노력이 프레데릭 대왕(1976~1968)의 200주기 기념제 때도 나타났다. 역시 수십 만 명의 서독 측 방문객이 옛 프로

이센의 수도인 베를린으로 밀려들어 대성황을 이루었을 뿐 아니라 동독 측은 악평하던 이 봉건시대의 군주를 계몽적이며 진보적인 위인으로 다시금 회복시켜 놓았다. 과거에 동독의 역사가들은 프레데릭을 융커 토지 재벌, 군사주의, 파시즘 등과 같은 반동세력의 화신(化身)으로서 비난했고, 1950년에는 동베를린의 중심 광장에 1851년부터 세워져 있던 기념물인 프레데릭 대왕의 말 타는 동상을 시의회의 결정으로 치워버리기까지 했었다. 그런데 이번 1986년에 대왕의 200주기를 맞아, 동·서독이 함께 거대한 민족적 잔치를 하면서 호네커는 특별 지시를 해서 이 동상을 제자리에 다시 복원시키게 했다.

물론 이러한 변화는 민족의 역사적 전통에 대한 존중이며, 경직되었던 이데올로기적 태도를 완화하는 것일 뿐, 역사관이나 이념에서의 큰 변화는 아니라고 볼 수도 있다. 그러나 이런 과거 역사 인물에 대한 평가의 변화는 오늘의 종교나 부르주아적 가치들에 대한 관용적 태도나 정책의 변화 없이 생길 수는 없다고 보아야 한다. 서독의 내독관계상의 표현처럼, "이제 동독에선 루터의 축제를 거족적으로 거행하면서 오늘의 기독교 교육이나 직업을 불리하게 할 수는 없을 것이며, 훔볼트(Karl W. Humboldt)를 높이 인용하면서 의견 발표의 자유를 탄압할 수는 없을 것이다." 말하자면 동독의 사회구조나 분위기가 그만큼 이데올로기적 경직성에서 벗어나 종교나 자본주의 부르주아 문화의 요소들을 그만큼 허용할 수 있고, 관대하게 대할 수 있게 되었다는 것을 의미한다.

특히 동독 정부가 최근에 와서 기독교에 대해 취한 태도의 변화는 주목할 만하다. 사회주의 체제 속에서 항상 억제되며 불이익을 당했던 기독교는 동독에서 아직까지 700만의 개신교 신자와 100만의 가톨릭 신자를 갖고 있으며, 교회의 활동이 계속 활발하게 이루어지고 있다. 풍부한 재정력은 없으나 서독의 교회 원조로 예배당도 곳곳에 짓고, 봉급이 적은 교회 목사들에게 서독 교회는 자동차와 휘발유 값을 보내고 있다. 국민의 절반가량이 기독교를 그대로 믿고 있으며, 이들의 수가 공산당원, 맑시스트들(약 250만)보다 훨씬 많은 상황에서 동독 정부는 점차 교회와 타협의 관계로 들어가지 않을 수 없게 되었다. 1978년에 호네커는 '대결 아닌 협력'(Kooperation statt Konfrontation)이라는 새로운 교회정책을 수립했고, 교회 지도자들인 크루시(Krusche), 쉰헤르(Schönherr) 감독과 여러 차례 회담을 가졌다.

루터의 축제를 동·서독 교회가 함께 거행하고, 프레데릭 대왕이나 비스마르크 전기를 동·서독의 역사가들이 함께 쓰고, 서독의 부르주아적 예술을 동독에서 보여주고, 제국주의 음악이라고 하는 팝 재즈 콘서트를 수십만의 동독 청소년에게 들려주어 열광케 하는 현상은 사실상 동독의 사회분위기와 문화생활에 커다란 변화가 있고, 또 앞으로 있게 될 것임을 말해준다. 수많은 서독의 책과 출판물이 동독에서 읽히고 음반, 비디오, 오락물들이 쏟아져 들어가게 되면 동독사회도 결국 서독이나 비슷한 동질적 사회가 될 수 있지 않을까 기대해보는 수렴론자(Konvergenztheorie)들도 많이 있다.

물론 지난 15년 동안 동·서독의 기본조약이 맺어진 이래, 양쪽 사회에 일어난 변화는 엄청나며, 두 체제와 문화가 상당히 접근되고 가까워진 것도 사실이다. 그러나 과연 우리가 처음에 제기했던 문제로 돌아가 분단의 아픈 고통을 극복하고, 평화공존을 가능케 한 동·서독의 접근 교류 모델이 갈라진 민족의 동질성을 회복하며 민족의 단합과 통일을 이룩해갈 수 있을 것인가에 대해서는 아직 호의적이며 부정적인 시각을 씻어버릴 수가 없는 것 같다. 좀머도 "분단된 세계 속에서의 분단된 독일이 더 가까워져 통일을 이룰 수 있는 가능성에 대해서는 환상(Illusion)을 만들어서는 안 된다"고 경고한다.

아무리 민족적 감정과 동족의식을 강조해도 두 체제가 가진 정치 경제적 이념적 차이는 이미 너무나 벌어지고 이질화되어서 동독인이 서독에 와서 살고, 서독인이 동독에 가서 살기는 불가능한 정도가 되었다고 비관적으로 보는 견해도 많다. 서독을 방문한 동독의 노동자들은 가끔 그런 불평을 늘어놓는다. 서독의 사회는 너무 정신없이 빨리 돌아가고 능률과 업적 위주로 되어 있다. 서독에서 수입해 간 기계(조립대, Fließband)는 동독의 노동자들에겐 너무 빨라서 생산 공장에서 들어내고 말았다고 한다. 동독의 여류 작가는 서독을 보고 나서 "우리는 살면서 일하는데, 당신들은 살든가 일하든가(leben oder arbeiten) 선택하지 않으면 안 되는 사람들 같다"고 자본주의적 생산 과정을 꼬집어 말했다. 동독인들은 그들의 생산 양식이 서독에 비해 비능률적이지만 더 인간적이라고 자부하고 있는 것 같고, 그렇게 교육되어 있는 것 같다. 물론 서독에 화려한 소비 문화가 있고 동독인들이 부러워할 고급스런 문화와 사치품들이 있지만, 이들은 서독의 방값이나 지하철 값이 자기들보다 열 배나 더 비싼 데는 아연 실색을 하기도 한다. 그리고 좋은 식당에나 카페에 가면 노동자들은 보이지 않고, 노동자들이 거리낌 없이 들어가게 되지 않더라고 꼬집기도 한다.

무엇보다도 동·서독의 청소년들이 교환 방문을 했을 때 이들은 서로가 가진 역사적 경험의 차이와 가치관의 차이에 놀라게 된다.

같은 나이의 청년들이 동독에서는 1968년에 소련군의 체코슬로바키아 침공을 경험했고, 서독에서는 학생 저항 운동을 경험했다. 서독의 젊은이는 계속 변화하는 유행(mode)이나 감각, 정치사조에 적응하며 재빨리 바꾸면서 살아야 하고, 동독의 젊은이들은 이런 템포와 순간적인 변호에는 적응해 살 수 없다고 한다. 질적으로 다른 양쪽 독일의 경제적 하부구조는 이미 그들의 가치관이나 문화의식을 그들의 생활패턴과 체질마저 동화시킬 수 없을 정도로 이질화시켜 버린 것 같다. 그래서 호네커는 항상 사회주의와 자본주의는 물과 기름과 같으며 결코 동질화될 수 없다고 영구분단을 주장한다. 그에게 독일의 통일이란 그가 1981년 1월 25일 회견에서 밝힌 것처럼, "서독의 노동자들이 서독을 사회주의적으로 변혁시키는 날이 오면" 생각해볼 수 있는, 요원한 것이다.

동·서독의 분단 극복과 상호 방문 교류는 엄청난 변화를 가져왔으며, 인간적 고통과 장애를 덜고 동독 안의 인권과 자유를 증대시키며, 민족적인 유대와 결합을 크게 강화시켰지만, 그것이 과연 이질적인 사회구조와 문화, 의식구조와 가치관을 근본적으로 변화시켜 동질화할 수 있는가는 회의와 비판이 더 많다고 하겠다. 이 점에서 남·북한의 이질화 극복을 동·서독의 교류와 접근 방식을 본받아 시도한다면 우리도 비슷한 긍정적 변화와 회의적인 문제점을 경험하게 되리라고 짐작해볼 수 있을 것 같다.

II. 동·서독과 남·북한의 사회·문화 교류[3]

「남북 사이의 화해와 불가침 및 교류 협력에 관한 합의서」가 그 부속합의서와 함께 채택 발효(1992년 9월 17일)되고 이를 실천할 수 있는 남북공동위원회가 조직 운영됨으로써 이제 남북 관계가 실질적인 화해와 교류 및 평화공존의 단계로 들어가는 것 같은 인상을 강하게 받게 된다. 과연 이제 남·북한 간에는 참된 화해와 공존이 이루어지고 이산가족의 재회나 재결합, 경제 교류와 사회·문화 교류가 실질적으로 실현될 것인가? 또 이런 교류가 실현된다면 어떤 범위에서 어떤 방법과 과정을 통해 이루어질 것이며 어떤 의미와 결과를 갖게 될 것인가?

남북합의서의 여러 내용과 조항들을 보면 화해나 불가침, 교류 협력의 문제에서 우선 필요하다고 생각되는 부분들은 대체로 망라되었으며, 남북 관계를 근본적으로 개선하며 변화시킬 수 있는 방향으로 규정되었다고 할 수 있다. 그러나 합의서의 가장 중요한 문제점은 모든 것이 선언적으로만 되어 있으며 실천의 방법과 과정이 명시되어있지 않고, 합의서의 운영과 실천을 남북공동위원회에다 일임해버리고 말았다는 데 있다. 결국 남북합의서의 실천 여부와 실천의 단계와 과정, 범위와 내용은 전적으로 남북공동위원회에 달려있으며, 이것은 결국 남·북 양 정부가 합의하는 한에서만 실현 가능성을 갖는다는 것을 의미한다.

---

3 이 글은 조선일보사 통한문제연구소가 1987년 10월 10일에 주최한 학술회의 "남북 이질화의 현황 및 해소방안"에서 비공개로 발표한 내용임. 「조선일보」 1987년 10월 11일자에 요약 보도되었음.

이런 점에서 남·북한 정부나 정권 차원에서의 합의 가능성을 무시하고 남북 교류 협력의 방법과 과정을 논한다는 것은 바람직한 소망사항은 될 수 있을지 모르나 현실성은 갖지 못하는 이론이나 가정이 될 수밖에 없을 것이다. 따라서 교류 협력의 방안을 현실성과 관계없이 만들거나 내놓는다는 것은 별 의미가 없으며, 공상이나 소설이 되기가 쉽다. 오히려 지금의 단계에서 필요한 것은 채택된 남북합의서가 실천될 수 있는 조건과 가능성이 무엇이며, 이러한 조건이 마련되었다고 할 때에 교류 협력이 이루어지는 양태와 내용이 어떤 것인가를 전망해보는 것이 보다 실효성 있는 논의가 되리라 생각한다.

필자는 현 단계에서 합의서가 실천될 수 있는 조건이 무엇이며, 우리의 남북 관계 현실에서 어떤 전망을 해볼 수 있는지를 논의하면서, 동·서독의 교류와 협력의 역사와 경험에서 모델과 교훈을 찾아보고자 한다.

1. 남북합의서에서 본 사회·문화 교류

남·북의 교류 협력, 특히 사회·문화 교류의 방향과 과정을 전망해보기 위해서는 우선 현재까지 이루어진 토대로서 가장 중요한 남북합의서의 틀을 살펴보는 것이 중요하다. 아직 이 틀이 완결된 것은 아니지만 남북 교류가 이 합의서를 실천해가는 과정으로 이루어진다면 아무래도 합의서가 내놓은 개념과 규정들이 중요한 영향을 미칠 것이기 때문이다.

남북합의서의 실천 내용을 규정하기 위한 부속합의서는 제1부 '남북 화해'의 이행과 준수를 위한 부속합의서, 제2부 '남북 불가침'

의 이행과 준수를 위한 부속합의서, 제3부 '남북 교류·협력'의 이행
과 준수를 위한 부속합의서의 세부분으로 되어 있다. 그리고 남·북
의 사회·문화 교류에 관한 규정은 제3부 안에 있는데, 제1장은 경제
교류 협력, 제2장이 사회·문화 교류 협력, 제3장이 인도적 문제의
해결로 되어 있다. 그리고 이 합의서의 이행과 세부사항의 협의실천
을 위해서는 네 개의 남북공동위원회를 두도록 했는데, 1) 남북화해
공동위원회, 2) 남북군사공동위원회, 3) 남북경제교류협력공동위원
회, 4) 남북사회문화교류협력공동위원회가 그것이다.

위의 구조와 틀에서 보면 남북합의서는 세 부분으로 되어 있는데
이를 이행하고 실천하는 기구는 네 개의 공동위원회가 있는 것을 알
수 있다. 제목이 '화해 불가침 교류협력'이니까 각기 한 개씩 세 개의
공동위원회가 있으면 될 법한데, 교류 협력에서만 두 개가 된 것이
다. 얼핏 보면 별 의미가 없는 것 같지만 자세히 들여다보면 이 구조
에서부터 상당한 문제가 있는 것을 알 수 있다. 교류 협력에 관한 부
분은 사실상 경제 교류 협력과 사회 교류 협력, 그리고 인도적 교류
의 세 부분으로 되어 있는데, 이를 통틀어 다루는 하나의 교류 협력
공동위원회가 있든가 아예 세 개의 공동위원회가 있든가 해야 하는
데 두 개만 있고 인도적 교류문제는 공동위원회가 없이 남북적십자
단체에다 맡겨버리고 말았다.

단적으로 느낄 수 있는 것은 교류 협력 문제는 내용적으로 분리해
서 따로 다루겠다는 것이며 인도적 교류는 정부가 관여하지 않고 적
십자단체에 맡기겠다는 것이다. "인도적 교류" 문제도 "인도적 문제
의 해결"이라고만 표시했다. 부속합의서의 내용을 보아도 경제교류
협력 부분은 아주 자세하게 실천적으로 되어있고, 사회·문화 교류

협력은 매우 선언적으로만 되어 있으며, 인도적 교류 문제는 앞으로 적십자 단체들이 할 수 있도록 도와주자는 정도로 선언적인 내용도 갖추지 못한 빈약한 언급에 그치고 만 것을 알 수 있다.

물론 교류 협력에 관한 부속합의서가 이렇게 된 데는 북한 측의 소극적인 자세 때문이었다고 할 수 있다. 남·북의 화해가 군사 불가침의 문제, 즉 정치 군사 문제는 북한 측이 적극성을 가지고 자세한 내용의 부속합의문을 제안했고, 교류 협력에서는 남한 측이 적극적으로 대응했던 게 사실이었다. 남북 화해 문제에서는 북한 측은 이를 포괄적으로 다룰 수 있는 북남정치공동위원회를 구성하자고 제의했었다.[4] 결국은 남한 측 제의대로 남북화해공동위원회가 되고 말았다. 그 대신 교류 협력 문제에서는 남한 측이 인도공동위원회, 통행통신공동위원회, 경제교류협력공동위원회, 사회문화교류협력공동위원회의 넷을 두어 교류 협력의 모든 문제를 관장하도록 제안했다. 여기에 대해 북한 측에서는 북남교류협력공동위원회 속에 경제 부문과 사회·문화 부문(비경제 부문)으로 나누어 관장케 하고자 제안했다. 결과는 교류 협력 부분에서는 남한 측이 양보해 북한의 제안대로 되었다고 할 수 있다.

이러한 남북합의서의 구조와 틀에서 본다면 정치군사 문제의 해결에 우선적 목표를 두고 있는 북한 측은 남한 측에서 정치군사 문제에 성의를 보이지 않을 경우 교류 협력 문제에서 적극성을 보이지 않을 것이며, 교류 협력 문제가 진전을 보게 되는 경우에도 경제교류 협력을 우선 추진하고 그 다음 사회·문화 교류에서 몇 가지를 선

---

4 국토통일원, 「남북대화」 제55호.

택해 추진할 것이며, 이산가족의 문제는 적십자에 미루어 상당히 오랫동안 늦추어질 가능성이 크다. 물론 남·북한은 각기 정치경제적 현실과 당면한 문제의 상황에 따라 남북합의서에 관계없이 필요하다고 생각되는 부분을 우선적으로 추진할 수 있다. 단지 양측의 이해관계가 들어맞는다면 말이다. 그러나 경우에 따라서는 남·북의 핵 동시 사찰 문제에 걸려서 남북합의서의 이행 실천이 오랫동안 미루어질 수도 있다. 사실상 남북합의서는 선언만 해놓고 이를 실천할 남북공동위원회가 모이지 않는다면 아무것도 달라지는 것이 없을 수도 있다. 이것은 7·4공동성명이 1972년에 채택되고도 남북 관계에 아무런 변화도 만들지 못했던 것을 상기해보면 짐작할 수 있는 일이다.

남·북 사회·문화 교류 협력은 교류 협력에 관한 부속합의서의 9조에서 14조까지 5개 조항으로 규정되어 있다. 이들 조항에서 보면 사회·문화 교류 협력을 교육, 문학, 예술, 보건, 체육과 신문, 라디오, 텔레비전 및 출판, 보도 등의 교류 협력으로 규정하고 있다. 이를 요약해 본다면, 교육, 문예, 체육, 언론 및 출판의 네 분야이다. 원래 1992년 4월에 부속합의서를 만들기 위한 남북교류협력분과위원회가 모였을 때에 북쪽의 제안은 제1조 경제교류 제2조에 사회·문화 교류에 관한 조항으로 "북과 남은 과학, 기술, 교육, 문화, 예술, 보건, 체육, 환경과 신문, 라디오, 텔레비전을 비롯한 출판 보도 등 여러 분야에서 협력 교류를 실현한다"고 규정했었다.[5] 말하자면 과학, 기술, 환경이 사회·문화 교류의 항목 속에 있었다. 그러나 나중에 합의된

---

5 국토통일원, 남북대화 제55호, 129쪽.

문건에는 경제교류 속에 과학, 기술, 환경이 포함되었으며 뿐만 아니라 통행, 통신 등 교통과 우편 문제도 모두 경제 교류 속에 집어넣고 말았다. 따라서 남북 교류 협력 문제에서는 경제 교류가 기본이 되고 우선이 되며, 사회·문화 교류는 경제 교류에 부차적이며 종속적인 것이 되는 것 같은 인상을 지울 수가 없다.

그리고 남한 측의 제안에서는 교육 분야(1장)의 교류에다 학술 교류와 학생교직자 교류, 수학여행단 교류를 넣었고, 문학예술분야(2장)에서는 언어, 문학, 음악, 미술, 영화, 사진, 영상, 음반, 건축, 문화재, 무대예술, 전통생활문화, 종교 등 문화 예술분야의 전반을 포함시켰으며 체육(3장)에서는 청소년들의 교류를 넣었었다. 그러나 합의문의 최종 문건에서는 이러한 항목들이 모두 빠지고 말았다. 즉 사회·문화 교류라고는 하지만 사회와 문화전반에 대한 교류 협력이 아니라 매우 제한된 교류이며 학술 교류와 종교 교류, 문화계 전반의 교류와 각종 사회단체들, 청년, 여성들의 교류가 명시되지 않은 상태에 있다. 말하자면 사회·문화면에서의 교류는 경제 교류와 달리 상당히 제한적으로 선택적으로 하겠다는 의지가 합의문에서도 보이는 것 같다.

물론 10조에 남·북 민족구성원들의 자유로운 왕래와 접촉을 실현한다고 규정되어 있어 모든 분야의 사회단체와 문화인들이 왕래하고 교류할 수 있을 것처럼 되어있다. 그러나 사실상 이 조항대로 민족구성원들이 모두 자유롭게 왕래할 수 있다면 이미 분단 상태는 끝이 난 것이며 굳이 교류 협력의 절차나 공동위원회 같은 것이 필요가 없는 단계이다. 합의서가 명시적으로 제시한 사회·문화 교류 협력의 내용은 사실상 9조의 5개항에만 있으며 이것은 1) 정보자료의 교환, 2) 기술협력, 3) 대표의 파견, 초청, 참관, 접촉 등의 교류, 4) 연구조사, 편찬사업, 교환전시회 등 행사나 사업의 공동실시, 5) 저작물의 보호 등으로 규정되어 있다. 이것은 남북공동위원회가 얼마나 허가하느냐에 따라 양과 질이 결정될 수 있는 신축성 있는 문제가 된 것이다.

무엇보다도 정치 군사 문제의 해결을 우선시하고 있는 북한 측의 입장에서 본다면 상당한 정도로 남북 화해나 군사 문제에서 진전을 보아야 교류 협력에서 성과를 기대할 수 있으며, 교류 협력이 성사된다 해도 교통, 통신의 개척 등이 우선 이루어지고 경제 교류가 실시된 다음이라야 사회·문화적 교류가 이루어질 수 있는 전망이 보일 것 같다.

2. 동·서독 관계에서 본 사회·문화 교류

현 단계 남북 관계의 발전에서 사회·문화 교류의 위치가 합의서에서 보는 것과 같다면, 동·서독 관계에서는 어떠했는가를 알아보고 비교해 보는 것이 우리 문제를 깊이 이해하는 데 도움이 될 수 있을 것 같다. 동·서독과 남·북한의 관계는 2차 대전 후 미소의 대립과 동서세계의 대결이라는 냉전과 이데올로기의 갈등으로 생긴 분단이라는 공통점을 갖지만 분단의 원인, 조건, 상황의 면에서 여러 가지 차이점을 갖고 있다. 따라서 냉전의 해방과 긴장완화의 조류를 타고 이루어진 분단국 간의 갈등완화와 화해 공존의 양상에서도 독일과 한국은 현격한 차이를 보여왔다.

1969년부터 서독 빌리 브란트 정권이 추진한 동방정책에 의해

1972년에 동·서독 간 기본조약을 맺고 화해와 공존 교류 협력의 정책을 추진해온 독일은 동·서독 간의 인도적 교류나 경제협력, 사회·문화 교류에서 괄목할 만한 성과를 거두었으며, 이 교류는 양독 간의 평화적 공존과 발전에 크게 기여하였다. 국제정세와 동독의 변화로 1990년에 예기치 않던 통일을 이룩하였지만, 사실상 통일의 조건과 기반은 1972년 기본조약 이후로 진전된 동·서독 관계의 발전과 교류 협력, 민족 동질성의 회복이라는 토대 위에서 이루어진 것이라 해도 과언이 아니다. 동·서독 간의 인적인 왕래와 교류는 80년대에 와서 연간 200만 명에서 300만 명에 이르는 숫자로 확대되었으며, 86년경부터 통일이 되기 직전까지는 연간 600만에서 1,000만 명에 이르는 왕래와 교류가 있게 되었다.[6] 1989년 11월에 장벽이 무너졌지만 그것은 하루아침에 갑자기 무너졌다기보다는 지난 20여 년간 서서히 양적으로 증대된 교류와 왕래가 어느 날 질적 변환을 일으켜 장벽을 허물게 된 것이라 보아야 할 것이다.

그러나 동·서독 교류의 역사를 보면 우리 남·북한의 교류와는 성격과 양태가 매우 다른 점들을 볼 수 있다. 독일에서의 양독 간 교류도 1972년 기본조약 체결 후에 곧 전면 실시된 것은 아니며, 점차적으로 정치적 상황에 따라 확대 발전된 것임을 알 수 있다. 그러나 교류의 순서와 범위는 우리 합의서의 규정과는 매우 다르게 진행되었다. 독일에서 가장 먼저 실시된 교류는 인도적 교류였다. 가족과 친척을 방문하고 가족의 애경사에 일정기간 동안 방문 체류할 수 있게 하는 규정이 동·서독 기본조약 체결 이후 제일 먼저 만들어졌다.

---

6 이삼열, "동·서독의 교류와 이질성의 회복", 『평화의 철학과 통일의 실천』(햇빛, 1991), 407-417.

이미 기본조약 속에 그 테두리가 다 들어있었다고 할 수 있다. 여기에 비해 학술이나 교육 문화적 교류에 관한 타결은 상당히 늦게야 만들어진다. 물론 규정이나 합의서가 없이도 상당한 정도로 사회·문화부문의 교류가 이루어진 것은 사실이지만 일반적으로 실시되는 사회·문화 교류는 1986년 5월 6일에 체결된 문화 협정(Kultur Abkommen)과 1987년 9월 8일 체결된 학문과 기술 협정(WTZ Abkommen)이 실시되면서 더욱 본격적으로 대규모적으로 이루어지게 되었다.

1972년 동·서독 기본조약이 체결된 이후 이 조약의 부속결의문에 "양독은 문화적 협력을 추진하기 위해 정부 간의 협약을 체결하도록 한다"는 규정에 따라 73년 9월 23일부터 문화 협정을 체결하기 위한 협상이 시작되었다. 그러나 이 회담은 2년 뒤에 서베를린과 프로이센재단 문제로 결렬되고 그 후 7년 뒤인 1981년에야 재개되었다.[7] 오랜 토론과 협상 끝에 협정의 문안이 완성되고 체결된 것이 1986년이었다. 이처럼 동·서독과 같이 긴장과 갈등 대결 양상이 우리처럼 심각하지 않은 상황에서도 기본조약이 체결된 후 14년만에야 문화협정이 체결된 것을 보면 이것이 얼마나 어려운 문제이며 과정인가를 짐작할 수 있다. 특히 이념적인 갈등으로 분단된 나라에서 문화적인 교류나 합작을 이룬다는 것이 굉장히 어렵다는 것을 알게 된다.

그러나 협정이 없었다고 해도 제한적이었지만 사회와 문화, 체육, 종교, 학술 방면에서 교류와 방문은 지속되어 왔다. 기본조약 체결 이전에도 이미 동·서독이 1956년의 멜보른 올림픽과 1960년의 로마

---

7 신용철, "독일통일과 문화 및 교육의 교류", 국토통일원, 「통일문제연구」 제2권 4호 (1990), 157.

올림픽 1964년의 동경 올림픽에 단일팀을 구성하여 출전하였다. 계속적인 탈출과 망명사태로 68년부터는 각기 단독팀으로 출전하였지만 부분적인 스포츠의 교류는 계속 있어 왔다. 그러다 양독의 체육인들이 체계적으로 정기적 경기 교류를 한 것은 1974년 5월 8일 서독체육연맹과 동독체육연맹 회장 사이에 체육관계 규정에 관한 의정서를 체결하고 나서부터이다.[8]

예술분야에서도 동독의 예술이 서독에 소개되고 공연되는 데는 아무런 문제가 없었다. 단지 동독 측에서 서독의 자유사상을 담은 문화예술이 유입되는 것을 두려워하여 폐쇄 정책을 일관했고 아주 제한적으로만 사독의 예술 공연을 허락했다. 이러한 서독의 개방정책은 서적이나 학술자료의 교환, 문학 작품의 교류, 신문잡지의 구독에서도 마찬가지였다. 텔레비전과 라디오의 시청은 1961년까지는 동독에서 금지되었으나 그 후로는 막지 못했으며, 한때 공산당원들에게만 자발적으로 청취하지 않을 것을 명했으나 이것도 실효성이 없게 되자, 사실적으로 자유롭게 청취되는 현실이 되었다.

1986년 문화 협정이 체결된 이후로는 문화 예술인들의 방문 교류뿐만 아니라 양독이 함께 협력하는 문화행사와 사업들이 정례화되고 다양화되었다. 88년경에는 서독에서 보낸 서적들의 전시회가 동독의 베를린과 드레스덴, 바이마르 등 여러 도시에서 열렸는데, 3,000종 이상의 서적들이 전시되었고 15만 명 이상의 동독인들이 관람했다. 미술관들끼리 작품을 교환 전시하는 일이라든지, 음악인들이 교환 방문하여 음악회에서 연주하는 일들은 일 년에도 수백 건에

---

8 서병철, 『통일을 위한 동·서독관계의 조명』 (지식산업사, 1988), 23.

이르렀다. 문화인들끼리만이 아니라 박물관, 미술관 등의 소장품들인 문화재가 교환 전시되는 일들이 잦아졌다.

1987년 학문 기술 협정이 체결되고 나서는 과학 기술 분야에서 우선 공동연구 프로젝트들이 계획되었는데, 방사선 문제, 석탄 문제, 도자기 기술 등에서 우선 시도되었으며 차츰 사회과학이나 인문과학 쪽으로도 확대하려는 계획이었다. 88년 말에는 서독의 녹일연구재단(DFG)과 동독의 과학원이 공동 협력하는 데 합의했다. 각 대학과 연구소들이 서로 자매관계나 협력관계를 맺어 수많은 사업과 활동을 공동 추진했다.

교육 분야에서는 청소년들의 상호방문 프로그램을 만들어 수학여행과 같은 단체여행이 실시되었다. 이를 위해 1982년 9월 19~20일에 서독의 자유독일소년단(FDZ)과 동독의 연방청소년 연합(DBJR)이 방문협정을 맺었다. 그러나 서독에서 동독으로 방문한 청소년들은 첫해에 11,000명, 85년까지 68,000명에 이르렀으나, 동독 청소년들의 서독 방문은 1985년에 와서 1,000명 정도에 이르렀다. 동독의 청소년들은 서독여행 후에 여행보고서를 내야했고 항상 사상적 감시를 받았기 때문에 자유롭지 못했다고 한다.

동·서독의 교류관계의 역사를 회고해보면 몇 가지 특성을 살필 수 있다.

1) 전쟁과 전쟁 위협이 없었던 동·서독에서는 분단 이후에도 완전한 단절은 없었으며, 극도로 제한되기는 했지만 교류 관계가 지속되었다. 장벽은 있었지만 우편과 전화·전신 그리고 교통의 왕래는 끊어지지 않았다.

2) 72년 기본조약이 맺어지기 전에도 허가를 받아 방문하는 일은 민간 인들이나 공공업무를 수행하는 이들에게 가능했으며, 크리스마스 같은 명절 때 인도적 차원에서 가족이나 친척을 방문하는 일은 대규모적으로 실시되었다. 단지 서독에서 동독으로의 방문은 가능했지만 동독에서 서독으로 나오는 일은 예외가 아니면 불가능했다.

3) 72년 기본조약이 체결되고 나서는 우선 인도적 교류가 대규모적으로 실시되었다. 기본조약으로 동독의 국가 인정, 체제의 인정이 이루어졌다고 보았기 때문에 동독에서도 노인과 은퇴한 자들에겐 일정기간 서독방문을 허락했다. 그러나 양적으로 본다면 동·서독이 비교가 안 될 정도로 서독인들이 대거 동독을 드나드는 일방적 교류였다. 동독 측에서는 체제안정에 해를 미치지 않는 범위에서 제한을 조금씩 풀어갔다.

4) 기본 조약이 체결되고 나서도 인도적 교류 이외의 교류는 10여 년 뒤인 80년대에 와서야 서서히 협정이 맺어지고 체계화된 교류가 실시된다. 동서의 긴장과 갈등이 유럽안보회의(CSCE)나 핵무기 감축(SALT) 등으로 완화되고 평화운동의 분위기가 고조되는 80년대에 와서 교류가 증대되고 발전된다는 것은 서로 함수관계가 있다는 것을 의미한다.

5) 인도적 교류 이외의 분야에서는 역시 경제적 교류가 제일 먼저 우선적으로 이루어진다. 독일에서는 기본조약 이전에도 정부 간의 경제협력 교류에는 아무런 문제가 없었다. 서독이 동독을 돕는 일방적인 것이었기 때문이다. 돈과 물자가 이동하는 데는 통신, 통행, 무역거래가 있었기 때문에 항상 가능했다. 학술·예술 등의 문화적 교류는 비교적 늦게야 이루어졌다. 이것은 이데올로기와 밀접한 관계가 있

는 분야이기 때문에 동독 측에서 다른 인적 교류보다 훨씬 더 방어적
으로 대했기 때문이었다.

결론적으로 본다면 서독 측에서는 교류에 항상 개방적이었고 동
독 측은 체제나 국내 정치의 안정 여부와 정도에 따라서 조금씩 개
방하는 매우 폐쇄적인 것이었다고 할 수 있다.

3. 사회 · 문화 교류의 조건과 전망

남북합의서에서 보이는 남 · 북한 사회 · 문화 교류의 문제점들과
동 · 서독관계에서 나타나는 사회 · 문화 교류의 양태들을 관찰해볼
때에 우리는 몇 가지 비교되는 점을 발견할 수 있으며, 한국의 사회 ·
문화 교류에 대한 앞으로의 전망을 해볼 수 있게 된다.

1) 우선 독일에서나 한국에서나 분단국 사이의 교류 협력은 정치
적으로나 군사적으로 평화공존의 관계가 확립되었을 때 가능하며,
전쟁의 위협이나 긴장 상태가 있는 상황에서는 교류 협력이 잘 이루
어질 수 없다는 것이다. 이제까지 북한 쪽에서 미군철수나 팀스피릿
훈련, 평화협정 문제를 걸면서 대화나 협상을 거부해온 사례들이나
현재 남한 측에서 핵사찰과 간첩단 사건을 들면서 경제 협력과 교류
에 제동을 걸고 있는 것은 정치적 군사적 안정이 교류 협력보다도
우선하는 중요성을 갖는다는 것을 의미한다.

2) 정치적 군사적 안정 상태는 분단국 사이에 확고한 기본조약이
수립되었을 때에 가능하다. 즉 체제의 전복이나 국가의 존립에 위험
요소가 법적으로 제거된다는 것을 의미한다. 이 점에서 독일은 1972

년의 기본조약이 양독 간이나 주변 4대강국 및 이웃나라들과의 관계를 정상화하고 안정화하는 효과를 가져왔다. 73년에 양독이 합의에 의해 유엔에 가입함으로써 더욱 공고해졌다고 본다. 그러나 남·북 간에 채택된 72년의 7·4공동선언이나 92년의 남북합의서는 남북관계의 안정에는 미흡한 불완전한 조약문이라고 하겠다. 비록 화해 불가침 교류 협력을 함께 선언했지만 휴전 상태를 그대로 두고, 국경문제를 확정하지 않았으며, 국내법의 체계와 일치하지 않는 합의문이기 때문에 국회 비준이 없었고, 얼마만큼 법적인 구속력이 있는지가 문제가 된다. 합의문의 효력은 실상 국내법적인 효력을 갖지 못하며 일종의 총리 간에 합의한 선언정도의 성격밖에는 없다. 이것의 실시여부는 남북공동위원회의 합의 여하에 달려있을 뿐이다.

3) 따라서 남북합의서는 아직 남북 관계를 평화공존으로 정착시키는 과도기적 단계의 문서이며 완전한 기본관계의 조약은 아니라고 할 수 있다. 따라서 독일의 72년 기본조약 이후에 나타난 교류 협력의 진전을 한반도에서 기대하기는 어렵다고 본다. 대규모적인 이산가족의 재회나 결합, 자유로운 경제, 산업, 물자의 교류, 그리고 학술, 예술, 체육, 언론 등의 문화전반에 걸친 정상적인 교류는 북한이나 남한이 자신의 체제나 정치구조에 안전을 확신할 때까지는 이루어질 가능성이 적다고 본다. 안정에 자신이 있는 쪽에서는 교류의 확대를 원할 것이고 자신이 없는 쪽에서는 축소나 방지를 요구할 것이기 때문이다. 현 단계에서는 북한 측이 모든 교류에 민감하게 방어적인 태도를 취하고 있기 때문에, 합의문에 선언적으로 등장한 교류들이 실현되기는 매우 어렵다고 본다.

4) 그럼에도 불구하고 남북합의서의 체제를 유지하기 위해서는,

즉 화해와 불가침을 유지하면서, 정치적 군사적 긴장관계를 완화시키기 위해서는 매우 제한적으로 상호체제와 안정에 위험부담이 없는 한에서 약간의 교류가 실시될 수 있을 것으로 전망된다. 이산가족의 재회, 방문 같은 데서 노부모들의 방문이나 부부, 부모 형제들 간의 방문 등은 인도적 차원에서 일부라도 실현시키지 않으면 안 될 것이다. 그러나 남북합의서는 이를 적십자에다 미루었기 때문에 징치군사적 관계의 개선에다 연계시켜 추진될 가능성이 크다.

5) 기타의 교류, 즉 경제 사회·문화, 여성 청소년 등의 교류에 있어서는 양쪽 정부의 이해관계에 맞는 범위에서만 추진될 수 있을 것 같다. 국민들의 교류에 대한 요구가 높아짐에 따라 양측은 우선 비정치적인 분야에서부터 교류를 열 수 있을 것이다. 체육 분야의 교류는 양측이 경쟁의식은 있으나 정치적 안정에는 별 부담이 없기 때문에 원활하게 개방할 가능성이 있다. 예술 분야도 민속이나 고전 같은 비정치성의 것은 현 단계에서도 교류가 가능할 것이다.

무엇보다도 경제교류는 남·북 양측의 이해가 잘 맞아들어가는 것이기 때문에 가장 먼저 원활하게 이루어질 가능성이 있다. 그러나 남·북이 서로 이해관계의 계산으로 대립할 때는 굉장히 제한적으로만 이루어질 공산이 크다. 서로가 필요로 하는 물자를 싼값에 교류하는 무역거래는 별 어려움 없이 쉽게 이루어지리라 생각한다.

6) 정치적 목적이나 이해관계에 따른 사업이 아닌 일반적인 사회·문화 교류는 동·서독의 경험에서와 마찬가지로 가장 나중에 실시될 확률이 크다. 인도적 교류나 경제 교류 등에서 상당한 진전이 있고서야 문화적 교류가 실시될 것이다. 문화적 교류에서도 비정치적 분야나 종류들이 우선 실시될 것으로 보이며, 학문적 교류에서도 자연

과학이나 기술 분야가 우선 교류되고 사회과학, 인문과학, 언론, 사상 분야는 더 늦게 허락될 것으로 보인다.

그러나 이러한 분석과 전망은 남·북의 정치 체제와 군사적 대결 상태가 현재와 같이 해결되지 못하고 있는 상황에서 해본 것이다. 남·북의 정치 체제가 급격히 변화한다든가 국제 정세의 변화로 새로운 자극과 동요가 온다면 남북 관계는 급격히 더 개선될 수도 약화될 수도 있는 여지도 얼마든지 있다. 현재의 상황은 남북 관계가 정치군사적으로 안정된 관계라고 할 수 없기 때문에 교류 협력의 발전전망은 매우 유동적인 것이라고 요약할 수밖에 없다. 현재와 같은 휴전협정의 상태가 유지된다 하더라도 남·북이 이를 평화 상태로 전환하는 단계적 구상과 계획에 합의하고 통일 방안도 국가연합이나 연방제 등 단계적 통일 방안에 합의해서 가령 남·북의 체제연합, 국가연합의 단계에 들어간다면 교류 협력도 실질적으로 확대될 수 있을 것이다.

그러나 현 단계의 합의서만으로는 아직 남북연합의 단계에 들어갔다고 보기도 어렵기 때문에 아직 교류 협력의 실시를 위해서는 넘어가야 할 산이 많다고 본다.

2장
독일의 통일 과정에서 얻는 교훈

I. 동독의 붕괴와 흡수통일의 문제[1]

동·서독이 지금 통일 문제로 온통 들끓고 있다. 4개월 전만 해도 독일 안의 누구도 통일이 될 것이라는 예견을 하지 못하였다. 이제까지 독일의 통일은 불가능한 것으로 생각되었고, 통일을 주장하는 사람들은 정신 나간 사람처럼 여겨왔다. 이것은 서독이나 동독에서나 마찬가지였다. 서독에서 혹간 통일 이야기를 하는 사람은 나치의 잔당이나 극우 반동세력으로 옛날 독일제국의 향수를 가지고, 동쪽 영토를 되찾으려는 사람들뿐이었다. 동독에서는 반통일(反統一)의 입장이 더욱 확고했다. "독일의 통일을 원하는 자들은 중국 사람밖에 없다"는 게 통념이었다. 그처럼 소련의 저편에 강한 독일을 만들

---

[1] 이 글은 「월간 조선」(1990년 4월호)에 실린 필자의 글임.

어 소련을 견제하려는 음모에 불과하다고 동독 사람들은 교육받고 생각했던 것이다.

그러던 독일에서 1989년 11월 9일 동·서독의 장벽이 무너지면서 상황이 역전되었다. 동·서독 간의 왕래가 자유로워지자, 수십만 수백만의 동독인들이 줄을 지어 서독으로 이주하거나 방문하게 되었고, 동독보다 훨씬 발전하고 풍요로운 서독의 사회를 보고, 동독의 낙후한 모습을 비교하게 되자, 이들은 동독의 체제개혁과 아울러 서독과의 통일을 강렬하게 요구하게 되었다. 그러나 그해 12월까지만 해도 대폭적인 체제개혁이 일어나리라는 것은 예상했지만 통일이 이루어지리라고까지 생각하지는 못했다. 동구의 개혁과 페레스트로이카의 물결 속에서 민주화와 시장경제의 도입 같은 체제개혁이 일어나는 것은 당연한 추세였지만, 분단된 독일의 통일문제는 독일인들끼리만 결정할 수 있는 문제가 아니라, 소련이나 미국 같은 강대국과 독일의 주변 국가들이 허락을 하지 않으면 안 되는 문제였기 때문이다.

그러나 동독 인민들의 통일에 대한 욕구와 의지는 이제 소련이나 미국으로서도 막기에는 너무나 큰 것이었다. 한 번 터진 봇물은 막을 수가 없었다. 매일 수만 명 수십만 명이 거리에 나와 민주화를 요구하고 통일을 요구하는 데모와 울부짖음이 노한 사자의 포효와도 같이 도시마다 울려 퍼졌고, 이런 기세에 눌려서 이제까지 권력을 40여 년간 독점 지배해온 집권당인 사회주의통일당(SED)이 인민회의(Volkskammer)를 열어 사회주의통일당만이 나라를 다스릴 수 있다는 권력 독점의 조항을 삭제하게 되었다(12월 1일). 당 중앙위와 정치국원(Politbüro) 전원이 사퇴하고(12월 3일), 따라서 18년 독재의

종지부를 찍고 물러난 호네커(Erich Honecker)가 지명해서 그의 후
계자로 10월 18일에 당수가 되었던 크렌츠(Egon Krenz)도 집권 한
달 반 만에 물러나고 말았다.

국민들의 원성의 대상이던 국가안전부와 비밀경찰 조직을 해체
하게 되었고(12월 7일), 집권당과 독재정부의 이런 붕괴뿐만 아니라
국가가 해체되어가는 과정에서 새로운 총선을 할 수밖에 없게 되어
1990년 5월 6일을 총선 날짜로 정하게 되었다(12월 7일). 그리고 집
권당(SED)은 국민들에게 잘못을 사과하는 성명을 발표하고 당명을
민주사회주의당(PDS)로 고치겠다고 선언했다(12월 15일). 그러나
동독의 국민들은 이것으로 만족하지 않았다. 베를린과 라이프치히,
드레스덴의 거리와 광장으로 밀려나온 군중들은 민주화의 구호를
소리 높이 외쳤고, 1990년 5월까지 공산당이 지배하는 것도 참을 수
없다고 했다. 집권당 안에서는 가장 온건하고 국민들의 호감을 샀던
기시(Gregor Gisi)를 당수로, 모드로(Hans Modrow)를 수상으로 내
놓았건만, 40여 년간 일당 독재와 부정부패에 시달려온 국민들은 이
들의 통치마저 거부했다. 당명을 바꾸었건 정책을 바꾸었건 도대체
공산당 사람들은 싫다는 것이 국민 여론이었고, 하루속히 총선을 앞
당겨 정부와 집권당을 바꾸라는 것이었다. 이런 요구와 함께 점차
등장하는 시위대의 구호는 경제 체제도 공산주의 계획 경제를 버리
고, 서독과 같은 시장경제를 도입하고, 서독과 하루속히 통일하자는
것이었다.

1990년과 1월에 들어오면서 통일에 대한 요구는 더욱 높아져 갔
다. 통행의 자유로 국경선이 무너진 판에, 돈과 물자가 마음대로 오
가게 되고, 매달 10만 명 이상이 서독으로 빠져나가 동독은 경제적

행정적으로 마비 현상을 빚게 되었다. 공장에선 노동자들이 빠져나가버려 작업을 할 수 없게 되고, 의사들이 떠나 버려 병원이 문 닫히고, 어떤 도시엔 시장과 행정요원들이 빠져나가 시청이 움직이지 않을 뿐 아니라, 청소원들이 서독으로 사라져버려 쓰레기가 도시마다 산더미처럼 쌓이고, 식당은 종업원이 없다고 문을 닫고 어떤 곳에서는 점심 때만 열고 저녁은 닫는다고 써 붙였다. 기차의 기관사들과 역원들이 떠나버려 열차 운행이 제대로 되지 않고, 우편 통신이 제대로 배달되지 않으며, 심지어 군대 병영에서마저 졸병들은 다 막사를 떠나 버리고 장교들과 직업군인들만 남아 병영을 지키는 웃지 못할 일들이 벌어지게 되었다.

체제 개혁과 통일에 대한 요구와 압력이 더욱 드세게 높아질 수밖에 없게 되었다. 동독의 사회·경제가 더 이상 파멸과 혼란에 빠져 붕괴되기 전에 살릴 수 있는 길은, 서독과 같은 시장경제의 도입과 경제 통합밖에는 없다는 것이다. 결국 국경선이 무너지고, 경제 통합이 이루어질 텐데 두 개의 정부나 국가가 무엇 때문에 필요하냐는 것이다. 이제 서독과 같은 수준의 경제적 안정이나 복지, 정치적 자유를 허용하지 않고는 동독에 국민들을 붙잡아둘 수 없게 되었기 때문에, 서독과의 협력과 통합이 동독의 생존과 유지에 필수적인 조건이 될 수밖에 없게 되었다.

동독의 모드로 수상은 서독과의 계약공동체(Vertragsgemeinschaft)를 이루겠다고 공표했고, 서독의 콜(Helmut Kohl) 수상은 연방제 통일을 이루는 10개 항의 제안을 내놓게 되었다. 독일의 통일이 정치적으로도 거론되기에 이르자 당황하게 된 것은 4대 전승국들과, 특히 동구권의 변화에 책임을 져야 할 소련의 고르바초프(Mikhail S.

Gorbachev)였다. 콜 수상의 연방제 통일안 제안에 대해서는 야당인 사민당이 비난의 화살을 퍼붓고, 같이 연정(聯政)을 하고 있는 자민당 당수이며 외무장관인 겐셔(Hans-Dietrich Genscher)마저 콜 수상과 이견을 보였지만, 소련의 고르바초프는 오히려 태연하게, 동·서독 국민들이 원한다면 통일에 반대하지 않겠다고 공표했다. 고르바초프의 이러한 선언은 모든 사람들의 예상 밖이었다. 동구 공산권에서 중요한 보루를 담당하고 있는 동독을 서방측에다 양보하는 것이나 다름없는 독일의 통일을 동구권의 제왕인 고르비가 그렇게 쉽게 동의해줄 줄은 몰랐다. 당황해진 것은 오히려 미국의 부시(George H. W. Bush) 대통령과 프랑스의 미테랑(François Mitterrand) 대통령이었다. 고르바초프가 통독에 동의한 마당에 이에 반대하거나 독일의 분단을 유지시킬 명분이 없어진 것이다.

고르바초프의 페레스트로이카와 세계 질서의 재편성을 멀리 내다보는 신사고(新思考)는 마침내 불가능한 것으로 여겼던 독일의 통일마저 이제 가능하고 가시적인 목표로 만들어버렸다. 처음에는 통행의 자유나 경제적 협력, 민족적 공동체만 동의하고, 국가적 통일은 반대하는 것처럼 말했으나, 동독의 상황 변화를 재빨리 눈치 챈 고르바초프는 국가적 통합에 반대한다는 말을 함으로써, 소련이 독일 통일에 장애 요인이라는 것이 확인될 경우에, 동독의 붕괴와 혼란에 책임을 지게 된다는 것을 알아차리고, 얼른 통일은 동·서독인의 자유로운 의사 결정에 따라야 한다며, 민족 자결권을 인정해주었다. 그러나 동서 유럽의 세력 관계에 균형을 깨뜨리고 안보에 위협이 되는 결과는 고르비로서도 허용할 수 없기 때문에, 통일된 독일은 서방측의 나토동맹에도, 동구의 바르샤바 조약기구에서도 탈퇴하는 중립화를 유지해야 한다고 단서를 붙였다.

소련이 반대하지 않고, 미국이나 영국·프랑스도 반대할 명분이 없는 독일의 통일에 대해, 동·서독 국민이나 정부가 반대하거나 주저할 이유가 없다. 금년 1월부터는 통일이 실현될 수 있는 확실한 목표로 설정되었고, 어느 누구도 독일의 통일을 반대한다는 이야기를 할 수 없게 되었다. 다만 문제는 언제, 어떠한 방식과 과정을 거쳐서 통일하느냐는 문제만 남게 되었다. 12월까지만 해도 모드로 동독 수상은 동·서독은 민족공동체를 유지하되, 두 개의 국가가 특별한 계약 관계를 경제·문화 등의 영역에서 하나의 공동체를 형성해가야 한다고 주장했고, 콜 서독 수상은 국가연합(Konföderation) 형태의 연방제 통일을 구상하고 제안했으나 이제 현실은 한 달 만에 급격히 발전해서 하나의 국가로의 통일이나, 동독의 서독 연방국가에로의 귀속 통일도 불가능하지 않은 정도로까지 통일 논의와 통일 의식이 무르익게 되었다.

이러한 상황에서 동독 측은 하루속히 국민들의 의사와 여론을 묻는 총선을 실시해서 체제 문제와 통일 문제에 대한 국가 정책을 만드는 것이 시급해졌다. 이미 국민들의 기대와 관심이 떠나버린 집권당(SED-PPS)은 정권을 야당이나 새로운 민주적 정당에 넘겨줄 각오를 하고 총선을 앞당기기로 결심했다. 모드로 수상은 5월 6일로 예정되었던 총선을 두 달 앞당겨 3월 18일에 실시하겠다고 발표했다. 이 총선의 결과는 동독의 운명을 좌우하는 것이기 때문에 지금 동독의 정당들은 체제 문제, 경제·사회정책, 그리고 서독과의 통일 문제 등 모든 것에 대한 정책을 내놓고 국민들의 심판을 받게 되었다. 결국 이 선거에서 집권하는 정당이 동독 국민의 대표권을 갖고 서독과 통일 문제에 협상을 벌일 수 있게 된다.

선거의 결과는 아직 점칠 수는 없으나 지금까지의 여론조사들을 참고해본다면 1989년 8월에 새롭게 창당된 동독의 사회민주당(SPD)이 최다수 득표를 얻을 것으로 관측되고 있고, 45%에서 52%까지 지지율이 나타나고 있다. 서독의 사민당의 강력한 지원을 받고, 빌리 브란트를 명예총재로까지 추대하고 있는 이 새로운 정당은 1989년의 국민 혁명을 일으킨 세력들과 지식인, 기독교 목사 등이 대거 참여하고 있으며, 다원적인 민주화와 시장경제를 도입하며 사회적 안정과 사회주의적 가치와 질서를 보장하겠다는 경제 정책과 유럽의 안보와 평화를 유지하는 방향에서의 서독과의 통일을 선거 이슈로 내놓고, 가장 활발하게 움직이고 있다.

지금까지의 집권당이었던 민주사회주의당(PDS)은 인기가 전혀 없다. 200만의 기존 당원들이 거의 탈당하고 50만밖에 당원으로 남지 않은 이 당은 야당으로서 사회주의와 동구권과의 유대를 지켜가겠다고 자기비판과 반성을 약속하고 있지만, 지지율은 10% 내외에 머물 것 같다. 여론조사는 7%에서 17% 사이를 오락가락하고 있다. 서구식 민주주의와 서독의 보수적 기독교민주당(CDU)의 강령을 지지하는 보수 계통의 세 정당이 이번 선거에서 연합전선을 펴고 있는데, 기독교민주당(CDU), 민주소생당(DA: Demokratische Aufbruch), 그리고 독일사회연합당(DSU: Deutsche Sociale Union) 들이다. 이 정당들이 최근 연합해서 서독의 기민당과 기사당의 지원을 받으며 서독식의 복지사회와 민주화, 시장경제, 그리고 친서방적 통일을 내세우고 있으나 이들의 지지율이 최근 10%에서 20% 이상으로 올라가고 있다고 하며, 어떤 측에서는 30%까지 내다보는 데도 있다. 그 밖에도 서독에 있는 자민당(FDP), 녹색당(Grüne) 들이 동독에도 모두 조직되었고, 그 밖에도 여러 가지 군소 정당이 있지만 큰 의미는 없으며, 단지 아직도 부동표로 계산되고 있는 20~30%의 유권자들의 투표 향방이 어떻게 되느냐에 따라 총선의 결과가 좌우된다고 보고 있다. 아무 정당도 과반수의 득표를 얻지 못하는 경우에 어떤 정당들끼리 연정하느냐에 따라서도 동독의 장래와 통일의 방향이 좌우될 수 있다. 따라서 지금으로선 딱히 통일의 방향과 독일의 장래가 어떻게 될지 확실하게 예측할 수는 없다.

그러나 선거의 결과가 어떻게 되든지 독일의 통일은 추진될 수밖에 없는 상황이다. 그것은 동독 국민의 75% 이상이 서독과의 통일을 원하고 있으며, 그중 상당수는 서독에 병합되는 통일이어도 좋다는 생각이기 때문이다. 실제로 선거가 끝나면 양독 정부는 서독의 마르크를 단일 통화로 채택하기로 하였고, 단지 동독의 마르크를 얼마의 가치로 교환하느냐의 문제만 남아 있다. 이미 3월 12일부터 독일의 통일을 논의하는 6자회담(양독과 4대 전승국 2+4)이 실무차원에서 진행되기 시작했고, 주변 국가들이나 미소 양국들도 이제는 통일된 독일의 강력한 위상(位相)을 놓고 유럽의 질서와 동서관계를 어떻게 정리해야 할 것인가를 논의하기 시작했다.

이미 통일이 이루어지는 것은 거의 기정사실화한 마당이다. 빌리 브란트 전 수상도, "통일의 길은 열렸다"고 선언했다. 그러나 아직 어떤 식의 통일이 언제 이루어질지는 불투명하다. 그것은 각 정당들 간에 이웃 나라들 간에 생각이나 이해관계가 같지 않기 때문이다. 그리고 통일문제가 동독의 변화 사태로 갑자기 밀려온 것이기 때문에 독일 사람들이나 정부에서는 그 대책과 방법을 마련할 기회가 없었다. "너무나 준비 없이 통일을 맞이하게 되었다"고 정치가들은 이구동성으로 말하고 있다. 이제부터 차분하게 통일의 과정과 방법을 생각해보고 난점들을 제거해가야 할 형편이다. 그러면 이제부터 독일이 통일이 이루어지기까지 동·서독 양측과 독일민족은 어떤 문제들을 풀어야 하고, 어떤 어려움을 극복해야만 통일에 이를 수 있겠는가?

필자는 지금까지 2개월 동안 논의된 독일 통일의 방향과 문제점들을 종합해볼 때 크게 세 가지로 독일 통일의 전제조건과 해결해야 할 과제들을 정리해보고자 한다.

첫째는 무엇보다도 분단국인 동·서독이 가졌던 동서 유럽의 동맹관계와 유럽 주변 국가들과의 평화적 관계를 어떻게 처리하면서 통일하느냐의 문제이다. 고르바초프는 통일된 독일이 중립화할 것을 주장하고 서독이 나토에서 탈퇴하며, 동독은 바르샤바 조약기구에서 탈퇴할 것을 종용하고 있다. 그러나 서독의 콜 수상은 서독이 통일되더라도 나토에서 탈퇴할 수 없으며 중립화는 곤란하다고 주장한다. 미국이나 영국, 불란서에서도 독일의 중립화와 서독의 나토 탈퇴를 동의하지 않고 있는데 그것은 서독과 같은 강한 나라가 나토에서 탈퇴했을 때 나토는 존재 이유가 없어진다는 것이며 의미도 없다는 것이다. 그리고 은근히 동·서독이 통일되어서 중립화되면 독일 스스로가 군사적으로나 경제적으로 중부 유럽의 강대국이 되어 나토 권에서 벗어나기 때문에 오히려 통제하기가 어려워지며, 나토 권의 여러 나라들의 힘과 위상이 크게 약화될 것을 두려워하고 있다. 미국은 더 이상 서독에 30만이나 군대를 주둔시킬 명분이 없어지며, 핵무기도 철거하지 않을 수 없다. 그렇게 되는 경우에 통일된 독일은 자체의 방어를 위해 강한 군사력을 갖게 되며, 미국이나 소련이 핵무기를 보유하는 한 독일이 독자적인 핵무기 개발을 하게 되어 오히려 유럽 안보에 다시금 위협적인 존재가 되기 쉽다는 것이다. 베이커(James A. Baker III) 미 국무장관은 셰바르드나제(Eduard A. Shevardnadze) 소련 외상을 찾아가 귀에다 대고 말했다고 한다. "소련이 정말 독일의 중립화를 원하는가? 그렇게 되었을 때 생기는 유럽의 안보 위협을 어떻게 미국과 소련이 대처하겠는가?"고 걱정을 함께 나누었다는 것이다. 이런 것으로 미루어 소련은 독일의 중립화를 고집하지 않을 수도 있다고 점쳐지고 있다.

그러나 중립화를 않는 경우 서독은 나토에 머물고, 동독은 바르샤바 조약기구에 머문 채 통일할 수는 없지 않겠는가? 한 나라의 군대가 어떻게 두 개의 다른 동맹군 사령관의 명령을 따를 수 있겠는가? 여기에서 독일의 정치가들 사이에서는, 그리고 4대 전승국의 전문가들 가운데서는 당분간 서독 지역에는 나토와 미군이 그대로 주둔하고, 동독에는 소련군이 주둔하는 채로 동·서독을 통일시키자는 묘한 방안도 제안되고 있다. 이제 문제는 동서의 대결이나 긴장 갈등보다는 강대해지는 독일이 유럽의 주변 국가들에게 대단히 부담스런 강대국이 된다는 데 더 신경이 쓰이고 있다.

이미 20세기에 들어와 두 번의 세계대전을 일으킨 전범국 독일이 2차 대전이 끝난 지 꼭 45년 만에 통일된 강대국이 다시 되어 막강한 경제력과 군사력·정치력을 갖는다고 하는 경우에, 독일의 민족주의에 대한 불행한 경험과 악몽을 아직 씻지 못하고 있는 이웃 나라들, 특히 프랑스나 영국, 네덜란드, 폴란드, 헝가리, 체코 등은 불안과 열등의식을 면하지 못하게 되어, 다시금 불행을 자초하지 않을까 염려하지 않을 수 없게 되었다. 통일된 독일은 유럽의 아주 한복판에 라인강에서 오데르강과 나이세강 사이의 광범한 영토를 가지고, 8,000만의 인구와 180만의 정규군과 예비군을 가지고 연간 800억 불의 수출 흑자를 가진 경제대국이 된다. 물론 군사력은 미국이나 소련에 비할 바는 못 되지만, 1990년대와 2000년대는 군사력이 아니라 경제력이 초강대국의 제일 요건이 된다는 예일대학의 역사학자 폴 케네디(Paul Kennedy)의 말을 참고할 때, 연간 무역 적자 1,000억을 기록하고 있는 미국을 앞질러 유럽의 초강대국이 되지 않는다는 보장이 없다. 그래서 2차 대전에서 패망한 두 나라 일본과 독일이 각기 태평양전쟁과 대서양 권에서 45년 만에 다시금 초강대국으로 일어서고 있다고 말할 수 있게 되었다.

이런 주변 강대국들이나 유럽 이웃 나라들의 염려를 독일 사람들은 잘 알고 있다. 그래서 서독의 정치가들은 특히 통일이란 말을 조심스럽게 하고 있으며, 통일이 되더라도 절대로 유럽의 안보와 평화에 저해가 되거나 부담이 되지 않을 것이라는 것을 거듭 천명하고 있다. 특히 콜 수상은 브란트의 동방정책이나 폴란드와의 국경문제를 공식적으로 인정하지 않았기 때문에 독일민족의 팽창주의를 신봉하는 것이 아닌가 하는 의심을 많은 사람들로부터 받고 있다. 그는 거듭 독일이 통일되어도 독일의 국경에 변화가 없을 것이라고 말했지만, 또 다른 곳에서는 그건 통일된 국민들의 의사로 다시 결정해야 할 문제라고 해서 묘한 뉘앙스를 남기며, 콜이 폴란드나 소련 등지에서 쫓겨 온 독일인들, 피난민들의 강한 지지를 받고 있으므로, 혹 1938년의 영토를 회복하려 하는 것이 아니냐는 비난과 의식을 이들 나라로부터 받기도 한다.

이 점을 감안해서인지 겐셔 외무장관은 토마스 만(Thomas Mann)이 1952년에 한 말을 인용해서 "우리는 유럽적인 독일을 추구하지, 독일적인 유럽을 지향하지 않는다"고 말하고 있다. 그러나 유럽이 동서로 분단된 상황에서, 각기 다른 군사 동맹으로 대결하는 상황에서 통일된 독일이 어떤 위상을 차지하며 어떻게 유럽 평화에 기여하느냐는 것이 심각한 문제로 등장하게 된다. 이 점에서 서독의 사민당과 브란트 전 수상 등은 통일을 서둘지 말자고 주장한다. 성급한 통일은 오히려 유럽의 안보와 평화를 깨뜨릴 수 있다는 것이다. 나토와 바르샤바 조약기구를 그대로 둔 채 동·서독만 여기서 빠져나오는 것은 해결책이 아니며, 또 동·서독이 나오게 되면 이 동맹 기구들은 사실상 유명무실해진다는 것이다. 적이 없어지는데 군사 동맹은 무엇 때문에 필요하냐는 것이다. 그러나 갑자기 동맹 체제를 해체해버리고 독일만 강대해지면, 이에 불안을 느낀 군소 국가들이 다른 형태의 독자적인 동맹 관계를 맺을 수 있기 때문에 자칫하면 독일이 포위를 당할 수도 있음을 감안해야 한다. 그래서 이런 염려를 하는 많은 정치가나 국민들은 유럽안보협력회의(KSZE)와 헬싱키 조약을 존중하면서 이 회의의 계속적 발전을 통해 동서 유럽 전체의 안보를, 즉 공동 안보 체제를 만들면서 통일을 해가야 한다는 생각이다. 그렇게 되면, 경제적 통합이나 사회문화적 통일은 한편에서 실천해 가되, 군사적 외교적 통일만은 유럽안보회의가 어떤 결론을 내릴 때까지 유보해야 하며, 이것은 곧 연방국가가 아닌 국가연합의 형태로 통일을 모색하지 않으면 안 된다는 결과가 된다. 이것은 경우에 따라 정치적 통합으로서의 통일을 상당 기간 유예시키는 과도적 형태의 부분적 통일론으로 발전될 가능성도 있다.

둘째로, 독일의 통일이 해결해야 할 커다란 과제는 정치적 통합이나 외교 관계나 동맹 관계를 어떻게 해결하든지간에 동독과의 경제적 통합을 이룩해야 한다는 필수적 조건을 어떻게 해결하느냐의 문제이다. 동독의 경제는 서독의 경제에 비해볼 때 비교가 안 되는 허약한 상태에 있고, 생산력이나 수출 능력, 기술적 능력과 노동력의 효율성 면에서 상대가 안 되는 열세에 놓여 있다. 동독 마르크의 통화가치는 실제로 볼 때 서독 마르크 화(貨)의 10분의 1밖에 안 되며, 이 돈들은 서방측 화폐와 교환할 수 없는 돈이다. 동독에 물건이 없고 생산이 안 되는 경우에는 종잇장이나 다름없는 돈이 된다. 이제 서독의 마르크로 통화의 일원화와 통일(Währungsunion)을 이룩한다고 할 경우에 어떤 비율로 동독의 마르크를 교환해주어야 하느냐가 큰 문제이다. 이것을 실세 그대로 10:1로 교환한다면 동독인들의 모든 저축과 재산이 1/10로 절하되어, 모두 극빈자들이 될 것이고, 이것은 동독을 살린다는 명분으로 1:1로 교환해줄 경우, 이 모든 짐은 서독인들에게 넘겨지게 되어 4,000만의 서독인의 경제로 1,800만 동독인을 살려야 한다는 결과가 된다. 서독이 아무리 부강하고 흑자국이라 하더라도 한꺼번에 동독인들이 서독인들과 같은 경제복지와 사회보장을 누리려 할 경우에 서독 경제는 막대한 타격을 받게 되며, 인플레가 생길 가능성이 높다. 과연 서독 경제가 이를 감당할 만큼 튼튼한 것인가?

이제 동독에 어느 정도까지인지는 몰라도 시장경제체제를 도입한다는 것은 명약관화한 사실이다. 경쟁력 없이 시장경제 원칙에 따르지 않고, 더 이상 관료적 통제와 계획으로 동독 경제를 살리고 통일에 대비할 수는 없게 되었기 때문이다. 이렇게 될 때 자본주의 시장경제 체제에 익숙지 않은 동독인들이 어떻게 살아남을 수 있을까가 큰 걱정이다. 지난 40여 년 동안 동독인들은 저임금을 받는 대신, 주택이나 생필품이나 에너지 등을 정부의 보조로 싸게 공급받아 왔다. 연간 정부의 보조는 630억 마르크나 되었는데, 시장경제 제도 하에서는 이런 보장을 할 수 없게 된다. 자연히 경쟁력이 약한 사람들이 실업자나 저소득층이 생기게 되며 빈궁한 층이 생기게 될 텐데, 이러한 사회적 불안정과 계급적 갈등을 어떻게 해소하며 경제통합을 이루겠는가 하는 것이다.

이미 동독의 여러 도시에는 돈을 가진 서독인들이 들어가서 땅과 집을 사려고 노리고 있다. 생필품이나 사치품, 소비품목에 매료당한 동독인들이 우선 급하니까 부동산을 헐값에 팔 수도 있다. 동·서독의 시장경제적 경제 통합은 결국 서독인을 부유층으로, 동독인은 빈곤층으로 만들고 예속시키는 불평등한 경제 통합이 될 위험이 없지 않다. 더구나 사회주의 집단 체제적 생산 소유 방식에 길들여진 동독인들이 일하는 속도도 느리고 업적도 낮기 때문에 자본주의화되는 독일 경제 체제 속에서 값싼 노동자로 전락할 위험도 있다. 동독이 유럽의 후진국이 되거나 경제 식민지가 되는 것이 아니냐는 우려가 높다. 동독은 어떻게 서독의 힘으로 구제된다 하더라도 동유럽의 국가들은 그런 운명을 면치 못할 것이라는 것이 독일 통일에 따른 동구 국가들의 걱정이다.

그러나 이러한 걱정은 기우에 불과하다는 낙관론도 있다. 서독의 경제력이나 저축력은 동독 인구 전체를 포용하고도 남는 힘이 있으며, 새로운 시장과 노동력으로 독일 경제가 급속히 성장하게 될 것이라는 전망을 한다. 동독 경제를 재건시킬 계획도 세우고 있다. 지금도 동독인의 연간 국민소득은 13,000불에 달하며(화폐가치를 1:1로 할 경우), 서독의 자본과 기술이 들어가, 산업 시설을 쇄신하고 기계화·자동화하며 고도의 생산력을 성취하는 것은 시간문제라는 것이다. 장기적으로는 독일이 엄청난 경제 대국으로 발전할 것이라는 전망을 하는 이도 많다. 그러나 동독의 이러한 경제적 서독화에는 저항도 적지 않다. 사회주의적 가치관과 세계관이 아직도 상당한 뿌리를 갖고 있는 동독사회가 그렇게 저항 없이 무조건 서독의 체제나 사고방식을 받아들인다고 보기는 어렵다. 여기에는 적절한 이행과정과 방식이 논의되고 강구되어야 한다. 여기에는 훈련 과정이 필요하고 적응력을 길러야 하는 문제가 있다. 그러나 아직 여기에 대한 준비와 대책은 마련되어 있지 않으며, 통일만 되면 잘 살 수 있다는 환상이 지배하고 있다. 이런 과제들을 어떻게 해결하며, 혼란과 부작용을 극소화하면서 통일을 이룩할 것인가가 난제로 되어 있다.

마지막 셋째로, 독일의 통일이 해결해야 할 과제는 통일국가의 정치적 형태와 체제의 성격을 어떻게 만드느냐의 과제이다. 아직 이 문제에 대해선 본격적인 논의가 없지만, 쉽지 않은 문제가 따를 것 같다. 이 문제는 또한 앞서 제기한 두 가지 과제의 해결과도 밀접한 관계를 가지는데, 지금 현재로는 세 가지 형태의 정치적 통합 방식이 논의되고 있다.

첫째는 두 개의 국가가 연방(Konföderation)제로 연합되며, 외교·군사·경제 문제 등을 양쪽이 파견하는 공동위원회 같은 것을 통해 해결해가며, 내정(內政)은 자치적으로 해가는 제도를 말하는데, 유럽안보평화회의가 군사동맹 문제를 해결할 때까지는 이 방안이 채택될 가능성이 많다.

두 번째 방식은 하나의 연방국가(Bundesstaat)를 만들되, 동독(DDR)과 서독(BRD)이 합쳐서 전혀 새로운 연방국가를 만드는 방안이다. 이때는 서독의 11개 주와 동독의 5개 주를 각기 지방정부(Land)로 하고, 새 헌법과 강령을 만들어 하나의 새로운 연방국가를 만드는 방법이다. 이때는 양측의 차이와 이해관계 때문에 상당히 오래 논쟁하고 준비해야만 실현할 수 있게 된다. 양측이 총선을 통해서 자기네 헌법을 포기하고 새 나라를 만드는 데 동의해야 하기 때문이다.

셋째는 흔히 가장 쉬운 방법의 통일이라고 하는 동독의 서독에로의 흡수통합(Anschluß)이다. 이것은 동독의 새 정부나 의회가 서독의 연방국가에 가입하겠다는 결정만 내리면 법적으로는 아무 문제 없이 당장 할 수 있는 통일 방식이다. 서독(BRD)의 현행 헌법 24조에는 동독의 지역 정부(Land) 5개가 원하면 가입할 수 있는 길을 열어놓고 있다. 이때는 단지 서독인 독일연방공화국(Bundesrepublik Deutschland)이 11개 주정부 대신 16개 주정부로 구성되는 확장을 이루는 통일이다. 이것은 서독의 보수 정치인들과, 동독에서도 서독을 흠모하는 사람들이 신속하게 통일을 이루는 방안으로 주장하는 것이다. 이렇게 되면 동독(DDR)은 붕괴되어 서독에 흡수당하게 된다. 동독인들의 자존심으로 볼 때는 받아들이기 어려운 안인데도, 동독 안에는 이름이 뭐든 상관있느냐, 독일이 통일되어 하나가 되면 됐지, 서독의 흡수통합도 좋다는 사람들이 적지 않게 있고, 또 자꾸 생기고 있다.

또 많은 독일 사람들이, 이때가 통일에 가장 좋은 기회이며, 이 기회를 놓치면 영영 민족통일을 못할지도 모른다는 불안감에서 무슨 방식이든지 빨리 통일하고 보자는 여론이 적지 않게 일고 있다. 그러나 이렇게 되면 나토에 동·서독이 동시에 가입하게 되며, 소련이나 동구는 위협을 받게 되기 때문에 절대 동의할 수 없을 것이므로, 그렇다고 서독이 나토에서 탈퇴하기도 어렵기 때문에 문제가 된다.

어쨌든 이 세 가지 방안에 다 문제는 있으며, 어느 길을 택하든 독일은 동·서독 두 나라의 국민들과 주변국들의 이해와 동의를 구하면서 통일을 이루어가지 않으면 안 된다. 독일인들의 지혜와 깊숙한 사고가 어떤 방식의 해결책을 만들지는 우리 분단국인 한국인들에게도 지대한 관심사가 아닐 수 없다.

II. 통일 독일의 중립화와 나토 가입 문제[2]

동독의 총선(1990년 3월 18일)이 보수 세력의 승리로 끝남으로써 독일의 통일이 한 걸음 더 앞당겨지게 되었다. 장벽이 무너지고 수십만 명의 동독인이 서독으로 넘어오면서 독일의 통일은 확실한 것으로 나타났지만, 과연 두 개의 국가가 하나의 국가에로 통일되는 것이 1~2년 내에 가능할 것인가 하는 것은 미지수로 남아 있었다. 그것은 동독 국민들의 의사가 무엇인가에 따라 결정될 문제였기 때문이다. 서둘러서 통일을 하자고 주장한 것은 동독 쪽이었고, 서독은 서두르지 않고 지켜보는 입장일 뿐이었다.

동독의 이번 선거는 새 정부를 뽑는다는 의미보다는 통일의 과정과 방식을 결정한다는 데 더 중요한 의미가 있었다. 공산당(SED: 사회주의통일당)이 독재하던 정권이 붕괴되고 나서 처음 있는 이번 선거에서 여러 정당들은 모두 민주주의와 시장경제 그리고 통일을 정책으로 내세웠다. 지금까지 독재 정부를 이끌어오던 공산당마저 당명을 민주사회주의당(PDS)로 바꾸어버리고, 다당제 민주주의와 시장경제를 도입하면서 사회주의 체제를 유지하겠다는 것과 점차적인 통일을 내세웠다. 그러나 국민들은 16%밖에 표를 주지 않았다. 40년간의 독재와 부패, 실정(失政)에 대해 심판을 내린 것이다.

동독 땅에서는 바이마르 공화국의 선거(1922년) 이후 58년 만에 처음으로 자유로운 민주선거가 있게 되었다고 하는데, 이번 선거의 관심은 민주화와 함께 새로 등장한 사민당(SPD)과 보수연합 세력인

---

2 이 글은 월간 「한국인」(1990년 5월호)에 실린 필자의 글임.

기민당(CDU)의 세력 분포가 어떻게 되며 누가 집권하게 될 것인가에 있었다. 집권 공산당(SED-PDS)은 아예 정권을 내주고 소수 야당으로 물러날 각오를 단단히 하고 있었다. 사민당과 기민당의 대결은 정치 체제나 경제 정책의 차이에 있지 않고 바로 통일 정책의 차이에 있었다. 어차피 통일은 하지 않고 동독의 국가체제를 유지한다는 것은 불가능해진 상황이었기 때문에, 통일 이전까지의 과도기적 경제 정책이나 사회 정책이 무엇인가는 별 의미가 없게 되었다. 아무도 통일을 하지 않고 동독의 현 체제를 지속시키며 안정을 되찾을 수 있다고는 믿지 않았다.

서독의 기민당과 콜 수상으로부터 강한 지원을 받은 동독의 기민당은 민주소생당(DA)과 독일사회연합(DSU)과 함께 독일연합(Deutsche Allianz)이라는 보수 동맹을 형성해서 당장 통일을 실현하고 그것도 서독에 합병하는 식으로, 서독의 헌법과 경제 제도를 받아들이는 통일안을 정책으로 내세웠다. 서독과의 빠른 통일을 통해, 서독과 같은 자유와 발전, 복지를 누릴 수 있다고 장밋빛 환상을 공약으로 내세웠던 것이다. 서독의 콜 수상은 기민당 지원 유세를 다니며, 기민당이 집권하면 5년 안에 동독을 서독과 같은 수준의 복지사회로 만들 수 있다고 장담했다. 이것은 동독(DDR)이라는 국가와 체제, 전통을 아주 없애버리며 자존심마저 포기하는 방안인데도, 공산국가 동독에 신물이 난 국민들은 압도적으로 이 보수 동맹을 지지해 48%의 승리를 얻게 했다.

서독 사민당의 대부 빌리 브란트의 선거 지원을 받은 동독 사민당(SPD)은 선거 직전까지만 해도, 여론조사에서 항상 최다 득표율로 집권할 정당으로 나타났었다. 그러나 결과는 21.8%의 지지율로 제2

당으로 떨어지고 말았다. 그 원인은 통일 정책에서 당장의 통일이 아니라 점진적인 통일론을 주장했기 때문이다. 사민당은 당장의 통일이나, 동독이 서독에 흡수되는 방식의 통일은 혼란과 불안정을 가져오며, 유럽의 이웃 나라들을 당황하게 만들기 때문에 바람직하지 않고, 서서히 나토나 바르샤바 조약의 동맹 문제를 해결하면서 통일되어야 한다는 정책을 내세웠다. 냉정하게 생각해보면 이것이 합리적인 방안인데도 빨리 통일해서 안정과 복지를 찾아야겠다고 성급해진 동독의 국민들은 그러다가 통일을 못하게 되면 어떻게 하나 하는 불안감 때문에 사민당을 지원하지 않고, 기민당과 보수동맹 쪽으로 기울어지게 되었다.

어쨌든 3월 18일 총선의 결과로 독일의 통일을 재촉될 수밖에 없게 되었다. 기민당이 공약한 것처럼 여름 이전에 6월이나 7월에, 우선 양독의 통화를 서독의 마르크로 통일하게 될 것이다. 통화의 통합이 이루어지면 경제사회적 통일은 이루어진 것이나 다름없으며, 어떤 방식과 조건으로 이루어지느냐 하는 문제만 남게 된다. 서독의 마르크가 동독의 화폐가 된다고 할 때 동독의 경제체제는 서독에 흡수되지 않을 수가 없을 것이다. 서독의 상품과 자본이 단숨에 밀려들어올 것이며, 서독의 산업이 가진 고도의 기술과 생산성, 저렴한 가격에 경쟁을 할 수 없는 동독의 회사나 공장들은 문을 닫거나 실업자를 낼 수밖에 없게 된다. 이런 경제파동을 막기 위해서는 서독으로부터 막대한 구제금융이나 원조가 필요하며, 실업보험과 직업전환교육 등이 이루어져야 하는데 서독의 경제가 이를 부담할 수밖에 없게 된다.

이렇게 되면 동독의 정치나 외교가 따로 있을 수 없으며, 있을 필요도 없다. 속히 하나의 통일 정부에 의해 조정되는 것이 낫다. 동독 측은 가능한 빠른 정치적 통합을 원하게 되어 있다. 통일 논의를 수년간 하면서 점진적으로 할 여유가 없게 된다. 그래서 가장 빠르고 쉬운 방식의 통일의 길을 찾게 되는데 그것이 서독 헌법 23조에 의한 방식이다. 새로운 동독의 의회가 5개 주를 서독(BRD)에 귀속시키는 의결을 하면 끝난다. 그렇게 되면 서독이 현행 헌법에 의해 동독 5개 주를 흡수한 뒤에 새로운 전독(全獨) 총선을 통해서 새 정부를 선출하면 통일은 끝나게 되어 있다.

그러나 현재 제1당이 된 기민당은 이런 속결방식의 통일방안을 채택할 태세로 있으나, 문제는 기민당이나 독일연합의 보수동맹이 과반수를 차지하지 못하기 때문에 홀로 정부를 수립할 수 없다는 데 있다. 지금 논의되는 바로는 사민당과 연정(聯政)을 해서 아예 의회의 3분의 2의 의석을 가지고 개헌 등 중대 결정을 쉽게 처리하도록 한다는 것이다. 자민당(FDP)이나 다른 정당과 연정을 할 경우 과반수는 되지만 개헌선을 못 이뤄 중대사를 결정할 수 없다.

그런데 21%를 차지한 사민당은 아직 서독 헌법 146조에 의한 통합 방식을 주장하고 있다. 이것은 양쪽 독일이 모두 해체되고 새로운 헌법을 만들어서 통일하는 방법이다. 그래야만 동독의 체면도 살리고, 서독의 자본주의 사회가 가진 결점들도 시정하면서 통일할 수 있다는 것이다. 서독의 정치 체제와 경제가 아무리 동독보다 우수해도, 동독이 일방적으로 서독에 편입되는 것은 문제를 바르게 해결하는 것이 아니며, 엄청난 문제와 혼란만 일으킨다는 주장이다. 서독 측에도 인플레나 사회적 불안정 등이 생겨서 성급한 흡수통일이 역효과를 가져올 수 있다는 것이다.

기민당이 사민당과 연정을 하려면 통일 방안에 대한 의견 조정을 하지 않으면 안 된다. 23조냐 146조냐, 아니면 양자를 절충하는 제3의 방식이냐가 결정되어야 한다. 그러나 동독 국민의 여론이 조기 통일과 급속한 서독식 통일로 판명된 이상 23조에 의한 통일방식을 형식으로 취하면서 서독의 헌법을 개정 보완하는 방식을 취할 가능성이 높다. 동독 사민당의 부당수인 메르켈은 통일된 독일의 헌법은 노동의 권리와 같은 동독 헌법이 가졌던 사회보장의 조항을 포함시켜야 한다고 주장했다. 통일 헌법에 대한 의견들을 여러 가지로 다르겠지만 통일에 대한 요구와 상황이 급박해지면 얼마든지 타협할 수 있을 것으로 보인다.

문제의 핵심은 동독의 경제를 어떻게 재건하느냐는 데 있다. 동독의 화폐는 명목상으론 서독과 1:1이지만 실제 가치는 10분의 1밖엔 안 된다. 이를 1:1로 교환해줄 경우 서독의 상품과 실물이 모자라 엄청난 인플레가 오게 된다. 그렇다고 4:1이나 3:1로 교환해주면 동독 국민들은 독일 안의 빈곤지역과 후진국가를 면할 수 없게 된다. 그래서 현재 채택 가능한 것으로는 현금은 1:1로 교환해주고, 저축된 예금이나 채권 등은 우선 동결시키든가 다른 비율로 교환해주는 방법을 강구하고 있다. 혹은 모든 동독의 화폐가치를 2:1로 교환해주고, 1인당 2,000마르크까지만 1:1로 교환해주는 방안도 고려되고 있다.

더욱 심각한 문제는 동독의 국가경제가 가진 파국과 위기를 서독의 경제가 모두 짊어져야 한다는 데 있다. 우선 통일이 되면 동독의 국가부채 200억 불을 서독이 맡아서 갚지 않으면 안 된다. 경제 통합이 되면 생겨날 동독의 실업자가 100만을 넘을 텐데 이들에게 서독은 우선 실업 보험금을 지불해야 할 것이다. 서독으로의 이주를 막으려면 동독의 사회보장 제도를 서독만큼 올려놓지 않으면 안 된다. 연금 퇴직금 제도, 의료 시설 개선 등 모두 서독의 자금이 엄청나게 투입되어야 할 문제이다. 주택 문제도 심각해서 150만 채의 주택이 살 수 없을 정도로 낡아서 새로 짓지 않으면 안 되고, 전쟁 전에 지은 집 400만 호도 대폭 수리를 해야 할 형편이다.

이제 통일이 되면 필요 없게 되는 많은 공무원들, 군인, 경찰들이 직업 전환을 해야 한다. 현재 동독의 공무원은 200만 명으로 인구의 12%나 된다(서독은 460만으로 인구의 7.5% 정도). 독재정권의 유지를 위해 필요했던 10만의 비밀경찰(Stasi), 그리고 10여만의 정보원, 114,000의 인민경찰대, 25,000명의 국경 근무 경비대들이 옷을 벗고 실업자가 되어야 할 판이다. 이 모든 경제적 부담이 서독으로 넘어 올 수밖에 없다. 과연 서독의 경제력이 이를 감당하고도 튼튼히 버틸 수 있을 것인가? 전문가들은 대체로 서독의 흑자 경제는 이를 감당하고도 남으며, 또 장기적으로 볼 때, 동독의 인구와 자원을 경제적으로 이용해서 경제 대국을 이루어 유럽의 초강대국으로 솟아오르게 될 것이라고 예측하고 있다. 1990년대의 강대국은 핵미사일이나 전투력에 의해 결정되는 것이 아닐 경제력과 과학기술의 힘에 의해 결정된다고 보기 때문이다.

동·서독이 통일을 하기 위해 해결해야 할 또 하나의 문제는 국제관계에 있다. 국제관계의 문제는 우선 미, 소, 영, 불의 4대 전승국들과의 관계와 나토와 바르샤바 동맹체제의 편입을 말한다. 유럽의 안보와 평화를 위해 동·서독을 갈라놓고, 절대적인 동맹체제에 편입시켜 미소 강대국들과 이웃 나라들의 동의가 없이는 독일의 통일이 불가능하다. 그러나 이제 이 문제는 냉전체제가 무너져 가는 오늘의 상황에서는 별 문제가 없을 것 같다. 이미 동·서독과 4대 전승국회담(2+4회담)이 잘 진행되고 있고, 소련과 미국이 통독에 동의한 이상 긍정적 결론이 나오리라 보여진다.

동맹 체제의 문제도 전처럼 생각하지는 않는 것 같다. 고르바초프 소련 대통령은 몇 달 전 통일된 독일이 중립화되어야 한다고 주장했으나, 지금은 나토에 그대로 있도록 묵인할 것으로 알려지고 있다. 독일이 강대국으로 혼자 뛰는 것보다는 나토의 동맹체제에 묶여 있는 것이 낫다는 여론이 소련을 설득시킨 것 같다. 그 대신 당분간 통일 후에도 미군과 소련군이 각기 동·서독에 주둔해 있는 것을 허용한다는 조건을 둔다는 것이다. 이제 유럽안보협의회(KSZE)가 새로운 안보 공동체를 구성하게 되면, 나토와 바르샤바 동맹은 자연히 해체하게 될 것이란 전망이 있기 때문이다.

동독의 총선 결과는 이제 독일의 통일을 1, 2년 안의 실현 목표로 만들어버렸다. 독일 헌법 23조에 의한 통일이, 꼭 흡수통합을 의미하는 것은 아니라고 하지만, 여러 가지 모양새로 보아 이제 동독은 없어지고 서독이 확대 강화되는 독일의 통일이 걷잡을 수 없이 빨리 진행될 것 같다.

III. 통일 후 정치 · 사회 · 경제적 문제[3]

독일의 통일에서 무엇을 배울 것인가의 문제는 한반도에 사는 우리들에게는 세계 어느 나라 사람들보다 중요하고 심각한 문제이다. 비록 분단의 원인과 성격, 과정이 달랐다 하더라도 독일과 한국은 2차 대전 후 이념의 대결이었던 동서의 분단체제 속에서 갈라져 살아야 했던 같은 운명을 겪어야 했었다. 이제 냉전체제의 해체로 동 · 서독이 통일되고 난 뒤 유일하게 남은 분단국인 남 · 북한은 통일을 하게 될 것이 당연하지만 어떤 과정을 통해 어떠한 성격의 통일을 할 것이냐가 초미의 관심사가 아닐 수 없다. 베트남과 독일, 예멘의 통일 경험은 우리에게 통일을 생각하고 준비하는 데 많은 교훈과 시사점을 준다. 그중에서도 독일과 예멘은 전쟁이 아닌 평화적 통일이었기에 더욱 좋은 선례를 남겼으며, 특히 독일의 통일은 서독에 동독이 흡수되는 방식으로, 자본주의적 방식의 통합이었다는 점에서 우리에게 많은 것들을 시사하고 생각하게 하였다.

독일의 통일이 가져온 여러 가지 결과들에 대하여 반성이 일고 있는 것이 사실이지만, 아직 독일통일의 결과를 총체적으로 평가하기는 이르다고 생각한다. 아직 통합과정이 진행 중이고, 생겨난 문제들에 대해서는 여러 가지 대책과 극복의 노력이 강구되고 있기 때문이다. 그럼에도 불구하고 독일의 통일 경험은 이미 우리에게 여러 가지로 생각하고 대비할 문제들을 남겨주었다. 독일은 독일대로 이 문제를 해결해가겠지만, 우리들에게 이런 문제가 생기게 되면 어떻

---

3 이 글은 필자가 쓴 "독일 통일의 교훈 — 통일 후 정치 · 사회 · 경제적 문제" 글이며, 「圓光」 1993년 1월호에 게재되었다.

게 극복해야하는가를 염려하지 않을 수 없게 되었다. 이제 독일의 통일이 3년여 지난 오늘에 와서 남겨준 문제들은 무엇이며, 이것이 우리에게 시사하는 교훈은 무엇인지 간단히 살펴보고자 한다.

1. 정치 사회적 결과와 문제

독일의 통일은 무엇보다도 준비과정을 거치지 않고 급격히 실시되었다는 것이 중요한 특징이다. 소련의 고르바초프의 지도노선인 페레스트로이카에 따라 개방과 개혁의 길을 걷던 동구라파 일대에는 서서히 지각 변동이 일어나게 되었고, 동독인들이 탈출하기 시작하면서 베를린 장벽이 붕괴하게 되었고 마침내 동독의 정권은 스스로 해체되어 서독에 병합되는 방식으로 흡수통일에 이르게 되었다. 1989년 11월 9일 베를린 장벽이 무너진 뒤 서독의 콜 수상은 의회에다 10개항의 방안을 내놓고 동·서독이 계약공동체를 이루자고 제안했다. 계약 공동체와 국가연합의 단계를 거쳐 연방제로 통일하자는 것이 그 골자였다. 이것은 한 10여년의 과정을 거치면서 통일하자는 단계적 통일방안이었다. 그러나 1990년 4월의 동독 총선은 압도적으로 당장의 서독에 흡수되는 통일방식을 결정하고 말았다. 그 뒤 6개월 후인 1990년 10월 3일에 통일은 쉽게 이루어지고 말았다.

서독의 헌법 23조에 의거하여 동독의 5개 주에서 의원들을 선거해 연방의회를 확대하고 수상을 뽑는 식으로 통일을 했기 때문에 동독의 국가나 정부 주권이 해체되거나 몰락하면서 통일이 되는 결과가 되었다. 서독의 헌법과 제도, 관리들이 동독을 인수하는 결과였기 때문에 여기에는 상당한 정치사회적인 문제가 발생하게 되었다.

이렇게 될 때 구동독의 관료들이나 법조인, 외교관, 군인들은 모두 쓸모없는 인간이 되어 실직을 할 뿐만 아니라 서독의 관리와 법률인들에 의해 지배를 받아야 한다는 결과가 생기게 되었다. 구동독에 있던 법조계 인사들은 한 사람도 판사나 변호사, 검사의 일을 할 수 없게 되었다. 법률 체계가 달라지고 서독 연방 법률에 무지하기 때문에 자동적으로 법률인으로서의 자격을 박탈당하게 되고 말았다. 이들에게 적응훈련을 시켜 다시 법률직에 종사하게 하는 경과조치가 전혀 마련되지 않았다. 구동독의 수많은 외교관들도 통일된 독일의 외무성이나 대사관에 단 한 명도 채용되지 않았다. 군인들 역시 마찬가지였다. 동독의 군대는 해체되었고 서독의 군대에 영입한 군인의 수는 많지 않았다. 공산주의로 무장되었던 장성급이나 영관급 장교들을 서독의 군대 지휘관에 쓸 수는 없었고 일부의 하급장교들과 병사들만 받아들이게 되었다.

대부분의 관리와 많은 공무원들이 서독인으로 교체되었으며 대학의 교수들과 학교의 교사들도 상당한 수가 교체되기에 이르렀다. 맑스·레닌주의를 가르치던 철학이나 정치학 등 사회과학자들은 대부분 실직을 하게 되었으며, 법학부 교수들은 전원 개편되는 결과가 생겼다. 그래서 전직 고급관리나 장교가 택시운전사로 전락하는가 하면 전직 대학교수가 청소부나 묘직이로 전업을 하는 결과가 일어났고, 전직 외교관이 식당의 웨이터로, 구 경찰관이 회사 수위로 바뀌는 일들이 비일비재하게 되었다. 도저히 자존심이 허락지 않는 구동독의 엘리트들 중에는 자살의 길을 택한 사람도 많았다. 간호사나 유치원교사, 사회사업 실무자, 교사, 기술자 등 많은 직종의 사람들이 6개월간의 재교육을 통해서 재취업되는 과정을 겪어야 하게 되었다. 모든 동독인들이 중앙 통제적이고 타율적이었던 체제에서 벗어나 자유로우면서도 자율적이고 경쟁적인 서독의 체제에 적응키 위해 많은 정신적 사회적 어려움과 고통을 겪게 되었다.

그러나 이런 실직이나 전업의 문제보다 심각한 것은 구동독에서 비밀경찰(Stasi)로 근무했던 자들의 처리 문제였다. 10만 명이 넘는 것으로 알려진 비밀경찰들은 각종 스파이공작과 협박·테러·감시 활동을 했기 때문에, 통일 이후의 독일에서는 범죄자로 처리할 수밖에 없었다. 그러나 단순한 감시나 정보업무를 한 요원들까지 형벌을 준다면 10만 명이나 투옥해야 하기 때문에 감옥시설이 없으며 또한 정치적으로 논쟁거리가 된다. 1,700만 명의 동독 국민 중에 600만 명에 대한 개인 기록 카드를 만들었던 비밀경찰들은 모든 직장에 숨겨져 있었으며 심지어는 교수, 교사, 목사에 이르기까지 사회적으로 존경받는 인사들 가운데에도 있었던 것이 드러났다. 어느 선, 어느 한계까지 처벌하고 징계해야하느냐가 통일 독일에서 큰 정치문제로 대두하게 되었다.

통일 과정은 혁명이나 전쟁이 아닌 평화적 방법에 의한 것이었으나 동독 안에서 일어난 정치사회적 변화는 혁명에 못지않은 변화와 결과를 초래하게 되었다.

2. 경제적 결과와 문제

정치적인 문제들은 독일의 통일이 가져온 정치적 변화의 당연한 귀결이었으므로 체제의 변화와 함께 감수해야 할 문제이겠으나, 아주 심각하며, 예상할 수 없었던 독일 통일의 문제는 경제적인 문제였다. 아직도 독일은 통독으로 인한 경제적 부담과 고통이 어디까지 갈지에 대해서 확실한 예측을 하기가 어렵다. 서독인들과 정부는 동독의 경제적 역량을 잘못 평가했으며, 통일 후에 동독의 산업경제가 그렇게 쉽게 붕괴하리라는 것을 예측하지 못했다. 동독의 경제는 동구권에서는 가장 우수한 경제였으며 소련보다도 여러 가지 면에서 단단하고 발전된 경제였다고 객관적으로 평가되고 있었다.

1990년 7월경 양독이 경제 통합을 하고 화폐를 통일시켰을 때 서독의 재무장관 바이켈은 동독에 대한 지원금이 1995년까지 580억 마르크면 충분하다고 주장했다. 그러나 실제로 서독이 통일 후 지불해야했던 비용은 1991년 한 해에만 1,550억 마르크, 1992년에 2,000억 마르크가 넘게 되었다. 그래서 서독에서는 갑자기 세금을 인상하게 되었고 휘발유에 통독지원세 25%를 붙이는 급격한 자원 조달책을 쓰게 되었다. 구동독에 이처럼 많은 재정 지원이 필요하게 된 원인은 무엇보다 동독의 산업 경제가 통일 후 자생력을 잃고 붕괴하게 되었기 때문이다. 원래 동독의 상품들은 국제시장에서도 경쟁할만한 수준의 것이었으나 갑자기 서방세계화의 경계가 무너지고, 또 동구라파의 사회주의 경제가 와해되고 자본주의 서유럽 시장권에 개방되면서 동독의 상품들은 하루아침에 국제시장에서 경쟁력을 잃어버리게 되었다.

국제 시장에서의 경쟁력뿐 아니라 국내의 장에서도 동독의 상품들과 생산체계는 명맥을 유지할 수 없게 되었다. 오랫동안 자유와 서방 세계의 소비재에 굶주렸던 동독 인민들은 서독이나 서방 세계의 물품들을 사는 데 열광했으며 이제까지 쓰던 동독 제품들은 모두 멸시하고 내동댕이치는 태도를 보였다. 동독의 자동차가 비싸고 품

질이 조잡해 서방측의 중고품 자동차를 오히려 선호하는 것은 이해할 수 있다 하더라도, 질이 괜찮은 동독제 식료품이나 심지어 채소, 과자, 초콜릿 등도 포장이 조잡한 동독 것보다 포장과 맛이 우수한 서독제를 선호해서 결국 동독의 식료품 공장이나 산업마저도 문을 닫게 되는 결과를 가져온 것은 안타까운 일이었다. 결국 경제 문제의 핵심은 도산과 실업자였다. 사회주의 경제 체제 속에서 생산력과 기술 노동집약도가 낮은 채로 유지되어 오던 동독의 기업들은 개방된 자본주의 체제 속에서는 경쟁에 견디어낼 수가 없게 되었다. 생산단가가 너무 높아 시장경제에 적응을 못한 것이다.

결과적으로 동독에서는 정치적인 이유와 경제적인 이유로 실업자가 쏟아져 나왔으며, 지역에 따라 다르지만 평균 15%를 넘는 실업자를 양산했고, 지금 1천만 명에 이르는 실업자들이 독일에 우글거려 이들이 정치적 불안 요소가 되기까지 했다. 독일의 사회보장 제도는 모든 실업자들에게 최소한 먹고 살 수 있는 실업보험금을 지급해야 한다. 결국 동독인들의 실업보험금을 서독인들의 보험료로 부담하게 된다는 결과가 되었다. 그래서 통일 비용은 동독의 도로, 교통망, 주택, 공장들을 재건하는 비용일 뿐 아니라, 몰락하는 기업체들을 경쟁력 있는 산업체로 재건하는 비용, 그리고 실업자들의 생활보장비가 엄청나게 들어 막대한 수에 이르게 되었다. 그래서 현재 동독의 5개 주에 있는 기업체와 정부 부처들에게 연방정부가 매년 900억 불(1,400억 마르크)씩 지원해야 하는 구조가 되었다.

또 한 가지 심각한 경제사회적 문제는 구동독의 토지, 공장, 가옥 등에 대한 소유권문제이다. 부동산의 개인소유가 불가능했던 동독에서의 재산을 통일독일은 1945년 공산화 이전의 소유자에게 되돌려준다는 입장을 세웠다. 그래서 지난 40여 년 동안 관리하고 사용하며 가꾸어왔던 현재의 소유자와 과거의 소유자 사이에 심각한 분쟁과 대립을 일으키게 된 것이다. 국가가 관리했던 재산이나 기업체는 신탁관리청을 만들어 관리하고 있으나 점차 민영화하며 개인에게 불하해주는 정책을 쓰고 있다. 여기서 결국은 갑자기 자본주의 시장경제로 돌변한 구동독에서 재산을 소유한 자와 못한 자의 차별이 심하게 생기며 새로운 계급갈등의 위험이 배태되게 되었다. 통일이 되면 모두 서독인들처럼 풍요를 누리며 잘 살게 되리라 기대했던 동독인들의 꿈이 사라지면서 서독에 의한 동독의 식민지화라는 말까지 생기게 되었다. 이런 상황에서 장밋빛 환상에서 깨어난 동독인들이 생활이 불안정하고, 실업보험금으로 뛰어오르는 집값이나 생활비, 소비 수준을 감당할 수 없게 되자 극우파 민족주의가 발생하였으며, 실업자 젊은이들이 공격의 화살을 독일에 와 있는 외국인 노동자들에게 쓰게 되었다. 새로운 나치즘의 부활을 꿈꾸는 이들은 수백만의 외국인 노동자들을 몰아내고 독일인 실업자들을 채용하라고 아우성치고 있다.

3. 독일 통일에서의 교훈

이상에서 간단히 정치·경제면에서의 문제점들을 살펴보면서도 우리는 급격히 준비와 단계적 과정 없이 이룩한 통일이 어떤 문제와 위기를 안고 있는가를 충분히 짐작할 수 있다. 동독인들이 스스로 원했기 때문에 사회주의 체제를 단번에 해체해버리고 자본주의 체제로 흡수통합되었는데 중간의 완충 지대나 기간이 없이 단번에 장벽을 허물어버린 독일에서는 그만큼 충격과 부작용이 크게 있을 수밖에 없다는 결론이 나온다. 물론 서독의 경제가 워낙 튼튼하고 저력이 있기 때문에 이 엄청난 통일 비용을 부담하고도 경제적 추락과 정치적 혼란을 막고는 있지만, 한국과 같이 통합 능력이 미약한 경우에 어떤 문제와 부담을 안게 될지는 매우 예측하기 어려운 문제다.

물론 그렇다고 독일이 급격히 통일을 결행해버렸다는 것이 잘못된 정책이었다고 할 수는 없다. 통일은 주변 강대국과의 관계 문제가 있기 때문에 여건이 주어졌을 때 했어야지 미루고 있다가는 영 못할 수도 있기 때문에 1990년에 동구권이 변혁되는 시기에 한 것은 잘한 결정이었다고 본다. 단지 정치적 통일을 단행한다 하더라도 경제적 사회적 통합은 보다 지혜롭게 단계적으로 했어야 충격과 부담을 덜 수 있었지 않았나 하는 것이 오늘의 중간 평가요 결산이다.

아마 경제 문제도 시간이 갈수록 해결되겠지만, 오랫동안 남을 문제는 오히려 정신적 문화적 문제인 것 같다. 지금 동독인들에게 가득 찬 불만과 공허감 절망감 같은 것을 앞으로 어떻게 메꿔가며 통일 독일의 도덕성과 가치관을 확립할지, 극우 민족주의와 폭력 무정부 상태 등을 어떻게 극복하며 새로운 질서와 공동체를 이룩해갈지가 통일 독일의 큰 숙제로 남아있다. 희망이 없을 때 자살과 폭력은 늘어나게 되어 있다. 독일이 통일 이후에 겪고 있는 이런 문제들은 정치적으로는 통일 되었지만 정신적 심리적으로는 아직 통일이 안 되었다는 것을 의미한다. 40여 년 동안 맑스ㆍ레닌주의를 종교처럼 섬기다가 갑자기 몰락하고 붕괴된 우상처럼 버림을 받게 되자 많은 사람들이 가치관과 이념의 공백으로 인해 허무감에 빠지는 것은 당연한 일이다. 이제 이 문제를 해결할 정신적 노력이 시급히 필요하게 되었다. 여기에 종교와 철학, 윤리와 문화의 각 부문들이 해야 할 과제가 있다. 아마도 한반도의 남북통일에 있어서도 똑같은 양상은 아니더라도 가치관의 변화가 통일과 함께 요구된다고 할 때에 철학이나 종교, 사상 등 여기에 미리 대비하는 것이 지혜로운 일이라 생각된다.

IV. 통일 5년 후 동독의 경제와 사회

20세기말의 가장 위대한 사건이 동서 냉전체제의 해소라면 이를 이끌어낸 실질적인 주역과 장본인은 1989년의 베를린 장벽의 붕괴였으며, 연이은 1990년 10월 3일의 동·서독의 통일이었다. 한반도의 분단 조국에 사는 우리의 가슴을 '찡'하게 감동시킨 독일의 통일이 선포된 지 만 5년이 지났다. 이제 지구상의 유일한 분단국으로 남은 우리가 가장 깊은 관심을 갖는 문제는 독일의 통일이 과연 성공적이었으며, 우리도 비슷한 과정을 겪을 수 있겠는가 이다.

독일의 통일 5년간을 평가하는 데서 중요한 두 가지 관점은 정치적 통합과 사회경제적 통합이다. 우선 동·서독의 정치적 통합은 매우 신속하게 성공적으로 이루어졌다고 보아야한다. 피한방울 흘리지 않고, 총 한방 쏘지 않고, 45년간 분단되었던 국가가 하루아침에 통일이 되었다는 것은 기적에 가까운 일이며, 독일 민족의 행운과 축복이었다.

너무 성급하게 빨리 이루어지지 않았느냐는 비판이 있었지만, 오늘에 와서 보면 1990년에 서둘러 정치적 통합을 이뤄낸 것은 매우 잘했다고 평가된다. 냉전체제를 해소시킨 소련의 고르바초프의 공로가 물론 컸지만, 이런 기회를 빨리 포착해 그때 통일을 이루어내지 못했다면, 동독이나 소련의 체제가 다시 안정을 찾아 국제정치적 장애로 독일의 통일이 이루어지지 못했을 수도 있었다.

문제가 되는 것은 사회·경제적 통합이다. 독일의 통일은 자본주의 체제와 사회주의 체제의 점진적 통합이 아니라, 사회주의 체제를 붕괴시키고 자본주의 시장경제 체제로 흡수통합시키는 방식을 취했다. 과연 이 방식이 옳은 것이며 효과적이었나 하는 물음이 끊임없이 제기되었으며, 앞으로도 정치적으로나 학술적으로 계속 논쟁거리가 되리라 여겨진다. 여기에는 정당성의 문제와 효율성의 문제가 아울러 제시되는데 이를 평가하는 데는 앞으로도 상당한 세월이 지나야 하리라 본다.

통일 5년 후인 오늘에 살펴본 문제는 체제붕괴로 커다란 타격을 입은 동독의 경제와 사회가 얼마만큼 회복되었으며, 언제쯤 자생력을 갖게 되겠는가이다. 대체로 보아 통일 직후 몹시 염려스러웠던 동독의 경제문제는 이제 꽤 안정을 찾아 정착되어가고 있다. 아직도 실업률은 높고 붕괴된 산업체가 다 복구되지 못했지만 엄청난 서독의 재정이 동독에 투입되어, 지역에 따라 20~30%에까지 이르는 실업자들을 실업보험금을 지급해줌으로써 먹여 살리고 있다.

서독의 킬(Kiel)에 있는 ‘세계경제연구소’와 동독의 할레(Halle)에 새로 세워진 ‘경제조사연구소’가 통일 5주년을 맞아 내놓은 ‘경제 사회 금융의 통합’(Währnugs-, Wirtschafts-, und Sozialunion)에 관한 보고서에 의하면 통일 5년간 서독이 구동독 지역 5개 주에 투입시킨 지원금은 금년 말까지 계산해 무려 1조억 마르크에 이른다. 한화로 550조 원에 해당하는 이 돈은 우리나라 10년간의 국가 예산에 맞먹는다.

물론 이는 국가의 예산이나 공공기금에서의 지출액수이며, 사금융이나 민간투자 부분까지 합친다면 더 큰 액수가 된다. 이중 약 7,500억 마르크는 소비부문에 투입되고 2,500억 마르크는 생산부문에 투자되었다. 실업보험금 등 당장의 생활문제를 해결하는 데 대부분을 썼고 경제재건을 위한 구조적 사업에는 4분의 1 정도만 쓰여졌다는 얘기가 된다. 그러나 이를 세금으로 부담키 위해 서독의 국민들은 어린이로부터 백발노인에 이르기까지 일인당 12,500마르크(약 630만 원)를 부담했다는 것이며 이것은 중산층 월급쟁이의 약 3개월간의 총수입에 해당한다고 한다. 전쟁과 유혈이 없는 평화적 통일, 세기적인 사건에 국민들이 이 정도의 대가를 지불했다면 할 만하지 않은가라는 여유도 있다.

그러나 문제는 이러한 통일 비용의 부담이 앞으로 얼마나 더 가야 하고, 계속 이런 정도로 높게 부담되어야하느냐는 것이다. 연구소의 보고서는 아직도 동독의 경제가 자립적으로 서고, 생산과 소비가 균형을 이루자면 꽤 오래 시간이 걸린다고 보고 있다. 작년 1994년에 구동독 지역의 총생산량(BIP)은 겨우 통일의 해인 1990년의 수준으로 회복되었으나, 2,700억 마르크의 수출에 7,000억 마르크 수입이라는 적자상태를 보이고 있다.

통일 후 동독 경제의 재건에서 독일 정부가 취한 정책은, 우선 동독의 실업자를 살리고 노인들의 연금을 살만큼 주고, 그리고 도로, 교통, 주택, 수도, 전력 등 사회간접자본의 투자에 우선을 두었으며, 동독의 산업체를 재건하고 활성화시키는 데 주력하지는 못했다. 많은 지원금으로 살아가지만 장기적으로 동독의 산업 재건에 보다 노력하지 않으면 서독 의존적인 경제구조가 반영구화해서 구조적 어려움이 생기게 된다.

더구나 구동독의 토지, 건물 등에 대한 재산권을 45년 이전의 소유주에게 환원시켜 동독인들이 막대한 손해를 보고, 서독의 식민지가 되었다고 불평하는 판에 산업체가 재건되지 못해 계속 대량 실업 상태와 실업보험금 의존 상태가 유지된다면 언젠가 경제사회적 통합에 커다란 위기가 올지도 모른다고 전문가들이 경고하고 있다.

이런 문제를 보면서 한반도의 남·북한은 정치적 통합이 이루어 지더라도 북한의 경제를 붕괴시키지 않고 자생력 있게 전환시킬 수 있도록 당분간 경제적 장벽을 유지하며, 점진적으로 통합시키는 방법을 모색하는 것이 우리 현실에 맞는 현명한 길이 아닐까 생각해본다.

3장
통일 후 동·서독인의 갈등과 화해 운동
(괴델리츠 포럼)

    필자는 2010년 6월부터 3개월 동안 프리드리히 에버트 재단의 초청으로 독일 베를린에 머물며, 통일 후 독일인들의 생각과 삶의 문제를 살펴보고, 분단시대의 고통과 상처가 어떻게 치유되고 있는지를 알아볼 기회를 가졌다. 여러 기관과 인물들을 만나 대화를 나누던 중, 슈미트-괴델리츠(Axel Schmidt-Gödelitz, 이하 괴델리츠)라고 하는 분이 바로 통일 후 동·서독인들의 갈등과 오해를 해소하기 위해 서로 만나 이야기를 나누는 프로젝트를 하고 있다는 소식을 듣고, 급히 연락해 베를린 사무소에서 만나 대략의 내용을 들었다. 동독 드레스덴(Dresden) 근처에 위치한 고향땅 농장에서 주말에 동독인 5명과 서독인 5명이 함께 만나 2박 3일 동안 합숙하며, 분단시대와 통일 후 자신들의 삶의 이야기를 진솔하게 나누며 서로간의 오해와 갈등을 풀어가는 운동을 벌써 오랫동안 하고 있다는 것이었다.

남한과 북한의 통일이 언제 가능할지 모르지만, 통일 후 남·북한 사람들이 겪을 갈등과 불안, 난제들을 생각해보면, 동·서독이 통일 후 겪은 문제와 갈등보다 훨씬 더 심각한 일들이 벌어질 것이라는 점은 상상하기 어렵지 않다. 언젠가는 겪게 될 통일 후 남·북한 사람들 사이의 심리적, 사회적 갈등과 통합의 문제를 떠올려보면서, 독일의 경험을 알아보는 것은 꽤 유익한 참고가 될 수 있다고 생각되었다.

그래서 필자는 독일 드레스덴 근처 '괴델리츠 하우스'(Gödelitz Haus)에서 열린다는 동·서독인들의 대화 모임에 직접 참가해 모임의 진행과 분위기가 어떤지를 현장에서 체험해보고 싶었다. 마침 유럽에 가는 기회가 있어, 2012년 10월 한 주말, 금요일 저녁부터 일요일 오후까지 2박 3일 동안 괴델리츠 농장에 머물며 동독인 3인과 서독인 3인, 그리고 괴델리츠와 나, 이렇게 8명이 참가한 '삶의 이야기 나눔'(전기 대화) 모임에 참여해보았다. 괴델리츠 씨가 직접 사회를 보며 진행된 모임이었다.

1. 서독으로 쫓겨 간 동독 지주의 아들

여기서 필자는 괴델리츠 씨 자신의 삶의 이야기를 듣고, 통일 후 동독 고향에 돌아온 그가 왜 동서포럼을 조직해 동·서독인들 사이의 오해와 갈등을 해소하기 위한 '전기 대화'(Biographie Dialog) 운동을 시작하게 되었는지를 알 수 있게 되었다.

1942년 동독 드레스덴 근처 농촌 마을인 괴델리츠에서 태어난 악셀 슈미트(Axel Schmidt) 씨는 2차 대전이 끝난 45년 소련군이 동독 땅에 진주하여 공산화를 추진하자, 어머니, 4남매와 함께 서독으로 이주하였다. 괴델리츠 마을에 큰 농장과 저택을 소유한 대지주였던 그의 가족은 소련 점령군의 명령으로 100헥타르가 넘는 토지를 전부 몰수당했고, 빈손으로 프랑스군이 주둔하고 있었던 서남독 지역으로 넘어와 피난민 생활을 시작해야 했다. 전쟁에 나갔던 부친은 1947년이 되어서야 패전군으로 서독에 돌아왔지만, 일평생 가꿔온 농장과 전 재산을 잃은 슬픔에 공산당을 증오하며 통일의 날을 기다리다 73년 세상을 떠나고 말았다.

피난민 반공 가정에서 자란 악셀은 분단의 아픔과 가난의 고통 속에서도 열심히 공부하여 베를린대학에서 정치학과 경제학을 전공하였고, 69년에 대학을 졸업하였다. 공산주의가 지배하는 고향 동독의 현실을 이해하기 위해서도 이데올로기 문제를 연구해야만 했고, 그 과정에서 그는 대학생 시절 이미 공산주의는 하늘에서 떨어진 것이 아니라 사회·역사적 현실에서 배태된 것임을 알게 되었다고 한다.

진보적 학생운동이 성행했던 68년 대학생이었던 괴델리츠 씨는 8년간이나 생활공동체 코뮈네(Commune)에서 생활했다고 한다. 남학생 5명, 여학생 3명이 한 집에 기거하며, 돈 있는 사람은 한 달에 500마르크도 내고, 돈이 없는 사람은 1마르크만 내는 사회주의적 집단생활의 실습장에서 오랜 시간을 견뎌냈다.

자연히 사회민주당(SPD)에 가입한 그는 당의 추천을 받아 모로코의 한 연구소에서 3년간 머무르며 모로코 야당에 대해 박사학위 논문을 썼고, 그 후 1970년대 초 사회민주당이 집권하여 빌리 브란트(Willy Brandt)가 수상이 되었을 때, 수상실 간부였던 귄터 그라스(Günter Gauss)가 그를 동방정책(Ostpolitik)의 실무자로 임명하였다.

이때부터 악셀 슈미트 괴델리츠 씨는 동·서독 화해와 관계 개선 정책을 맡은 동방정책의 실무자로서 활약했고, 사회민주당 정부의 신임을 받아 76년부터 82년까지 5년 동안 동베를린에 설치된 서독대표부에서 일하는 행운을 얻었다. 고향이 가까운 동베를린에 머물며 공산주의 동독의 현실과 문제를 면밀하게 관찰하며 파악할 수 있는 좋은 기회였던 것이다. 동·서독의 관계가 개선되는 과정에서 간첩이나 정치범들을 풀어내 교환하는 일도 담당하였다.

그 뒤 82년부터 86년까지 4년 동안 이집트 카이로에 있는 에버트 재단 지부소장을 맡아 일했고, 그 뒤에는 중국 베이징에서 다시 에버트재단 소장을 맡았다. 그 사이에도 그는 엠네스티 인터내셔널에 가입하여 정치범 석방이나 인권운동에도 열심히 참여하였다.

그러는 사이에 1989년 베를린 장벽이 무너지며 90년에 독일이 통일되었고, 통행이 자유로워져 고향땅 동독에 갈 수 있게 되었다. 또한 분단 이전에 동독 땅에 살던 사람은 공산화 이후 몰수당한 집이나 재산을 다시 찾을 수 있는 제도가 통일 후 마련되었다. 그는 가족들과 함께 고향땅으로 이주했다.

2. 동독 고향으로 돌아와 세운 '괴델리츠 동서 포럼'

그러나 통일 직후 동독 고향으로 돌아온 그의 가족들에게 고향땅은 더 이상 평화로운 마을이 아니었다. 동독(DDR) 정권이 붕괴되고 서독(BRD)으로 흡수통일 된 동독 땅에는 서독인들이 점령군처럼 몰려와 모든 자리를 차지했고, 정치인이나 고위 공무원, 경찰, 정보부, 교수, 법관, 사장 등 구동독의 지도층 인사들은 모두 해고되어 실업자가 되었다. 공장은 문을 닫고, 실업자들은 늘어나고, 자살을 선택하는 사람이 증가하면서, 통일의 기쁨과 환호는 잠시뿐이었고, 구동독인들에게는 절망과 불안의 어두운 세월이 엄습해왔다. 공산당 간부와 정보부원(Stasi)으로 인권을 탄압했던 사람들은 모두 체포되었고, 맑스주의를 강의하던 교수나 학자들은 모두 쫓겨나 청소부나 택시운전수로 전락했다. 급격한 사회변화에 적응을 하지 못한 사람들은 정신병에 걸리기도 하였다.

특히 통일 후 구동독 지역의 토지와 농장, 재산을 재분배하는 과정에서, 공산치하에서 고생하며 살았던 구동독인들은 완전히 권리를 잃고 소외되었다. 1945년 분단 이전의 소유주에게 토지와 부동산을 돌려주어야 한다는 법 때문에, 수십 년 동안 살아오고, 또 갈고 닦았던 건물과 토지를 서독인들에게 빼앗기는 동독인들이 수없이 많이 생겨났다. 92년과 93년은 마치 전쟁 직후와 같았다고 한다. 동독인들은 점령당한 패배자처럼 온갖 수모와 불이익을 감수해야만 했고, 점령군처럼 들어와 좋은 자리, 좋은 집을 차지하고 사는 서독인들은 승리자처럼 군림하며 권력과 부, 명예를 누리면서 오만과 방정을 떨고 있었다.

3살 때 떠난 괴델리츠 씨는 50살이 되어 고향땅에 돌아왔지만, 이러한 모순과 갈등, 절망에 쌓인 동족을 바라보면서 견디기가 힘들었다고 한다. 그의 가족들은 분단 이전의 옛 땅과 재산을 되찾았으나, 100헥타르가 넘는 토지는 무상이 아니라 유상으로만 되찾을 수 있다는 국가신탁청(Treuhandanstalt)의 법 때문에, 많은 돈을 내고야 다시 찾을 수 있었다. 오늘날 시가보다는 훨씬 싼 금액이지만, 당시 77세였던 어머니와 다른 형제들은 모두 재산을 털어 옛 고향의 토지와 농장, 저택을 다시 구입하였다. 무상으로 빼앗겼던 재산을, 통일 후 값을 지불하고서야 되찾을 수 있었던 것이다.

그의 가족들은 고향에 돌아와 오만한 태도를 보이지 않기 위해 애를 썼다. 철저히 검소한 생활을 하며 농장 재건을 위해 땀 흘리며 열심히 일했다. 또한 아직도 낯익은 이웃들이 조금 남아있는 마을에서 동네 사람들과 친하기 위해, 조심스럽게 접근하며 호의를 보였다.

처음엔 그의 이웃들이 미묘한 감정으로 그의 가족을 바라보았다고 한다. 대지주나 부농을 융커(Junker)라고 부르던 동독 사람들은, 공산 치하에서 몰아낸 융커들이 돌아오면 다시 자본주의 세상이 되며, 그 때 농민들은 거지같은 생활을 하게 된다는 이야기를 귀가 아프도록 들으며 지냈기 때문이다. 소련이 점령하기 전 그의 가족이 소유했던 토지는 100헥타르가 넘는 대토지였기 때문에, 몰수된 이후에도 소작농들에게 분배되지 않고 국가 소유의 토지로 남아있었다. 개인에게 분할된 토지가 아니었으므로, 누구를 몰아내거나 빼앗는 식으로 재산을 다시 찾는 일은 피할 수 있었다.

괴델리츠 씨 가족들은 회의를 통해 다시 찾은 재산을 동독인의 발전과 동·서독인들 사이의 화해, 평화로운 재결합을 위해 쓰기로 결심하고, 농장과 저택을 개조해 수십 명이 기거하며 쉬고, 교육받을 수 있는 시설(Retreat Center)로 전환하기로 했다. 동네 이웃사람들을 고용하여 집을 고치고, 가족들이 모두 건축과 인테리어 작업에 참여해서 30여 명이 합숙할 수 있는 방들과 150여 명이 교육을 받을 수 있는 강당 등이 있는 Gut Gödelitz(괴델리츠 센터)를 세웠다.

이미 1994년부터 괴델리츠 씨는 베를린에 위치한 에버트재단의 센터장(Forum Leiter)으로 재직하면서 동·서독인들을 초대해 스스로 살아온 전기(Biographie)를 이야기하며 대화를 나누는 모임을 이끌어나가기 시작하였다. 급작스러웠던 통일 이후 다시 만났으나 여전히 낯설고, 서로에 대한 오해와 갈등이 쌓여 있는 동독인과 서독인들이 함께 살기 위해서는, 다른 체제와 사회 구조에서 살았던 과거와 그 성향을 서로 이해하고 용납해야만 사회통합과 민족 공동체 회복이 가능할 것이라고 생각했기 때문이다.

여러 학자들과 정치인들도 그와 같은 의견을 보였다. 같은 독일 사람들이라 통일이 되면 쉽게 통합될 수 있으리라 생각했지만 실제는 그렇지 못했고, 동족이라 경제적, 행정 관리상의 문제만 해결되면 함께 사는 데 아무런 문제가 없으리라 믿었지만 통일 후의 심리적 갈등은 쉽게 해소될 수 있는 문제가 아니었다. 또한 당시 동독인들의 70%가 자신들이 이등국민(Bürger zweiter Klasse)로 전락했다고 생각한다는 여론 조사 결과가 나왔다. 이 통계는 90년대 중반부터 오늘날까지 크게 변하지 않고 있다. 여기에는 서독인들의 오만한 자세와 동독인의 사정을 고려하지 않는 부당한 말과 정책결정, 편견과 오해에 쌓인 대립 감정에 그 원인이 있었다.

마음속 깊이 쌓인 편견과 오해, 적개심과 복수심, 원한관계, 그리고 동·서독인들의 갈등과 소외감을 어떻게 치유할 수 있을 것인가라는 문제에 대해 괴델리츠 씨가 떠올렸던 해결책은, 자신들의 과거를 털어내는 대화 모임에 있었다. 편견과 오해의 근원은 분단된 채 서로의 사정과 생활을 알지 못했던 무지와, 자기편만이 옳았다는 독선에 있었기 때문이다. 이를 치유하려는 대화는 결코 쉬운 일이 아니었다. 여러 차례 시도한 끝에 그는 '괴델리츠 전기 대화'(Gödelitz Biographie Dialog)라는 모델을 만들어냈다.

이는 5명의 동독인과 5명의 서독인, 비슷한 비율의 남녀, 다양한 직업과 나이, 정치적 성향의 사람들을 10명씩 모아 주말 금요일 저녁부터 2박 3일 동안 자신들이 살아온 삶에 대한 이야기를 하면서 들어주는 모임이다. 30분씩 발표하고 다음 30분은 질의응답을 하는 방식으로 한 사람씩 차례대로 이야기를 해나가니, 약 이틀이라는 시간이 모자랄 정도로 많은 이야기들이 오간다. 결국 자신이 살아온 경험 속에는 사회, 정치, 사상, 가치관의 문제들이 다 녹아져 있었고, 이러한 대화를 통해 동·서독인이 살았던 사회의 구조와 환경, 문제점들이 밝혀지면서 서로에 대해 가졌던 여러 가지 편견과 오해가 해소되는 놀라운 체험을 할 수 있었다고 한다.

3. '전기 대화'를 통한 편견 해소와 화해

동·서독인 열 사람씩 모아 과거를 고백하는 '전기 대화' 모임은 94년부터 2012년 까지 18년 동안 매달 한 번씩 지속되었고, 여기에 참가했던 사람은 이제 2,000명을 헤아리게 되었다. 한 번 다녀간 사람이 이 대화 모임을 통해 얻은 깨달음과 감동, 카타르시스, 그리고 눈물과 감격, 포옹의 경험들은 입과 입을 통해 전해져 신청자들이 늘어나게 되었고, 한 때는 다 수용할 수가 없어 대기자가 150여 명에 이른 적도 있었다고 한다.

괴델리츠(Axel Schmidt-Gödelitz) 씨는 이제 이 대화 모임의 조직과 진행 사회를 맡아하는 전문 대화 운동가가 되었다. 이 대화 모임의 핵심은 사회자에게 있다. 사회자는 동·서독 참가자들의 성격을 잘 알아야 하고, 편견 없이 또 숨김없이 편안하게 진행되도록 만들어가는 조각가와 같은 역할을 한다. 슈미트 씨는 대화의 신청자 중에서 각기 직업과 나이, 성격이 다른 다섯 명씩을 골라 대화의 상대를 선택하는 데서부터 많은 고심과 노력을 한다. 동질적인 상대보다는 이질적이며 갈등의 요소가 있는 상대자들을 모아서 전혀 다른 사람의 이야기를 들어 게 하는 것이 이 전기 대화의 묘미며 백미이다.

편견이 제거되고, 갈등이 해소되는 대화의 경험을 수 없이 많이 했다고 전하는 괴델리츠 씨는, 사생활 문제기 때문에 다 공개할 수 없지만, 익명을 전제로 몇 가지 체험들을 전해주었다.

한 번은 참가자 가운데, 아주 대립되는 두 사람이 있었는데, 한 사람은 과거 동독에서 귀족적인 대지주로 살다가 공산화되며 재산 몰수를 당하고 서독으로 피난 갔다가 통일 후 92년에 동독 고향으로 돌아와, 토지와 재산을 다시 찾고 부유층으로 살고 있는 사람이었다. 그는 과거 동독에서 강제로 재산을 빼앗기고, 억울하게 추방당한 과거의 불행과 고통을 털어놓았다. 공산당이라면 씹어 먹을 듯이 이를 갈고 미워했다고 고백했다.

다른 한 사람은 동독의 인민군 장성 출신인데, 가난한 소작농부의 아들로 태어나, 부당한 착취와 뼈저린 가난 때문에 무시당하고 모멸감을 느꼈던 끔찍한 과거 어린 시절을 털어놓으며, 자본가들이 미웠고 특히 큰 공장에서 농부들을 부려먹고 착취하는 대지주들이 제일 미웠다고 고백했다. 그는 청년기에 들어 공산당에 가입했으며, 철저하게 자본주의자들을 몰아내야 한다고 생각했다. 그래서 동독에서는 자본가들의 재산을 몰수하고 죽이기도 하고 추방했는데, 통일 후 그들이 다시 돌아와 몸서리쳐진다고 했다.

두 사람은 서로의 이야기를 처음 듣는 순간, 저 사람과 주말 이틀을 지낸다는 것은 참을 수 없다고 생각해, 자리를 뜨려고 마음먹고 기회를 엿보고 있었다. 그러나 적을 앞에 두고 먼저 피한다는 것은 실패라고 생각해 상대방이 먼저 떠나기만 기다리며 계속 이야기를 듣고 있었다. 그러는 사이에 다른 사람들의 이야기도 듣게 되었고, 귀족 지주는 혹사당한 농민들과 그 가족들이 왜 대지주들을 미워하고 공산당이 되었는지를 조금씩 듣고 이해하게 되었다. 공산당들이 하루아침에 하늘에서 떨어진 게 아니고, 어렸을 때는 불의한 환경에서도 적응하며 지냈지만, 커가면서 사회구조적 모순과 불의를 깨닫게 되자 점차 잘못된 사회구조를 바꾸어야겠다고 결심하며 행동하다가 공산주의자들이 되었다는 것도 알게 되었다.

옛 공산당원이면서 인민군 장성이었던 다른 사람은, 귀족집안에 태어난 사람들은 세상에 빈부격차가 있는 것이 자연스러운 상하관계이며 변경시킬 수 없는 신의 질서라고 어렸을 때부터 부모에게 들어 그대로 믿고 있는 사람들이라는 것을 알게 되었다. 그렇게 믿고 있기 때문에, 그 사람들에게 복수를 한다고 해결되는 것이 아니고, 잘못된 사회구조를 합리적으로 고쳐나가는 것이 중요하다는 것을 깨닫게 되었다고 고백했다. 대화의 마지막 단계에 이르러서는 두 사람 다 자기들의 생각과 삶이 너무나 극단적인 보수적 가치에 지배되어 있었다는 것을 인식하게 되었다. 그들이 후에 서로 친해지지는 않았지만 막무가내였던 편견의 벽은 한 주말 대화에서 금이 가기 시작했다. 이렇게 일생 믿고, 따르고, 실천하려고 노력했던 믿음과 신념이 의문에 빠지고, 더 이상 지탱할 수 없는 허위와 맹신으로 들어날 때, 당하게 되는 혼란과 아픔은 쓰리고 괴로운 일이다. 그러나 이런 당혹스러움을 통해 새로운 깨달음과 치유가 생긴다는 것을 많이 경험했다고 한다.

이런 충격과 감동과 치유의 경험들은 수 없이 많이 있다. 동독시절 정보부(Stasi) 장교였던 사람이 그가 왜 정보부원이 되었는지를 고백했다. 자기 아버지는 공산주의자였고 어머니는 유대인이었는데, 나치시절 게슈타포에 체포되어 아우슈비츠 수용소에 끌려가 가스실 독살로 죽임을 당했다. 그는 어머니의 비참한 죽음을 커서 알게 되었다. 나치족들을 미워하게 되었고, 당시 나치 관료들이 서독에서 활개치고 있는 모습을 보면서 분개하며 어머니를 죽인 이들 잔당을 색출하여 처단하기 위해 정보부원이 되었다고 자랑했다.

그 뒤 동독에서 오래 정치범으로 감금되었다가 나온 한 분이, 자기는 기독교 가정에서 자라 공산주의를 싫어했고 자유주의 신봉자였는데, 이런 신념 때문에 반동분자로 몰려 사상범으로 재판을 받고 오랫동안 정치범 수용소 바우첸(Bautzen)에 갇힌 삶을 살았다는 이야기를 했다. 정보부 장교였던 사람이 마지막에 가서, 인도주의적 가치를 지키지 못하는 국가는 결국 망하고 만다는 결론을 말했고, 정치범이었던 사람은 정보부원과 손을 잡고 끌어안으며 같은 생각이라고 공감을 표시했다.

다른 한 가지 경험은 매우 감동적인 경우였는데, 동독 출신으로 국경경비대에서 장교로 근무했던 한 청년이 담장을 넘어 서독으로 도망가는 동독인들을 무조건 총을 쏘아 죽이라고 명령했다는 이야기를 자랑삼아 털어놓았다. 사람들이 당신이 그런 장면을 보았다면 정말 같은 동족을 총 쏘아 죽였겠냐고 물었더니, 그는 물론 국법을 어기고 도주한 자에게는 나라도 총을 쏘았겠다고 자신 있게 대답했다. 그 다음에 그는 같은 동독 출신의 한 여성이 목숨을 걸고 서독으로 탈출했던 이야기를 들었다.

이 여성은 원래 충실한 동독(DDR)의 시민이었는데, 배우가 되려고 연극학교에 다니는 도중에, 그의 동생이 서독으로 탈출하는 바람에 학교를 퇴학당하고 생산 공장의 노동자로 배치되었다. 화가 나서 그 여자는 동독에선 더 이상 희망이 없다고 생각해 탈출할 결심을 했다. 그러나 그 때 어머니가 암에 걸려 아파 누워 있었기 때문에 떠날 수가 없었다. 죽음을 앞두게 되자 나이 든 어머니는 서독으로 도망간 아들을 한 번만 보고 죽게 해달라고 호네커(Honecker) 수상에게 탄원서를 보냈으나 결국 답장을 못 받고 마지막 위로도 못 받은 채 세상을 떠나시고 말았다. 이 여성은 이 지난 이야기를 눈물을 펑펑 흘리며 그 장교를 바로 보지도 못한 채 쏟아냈다. 이야기를 듣던 참석자들이 모두 눈시울을 적시며 여인의 슬픈 사연을 경청했다. 마지막 대화 시간에 이 장교는 이제까지 동독이 가장 인도주의 국가인 줄 알았던 믿음이 그만 이 주말에 깨지고 말았다고 고백했다.

4. 분단과 통일 시대의 삶에 대한 반성

괴델리츠 센터(Gut Gödelitz)에서 진행된 동·서독인의 전기 대화는 분단시대의 편견과 갈등을 해소하며, 화해를 이룩하기 위한 시도일 뿐 아니라, 통일 과정과 통일 후의 동·서독인들 사이에 벌어진 오류와 편견을 시정하고, 새로이 생긴 갈등을 치유하는 데도 커다란 의미와 역할이 있었다고 할 수 있다.

통일된 지 20여년이 지난 오늘날 동독을 방문해보면 공산치하의 모습들을 거의 찾아보기 힘들고, 도로며, 건물이며, 교통수단이며,

주민들의 옷차림이나 도시 풍경이 모두 새롭게 변해서 여기가 서독인지 동독인지 구별조차 하기 어렵게 되었다. 그 만큼 서독에서 동독의 환경개선과 발전을 위해 많은 투자를 했고, 동독의 경제 산업 시설이 크게 개선되고 현대화되었다. 어떤 도시나 공장 건물들은 서독보다도 훨씬 좋은 첨단기술과 방법으로 개조되어 더욱 선진화되어 보였다. 동독이라는 국가는 소멸했지만 동독인들은 독일의 국민이 되어, 서독인들과 동등한 대접을 받으며 복지국가의 혜택을 누리고 있다. 연금 저축을 하지 않았던 동독인들도 65세가 된 이후 서독인과 똑같은 연금을 받아 생활걱정 없이 살 수 있어 차별이 없다.

그런데 왜 아직도 여론조사를 하면 동독 주민의 70%가 자기들은 이등국민이고, 서독인에 대한 열등감을 극복하지 못했다고 대답할까? 가끔 동독의 옛 시절을 그리워하는 말과 표현들도 적지 않게 나타나고 있다. 상류층에 있었던 사람일수록 그 때가 좋았다며 공산주의 동독을 그리워한다. 노스탤지어를 바꾸어 오스탤지어(동독시대에 대한 그리움)라는 말도 생겨났다. 이런 현상은 정치적인 상황에서도 드러나고 있다. 동독의 몇몇 주에서는 구동독의 사회주의 정당(PDS)들이 득세하며, 원내 세력을 넓혀가는 현상이 나타나고 있다. 동독인들의 실업률이 높아지는 경제상황이 미래의 독일 정치 체제를 어떻게 만들어갈 것인지 궁금해지기도 한다.

필자가 2012년 10월 참관했던 '괴델리츠 동서 포럼'의 전기 대화 모임에는 세 사람의 동독인이 참가해 자기들의 과거와 오늘의 삶을 이야기했다. 주최 기관의 부탁으로 이름을 밝힐 수는 없지만, 70세의 은퇴한 엔지니어 A씨는 45년 분단시기부터 1970년 동방정책이 실시되기 전까지 어두웠던 공산독재 시기에 살았던 이야기를 했고,

생산품 판매소에서 영업직원으로 일하며 남편과 아들을 돌본 60세의 여성 B씨는 1970년 동방정책으로 밝아진 동서 화해 시대부터 1990년 통일되기까지의 자기의 삶을 이야기 했고, 56세의 여성으로 연극배우였으며 라이프치히 월요기도회(니콜라이 교회)에도 참가했고 동독의 민주화 운동에도 깊이 관여했던 C씨는 1990년 통일 무렵부터 현재(2012년)까지의 자기의 삶을 이야기했다.

서독 측의 참가자 세 분도 이렇게 연령과 직업이 달랐고 분단시대, 화해 교류시대, 통일시대로 나누어서 자기들의 삶과 경험담들을 이야기했다. 필자도 남·북한의 분단과 전쟁, 냉전시대 반공치하에서 살아온 경험을 한 시간 넘게 이야기했다. 남·북한의 대결과 독재 탄압정치를 들은 독일인들은 동·서독 분단시대보다 훨씬 나쁜 현실이 한반도에 있었다는 것을 처음 알게 되었다며 놀라워했다. 동·서독인 여섯 사람의 삶의 이야기를 다 기록할 수도 기억할 수도 없었지만, 대화의 과정 속에서 모든 참가자들은 열심히 남의 이야기를 들으며, 배운 것도 느낀 것도 많은 듯 보였다. 같은 공산당 독재 시대 동독 땅에 살았으면서도 혐오나 억압 속에 지낸 사람이 있는가 하면, 그 시절 그렇게 나쁘지 않았다고 변호하는 사람도 있었다.

오랜 역사와 문화 전통을 가진 독일인들이 2차 대전 후 어떻게 소련 공산당의 독재와 탄압을 동독에서 견딜 수 있었을까 의문이었는데, 동독인들의 이야기를 듣고 보니 조금 더 이해가 되었다. 무엇보다 2차 대전의 참혹한 파괴와 독일의 패망, 나치 정권하의 무자비한 탄압과 독재를 체험했기 때문에 소련 점령군 치하에서 공산주의 독재체제는 쉽게 건설될 수 있었다. 전쟁 말기 45년 드레스덴의 폭격은 너무 끔찍했고, 가족들이 타죽는 모습을 보며 도망친 사람들의 증언은 마치 히로시마 원폭 피해자들의 경험담 같았다. 깡그리 파괴된 잿더미 위에서, 굶주림과 헐벗음 속에서 맨주먹으로 소련군의 지휘감독 하에 건설 작업이 추진될 때 인권이며 민주주의는 논할 계제가 못 되었다.

여기에 비해 점령국 소련은 나치독재를 청산하고 진정한 사회주의 민주국가를 세우는 데 혁혁한 공로를 세운 은인이었다. 곧 러시아 문화가 유입되어 유행했고, 청소년들은 러시아어를 배워 소련에 유학 가는 것이 꿈이었다. 11월에는 러시아 혁명 기념으로 큰 축제가 벌어졌고 러시아 예술, 인형, 장난감, 풍습들이 유행처럼 번지게 되었다. 도시마다 곳곳에 '독일·소련 친선회'(Deutsche-Sowjetische Freundschaft)가 조직되었고, 여기서는 한편으로 나치독재를 규탄하며 나치즘에서의 해방을 부르짖으면서, 다른 편에서는 소련의 10월 혁명을 찬양하는 운동을 했다.

나치 독재에 길들여진 동독 주민들은 소련 공산독재에 쉽게 적응했다. 어차피 전쟁 후 폐허 속에서 목숨만 건진 사람들이었기 때문에, 사회주의 건설이라는 프로파간다에 쉽게 동화되었다. 빵을 얻기 위해서는 나치 독재 시절 대자본과 융커 대지주들의 착취와 탄압을 제거하고 그 잔재 세력을 숙청해야 한다는 동독 울브리히트 정권의 선전 공세가 주효했다. 토지와 재산의 몰수는 필수적인 것이었고, 무산자, 노동자, 농민들은 토지 배급과 일자리 제공에 환호성을 보냈다.

반동분자의 색출과 서독으로 탈출한 가족들의 감시를 위해 정보부의 감시와 국경 경비대의 도망자 발포는 당연한 것이었다. 언론 통제, 사상검증, 반동분자 고발 색출, 정치범 수용소로 공포 분위기와 불신 풍조를 조장한 것은 나치시대와 비슷했다. 서독의 라디오

TV를 본 사람을 색출·고발했고, 아파트마다 전화 한 대를 두 집에서 나누어 쓰게 만들며, 외부 통화까지 통제했다. 한 집에서 전화를 쓸 때는 다른 집에서 못 쓰니까 자연히 통화 시간과 횟수가 알려지게 되고 도청도 가능하게 된다.

그러나 이런 체제와 문화에 적응하며 산 사람들에게는 별 불만과 불편이 없었던 것 같다. 심리학자 롤로마이의 말대로 사람은 오래 갇히면 감옥에서도 적응하며 잘 산다는 것이다. 직업과 주택이 있고, 무료 교육과 의료 혜택을 받은 대부분의 동독 주민들은 별 불평 없이 살아갔다는 것이다. 여성들에게도 평등한 직장이 주어졌고, 육아시설이나 모자보호정책도 서독에 못지않았다는 것이다. 종교의 자유는 제한되었지만, 사회주의 체제에 적응한 기독교 교회와 목사들은 유지될 수 있었다.

이런 동독 주민 일반에게 통일 후의 급변한 상황은 견디기 어려운 문제였다. 많은 사람들이 직장 폐쇄를 당해 실업자가 되었고, 전업은 쉽지 않았다. 배운 것이 달라 서독의 시스템에 적응하려면 모든 분야에서 새로운 교육과 방법, 기술을 배워야만 했다. 맑스·레닌주의에 대한 강의나 저술 연구로 먹고 살던 교수, 교사, 학자들 수천수만 명은 하루아침에 육체노동자가 되던가, 지식인 대열에서 탈락하게 되었다. 서독 사람들이 몰려 들어와 관청과 회사, 학교, 병원을 점령하고 새 체제로 운영해가니, 동독인들은 그 밑에서 시키는 대로 하는 하수인, 이등인간이 될 수밖에 없었다.

동독 공산주의 체제하에서는 은행(Bank)이란 것이 없었고 무엇을 하는 곳인지 모르고 살았는데, 통일 후 갑자기 은행, 융자, 보험, 투자 등 자본주의 경제 구조와 기구들이 생기니 도무지 잘 모르겠고 따라가기 힘들었다는 게 동독인들의 불평이었다. 외국어도 러시아 말이면 충분했는데, 이제 영어나 불어를 다시 배워야 한다니 나이 든 사람에게는 큰 부담이요 고통이었다. 무엇보다 학교 제도가 달라져서 교사도 학생도 적응하기 어려웠다. 매우 권위주의적 학습 방법이나 교실 분위기에서 익숙해 있던 동독인들이 새로운 학교에서 참여적이며 토론식의 학습 방법을 따라가는 데는 교사도 학생도 힘들었다.

만 이틀 동안 많은 이야기를 듣고 나서 필자가 느낀 점은, 독일에서처럼 평화적으로 순조롭게 통일을 이룬 나라가 없는데, 그럼에도 분단 시대의 이질적 사회 체제와 생활 방식을 통일 후 너무 급격하게 변화시킨 데는 많은 문제와 어려움, 모순들이 있었다는 것이었다. 동독의 토지나 재산을 분단 이전의 서독인 소유자에게 돌려준 자본주의 방식은 정당치 못했다는 여론이 높다. 보상을 해주더라도 금전이나 다른 방식으로 했어야 했고 동독인이 소유하고 사용하던 토지나 재산을 강제로 돌려주게 한 정책은 점령군의 횡포였다는 것이다.

정치적 통일은 급격히 되었더라도 동·서독의 경제적, 사회적 통합은 보다 원만하게 시간을 두고 진행했더라면 동독인의 삶과 적응 과정도 덜 고통스럽지 않았을까 하는 생각이 여운처럼 남았다.

부
록

1. 민족의 통일과 평화에 대한 한국기독교회 선언(88선언)
2. 88평화 · 통일 기도주일 메시지

민족의 통일과 평화에 대한 한국기독교회 선언(88선언)

우리는 먼저 한반도에 그리스도의 복음을 보내 주셔서 우리로 하여금 예수 그리스도의 십자가 죽음과 부활을 알게 하시고, 그것을 믿는 우리를 당신의 자녀로 삼으사 구원해 주신 하나님의 은혜와 사랑에 찬양과 감사를 드린다. 또한 하나님의 성령이 한반도의 역사와 모든 믿음의 형제 자매들 속에 함께 하셔서 온 교회가 민족의 해방과 구원을 위하여 하나 되어 일할 수 있도록 선교의 결단을 하게 해 주신 것을 감사드린다.

우리는 하나님이 만물을 창조하신 한 분 창조주(창 1:1)이심을 믿으며, 모든 인간이 당신의 자녀로 초대받았음(롬 8:14-17, 갈 3:26, 4:7)을 믿는다.

예수 그리스도는 '평화의 종'(엡 2:13-19)으로 이 땅에 오셨으며, 분단과 갈등과 억압의 역사 속에서 평화와 화해와 해방의 하나님 나라를 선포하셨다(눅 4:18, 요 14:27). 또한 예수 그리스도는 사람을 하나님과 화해하게 하시고, 인간들 사이의 분열과 갈등을 극복하고 해방시켜서 하나되게 하시려고 고난을 받으셨으며, 십자가에 못박혀 죽으시고 묻히셨으나 다시 부활하셨다(행 10:36-40). 예수 그리스도는 평화를 위하여 일하는 사람들을 축복하시면서 하나님이 그들을 자녀로 삼으실 것이라고 하셨다(마 5:9). 우리는 성령이 우리로 하여금 역사의 종말론적 미래를 보게 하시고 우리를 하나되게 하셔서, 하나님의 선교사역에 참여하게 하신다(요 14:18-21, 16:13-14, 17:11)는 것을 믿는다.

이제 우리 한국교회는 그리스도인들 모두가 평화를 위하여 일하는 사도로 부름을 받았음(골 3:15)을 믿으며, 같은 피를 나눈 한 겨레가 남·북으로 갈라져 서로 대립하고 있는 오늘의 이 현실을 극복하여 통일과 평화를 이루는 일이 한국교회에 내리는 하나님의 명령이며, 우리가 감당해야 할 선교적 사명(마 5:23-24)임을 믿는다.

이러한 우리의 기본적인 신앙고백에 입각하여 한국기독교교회협의회는 한국교회와 세계 에큐메니칼 교회 공동체 앞에 민족의 통일과 평화에 대한 입장을 밝히고, 남·북한의 정부 책임자들과 우리 민족 모두에게 기도하는 마음으로 이것을 호소하는 바이다.

1. 정의와 평화를 위한 한국교회의 선교적 전통

이 땅에 예수 그리스도의 복음이 전파된 지 1백여 년이 지나는 동안 공교회가 저지른 민족사에 대한 많은 허물에도 불구하고 한국 그리스도인들은 하나님 나라를 선포함으로써 이 땅에 살고 있는 백성들의 참 소망이었던 해방과 독립을 실현하려고 애써 왔다. 우리 신앙의 선배들은 성령에 힘입어서 성경말씀이 명하는 대로(눅 4:18-19) 가난한 이들에게 복음을 선포하였고, 억눌린 백성에게 자유와 자주의 희망을 심어 주었으며, 일제에게 노예가 된 한국 민족과 함께 고통을 나누며, 민족의 해방과 독립을 위하여 선교하여 왔다.

한국의 그리스도인들은 평화의 의미를 노예처럼 굽히고 복종하면서 얻는 안일이나 안정에서 찾지 않았다. 평화는 정의의 열매(사 32:17)이어야 했으며, 민족의 독립이 없거나 인간적 자유를 누릴 수 없는 평화는 거짓 평화(렘 6:13-14)일 뿐이었다. 일본 제국주의가 우리 나라를 식민지로 다스리던 때의 한국교회의 평화운동은 곧 민족의 독립운동이자 노예 된 민족의 아픔에 동참하는 것이었고, 하나님 나라를 선포하고 그에 대한 믿음을 역사 속에서 실천해 나가는 민족해방 운동이었다.

1919년 3.1 독립운동에 한국의 그리스도인들은 앞장서서 참여하였으며, 일본 제국주의의 민족 말살정책에 저항하였고, 국가주의를 종교화한 일제의 신사참배 강요에 항거하여 순교의 피를 흘렸다.

1945년 남북 분단 이후 남한의 그리스도인들은 분단의 현실 속에서 고통 당하는 피난민들과 전쟁 고아들과 희생자들을 돌보아 왔다. 또한 북한을 떠난 이산가족들과 교우들을 교회의 품안에 받아들였고 사랑으로 치유하여 왔다.

분단이 고착화되면서 나타난 군사독재정권은 안보를 구실로 인권을 유린하고 경제성장 논리로써 노동자와 농민을 억압했으며, 한국교회는 이에 대하여 정의와 평화를 위한 신앙으로 저항하여 왔다. 1970년대와 80년대 한국교회의 인권 및 민주화운동은 바로 이러한 정의와 평화를 위한 선교운동의 전통을 이어받은 것이다.

2. 민족분단의 현실

한반도의 남북 분단은 현대 세계의 정치구조와 이념 체제가 낳은 죄의 열매이다. 세계 초강대국들의 군사적, 이념적 대결, 상호분쟁

속에서 한국 민족은 속죄양의 고난을 당하여 왔다.

1945년 제2차 세계대전이 끝나자 한국 민족은 일본 제국주의의 식민지 노예상태로부터 해방되었으나, 남북 분단이라는 또 다른 굴레가 민족을 속박하기 시작하였다. 일본 제국주의 침략군대의 무장을 해제시킨다는 명목 하에 설정된 남북 분단선은 소련과 미국의 냉전체제에 의하여 고착화되었고, 남·북한에는 각각 서로 다른 정부가 수립되어 한반도에서는 지난 40여 년 간 군사적, 정치적, 이념적 갈등과 분쟁이 심화되어 왔다.

1950년 6월 25일 일어난 한국전쟁은 동족상잔의 비극을 낳았으며, 국제적 갈등은 극대화 되었다. 제2차 세계대전 동안에 유럽 전 지역에 투하된 폭탄보다 더 많은 양의 폭탄이 투하되어 한반도는 초토화되었다. 이 전쟁에서 남한군 22만 명, 북한군 60여 만 명, 중공군 100만 명, 미군 14만 명, 유엔군 1만 6천여 만 명의 사상자가 났으며, 전쟁 중에 병으로 사망한 숫자를 포함하면 250만 명이나 되는 군인들이 희생되었다. 남한 50만 명과 북한 300만의 민간인 사망자를 합치면 6백만의 피가 이 땅에 쏟아진 것이다(브리태니카 백과사전 1970년도판 통계임). 그리고 300만 명의 피난민과 1천만 명의 이산가족이 생겼다.

6·25를 전후하여 북한 공산정권과 대립했던 북한의 그리스도인들은 수난과 죽음을 겪어야 했으며, 수십만의 북한 그리스도인들이 납치되었고, 참혹하게 처형되기도 했다. 한편 공산주의 동조자들은 이념전쟁의 제물이 되었고, '부역자'라는 명목으로 사회에서 매장을 당하지 않으면 안 되었다.

전쟁으로 초토화된 한반도는 계속해서 동서 냉전체제의 국제정치적 갈등과 반목에 휘말렸으며, 이에 따라 남·북한 간의 군비경쟁과 상호불신, 상호비방과 적대감정도 점차로 증가되어왔다. 한반도의 평화는 파괴되었고, 민족의 화해도 불가능한 것으로 여겨지게 되었다.

1953년 휴전 이후 일시적일 것으로 여겨졌던 '휴전선'이 영구불변의 '분단선'처럼 되면서 남북 분단의 벽은 높아져 갔고, 남·북한의 두 체제는 단절과 대결 속에서 적대적이고 공격적인 관계를 지속시켜 왔다. 남·북한의 군비경쟁은 가속화되었고, 북한 병력 84만 명과 남한 병력 60만을 합하여 근 150만 군대가 무장 대치하는 상태에 이르게 되었으며, 한반도에 배치되었거나 겨냥되고 있는 핵무기는 이 땅을 없애 버리고도 남을 정도의 가공할 파괴력을 보유하기에 이르렀다.

민족의 분단이 장기화되면서 양 체제에서 모두 안보와 이데올로기의 이름 아래 인권은 유린되어 왔으며, 언론과 출판, 집회와 결사의 자유는 억압되어 왔다. 그리고 서신 왕래도, 방문도, 통신도 두절된 양쪽은 한 땅덩어리 위에서 가장 멀고 이질적인 나라가 되었다. 남·북한의 교육과 선전은 상호비방 일색이며, 상대방을 상호체제경쟁을 통하여 약화시키고 없애야 할 철천지 원수로 인식하게 하고 있다. 따라서 남·북한 국민들은 동족의 생활과 문화에 대하여 서로 무지할 뿐 아니라 서로 알아서는 안 되는 관계로까지 길들여져 왔다. 양체제는 같은 피를 나눈 동족을 가장 무서운 원수로 인식하게 하고 있는 것이다.

남북대화의 길은 1972년 이른바 7·4공동성명이 계기가 되어 트이기 시작하여 대화와 협력과 교류의 희망을 갖게 하였다. 1985년에는 남북적십자회담이 재개되고 이산가족 고향방문이 이루어졌으나, 그 수는 극히 한정되었으며 대화와 협상은 끝없이 공전되고 있는 실정이다.

남한 그리스도인들은 1980년대 초반까지만 해도 북한에 그리스도인들과 교회가 있는지 없는지조차 확인할 수 없었고, 분단이 고착화되는 과정에서 북한 공산정권에 대하여 깊고 오랜 불신과 뼈에 사무치는 적개심을 그대로 지닌 채 반공 이데올로기에 맹목적으로 집착해 왔다.

3. 분단과 증오에 대한 죄책고백

한국의 그리스도인들은 평화와 통일에 관한 선언을 선포하면서 분단체제 안에서 상대방에 대하여 깊고 오랜 증오와 적개심을 품고 왔던 일이 우리의 죄임을 하나님과 민족 앞에서 고백한다.

1) 한국 민족의 분단은 세계 초강대국들의 동서 냉전체제의 대립이 빚은 구조적 죄악의 결과이며, 남·북한 사회 내부의 구조악의 원인이 되어 왔다. 분단으로 인하여 우리는 "네 이웃을 네 몸같이 사랑하라"는 하나님의 계명(마 22:37-40)을 어기는 죄를 범해왔다.

우리는 갈라진 조국 때문에 같은 피를 나눈 동족을 미워하고 속이고 살인하였고, 그 죄악을 정치와 이념의 이름으로 오히려 정당화하는 이중의 죄를 범하여 왔다. 분단은 전쟁을 낳았으며, 우리 그리스도인들은 전쟁방지의 명목으로 최강 최신의 무기로 재무장하고 병력과 군비를 강화하는 것을 찬동하는 죄(시 33:1, 6-20, 44:6-7)를 범했다.

이러한 과정에서 한반도는 군사적으로 뿐만 아니라 정치, 경제 각 분야에서 외세에 의존하게 되었고, 동서 냉전체제에 편입되고 예속되게 되었다. 우리 그리스도인들은 이러한 민족 예속화 과정에서 민

족적 자존심을 포기하고, 자주독립정신을 상실하는 반민족적 죄악
(롬 9:3)을 범하여 온 죄책을 고백한다.

2) 우리는 한국교회가 민족분단의 역사적 과정 속에서 침묵하였
으며, 면면히 이어져 온 자주적 민족통일운동의 흐름을 외면하였을
뿐만 아니라 오히려 분단을 정당화하기까지 한 죄를 범했음을 고백
한다. 남·북한의 그리스도인들은 각각의 체제가 강요하는 이념을
절대적인 것으로 우상화하여 왔다. 이것은 하나님의 절대적 주권에
대한 반역죄(출 20:3-5)이며, 하나님의 뜻을 지켜야 하는 교회가 정권
의 뜻에 따른 죄(행 4:19)이다.

특히 남한의 그리스도인들은 반공 이데올로기를 종교적인 신념
처럼 우상화하여 북한 공산정권을 적개시한 나머지 북한 동포들과
우리와 이념을 달리하는 동포들을 저주하기까지 하는 죄(요 13:14-15,
4:20-21)를 범했음을 고백한다. 이것은 계명을 어긴 죄이며, 분단에 의
하여 고통받았고 또 아직도 고통받고 있는 이웃에 대하여 무관심한
죄이며, 그들의 아픔을 그리스도의 사랑으로 치유하지 못한 죄(요
13:17)이다.

4. 민족통일을 위한 한국교회의 기본원칙

정의롭고 평화로운 하나님의 나라가 임하도록 우리 그리스도인
들은 평화와 화해의 복음(엡 2:14-17)을 실천해야 하며, 동족의 고통스
러운 삶에 동참해야 한다. 이 일을 감당하는 것이 곧 민족의 화해와
통일을 이룩하는 데 있으므로 우리는 통일에 대한 관심과 노력이 바
로 신앙의 문제임을 인식한다. 통일은 곧 민족의 삶과 세계 평화를

위협하는 분단을 극복함으로써 갈등과 대결에서 화해와 공존으로 나아가는 것이며, 마침내 하나의 평화로운 민족공동체를 이룩하는 것이다.

한국기독교교회협의회는 1984년 이래 수차에 걸친 협의 모임을 통하여 민족통일을 향한 한국교회의 기본적인 원칙을 다음과 같이 설정하였다.

한국기독교교회협의회는 1972년 남·북 간에 최초로 합의된 7·4 공동성명에 나타난 ① 자주 ② 평화 ③ 사상·이념·제도를 초월한 민족적 대단결의 3대 정신이 민족의 화해와 통일을 위한 기본원칙이 되어야 한다고 믿는다. 또한 이와 함께 우리 그리스도인들은 최소한 다음과 같은 두 가지 원칙이 통일을 위한 모든 대화 및 협상, 실천 속에서 전개되어야 한다고 믿는다.

1) 통일은 민족이나 국가의 공동선과 이익을 실현하는 것일 뿐 아니라 인간의 자유와 존엄성을 최대한 보장하는 것이어야 한다. 국가나 민족도 인간의 자유와 복지를 보장하기 위해서 있는 것이며, 이념과 체제도 인간을 위해 존재하는 것이기 때문에 인도주의적인 배려와 조치의 시행은 최우선적으로 고려되어야 하며, 다른 어떠한 이유로도 인도주의적 조치의 시행이 보류되어서는 안 된다.

2) 통일을 위한 방안을 만드는 모든 논의 과정에는 민족 구성원 전체의 민주적인 참여가 보장되어야 한다. 특별히 분단체제하에서 가장 고통을 받고 있을 뿐 아니라 민족 구성의 다수를 차지하고 있으면서도 의사결정 과정에서 늘 소외되어온 민중의 참여는 우선적으로 보장되어야 한다.

5. 남·북한 정부에 대한 한국교회의 건의

이상의 원칙들에 입각하여 본 협의회는 다음과 같은 사항들이 실질적으로 하루 속히 이루어질 수 있도록 남·북한 정부당국이 성의를 가지고 대하에 임해 줄 것을 촉구한다.

1) 분단으로 인한 상처의 치유를 위하여

(1) 무엇보다도 먼저 지난 40여 년 간 분단체제에서 온갖 고생을 겪으면서 희생되어온 이산가족들이 다시 만나서 함께 살 수 있도록 해야 하며, 어느 곳에서든지 당사자들이 살기 원하는 곳으로 자유롭게 옮겨 살 수 있도록 보장하여야 한다.

(2) 통일이 되기 전이라도 남·북으로 갈라져서 사는 모든 사람들에게 일 년 중 일정한 기간 동안(추석이나 명절 같은 때) 자유롭게 친척과 고향을 방문할 수 있도록 허용해야 한다.

(3) 민족분단의 고정화 과정에서 불가피하게 나타날 수밖에 없었던 일시적 과오나 가족이나 친척이 특수한 전력을 갖고 있다는 이유 때문에 오늘날까지도 사회적으로 부당한 차별을 받고 있는 사람들이 존재하는 현실은 즉각 타파되어야 한다.

2) 분단 극복을 위한 국민의 참여를 실질적으로 증진시키기 위하여

(1) 정부 당국이 남·북한 양쪽에 관한 정보를 독점하거나 통일 논의를 독점하여서는 안 되며, 남·북한 국민이 통일 논의와 통일 정책 수립 과정에 주체적으로 자유롭게 참여할 수 있도록 언론의 자유를 보장하고, 통일 문제의 연구 및 논의를 위한 민간기구의 활동을 제

도적으로 현실적으로 보장하여야 한다.

(2) 남·북한 양측은 체제나 이념의 반대자들이 자기의 양심과 신앙에 따라서 자유롭게 비판할 수 있도록 최대한 허용하여야 하며, 세계 인권선언과 유엔 인권협정을 준수해야 한다.

3) 사상·이념·제도를 초월한 민족적 대단결을 위하여

민족 자주성을 실현할 수 있으려면 남·북한 국민이 각각의 사상, 이념, 제도의 차이를 초월하여 남·북한 국민 스스로가 같은 운명체로서 하나의 민족이라는 사실을 상호 분명하게 확인할 수 있어야 한다. 이러한 상호 확인을 위해서는 남·북한이 서로 굳게 신뢰할 수 있어야 한다. 따라서 서로를 신뢰할 수 있도록 하는 일은 남북통일을 위한 모든 노력의 가장 기본적인 출발점이 되어야 한다. 상호 신뢰를 조성하기 위해서는 불신과 적대감을 낳는 모든 요소들이 제거되어야 함과 동시에 상호 교류를 확대하여 상호 이해의 기반을 넓히는 민족 동질성을 시급히 회복시켜야 한다. 신뢰 조성을 위한 모든 조치들은 분단 극복에 있어 가장 본질적인 것이기 때문에 비록 남·북한 정부 당국자간의 회담이 진전되지 못하고 있거나 협상 타결이 이루어지지 못하고 있을 때에라도 민간 차원에서는 추진될 수 있어야 한다.

(1) 남·북한은 상호 적대감과 공격적 성향을 없애고, 상대방에 대한 비방과 욕설, 배타주의를 제거해야 한다. 또한 상대방의 이질적인 이념과 체제에 대한 극단적이고 감정적인 비난을 상호 건설적인 비판으로 전환시켜야 한다.

(2) 상호 이해의 증진을 위해서는 서로의 실상을 편견 없이 객관적으로 파악할 수 있어야 하기 때문에 교류, 방문, 통신이 개방되어

야 한다.

(3) 민족 동질성 회복을 위하여 남·북의 언어, 역사, 지리, 생물, 자연자원 등에 관한 학술분야에서 교류와 협동연구를 추진하고 문화, 예술, 종교, 스포츠 분야에서도 서로 교류하여야 한다.

(4) 남·북한 간의 경제 교류는 민족의 이익에 부합될 뿐 아니라 상호 이해 증진의 계기가 될 수도 있으므로 가능한 최대한 개방되어야 한다.

4) 남·북한 긴장 완화와 평화 증진을 위하여

(1) 한반도의 전쟁 방지와 긴장 완화를 위해서는 하루 속히 전쟁 상태를 종식시키는 평화협정이 체결되어야 하며, 이를 위해서 남·북한 당국과 미국, 중공 등 참전국들이 휴전협정을 평화협정으로 전환시키고 불가침조약을 여기에 포함시키는 협상을 조속히 열어야 한다.

(2) 평화협정이 체결되고, 남·북한 상호간에 신뢰회복이 확인되며, 한반도 전역에 걸친 평화와 안정이 국제적으로 보장되었을 때, 주한미군은 철수해야 하며 주한 유엔군 사령부도 해체되어야 한다.

(3) 과대한 군사력 경쟁은 남·북한의 평화통일의 가장 큰 장애요인이며, 경제발전에 있어서도 역기능을 하고 있다. 따라서 남·북한은 상호간의 협상에 따라 군사력을 감축해야 하며, 군비를 줄여서 평화사업으로 전환시켜야 한다.

(4) 핵무기는 어떠한 경우에도 사용되어서는 안 되며, 남·북한 양측은 한반도에서 핵무기의 사용가능성 자체를 원천적으로 막아야 한다. 따라서 한반도에 배치되었거나 한반도를 겨냥하고 있는 모든

핵무기는 철거되어야 한다.

　5) 민족 자주성의 실현을 위하여

　(1) 남·북한 간의 협상이나 회담, 국제적인 협약에 있어서 주변
강대국이나 외세의 간섭에 의존하는 일이 없어야 하며, 민족의 자주
성과 주체성을 지켜 나가야 한다.

　(2) 남·북한 양측은 민족의 삶과 이익을 우선으로 하지 않고 오히
려 이것에 배치되는 내용으로 체결된 모든 외교적 협상이나 조약을
수정하거나 폐기하여야 하며, 국제연합이나 동맹국들과의 관계 수
립이나 협약에 있어서도 남·북한 상호간의 합의와 공동의 이익을
우선적으로 고려하여 반영시켜야 한다.

6. 평화와 통일을 위한 한국교회의 과제

　우리는 예수 그리스도가 '평화의 주'(골 1:20)이심을 믿으며, 하나
님의 인간구원과 해방을 위한 선교사역이 우리와 이념과 체제가 다
른 사회 속에서도 이루어지고 있음을 믿는다. 다른 사회체제 속에서
살고 있는 그리스도인들이 갖는 신앙고백의 형태와 교회의 모습이
비록 우리와 다르다 할지라도 우리는 그들이 한 분이신 하나님, 한
분 그리스도에 매어 있으므로 우리와 한 몸을 이루는 지체들임(고전
12:12-26)을 믿는다.

　세계 에큐메니칼 공동체는 최근 몇 년간, 놀랍게도 우리와 떨어져
있던 북한 사회 내의 신앙의 형제자매들과 접촉하고 그들의 소식을
알려옴으로써 우리의 이 같은 확신을 더욱 굳게 하여 주었다.

우리는 다시금 이 한반도 역사 안에서 활동하시는 하나님의 해방 사역에 감사를 드리며, 어려운 상황 속에서도 꿋꿋하게 신앙을 지켜 나가고 있는 북한에 있는 믿음의 형제자매들에게 하나님의 은총과 축복이 함께 하시기를 기원한다.

이와 같은 고백에 입각하여 한국기독교교회협의회는 평화와 화해의 선교적 사명을 다하기 위하여, 그리고 민족 분단의 고통에 동참하고 통일로써 이를 극복해야 한다는 역사적 요청에 응답하기 위하여, 회개하고 기도하는 마음으로 평화와 통일을 위한 희년 선포 운동을 다음과 같이 전개하고자 한다.

1) 한국기독교교회협의회는 1995년을 '평화와 통일의 희년'으로 선포한다.

주님의 성령이 나에게 내리셨다.

주께서 나에게 기름을 부으시어

가난한 이들에게 복음을 전하게 하셨다.

주께서 나를 보내시어

묶인 사람들에게 해방을 알려주고

눈먼 사람들은 보게 하고

억눌린 사람들에게는 자유를 주며

주님의 은혜의 해를 선포하게 하셨다(눅 4:18-19).

'희년'은 안식년이 일곱 번 되풀이되는 49년이 끝나고 50년째 되는 해이다(레 25:8-10).

희년은 '해방의 해'이다. 희년 선포는 하나님의 백성이 하나님의 역사적 주권을 철저히 신뢰하고, 그 계약을 지키는 행위이다. 희년은 억압적이고 절대적인 내외 정치권력에 의하여 이루어진 모든 사회적 갈등을 극복하여 노예된 자를 해방하고, 빚진 자의 빚을 탕감하며, 팔린 땅을 본래의 경작자에게 되돌려 주고, 빼앗긴 집을 본래 살던 자에게 돌려주어 하나님의 정의를 바탕으로 하는 샬롬을 이루어 통일된 평화의 계약공동체를 회복하는 해(레 25:11-55)이다. 한국교회가 해방 50년째인 1995년을 희년으로 선포하는 것은 50년 역사를, 아니 전 역사를 지배하시는 하나님의 역사적 현존을 믿으면서 평화로운 계약공동체의 회복을 선포하고, 또 오늘 한반도의 역사 속에서 그것을 이룩하려는 우리의 결의를 다지려는 데에 있다. 따라서 희년을 향한 대행진은 희년 대망 속에서, 민족사 안에서 역사하시는 하나님의 주권에 대한 우리의 믿음을 갱신하고, 하나님의 선교에의 부르심에 대한 우리의 결단을 새롭게 해나가는 과정이 되어야 할 것이다.

2) 한국교회는 '희년을 향한 대행진' 속에서 평화와 통일을 위한 교회갱신 운동을 활발히 전개한다.

(1) 평화와 통일의 선교적 소명을 감당하기 위해서 한국교회는 개교회주의와 교권주의를 극복하고 교회일치를 위한 선교적 협력을 더욱 강화해야 한다.

(2) 희년을 선포하는 한국교회는 '참여'를 제약해온 교회의 내적 구조를 갱신해야 한다. 따라서 여성과 청년을 포함하는 평신도의 선교 사역에의 참여는 과감하게 개방되고 촉진되어야 한다.

(3) 한국교회는 우리 사회의 경제적 사회적 정의를 실현하기 위하여 예언자적 역할을 계속해 나가야 한다.

3) 평화와 통일의 희년을 선포하기 위하여 한국교회는 평화와 화해의 결단을 하는 신앙공동체로서 평화교육과 통일교육을 폭넓게 시행해 나갈 것이다.

(1) 한국교회는 평화에 관한 성서연구와 신학연구 등 평화교육을 널리 보급하고, 각종 신학연구기관과 기독교교육기관은 이를 위하여 정보교환과 연구를 촉진시킨다.

(2) 한국교회는 민족통일에 대한 교회의 관심을 높이기 위하여 분단 구조 및 분단 역사에 대한 이해와 분단 문제에 관한 신학적 인식을 심화함으로써 민족통일의 역사적, 신학적 당위성을 인식하게 하는 통일교육을 촉진시킨다.

(3) 한국교회는 기독교신앙에 대한 신학적 성찰과 결단을 통하여 공산주의 이데올로기에 대한 학문적 이해를 넓히고, 이념적인 대화에 필요한 이데올로기의 연구와 교육을 촉진시킨다.

4) 한국교회는 평화와 통일을 선포하는 희년 축제와 예전(禮典)을 통하여 신앙을 새롭게 하고 참다운 화해와 일치를 실천해나간다.

(1) 한국교회는 평화와 통일의 희년을 기념하는 '평화와 통일 기도주일'을 설정하고 예배의식을 개발한다. 이 예배의식에는 통일을 위한 기도, 분단의 죄책고백, 소명과 결단, 분단의 희생자들과 분단 민족을 위한 중보의 기도, 민족화합을 위한 신앙고백, 말씀선포(희년선포), 찬송과 시, 평화와 화해를 위한 성례전 등이 포함된다.

(2) 남·북한 교회의 상호 왕래가 실현될 때까지 세계교회와 협력하여 평화와 통일의 희년을 남·북한 교회가 공동으로 선포하도록 하고, '평화통일 기도주일'을 공동으로 지키는 일과 '평화와 통일을 위한 기도문'을 공동으로 작성하여 사용하도록 하는 일을 추진한다.

(3) 한국교회는 세계교회와의 협력을 통하여 이산가족의 생사 확인, 서신 왕래의 가능성 등을 모색하고 남·북으로 헤어진 친척과 교우, 친구 찾기 운동을 전개한다.

5) 한국교회는 평화와 통일을 위한 연대 운동을 지속적으로 전개해 나간다.

(1) '평화와 통일을 위한 희년'의 선포는 신앙고백의 행위로서 지속적으로 확대되는 '평화와 통일을 위한 연대 운동'으로 전개될 것이다. 이것은 개교회 차원에서, 교단적인 차원에서 에큐메니칼 운동의 차원에서 포괄적으로 진행되어야 한다. 특별히 한국기독교교회협의회는 평화와 통일을 위한 신앙고백적 행동과 실천을 가맹교단뿐만 아니라 비가맹교단과 천주교를 포괄하는 차원에서 공동으로 해나갈 수 있도록 노력할 것이다.

(2) 평화와 통일을 위한 선교적 소명은 한반도의 모든 그리스도인들의 보편적인 과제이므로 한국교회는 북한 기독교 공동체의 신앙과 삶을 위하여 기도하며 남·북한 교회의 상호교류를 위하여 노력할 것이다.

(3) 한반도의 평화와 통일은 동북아시아 평화뿐만 아니라 세계평화에 있어서도 하나의 관건이므로, 한국교회는 한반도 주변의 미국, 소련, 일본, 중국 등 4개 국내의 기독교 공동체를 비롯한 세계교회들

과도 긴밀하게 협의하여 연대운동을 전개해 나갈 것이다.

(4) 한국교회는 타종교, 타운동들과의 대화를 확장, 심화시키고 평화와 통일을 위한 연대의식을 촉진시켜 공동연구와 연대활동을 전개해 나갈 것이다.

1988년 2월 29일
한국기독교교회협의회

88평화·통일 기도주일 메시지

우리는 남·북의 분단이 고정화되고 적대화된 지 40여년 만에 처음으로 평화와 통일을 위한 기도주일을 지키게 된 것을 하나님께 감사드리며, 막힌 담을 헐고 원수된 것을 풀어 하나가 되게 하시는 그리스도의 복음을 실현하여, 갈라지고 원수된 남·북한 동포들의 화해와 통일을 이루려는 선교적 사명에 보다 충실할 것을 다시 한 번 다짐한다.

우리는 지난 2월 29일 '민족의 통일과 평화에 대한 한국기독교의 선언'이 발표된 이래, 교회와 사회 전반에 걸쳐 통일에 대한 관심과 열의가 급격히 고조되고, 통일 논의가 보다 개방적이며 자유롭게 전개될 수 있게 된 것을 성령의 은총의 선물이라고 믿으며, 또한 정부당국의 정책과 방침이 보다 전향적으로 발전하게 된 것에 대해서도 이를 기쁘게 여기는 바이다.

그러나 우리는 교회의 일각에서 아직도 우리 선언의 참된 정신을 곡해하며, 갈라져 있는 북쪽의 형제나 그리스도인들과의 대화나 교류조차 거부하고, 남·북한 간의 전쟁과 무력대결을 막고 긴장을 완화하기 위한 평화적인 제안들을 비신앙적이며 비복음적이라고 비난하는 극단적인 반공주의와 반평화적이며 반통일적인 생각을 가진 인사들이 있음을 매우 유감스럽게 생각한다.

사상과 이념, 체제를 달리하는 남·북한의 동포와 정부 당국자들이 대화와 협상을 통하여 하나의 민족공동체를 이루고 평화통일을 실현해야 한다는 것은, 이미 7·4남북공동성명에서도 천명된 바 있는 원칙일 뿐만 아니라 우리가 믿고 고백하는 신앙 또한 스스로를 기성의 이데올로기와 절대적으로 동일시할 수 없는 것이기 때문에, 우리는 현재의 북한과도 대화와 협력을 통해 평화와 통일을 추구하는 것이 오늘의 그리스도인들에게 부과되어 있는 선교적 소임임을 다시금 확인하는 바이다.

우리는 정부 당국이 남·북 간의 화해와 민족공동체 실현을 위하여 다양한 교류와 협력의 방안을 제시하고 북한에 대해 취해왔던 폐쇄적인 조치들을 과감하게 개방한 것을 다행스럽게 여기며, 이를 구체화시킬 수 있는 법률 개폐 등의 후속 조치를 취해줄 것을 촉구한다. 아울러 북한 정부 당국도 이에 상응하는 교류와 협력의 방안을 제시하고 보다 적극적인 개방 조치들을 취해줄 것을 간곡히 요청하는 바이다. 우리는 이미 우리의 선언 속에서 정부가 7·7선언을 통해서 제시한 내용들을 포괄적으로 제안하고 남·북한 양측 정부를 향해 촉구한 바 있으므로, 하루속히 이러한 남·북 간의 교류와 협력, 그리고 신뢰와 동질성 회복이 이루어지게 되기를 바랄 뿐이다.

그러나 또한 우리는 오늘과 같이 적대적이며 위험스런 남·북 간의 대결과 전쟁상태를 종식시키고 평화적인 관계를 이룩하는 데에 있어 불가침선언과 무력의 상호 감축 역시 필수적인 것이라고 보기 때문에, 이에 대한 제안 역시 평화를 향한 건설적인 제안이라고 긍정적으로 받아들이고자 한다. 우리는 이러한 제안들이 남북국회회담을 통해서 결의되고 선포되는 것이 바람직할 것이라고 생각하며,

또한 남·북의 정부와 관련을 맺고 있는 강대국들이 남·북한 정부와 함께 평화협정을 맺음으로써 평화적 관계를 정착시키는 일도 필요하리라고 믿는다. 우리는 이미 이러한 제안과 조치들에 대하여 선언의 '평화의 원칙' 속에서 포괄적으로 천명한 바 있다.

우리는 정부 당국이 교류와 협력을 우선적으로 주장하고 북한 정부가 군사적 긴장 완화나 평화적 조치들을 우선적으로 요구하면서, 명분 논쟁에 빠져서, 실질적으로 아무런 남북 관계의 개선이나 진전을 이루지도 못할 뿐 아니라 정권 유지의 도구로 통일문제를 악용하는 안타까운 상황이 재연되지 않을까 염려하면서, 남·북한 정부가 분단 40여 년 만에 찾아온 이번의 모처럼의 기회를 헛되이 소모하는 일이 없도록 간곡히 당부한다.

우리는 민족의 생존과 번영, 화해와 통일이 남·북한 정부의 이해보다 중요할 뿐 아니라 우선적으로 고려되어야 한다고 믿으며, 따라서 남·북한 당국이 '교류의 원칙'과 '평화의 원칙'을 동시에 추구하면서 서로의 제안과 건의를 함께 병행해서 다루는 지혜와 양보를 보여줄 것을 촉구한다. 우리는 이렇게 할 때에만 서로 맞물려 있는 신뢰 형성과 무력 감축이 동시에 해결될 수 있으며, 경제·사회·문화적인 교류나 회담이 군사적·정치적 교류나 회담과 병행될 수 있고, 진정한 화해와 통일의 길도 열릴 수 있을 것이라고 믿는다.

오늘 8·15 해방의 날에 즈음하여 우리 그리스도인들은 북한의 그리스도인 형제자매들을 위하여 기도하며, 남·북한 교회와 그리스도인들이 연합하여 민족의 화해와 통일을 위해 함께 일하고 평화를 이룩하는 자로서의 사명을 다할 수 있게 되기를 기도한다. 특히 우리는 최근에 평양에서 교회가 처음으로 건축되고 있다는 소식을 접하

여 인간이 빚어놓은 장벽을 넘어 역사하시는 하나님의 놀라운 은총
에 감사를 드리며, 북한의 교회가 날로 새롭게 성장하고 발전할 수
있도록 하나님께서 역사하여 주실 것을 간구한다.

1988. 8. 14. 평화·통일 기도주일에

한국기독교교회협의회

평화체제를 향하여
한반도의 평화통일과 기독교의 사명

2019년 1월 14일 초판 인쇄
2019년 1월 21일 초판 발행

지은이 ｜ 이삼열
펴낸이 ｜ 김영호
펴낸곳 ｜ 도서출판 동연
등   록 ｜ 제1-1383호(1992. 6. 12)
주   소 ｜ 서울시 마포구 월드컵로 163-3
전   화 ｜ (02)335-2630
전   송 ｜ (02)335-2640
이메일 ｜ h-4321@daum.net

ISBN 978-89-6447-486-0 93200